신은 죽지 않았다

양자 물리학으로 입증한 신의 존재

God Is Not Dead: What Quantum Physics Tells Us about Our Origins and How We Should Live by Amit Goswami

Copyright ⓒ 2008 by Amit Goswami, PhD
All rights reserved.
This Korean edition was published by Sigma Insight Com. in 2014 by arrangement with BIAGI RIGHTS MANAGEMENT through KCC(Korea Copyright Center Inc.), Seoul.

이 책은 (주)한국저작권센터(KCC)를 통한 저작권자와의 독점계약으로 시그마인사이트컴에서 출간되었습니다. 저작권법에 의해 한국 내에서 보호를 받는 저작물이므로 무단전재와 복제를 금합니다.

신은 죽지 않았다

양자 물리학으로 입증한 신의 존재

아미트 고스와미 지음
이봉호 옮김

SIGMA INSIGHT

| 차례 |

서문 _ 6
프롤로그 | 회의론자들을 위하여 _ 12

Part 1 서론 33
Chapter 1 신God에 관한 과학적 재발견 36
Chapter 2 종교의 세 가지 원리 62
Chapter 3 인간사회를 이끌어 온 철학의 간략한 역사 70
Chapter 4 신과 세상 85

Part 2 하향적 인과관계Downward Causation에 관한 증거 103
Chapter 5 신the Divine의 양자 특징들Quantum Signatures 107
Chapter 6 심리학에 있어서의 하향적 인과관계 : 의식과 무의식의 차이점 133
Chapter 7 신은 우주와 우주 안의 생명을 어떻게 창조하는가 149
Chapter 8 설계, 설계자 그리고 설계를 위한 청사진들 166
Chapter 9 화석 간극들은 무엇을 증명하는가? 179

Part 3 신비체Subtle Bodies에 대한 증거 199
Chapter 10 프시케Psyche의 내향성Interiority 202
Chapter 11 신의 생기체Vital Body of God에 관한 증거 218
Chapter 12 신의 정신Mind of God에 관한 탐구 231

Chapter 13 혼Soul의 증거 241

Chapter 14 꿈Dream의 증거 272

Chapter 15 환생Reincarnation : 혼과 신에 관한 최고의 증거 296

Part 4 하향적 인과관계에 대한 재고 315
Chapter 16 '초감각적 지각' ESP은 무엇을 입증하는가? 319

Chapter 17 신과 에고Ego : 인간의 창조적 경험의 공동 창조자들 328

Chapter 18 사랑Love, 신에 관한 가장 찬란한 증거 348

Chapter 19 심신Mind-Body 셀프 힐링에 있어서의 하향적 인과관계의 증거 363

Part 5 퀀텀 행동주의Quantum Activism 375
Chapter 20 퀀텀 행동주의 : 서론 378

Chapter 21 요약 395

에필로그 1 | 과학을 통한 신God과 영성Spirituality으로의 접근 :
젊은 과학자들에게 드리는 호소 _ 399

에필로그 2 | 양자 물리학과 예수의 가르침 : 젊은 가슴을 가진
크리스천들에게 보내는 호소 _ 411

역자 후기 _ 428

참고문헌 _ 430

서문 Preface

신은 존재하는가? 이 의문은 과연 과학적인 증거를 통해 풀릴 수 있을까? 이 책에서 나는 신의 은혜로 그 의문은 풀릴 수 있으며, 이미 풀렸다는 것을 입증할 것이다. 그러나 양자 물리학에서 유래된 '의식의 우선성' primacy of consciousness[우주라는 것은 그 어떤 독립적 실체existence를 가지고 있지 않으며, 의식의 산물이라는 생각. 의식이 실재reality보다 우선적으로 존재하며, 실재는 의식의 산물이라는 생각. 역자주]이라는 개념에 근거한 그 증거는 손에 확실하게 잡히는 것은 아니다. 그 증거는 많은 사람들에게 고대 그리스 시대를 생각나게 한다. 그래서 그 증거가 전해 주는 메시지는 과학적 의식을 가지고 있는 사람들과 일반적 의식을 가지고 있는 사람들 모두 쉽게 이해되지 않는다. 이 책은 우리 사회와 문화 속에서 다시 한번 신God이 받아들여지는 것을 가속화시키려는 목적으로 쓰여졌다.

우선 풀어야 할 하나의 의문이 있다. 과학이 재발견하고 있는 중인 '신'이란 무엇인가? 신에 관해 가장 많이 말하는 종교인들조차도 '신이란 무엇인가'에 관해서는 의견이 일치하지 않는다는 것을 누구나 알고 있다. 그렇다면 과학은 기독교인의 신, 힌두교인의 신, 불교인의 신,

유대교인의 신, 혹은 잘 알려지지 않은 종교의 신을 재발견하고 있는 중인가? 그 대답은 쉽지 않다.

거의 모든 사람들이 알지 못하는 것은 모든 위대한 종교들의 심원에는 신의 본질nature of God에 관한 많은 일치점이 존재한다는 사실이다. 대중적인 차원에서조차 대부분의 종교들은 세 가지의 신의 원리적 측면에 관해 의견을 같이 한다. 첫째, 신은 물질적 세계의 인과관계causation를 넘어서며, 또 물질적 세계 위에 존재하고 있는 인과관계를 일으키는 주체agent이다. 둘째, 물질적 차원보다 더욱 '신비한 실재' subtle reality라는 차원이 존재한다. 그리고 셋째, 종교들이 중요한 목적으로서 고양시키기 위해 가르치는 신적인 특성들Godlike qualities – 사랑은 신의 으뜸가는 특성이다 – 이 존재한다. 과학이 재발견하고 있는 신은 과연 무엇일까? 현재로서는 과학에 의해 재발견된 신은 이러한 중요한 세 가지 측면 모두라고 말하기에 충분하다.

나는 이 책에서 신에 관한 두 가지 종류의 과학적 증거를 제시하고 있다.

첫 번째 종류는 내가 '신의 양자 특징들' quantum signatures of the divine이라고 명명한 것이다. 양자 물리학은 '양자 특징들'이라는 실재reality의 중요한 측면들을 우리에게 알려 주고 있다. 그 특성들을 이해하고, 설명하고, 인정하기 위해서는 '신의 가설' God hypothesis이라는 것이 소개되어야만 할 것이다. 한 예가 바로 '양자 비국소성' quantum nonlocality, 즉 신호 없는 커뮤니케이션이다. 일반적인 국소적 커뮤니케이션은 에너지로 전해지는 신호들을 통해 이루어진다. 그러나 1982년 알렌 아스펙트Alain Aspect와 그의 공동 연구자들은 실험실에서 어떠한 신호들도 필요하지 않는 커뮤니케이션들이 존재함을 입증했다. 지금까지는 그러한 양자 특징들은 오직 극미소submicroscope 물질의 세계에서만 일어난다고 믿어졌다. 또 그러한 양자 특징들은 매크로macro 영역 혹은 현실reality이라는 일상적 차원에 있어서는 중요하지 않다고 여겨졌다. 그러나 나는 이러한 '양자 특징들'이 일상적 차원에서도 나타나며, 그 특징들이 신의 존재에 대한 명백한 증거를 제공하고 있다는 것을 입증할 것이다. 여러 가지 현상들을 실험한 연구 그룹들은 실험실에서 그 증거를 발견했다.

두 번째 종류의 증거는 종교들이 *실재의 신비한 영역들*subtle domains of reality이라는 것을 포함하고 있다는 것이다. 이런 종류의 증거는 '불가능한 해결책들을 요구하는 풀기 어려운 문제들'에 속하는 것이라고 아주 쉽게 명명될 수 있다(유물론적인 관점에서는 그렇다).

한 가지 예는 이것을 분명하게 만들 것이다. 최근 들어 창조론 – 지적 설계 이론creationism-intelligent design theory과 진화론에 관한 많은 논쟁들이 벌어지고 있다. 그렇게 많은 논쟁이 벌어지는 이유는 무엇일까? 그것은 생물 진화론Darwinism이 등장한 후 150년이 지난 후까지도 진화론자들이 확실한 이론을 정립하지 못하고 있기 때문이다. 그들은 화석 데이터, 특히 화석 간극들gaps은 물론 생명이 왜 그리고 어떻게 아주 지적으로 설계된 것처럼 보이는지에 대해 만족할 만한 설명을 하지 못하고 있다. 이것이 바로 논쟁의 여지를 만들어 내고 있는 것이다. 솔직하게 말하자면, 이러한 이론들과 데이터에 대해 편견 없는 과학적 평가는 다음과 같은 것을 보여 주고 있다.

다원설뿐만 아니라 그것과 유전학 및 집단생물학의 통합인 신다윈설 neo-Darwinism도 모든 실험적 데이터와 일치하지 않는다.

창조론과 지적 설계 이론들은 과학적 내용을 많이 가지고 있지 않다. 특히 창조론은 거의 아무런 과학적 내용을 가지고 있지 않다. 그러나 진화evolution와 지적 설계(비록 성경을 근거로 한 창조론은 아니지만)라는 두 가지 근본적인 생각 모두를 지지하는 명백한 데이터가 존재한다.

여기 우리가 던져야 할 질문의 핵심은 모든 데이터와 일치하는 이러한 두 가지 접근법에 대한 대안이 존재하느냐이다. 나의 대답은 존재한다는 것이다. 그리고 나는 이 책에서 그것을 입증할 것이다. 그러나 그 입증은 '인과적으로 권능이 부여된 신'causally empowered God과 생물학적 형태의 육체를 위한 설계도blueprint 역할을 하는 '신비체' subtle body[인도 베단타 철학에서는 '체'를 (물질적 마음을 유지하는) 깨어 있는 상태의 총체gross body, (정서적, 이지적, 상위의 정신수준을 유지하는) 꿈꾸고 있는 상태의 신비체subtle body, (영적 마음을 유지하는) 깊은 수면상태의 원인체(인과체)causal body라는 세 가지로 구분한다. 베단타 철학에서는 기본적으로 다섯 가지 주요 차원의 '체' – 물질적 차원(물질의 층), 생물적 차원(생기의 층), 이지적mental 차원(의식의 층), 이보다 더 상위의 혼적 차원(이성의 층)과 영적 차원(지복의 층) – 가 존재한다고 말하고 있다. 역자주]라는 존재를 필요로 한다. 유물론은 이들 모두를 허용하지 않는다. 그렇지만 도저히 풀 수 없는 문제들은 전혀 상상할 수 없는 해결책들을 요구한다!

또 다른 사례는 '의미의 처리'processing of meaning를 필연적으로 포함하고 있다. 철학자 존 설John Searle과 물리학자 로저 펜로즈Roger Penrose는 컴퓨터는 상징들symbols이 표현하고 있는 의미meaning가 아니라 오직 상징들 자체만 처리할 수 있다는 사실을 입증했다. 의미를 생성하고 처리하기 위해서는 '정신'mind이 필요하다. 그러나 그럴 경우 다음과 같은 의문이 제기된다. 정신은 어떻게 물질matter과 상호작용을 하는가? 심신mind-body 상호작용이라는 오래된 이원론dualism 문제는 여전히 우리를 괴롭히고 있다. 내가 심신 상호작용 문제를 해결하기 위해 '신의 가설'이 반드시 필요하다고 말하는 이유가 바로 이 때문이다. 그리고 이 새로운 '불가능한' 맥락에서, 새로운 '의미'를 처리하는 우리 인간의 '창조적 능력'은 신의 존재existence of God에 대한 아주 명백한 과학적 증거를 제공하고 있다.

만약 신에 대한 그러한 증거가 이미 여기에 존재한다는 것이 좋은 소식이라면, 우리는 그것에 관해 무엇을 해야만 하는가? 만약 그 증거가 존재한다면, 우리는 우선 과학들을 '양자 신의 가설'quantum God hypothesis

안에서 재정립reformulate해야만 한다. 이와 함께 양자 물리학의 범위 밖에서 '양자 신의 가설'의 유효성usefulness을 증명해야만 한다. 이 책에서 나는 이 하나의 가설이 지금까지 풀리지 않았던 모든 생물학의 수수께끼들을 풀어 준다는 것을 증명하고 있다. 그 일부만을 언급하자면, 자연과 생명의 기원, 진화의 화석 간극들, 진화는 왜 간단한 체계들에서 복잡한 체계들로 진행하는지, 그리고 생물학적 존재들은 어째서 '느낌'feeling과 '의식'consciousness이라는 것을 가지고 있는가와 같은 생물학의 수수께끼들 말이다. 양자 신의 가설 안에서는 무의식에 토대를 두고 있는 지그문트 프로이트Sigmund Freud, 칼 융Carl Jung, 그리고 제임스 힐먼James Hillman의 '깊이'depth 심리학이 초월transcendence 혹은 초의식superconsciousness에 근거를 둔 칼 로저스Carl Rogers, 로베르토 아사지올리Roberto Assagioli, 에이브라함 매슬로Abraham Maslow, 그리고 켄 윌버Ken Wilber와 같은 최근의 인본주의자humanist와 초개인주의자transpersonalist의 '높이'height 심리학을 아주 잘 보완하고 있는 것처럼 보인다는 사실도 역시 발견된다. 이 두 가지 심리학은 이제 개인의 삶에 있어서 신을 깨닫는 길들을 정의하고 있는 것으로 인식되고 있다.

'양자 신의 가설'은 우리 모두가 이해할 수 있으며, 심지어 실현시킬 수 있는 측면들도 가지고 있다. 유물론자들의 세계관은 그 의미를 폄하시키기 위해 많은 애를 쓰고 있지만, 이 새로운 과학은 최근 우리가 '의미'meaning에 관심을 집중시키고 있는 것의 정당성을 입증하고 있다. '신을 토대로 하는 과학'God-based science은 윤리와 가치관들을 그것들이 속해 있는 곳, 즉 우리 삶과 사회의 중심부에 놓고 있다는 사실 역시 똑같이 중요하다.

우리는 지금까지 신이라는 개념을 그저 지지만 해온 오래된 종교들의 몇몇 측면들을 좋아하지 않을지도 모른다. 그러나 우리는 모든 종교들이 우리에게 사회를 위한 윤리와 가치관들(신앙심의 배양)을 부여해

주었다는 사실은 동의할 수 있다. 이러한 덕목들은 우리의 정치, 경제, 비즈니스, 그리고 교육의 파괴적인 결과들 때문에 오늘날 유물론자들의 세계관에 의해 훼손되어 왔다. 윤리와 가치관들을 강조하는 신에 대한 과학적 재발견을 통해, 우리는 극복 불가능한 어려움들 때문에 마비되어버린 것처럼 보이는 민주주의와 자본주의와 같은 현대 사회적 체제들을 소생시킬 기회를 얻고 있다.

의미, 윤리, 그리고 가치관들을 우선시하는 것은 인류 진화를 위해서 중요하다. 내가 이 책에서 마지막으로 전하고자 한 메시지는 '퀀텀 행동주의' quantum activism라고 명명한 것이다. 퀀텀 행동주의는 세상을 변화시키기 위해 오늘날 이루어지고 있는 일반적인 행동주의를 인류 전체 진화를 위한 운동과 연합시키기 위한 지속적인 노력들과 통합시키는 것을 말한다. 만약 후자의 조치가 세상의 문제들과 관련되어 있는 동안 우리가 의미와 가치관들을 다루는 데 있어서 창조성과 양자도약 quantum leap들을 필요로 한다면, 그렇게 해야 한다. 이것은 작게는 우리 인간의 삶에 새로운 의미와 가치관을 가져다줄 것이며, 크게는 새로운 계몽의 시대로 인도할 것이다.

나는 이 책의 주제인 신의 재발견에 기여했던 모든 사람들에게 가슴 깊이 감사를 드린다. 그들은 이름을 일일이 열거할 수 없을 정도로 많다. 그렇지만 한 가지 예외는 오늘날 나의 영적 활동의 파트너이기도 한 나의 아내 우마Uma이다. 나는 또한 과거에 나와 함께 일했던, 또 현재 함께하고 있는 퀀텀 행동주의자들quantum activists과, 그리고 미래에 퀀텀 행동주의를 떠맡게 될 사람들에게도 감사를 드린다. 마지막으로 나는 나의 에디터들인 밥 프리드먼과 존 넬슨, 그리고 햄프턴 로즈 Hampton Roads 출판사 직원들에게 이 책이 나오기까지 해준 멋진 작업에 대해 고마움을 전한다.

프롤로그

회의론자들을 위하여
For Skeptics

이 책을 존경하는 독자들에게 공개하기 전에, 나는 이 책의 기본적인 아이디어에 대한 세 가지 타입의 완고한 회의론자들의 반응이 어떨 것인가를 자문해 보았다. 유물론적 과학자, 서구의 철학자, 그리고 마지막으로 결코 적지 않은 수의 기독교 신학자들의 반응 말이다. 그래서 나는 이러한 세 그룹의 회의론을 정면으로 돌파하기 위해 적극적인 상상력을 동원하여 실행에 나서기로 결심했다.

상상 속에서 나는 가공의 과학자를 만들어 낸다. 그는 백인 미국인 남성이며, 정장을 갖추어 입고, (유명한 미국 물리학자 리차드 파인만Richard Feynman의 한 특징인 열린 마음가짐을 가지고 있음을 나타내기 위해) 넥타이는 느슨하게 하고 있다. 그는 모든 것을 알고 있기라도 한 듯 태연자약한 태도를 보이고 있으며, 덴마크의 저명한 물리학자 닐스 보어Niels Bohr처럼 불붙은 시가를 손에 들고 있다. 그리고 그는 자신의 끊임없이 생겨나는 불안감을 숨길 의도로, 미국 생물학자 제임스 왓슨James Watson에게서 볼 수 있는, 참을성 없는 거만한 미소를 짓고 있다. 이윽고 나는 나의 상상 속 과학자에게 질문을 던진다. "신에 대한 과학적 증거에 관한 책을 내려고 합니다. 이 아이디어에 대해 어떻게 생각하십니까?"

"당치도 않아요"라고 그는 전혀 놀라지 않은 채 말한다. 그는 그 이유를 자세히 말한다. "여보세요. 우리는 전에 그러한 과학적 증거에 대한 주장들을 들어 본 적이 있습니다. 예를 들자면, 창조론자들 말입니다. 그들이 일으키고 있는 모든 소란에 관해 말해 볼까요? 당신이 자세히 들여다보면, 그들의 모든 증거는 우리 주장을 부정하는 것들에 기초를 두고 있지요. 그들은 영리합니다. 나도 인정해요. 그들은 그들이 말하는 소위 '창조 과학' creation science에 대한 방어수단으로 다윈의 진화론에 있는 허점들에 관해 많은 흥미로운 지적들을 하고 있습니다. 그러나 우리는 그들의 아이디어들이 입증될 수 없기 때문에 과학으로 간주되지 못한다는 점을 지적함으로써 반격을 가했지요." 그는 나에게 도전적인 표정을 지으면서 말을 이어간다. "보세요. 삼라만상을 설명하는 데 있어서 유물론적 과학이 가지고 있는 모든 결점을 드러냄으로써 신을 지지하는 이야기를 만들고 싶어 한다는 것을 나는 알고 있습니다. 그러나 그건 결코 유효하게 작동하지 않을 겁니다."

그것은 나의 접근방식에 있어서 중요한 부분은 아니다. 그렇지만 나는 호기심이 일었다. "근데 왜 그렇죠?"

"왜냐고요?" 그의 미소는 이제 멸시하는 기미를 나타내기 시작했다. "관념론적인 분이시군요. 왜냐하면 우리는 미래에 이루어질 과학적 발견들을 약속함으로써 우리의 반대자들의 입을 항상 막을 수 있기 때문이지요. 그 대답들은 미래 과학이라는 기대에 맡겨 버리는 겁니다."

"압니다. 저도 알아요." 나 역시 무례한 태도를 취할 수 있다. "칼 포퍼 Karl Popper[오스트리아 태생, 영국의 철학자. "열린 사회와 그 적들"의 저자. 역자주]는 그것을 '지급보증 유물론' promissory materialism[과학이 만족스러운 해명을 제시하지 못한다고 해도 언젠가는 더 개선될 것이라는 희망을 갖고 그들의 불충분한 통찰력으로 승부를 겨루어야 한다는 사고방식. 역자주]이라고 부르면서 폄하하지 않았나요?"

그의 시가가 꺼졌고 그는 다시 불을 붙이느라 바쁘다. 그는 시가를 깊이 빨아들인 후 담배연기를 구름처럼 토해 낸다. 이제 그는 나를 뚫어지게 쳐다보고 있다. 마치 그의 대답으로 나를 끽소리하지 못하게 하기라도 할 듯이 말이다. "무엇이 신이죠?" 그는 단도직입적으로 묻는다.

그러나 나는 그에게 설명할 준비가 되어 있다. 아주 확신에 차서 이렇게 말한다. "신은 하향적 인과관계downward causation의 주체입니다."

"오, 그 케케묵은 답변." 그는 콧방귀를 뀐다. "나는 당신이 뭔가 더 멋진 것을 가지고 있는 줄 알았는데……. 우리는 이원론dualism 때문에 그 신을 오래 전에 지워버렸지요. 어떻게 비물질인 신이 물질적인 대상들에게 영향을 미치는 하향적 인과관계를 일으킬 수 있다는 건가요? 그 어떤 물질세계와의 상호작용은 에너지의 교환이 반드시 필요합니다. 그러나 물질세계의 에너지만이 항상 보존되지요. 그 어떤 에너지도 신에게로 흘러나가거나 혹은 신으로부터 들어오지 않습니다. 만약 신이 항상 세계와 상호작용을 하고 있다면, 어떻게 그것이 가능합니까?"

"아직 제 말이 끝나지 않았는데……."

"제 말도 아직 끝나지 않았어요"라며 그는 계속한다. "들어보세요. 우리는 당신이 당신의 종교적인 예배에서 전지전능한 신의 존재를 느낀다는 것은 부정하지 않습니다. 그러나 우리는 이렇게 설명합니다. 신은 하나의 뇌 현상brain phenomenon이다. 당신이 예배를 통해 중뇌의 어떤 중추들을 자극할 때, 당신은 하나의 강력한 힘에 대한 경험들을 이끌어 내는 것이지요. 그렇게 되면 하향적 인과관계가 당신에게는 말이 되는 거죠. 이제 됐나요?"

"아니요." 나 역시 단호할 수 있다. "신은 하향적 인과관계의 주체입니다. 그러나 내가 말하는 신은 오래된 이원론적 신이어야만 할 필요는 없습니다. 갈릴레오 이래 당신들은 인기 영합적인 기독교의 '가짜 신' straw God과 계속해서 싸워 왔다는 것이 당신들의 문제이지요. 그것은 진짜 핵심이 전혀 아닌데 말입니다. 진짜 핵심은 이것이죠. 존재의 하나의 물질적 차원과 물질의 기본 차원으로부터 상향적 인과관계(그림 1-1)로 이루어진 실재reality에 관한 당신들의 모델이 모든 것을 설명할 수 있습니까? 그러나 그렇지 못하잖아요. 당신은 그것을 직시해야 합니다."

"오랜 전통의 기독교인들은 신과 신의 하향적 인과관계라는 일반적인 원리를 통해서 그들이 이해할 수 없었던 모든 것을 설명하려고 했지요. 그것은 매우 제한적인 생각입니다. 과학은 그 생각과 싸우기 위해, 또 그 데이터를 이해하는 데 필요한 보다 나은 방법들을 발견하기 위해 개발되었습니다. 오늘날에도 당신네 유물론적 과학자들은 그와 똑같은 일을 하고 있는 중이지요. 어떤 설명할 수 없는 현상에 대해 당신들은 그것을 부정하거나 혹은 '신은 갑작스럽게 나타나는 뇌의 부수현상이다' 혹은 '신은 다윈론자들이 말하는 적자생존 상황 하에서 생존하는 데 유용한 적응adaptation이다' 와 같은 낡아빠진 개념들로 그것을 설명해 버립니다. 우리는 그러한 생각들을 결코 입증할 수 없을까요?"

"나를 가르치고 있는 중이군요." 그는 못마땅한 듯 퉁명스럽게 말한다.

"그래요? 당신들이 저를 가르쳤잖아요." 나는 단호하다. "제가 말씀드리고 있는 신God은 양자 의식quantum consciousness입니다. 당신도 잘 알고 계시다시피, 양자 물리학에서 대상들objects은 결정된 것들이 아니지요. 그 대신 그것들은 신 – 양자 의식 – 이 선택권을 가지고 있는 가능성들possibilities입니다. 신의 선택은 양자 가능성들quantum possibilities을 한 관찰자에게 경험되는 실제적인 사상事象, events으로 변형시킵니다. 분명히 당신도 양자 의식은 과학적이라는 생각을 인정할 겁니다."

"네. 물론이죠. 양자 대상들quantum objects은 의식이 있는 관찰자들이나 혹은 의식에 의해 영향을 받는 것처럼 보인다는 그 관찰자 효과$^{observer\ effect}$." 이렇게 말한 후 그는 교활한 미소를 짓는다. "낡은 병 속에 담긴 새 술, 그렇죠? 양자 의식을 신이라는 이름으로 바꿔서 나를 화나게 만들려고 하시는 겁니까?"

그는 핵심을 제대로 파악하지 못하고 있다. "이봐요. 나는 아주 진지하게 말씀드리고 있는 중입니다. 양자 의식은 우리의 천재 과학자들, 신비주의자들이 '신'이라는 단어로 말했던 바로 그것입니다. 나는 그것이 실험적으로 입증 가능한 생각^{idea}임을 증명하고 또 밝혀내는 상세한 해설을 시작하고 있습니다."

그가 나의 말을 가로막는다. "정말로요? 그런데 관측^{observership}은 단지 하나의 현상^{appearance}일 뿐이에요. 그리고 이 현상에 대한 물질적 설명이 있어야만 합니다. 실제의 의식$^{real\ consciousness}$이 있다는 것을 가정하는 것은 너무나 경솔한 일이지요." 그의 목소리가 약간 화가 난 듯이 들린다.

"그렇지만 그렇게 가정하는 것이 논리적으로 일관성이 있는 것 아닌가요? 다르게 한다면 당신은 모순에 빠질 텐데요."

"맞소. 그러나 우리는 우리의 철학적 신념들이라는 길에 한치의 모순들조차도 끼어들도록 허용할 수 없죠." 그는 교활하게 말하고 있다.

그는 핵심을 파악하지 않고 있다. "보세요. 저는 아주 진지합니다. 다시 말씀드리지만, 양자 의식은 정말로 우리 신비주의자들이 '신'이라는 단어로 말했던 것입니다. 또다시 말씀드리지만, 그것은 실험적으로 입증할 수 있는 아이디어입니다."

이제서야 그는 내 말을 듣고 입을 쩍 벌린다. "정말로요? 어떻게 말입니까?"

"들어보세요. 물리학자 피에르 시몬 라프라스$^{Pierre-Simon\ Laplace}$가 나폴레옹에게 "나는 [내 이론에] 그[신] 가설이 필요 없다"고 말한 이래,

당신네들은 그 주장을 신을 무효화시키기 위해 사용해 왔습니다."

"그것도 아주 성공적으로요." 나의 가상의 과학자가 끼어든다.

"그래요. 그러나 이제 방향을 돌리는 것이 정당한 겁니다. 나는 우리에게 신의 가설이 반드시 필요하다는 것을 보여 주는, 그리고 우리 이론들로부터 논리적 모순들을 제거할 뿐만 아니라, 훨씬 더 새로운 데이터를 설명해 주는 이론적인 모순들과 실험 데이터를 제시할 것입니다. 마음의 준비를 단단히 하십시오."

나의 과학자는 눈길을 돌린다. 나는 그가 나에게 잡혔다는 것을 알고 있다. 과학자들은 대부분 논리적 모순들의 해결과 실험 데이터를 존중한다.

그러나 나의 과학자는 정신을 가다듬고 교활하게 말한다. "설마 당신은 단지 몇 가지 모순들 때문에 우리의 확신들을 버리리라고 기대하고 있는 것은 아니죠? 새로운 데이터에 관해 한 마디 하자면, 마이크로micro 세계를 위해서 고안된 양자 물리학이 매크로macro 혹은 일상적인 세계에 대해서도 작동한다고 말하는 것은 약간 위험하다는 것이지요. 이것이 당신이 말하고자 하는 것이죠? 그렇죠? 이제 당신은 나에게 그것은 이미 매크로 세계에서 객관적인 실험들을 통해 입증된 것이라고 말하리라 생각되는데요."

나는 미소를 짓는다. "내가 당신에게 말하고 있는 것이 바로 그것입니다. 매크로 세계에 양자 물리학을 적용할 수 있는 가능성에 대해서 말하자면, 당신도 분명히 스퀴드SQUID에 관해서 알고 계시죠?"

나의 과학자는 픽 웃는다. "오징어squid요? 내 아내는 가끔 그것을 저녁식사 때 내놓기는 합니다. 내가 그것을 아주 좋아한다고는 말할 수 없네요."

나는 머리를 젓는다. "SQUID가 초전도Superconducting 양자Quantum 간섭계 Interference Devices의 머리글자로 만든 말이라는 것은 아시잖아요. 그것은 여기서 깊이 이야기하기에는 너무 기술적인 것이지만, 그러한 실험들은 오래 전에 양자 물리학이 원래 그랬던 것처럼 모든 방법을 매크로 세계에 적용할 수 있다는 사실을 입증했지요. 뿐만 아니라 이 책에서 내가 논의할 신을 입증하는God-verifying 실험들은 모두 매크로 차원의 실험들입니다. 몇몇 새로운 데이터는 다른 실험 결과에서도 똑같이 나온 적도 있는 것들이지요."

나의 과학자는 약간 불편한 기색을 나타내고 있다. "들어보세요. 우리는 결코 당신이 하고 있는 일을 과학으로서 인정하지 않을 겁니다. 왜 그런지 아시죠? 과학이라는 것은 자연과학상의 설명을 추구하고 있기 때문이지요. 당신은 초자연적인supernatural 어떤 것, 신을 이 가설 안에 불러들이고 있거든요. 그것은 결코 과학일 수가 없습니다." 그는 단호한 목소리로 말한다.

"만약 당신이 '자연'nature이라는 단어를 공간-시간-물질 세계를 가리키는 말로 쓰신다면, 당신들의 과학은 양자 물리학조차도 수용할 수 없을 겁니다. 부끄러운 줄 아십쇼. 광자photon들이 신호들signals 없이도 공간과 시간을 통해 서로에게 영향을 미치는 것을 입증한 아스펙트Aspect[1982년 알렌 아스펙트와 동료들에 의해 파리에서 이루어진 실험. 양자 물리학에서는 '비국소성'nonlocality의 의미를 공간적으로 하나로 연결되어 있다고 생각할 뿐만 아니라 시간적으로도 하나의 장으로 연결되어 있다고 생각한다. 역자주] 실험은 그 문제를 단번에, 그리고 영원히 해결했잖아요."

나의 과학자는 다시 한번 고개를 돌린다. 그의 시가의 불은 매우 적절한 때에 또다시 꺼졌다. 나는 자리에서 일어선다. 나는 내가 그의 마음을 움직였다는 것을 안다. 과학자들은 객관적인 실험들을 존중한다. 한 부류는 꺾었다. 유물론적 과학자들 말이다. 이제 두 부류가 남아 있다.

상상 속에서 나는 이제 회의적인 철학자를 만들어 낸다. 큰 키의 백인 미국 남성으로 켄 윌버Ken Wilber[미국 자아초월transpersonal 심리학 분야의 최고의 사상가. 대표적인 저서로는 "의식의 변용"Transformation of Consciousness, "감각과 혼의 만남" The Marriage of Sense and soul이 있다. 역자주]와 아주 비슷하게 삭발한 모습이다. 나는 그에게 신의 존재에 관한 과학적 증거를 다룬 나의 책에 관해 이야기를 한다. 나는 그에게 회의적인 과학자와 한판 벌인 것도 역시 이야기한다. 그는 다음과 같은 질문으로 나를 놀라게 한다. "과학이 무엇인가요?"

나는 순간 말을 더듬는다. "우리는 외적 세계와 내적 세계라는 우리의 경험을 통해서, 그리고 우리의 직관들을 통해서 존재being에 관해 생각을 합니다. 그러한 것들은 당신네 철학자들이 존재론ontology 혹은 형이상학metaphysics이라고 부르는 인간의 존재에 관한 철학을 이루고 있잖아요. 그 다음 문제는 우리가 '존재'를 어떻게 아느냐이죠. 당신네 철학자들은 그것을 인식론epistemology이라고 말하죠. 맞습니까? 과학자들은 직관적으로 존재에 관한 이론화를 하며, 다양한 이론적 통찰들로부터 추론을 하고, 그 이론들이 실험적으로 일치하는지를 입증합니다. 과학은 양 날개를 가진 인식론이죠. 이론과 실험 말입니다."

나는 그의 수긍을 얻기 위해 그를 쳐다본다. 그는 퉁명스럽게 말한다. "좋아요, 좋습니다. 그러나 당신이 이런 과학을 통해 연구하고, 발견하는 것은 겉으로 드러난 경험, 덧없는 것ephemeral에 관한 것이지요. 그렇지 않습니까?"

그의 말은 옳다. 나는 고개를 끄덕임으로써 그의 말에 동의한다.

"그렇다면 한번 말해 보세요. 당신은 영원한 것, 모든 현상들 너머에 있는 것, 그리고 초월적인 것의 존재를 증명하기 위해, 일시적인 현상들, 공간에 제약을 받는 현상들을 가지고 있는 이러한 과학을 어떻게 이용할 수 있는지요? 당신의 생각은 이성reason을 통해 신의 존재를 증명하려고 했던 중세 기독교인들의 생각보다도 못합니다. 당신의 과학이라는 허울 때문에 말입니다. 당신은 당신의 생각을 과학이라는 가면 속에 집어넣음으로써 사람들이 받아들일 것이라고 생각하고 있군요. 그렇지 않습니까?"

이 친구는 오만하면서도 냉소적이다. 내가 대답을 하려고 하지만, 그는 똑 부러지는 말투로 말을 잇는다. "나는 당신과 같은 부류의 사람들이 하는 신에 관한 과학적 증명에 대해 알고 있습니다. 당신은 신을 재정의함으로써 뿐만 아니라 유물론마저 재정의함으로써 그것을 해내려고 하지요. 당신은 전체론자holist군요. 맞지요?"

사실 나는 전체론자가 아니다. 전체가 그 부분들보다 더 크다고 생각하거나, 혹은 희한한 창조물들이 간단한 구성요소들로부터 나타날 수 있지만 그 구성요소들로 환원될 수는 없다고 생각하는 일반적인 부류의 전체론자가 아니다. 그러나 그의 질문은 나의 호기심을 불러일으켰다. "그렇다면 당신이 전체론자들을 반대하는 이유는 무엇입니까?"

그는 나를 비웃는 표정으로 바라본다. "그건 말이죠. 4백 년 전 데카르트조차도 이해했던 것처럼, 물질은 근본적으로 환원주의적인reductionistic [어떤 실체가 더 간단하거나 기본적인 실재들의 결합 또는 집합이나 더 기본적인 실재를 가리키는 표현으로 정의될 수 있다고 주장하는 철학적 입장. 역자주] 것이죠. 소우주microcosm가 모여서 대우주macrocosm가 된다는 환원주의 말입니다. 물질이 대량으로 모일 경우, 그 복잡함 때문에 새롭게 드러나는 특질을 가질 수 있다고 말하는 것은 터무니없는 것입니다. 당신은 신을 물질이 서로 연결되어짐에 따라 새롭게 드러나는 것으로 생각하고 있습니다. 그리고 신의 하향적 인과관계를 새롭게 드러나는 복잡한 물질의 인과관계의 원리라고 여기고 있습니다. 그러나 이런 종류의 생각은 쉽사리 반박될 수 있지요." 그는 나의 반응을 기다리며 잠깐 말을 멈춘다. 나는 침묵을 지킨다. 그는 계속 말한다.

"만약 창발적 전체론holism이라는 생각이 타당하다면, 그것은 우리가 복잡한 물질을 간단한 물질로 만들 때마다 언제나 모습을 드러내야 할 것입니다. 예를 들자면, 물분자를 만들기 위해 수소와 산소가 섞인다면, 그 구성요소들의 상호작용으로부터 예견될 수 없는 어떤 특성이 나타납니까? 아니죠. 그리고 만약 우리가 느낄 수 있는 물의 축축함이 그러한 새로 드러나는 특성이라고 당신이 말한다면, 저에게 한방 얻어맞으실 겁니다. 물이 축축하다는 우리의 느낌은 물분자와의 상호작용으로부터 나타나는 것이니까요."

나는 그를 누그러뜨리는 시도를 한다. "나는 수소와 산소가 결합되어 물이 될 때 새롭고 전체론적인 어떤 것이 나타난다고 말하고 있는 것이 아닙니다. 사실 저는 당신에게 동의합니다. 전체론자들은 아주 얇은 얼음판 위를 걷고 있지요."

그는 내가 말한 것을 듣고 있는 것처럼 보이지 않지만 나는 말을 계속한다. "만약 신이 단지 물질이 상호 연결됨으로써 새롭게 드러나는 것이라면, 신은 시간 제약적이며, 공간 제약적이고, 한정적일 것입니다. 그 어떤 초월성transcendence, 그 어떤 갑작스러운 깨달음enlightenment, 그리고 그 어떤 영적 변형spiritual transformation도 없겠죠. 당신은 전체론자들의 견해를 '심층 생태학' deep ecology이라고 부를 수 있습니다. 그리고 평범한 마음을 가지고 있는 사람들을 만족시키는 근사한 이름들로 그것을 치장할 수 있습니다. 그러나 그것은 철학적인 통찰력을 가지고 있는 사람들을 만족시키지는 못합니다. 그것은 나를 만족시키지 못하죠."

또다시 그의 거만함이 드러난다. 그리고 이번 경우에는 물론 그의 기본적 관점에 있어서 그가 옳다. 나는 참을성을 가지려고 노력하면서 외치듯 말한다. "아! 위대한 철학자여, 당신이 옳습니다. 전체론holism은 신은 존중하지만 유물론을 전적으로 포기하지 않을, 양다리를 걸치고 있는 철학자의 절망적인 접근방식이지요. 그리고 과학은 결코 궁극적인 진리에 대한 해답을 발견할 수 없다는 당신의 말씀은 옳습니다. 진리는 존재하지요.

그러나 주의하시기 바랍니다. 유물론자들은 물질은 모든 존재의 환원주의적 토대라는 존재론적 단언을 하고 있습니다. 모든 것, 심지어 의식consciousness까지도 물질적인 소재들building blocks, 기본입자들과 그들의 상호작용들로 환원될 수 있다고 말입니다. 그들은 의식은 하나의 부수현상, 가장 근본적인 실재reality인 물질의 2차적 현상이라고 생각하고 있지요. 제가 설명하는 것은 유물론적인 과학이 뒤집힐 수밖에 없는 필연성입니다. 양자 물리학은 그 과학이 '의식의 우선성' primacy of consciousness에 토대를 둘 것을 요구하고 있습니다. 의식은 모든 존재의 근본ground이며, 신비주의자들이 '지고의 실재', 신Godhead이라고 부른 존재being이지요. 유물론자들에게 부수현상은 물질이지, 의식이 아니라는 사실을 깨닫도록 합시다."

"알겠습니다." 나의 철학자는 흥분을 가라앉힌다. "당신 말씀은 모두 정말 지금까지는 듣지 못했던 이야기처럼 들리는군요. 그러나 지금 당신은 다른 길로 너무 멀리 나간 것은 아닐까요? 만약 당신이 과학을 의식이라는 가장 근본적인 것에 토대를 둔다면, 그것을 과학이라고 할 수 있을까요?

내가 과학을 보는 방식은 이렇습니다. 과학자들은 의식consciousness의 객관적 측면, 의식 그 자체It's와 의식이 가지고 있는 것It's – 소위 의식의 제3인칭적 측면을 살펴볼 수 있지요. 신비주의자들mystics은, 사실은 우리 모두, 개인적으로 주관적인 측면 – 제1인칭적 경험을 살펴봅니다. 철학자는 상호 주관적인intersubjective 측면 – 제2인칭적 연관성relationship 측면을 고려함으로써 보다 더 잘 할 수 있습니다. 이것이 바로 제가 의식의 1-2-3, 제1인칭, 제2인칭, 제3인칭 측면들이라고 부르는 것이지요. 만약 우리가 의식에 대한 연구를 순수하게 과학적, 객관적인 것으로부터 다른 측면들까지 포함하는 것으로 확장하면, 우리는 하나의 완전한 모델, 4개의 상한four-quadrant으로 된 모델(그림 3-1)을 얻게 됩니다. 의식의 문제는 해결되지요. 우리는 양자 물리학과 당신의 과학에 관한 새로운 패러다임 사고paradigm thinking는 필요 없습니다."

나는 그의 주장들 때문에 약간 놀라고 있다. 이 친구는 자기 자신의 노선에 관한 한 만만찮다. 그렇지만 나는 그와 상관없이 이렇게 말한다. "그거 정말 멋집니다. 당신은 그 현상을 현상학phenomenology으로 설명하고 있군요. 아주 완벽합니다. 그러나 그 모델은 4개의 상한들을 통합하지는 못합니다."

그는 자부심이 넘치면서 대꾸한다. "그것이 바로 나의 요점이자, 신비주의자의 요점이지요. 통합을 하기 위해서 당신은 과학을 뛰어넘고, 이성을 뛰어넘어서 의식의 보다 높은 상태들로 가야만 합니다."

이제 내가 단호하게 말할 차례이다. "그것은 가장 엘리트주의자적인 입장입니다. 당신도 아실 겁니다. 신비주의자들은 항상 실재reality를 알기 위해서는 의식의 보다 높은 상태들이 필요하다고 말해 왔습니다. 그리고 그런 후 그들은 자신들의 말을 듣는 사람들에게는 누구에게나 '선하게 살아라. 왜냐하면 나는 이러한 보다 높은 상태들을 경험했으며, 너희들에게 좋은 것이 무엇인지를 나는 아노라'라고 말합니다. 그러나 듣는 사람의 콧대를 꺾는 그 책략ploy이 한번이라도 제대로 먹혀 들어간 적이 있습니까?"

"그것은 어느 정도까지는 작동을 하지요. 왜냐하면 착하다는 것은 우리 본성nature의 일부이니까요. 그 때문에 종교들의 호소가 먹히는 거죠. 그러나 기초적인 감정들emotions 또한 우리 본성의 일부입니다. 그 때문에 유물론도 우리의 흥미를 끄는 것이고요. 그래서 이 신비주의-유물론 논쟁은 계속되고 있는 것입니다. 공적이거나 사적으로 말입니다."

"그렇다면 당신이 제안하는 것은 뭐요?"

"양자 물리학은 우리에게 '영적 형이상학'spiritual metaphysics과 물질세계의 과학 사이의 역동적인 통합dynamic integration을 개발할 수 있게 해줍니다. 양자 물리학은 신비주의, 궁극적인 실재reality의 수수께끼를 간직하고 있지요. 그러나 양자 물리학은 당신이 말하는 의식의 1-2-3이라는 완전한 상태integrity를 이해할 수 있을 정도로 깊게 통찰할 수 있는 이성을 인정합니다." 나는 진지하게 말한다.

그 철학자는 이제 공손한 모습이다. "과학에 대한 그 양자 재정의quantum redefinition가 어떻게 신을 입증하는 데 도움이 되며, 과학자들과 그 밖의 모든 사람들이 그 생각을 받아들이고, 선하게 되려고 할까요?" 그가 묻는다.

"과학자들과 나눈 나의 대화를 기억하시나요?" 나는 이제 내가 그의 모든 주의력을 끌어당기고 있다는 것을 느낄 수 있다. "신God은 양자 의식quantum consciousness입니다. 그것은 모든 존재의 기반으로서의 의식의 절대적인 차원 바로 밑에 있는 차원level이지요. 과학적 객관성들과 실험적 테스트들은 이 차원에 관여될 수 있습니다. 신을 직접적으로 테스트하기 위해서가 아니라, 물질세계뿐만 아니라 신비적 차원들subtle levels을 나타내는 신의 하향적 인과관계 능력power of downward causation을 테스트하기 위해서 말입니다. 우리는 또한 신비체의 존재에 대한 확고하고 객관적인 데이터도 발견하고 있지요. 모든 사람에게 확신을 주고, 패러다임 전환에 이르게 하는 것은 바로 이 객관적인 실험적 입증verification입니다. 분명히 동의하시죠?"

"좋아요. 좋습니다. 당신이 준비한 것을 읽는 것은 확실히 흥미로울 것 같네요." 그는 포기하는 듯한 말투로 말한다. 그는 자신의 말을 꼭 지켜야 할 필요가 있다. 그가 더 할 말이 없다는 것을 깨달으면서 나는 자리를 떠난다.

두 부류는 무너트렸고, 이제 한 부류가 더 남았다. 기독교 신학자 말이다. 나는 그를 적절한 옷차림은 물론 모든 것을 세심하게 고려해서 만들어 내려고 노력한다. 놀랍게도, 기독교 신학자는 결국은 여성이 된다. 세상은 정말로 바뀌고 있다. 그렇지만 신에 대한 희망은 여전히 존재한다.

　나는 신학자와 인사를 나눈다. 그녀에게 내 책의 제목에 관해서, 그리고 회의적인 과학자 및 철학자와 붙은 한판 승부에 관해 이야기를 한다. 그녀는 아주 공감하는 듯 소리 없이 웃는다. 그런 후 똑 부러지는, 속사포 같은 말투로 이야기를 하면서 그녀의 미소는 갑자기 사라진다.

　"내가 당신의 논점에 공감을 한다는 것을 아실 겁니다. 그러나 나의 회의론은 유물론자들에 대한 경험에서 비롯된 것입니다. 그들을 얕보지 마세요. 그들은 당신을 산 채로 잡아먹을 겁니다."

　"그들은 정말로 당신을 산 채로 잡아먹었죠." 나는 조롱을 하지 않을 수 없다. "그러나 당신은 그 이유를 알고 있습니다. 그렇죠? 당신은 과학을 진지하게 여기지 않습니다. 유물론자들에 대해서는 더욱더 그럴 테고요. 교황이 갈릴레오를 인정하기까지는 4백 년 이상이 걸렸고, 다윈을 인정하는 데는 수십 년이 더 걸렸지요. 그리고 당신들 진영의 근본주의자들fundamentalists[성경을 문자적으로 해석할 것을 주장하는 기독교 신학사조. 역자주]은 진화evolution라는 생각과 여전히 필사적으로 싸우고 있습니다. 그러나 우리는 유물론자들을 진지하고 정중하게 받아들이죠. 왜냐하면 우리는 그들이 한 일에 대해 나름의 평가를 하고 있기 때문입니다. 내가 말하고 있는 새로운 과학은 유물론적 과학materialists science을 포함하고 있습니다."

　"좋아요. 좋습니다." 나의 신학자는 말한다. "그러나 당신이 그들의 과학을 포괄하는 것에 대해 그들은 기분 좋게 생각하지 않을 겁니다. 아시다시피 그들은 유일한 것이기를 원하죠.

　그래서 여러 차례에 걸쳐 우리는 그들의 과학에 있어서의 공백들gaps을 주장하면서, 신의 존재와 그들의 공백들 속에 있는 하향적 인과관계를 증명하기 위해 노력하면서 그들을 궁지에 빠트리려고 노력했었지요.

그러나 유물론자들은 항상 우리의 노력들을 좌절시키고 그 공백들을 좁힐 수 있었지요."

"우리는 공백 신학 이론gap theology보다 심오한 증거를 가지고 있습니다."

그녀는 말허리를 끊었다. "알아요. 나도 압니다. 우리도 또한 보다 심오한 증거를 가지고 있지요. 윌리엄 페일리Willian Paley[1743년 7월~1805년 5월. 잉글랜드의 성공회 신부이며, 기독교 옹호론자, 공리주의 철학자. 그는 신의 존재에 대한 목적론적 논쟁을 해설한 그의 작품 "자연신학"Natural Theology으로 유명하다. "자연신학"에 따르면, 시계가 무엇인지 모르고 시계를 처음 보는 사람이라도 일단 시계를 한번 보면 누구나 그 시계가 저절로 만들어진 것이 아니라 지능을 가진 그 누군가가 시계를 만들었음을 짐작할 수 있다. 시계와 마찬가지로 신(여기서는 크리스트교의 하나님)이 창조한 우주는 아주 복잡한 과학적 원리와 법칙에 따라 움직이고, 우주에서 일어나는 모든 현상은 시계의 침들이 움직이는 것처럼 정교하게 일어난다. 그렇기 때문에 우주는 저절로 만들어진 것이 아니라 누군가 지적인 존재가 창조한 것이고, 그 창조주는 바로 크리스트교의 하나님이다. 이것이 바로 지적 설계 이론이다. 뒤에 찰스 다윈이 진화론을 발표했을 때, 진화론 반대자들은 이 지적 설계 이론을 통해 창조론을 두둔하고 진화론을 반박하였다. 이 지적 설계 이론은 또한 무신론, 이신론, 범신론, 불가지론, 악신론 등으로부터 정통 크리스트교 교회와 성경 교리를 옹호하는 역할을 하였다. 역자주. 출전 : 위키백과]와 최근의 지적 설계 이론가들로부터 시작된 아주 멋진 증거, 아주 멋진 주장 말입니다. 만약 합목적성purposiveness[어떤 사물이 일정한 목적에 적합한 방식으로 존재하는 성질을 뜻한다. 생명체의 구조와 행동이 신이나 초세계적, 비물질적 정신이 부여한 목적에 의해 환경조건과 조화를 이루는 성질 또는 능력을 의미한다. 역자주]이 신의 특성divine signature이 아니라면, 무엇인가요? 만약 숲 속에서 멋진 시계를 본다면, 당신은 어떻게 목적을 보지 않을 수 있으며, 어떻게 그것의 설계자, 시계공watchmaker을 무시할 수 있나요? 마찬가지로 자연의 멋진 생명체들living creatures을 어떻게 볼 수 있으며, 신의 목적에 관해, 설계자 그 자신인 신에 관해 놀라지 않을 수 있나요?"

"그러나 철학자 허버트 스펜서Herbert Spencer와 보다 최근의 생물학자

리차드 도킨스Richard Dawkins[영국 옥스퍼드대학 교수이자 동물행동학자, 진화생물학자로 "이기적 유전자", "만들어진 신"의 저자. 역자주]는 지적 설계 논쟁의 방향을 돌려놓고 있습니다! 생물학적 세계의 합목적성은 외관appearance이라고 그들은 말하고 있지요. 목적론teleology의 특성signature이 아니라, 단순한 목적론적 법칙teleonomy[생물에 있어서 구조·기능의 존재는 그것이 진화에 있어서 살아남는 가치를 지니고 있었다는 것. 역자주] 그것의 목적의식purposefulness인 다윈주의자들이 말하는 적응adaptation의 결과라고 말입니다. 도킨스는 심지어 신을 눈먼 시계공The Blind Watchmaker이라고 부른 책도 썼지요. 그리고 마치 신을 하나의 망상delusion이라고 부르는 듯한 만들어진 신The God Delusion이라는 다른 책도 그렇듯이 말입니다. 그리고 사람들은 그의 생각들을 돈을 주고 사고 있지요. 판사들judges조차도 말입니다."

실제로, 마지막 주장은 전적으로 진실이 아니다. 비록 2006년에 미국 연방법원의 한 판사가 학교에서 지적 설계에 관해 가르치지 말라고 명령을 내렸지만, 그것은 지적 설계에 관한 논거가 그 당시에는 다소 약했기 때문이었다. 이 책을 내기로 한 나의 목적 가운데 하나는 그것을 바로잡기 위한 것이다.

사실, 많은 과학자들은 도킨스가 바라고 있는 것처럼, 생명이 '전적인 우연'blind chance과 생존–필연성survival-necessity에 의해 추동되는 물질matter에서 생겨날 개연성이 없음을 보여 주는 확률계산을 바탕으로 한 도킨스의 주장들이 가지고 있는 약점을 발견했다. 그러나 이 논쟁은 우리를 이 책의 주제에서 벗어나게 할 것이다. 나는 핵심 논점으로 되돌아가려고 할 것이다.

"당신의 가장 중요한 문제는 당신이 그리고 있는 신의 상picture이 비판하기 쉬울 정도로 아주 순진하다는 것입니다. 그리고 도킨스와 다른 유물론자들은 그렇게 하느라 바쁘게 지내고 있지요. 그들은 항상 인기영합적인 기독교의 신을 그들의 주장을 뒷받침하기 위해 가짜 신straw

God으로 이용하고 있습니다. 그들이 신에 대한 난해한 개념들을 이용하도록 내버려 두고, 그들이 유물론적 주장들을 이용하여 신을 무효로 할 수 있는지 살펴보도록 합시다!

그러나 나는 그것 이상의 것을 제안하고자 합니다. '신의 특성들' signatures of the divine에 관해 이야기를 나눠보도록 하시죠. 우리가 이러한 특성들을 발견하는 아주 간단한 새로운 방법을 가지고 있는 것을 알면 당신은 행복할 것입니다."

"어떤 방법이죠?" 나는 나의 신학자의 빈정거리는 버릇을 간파해 냈다. 이제 그녀는 드러내놓고 궁금해 한다.

"아시겠지만 부인, 당신네 신학자들은 과학이 입증하지 못하고 있는 공백들에서 신의 특성들을 보고 있습니다. 물론 그것은 그 자체로는 나쁜 생각은 아니지요. 그것에 대해 나는 당신들을 존중합니다. 그러나 적어도 이론상으로는, 당신들은 과학에 대한 유물론적 접근방식을 통해 연결시킬 수 있는 공백들과 그 접근방식을 이용하여 연결시킬 수 없는 공백들을 차별화시키는 데 실패했습니다. 당신들은 약간 미온적인 태도를 보여 왔지요."

"그럴지도 모릅니다. 그러나 당신이 생각하는 대안은 무엇이죠?"

"우리는 정확히 구별합니다. 우리는 유물론적 접근방식을 통해 연결시키는 것이 불가능한 그러한 공백들에 근거를 두고 있지요. 나는 그것들을 '유물론에게는 불가능한 질문들'이라고 부르고 있습니다. 그리고 그 밖에도 더 있지요.

양자 물리학의 적용은 우리에게 또 다른 종류의 신의 특성을 제공해 줍니다. 양자 의식quantum consciousness 말입니다. 한 가지 예는 오늘날 우리가 생각thought의 양자도약quantum leap[원자 내의 전자가 정상적인 에너지 준위들 사이를 마치 도약을 하듯이 순간적으로 상태가 전이되는 현상. 역자주]으로 알고 있는 불연속성discontinuity, 창의적 경험의 불연속적 통찰력insight이지요. 다른 특성들도 있습니다. 신호들 없이 공간-시간을 통해 작동하는 비국소적 상호연결성nonlocal interconnectedness[입자들이 서로 연결되어 있기 때문에 거리와 상관없이 빛보다 빠르게 동시적, 순간적으로 상호작용이 이루어지는 현상. 역자주] 같은 것들 말입니다.

이러한 양자 특징들은 지울 수 없는 잉크로 기록되어 있습니다. 그들은 어떤 유물론적 위장에 의해 지워지거나 억지로 합리화될 수도 없지요."

"정말입니까? 그것 참 믿을 수 없을 정도로 희망적이네요. 그러나 묻지 않을 수 없군요. 당신의 새로운 접근방식은 예수를 어떻게 생각하고 있는지요? 당신의 접근방식은 예수의 특수성specialness을 인정하나요?"

"물론이죠. 예수는 매우 특수하지요. 아주 특별한 범주의 사람들, 완성된 존재들perfected beings 가운데 한 사람이죠."

나의 신학자는 생각이 많아진다. "당신은 예수가 신의 독생자the only begotten Son of God라는 생각을 지지하지 않으시나요?"

"네. 그러나 나는 차선책을 강구하고 있습니다. 나는 예수가 속한 범주의 사람들 모두는 진짜로 신의 독생자인 성령Holy Spirit이라고 부르는 어떤 '의식의 상태'에 정기적으로 접근하고 있다는 것을 증명할 것입니다."

"그거 흥미롭네요. 기독교적 신학 그 자체 안에 있는 새로운 패러다임의 사고방식 몇 가지를 생각나게 하네요."

"바로 그것입니다."

여기에 그 책이 있다. 그것은 신 – 양자 의식quantum consciousness — 의식의 우선성primacy of consciousness에 근거한 과학의 새로운 패러다임에 관한 것이며, 과학적으로 입증 가능한, 합리화되어버릴 수 없는 신의 양자 특징들에 관한 책이다. 그것은 우리의 영적 여정들의 의미이자 목적에 관한 것이며, 진화의 의미와 목적에 관한 책이다.

수천 년 동안 우리 인간들은 신을 직감으로 알아왔으며, 찾아왔다. 우리가 발견한 그것은 우리에게 선하고good, 비폭력적이며, 사랑하는 마음을 품게 했다. 그러나 우리는 대부분 어떻게 선해지며, 어떻게 사랑하는지에 관한 우리의 직감들에 따라 사는 데 실패했다. 좌절 속에서 우리는 방어적이 되었다. 우리는 신이라는 개념idea을 우리가 그 개념에 맞춰 사는 것이 불가능하다는 것을 변명하기 위해 우리 자신을 방어해야만 하는 신을 믿는 자들이 되었다. 그것은 종교적 전향, 근본주의, 심지어 테러리즘까지 모든 것을 신의 이름으로 우리에게 행하게 만들었다.

현대 과학은 종교적 테러리즘의 폭압으로부터 우리 자신들을 해방시키기 위한 노력으로부터 발전했다. 물론 진리Truth는 진리다. 그래서 과학이 이제 신을 재발견했다는 것은 피할 수 없는 사실이다. 불행하게도, 나는 이것 하나가 신이라는 이상적인 것을 실천하는 어려움들을 훨씬 쉽게 만들 것인지에 대해서는 의문을 가지고 있다.

그래서 우리는 하나의 도그마가 요구하는 데로 살 수 없다는 죄책감으로부터 우리 자신을 방어하기 위해서 또 하나의 도그마를 만들어 내는 위험에 처하고 있는 것일까? 그렇지 않기를 바란다.

신을 믿지 않는 유물론적 과학의 하나의 이점은 그것이 어느 정도까지 가치 중립적이라는 것이며, 그 누구도 어떤 이상적인 것들에 따라 살아야 할 필요가 없다는 것이다. 사실, 그것은 사람들을 냉소적인 실존주의자들이 되도록 부추기고 있으며, 소비주의, 어쩌면 철저한 쾌락주의에 빠지도록 부추기고 있다. 물론, 그것은 오늘날 우리가 우리 주변에서 모두 보고 있는, 실현되지 않은 인간의 가능성이라는 광대한 미개간지도 만들어 내고 있다.

의식 안의 새로운 과학은 과거의 종교들, 신이라는 개념을 옹호했던 사람들이 실패했던 것에 대해 보다 많이 이해함으로써 시작된다. 신의 양자 특징들은 신을 우리 삶 속에서 실감하기 위해 우리가 무엇을 해야만 하는지, 우리가 왜 실패를 하는지, 그리고 우리가 왜 우리의 실패를 숨기고 근본주의자적인 행동주의자들이 되는지를 아주 명백하게 말해 준다. 만약 당신이 신의 양자 특징들에 주의를 기울인다면, 양자도약quantum leap과 비국소적 인식nonlocal knowing의 중요성은 당신 앞에 놓인 또 다른 선택권이다. 나는 이 선택을 *퀀텀 행동주의*quantum activism라고 부를 것이다.

일반적인 행동주의는 세상을 변화시킨다는 생각에 기초를 두고 있기 때문에 당신은 달라질 필요가 없다. 이와는 대조적으로, 영적인 스승들은 우리 자신의 변화transformation에 집중해야 하며, 세상은 그냥 내버려 두라고 우리에게 끊임없이 말하고 있다. 양자 행동주의는 당신에게 중도middle path를 택하라고 권하고 있다. 당신은 당신 자신의 변화의 중요성을 알고 있을 것이다. 그리고 당신은 진지하게 변화를 위한 길을 여행할 것이다. 양자도약과 비국소성 탐험의 어려움들에도 불구하고 말이다. 그러나 당신은 그것은 변화냐 아니면 실패냐의 문제라고 말하지 말라. 당신은 또한 당신을 둘러싼 세상 속에서 진화하고 있으며, 계속해서 그렇게 되도록 돕는 의식이라는 '홀로그램적 흐름' holomovement에도 주의를 기울여야 할 것이다.

그리고 마지막으로 이 책은 또한 퀀텀 행동주의에 대해 소개하고 있다. 말할 필요도 없이, 내 자신은 퀀텀 행동주의자이다. 존경하는 독자 여러분, 나의 세계에 오신 것을 환영한다!

Part 1

서론
Introduction

과학자로서 미국 과학원의 정규회원이 된 지 약 10년이 지난 1973년, 나는 행복하지 않았다. 그러나 나는 그 이유를 알지 못했다. 다음 사건은 내게 그 이유를 깨닫게 해주었다.

나는 핵물리학 컨퍼런스에 참석해 있었다. 핵물리학은 나의 가슴과 영혼을 바친 연구 분야였다. 적어도 나는 그렇게 생각했다. 나는 그 컨퍼런스의 연사였으며, 내 차례가 왔을 때 나는 내가 생각하기에도 아주 멋진 발표를 했다. 그럼에도 불구하고 나는 만족하지 못했다. 왜냐하면 나는 나의 발표를 다른 사람들의 발표와 비교를 하면서 질투심를 느끼고 있었기 때문이었다. 그 질투심은 그날 내내 계속됐다.

저녁 파티에 참석했다. 그곳에는 자유롭게 먹을 수 있는 많은 음식과 술들이 있었으며, 많은 흥미를 끄는 동료 과학자들과 일반 사람들이 있었다. 그러나 나는 더 많은 질투심이 느껴졌다. 왜 사람들은 나에게 관심을 기울이지 않을까? 나의 질투심이 없어질 정도로 충분하게 말이다. 이런 생각은 내가 그치지 않을 질투심을 가지고 있다는 것을 깨닫기 전까지 계속됐다. 주머니 속에 넣어온 소화제들은 이미 모두 다 떨어진 상태였다.

절망적인 느낌으로 나는 밖으로 나갔다. 그 컨퍼런스는 캘리포니아 몬터레이만에 있는 애실로마 컨퍼런스 그라운드(Asilomar Conference Grounds)에서 열리고 있었다. 밖에는 아무도 없었으며 약간 쌀쌀했다. 갑자기 차가운 바닷바람이 내 얼굴을 때렸다. 한 생각이 떠올랐다(그 생각은 어디서 나타났을까?). "나는 왜 이렇게 살고 있는 걸까?"

나는 왜 이렇게 살았을까? 실제로 과학의 모든 분야에 있어서 이론적 틀이나 개념의 집합체를 의미하는 패러다임(paradigm)에 관한 연구는 다른 연구자들에게 관심을 받으며 선도적으로, 세부적인 사항들에 대한 연구를 수행하는 다른 사람들이 필요로 하는 문제들에 대해 정의를 내리는 소수의 사람들로 이루어진다. 새로운 흐름을 정착시키는 사람들인 그 엘리트 그룹에 속하는 것은 많은 것들에 의해 좌우된다. 과학원 회원이 되는 쉬운 길은 새로운 흐름을 정착시키는 사람이 되려는 시도 속에서 '사라지기' 보다는 그 흐름의 추종자가 되고, 논문을 발표하는 것이다. 내가 하고 있었던 것이 바로 그것이다. 나는 즐겁게 추종을 하고 있었다.

나는 왜 이렇게 살았을까? 패러다임 과학이 다루는 대부분의 문제들은 그것이 우리 삶과 관계가 없다는 것이다. 그 문제들은 중세 수도사들이 매달렸던 의문들과 거의 비슷하게 난해하다. 예를 들면 '하나의 핀 위에서 얼마나 많은 천사들이 춤을 출 수 있는가' 라는 의문처럼 말이다. 그렇게 나의 삶과 나의 연구는 완전히 서로 일치하지 않았다.

나는 왜 이렇게 살았을까? 물리학은 오늘날 우리와 어쨌든 간에 관계가 있는 것인가? 핵물리학은 무기 연구, 어쩌면 에너지 연구와도 연관이 있다. 그러나 그것은 다른 것들과의 연관은 그리 많지 않다. 아인슈타인 시기에 있어서 물리학은 다른 것들과 연관이 있었다. 닐스 보어Neils Bohr의 시기에서는 분명히 그랬다. 그러한 것들은 모든 과학뿐만 아니라 일반적으로 우리가 세상을 보는 방식에 영향을 미쳤던 패러다임 전환의 시기였다.

나는 왜 이렇게 살았을까? 나는 과학원 종신회원 자격을 가지고 있었다. 나에게는 불행한 물리학을 할 아무런 이유가 없었다. 나는 무엇인가 '행복한' 물리학을 연구해 보고 싶었다.

나는 물리학에서 나의 개인적인 행복을 추구하기 위한 결정이 신에 관한 과학적 재발견에 이르게 할 것이라고는 생각하지 못했다. 나는 당신이 알다시피 흔들리지 않는 유물론자였다.

Chapter 1

신에 관한 과학적 재발견
The Scientific Rediscovery of God

세상 사람들이 신이라고 부르는, '보다 높은 힘' higher power 이라는 개념은 천년 이상이나 오래된 것이다. 그 생각은 우리가 물질적, 세속적 근거들만을 바탕으로 해서는 설명될 수 없는 현상들을 경험한다는 것이다. 가능한 유일한 설명은 그 현상들이 '신의 개입' intervention 에 의해 일어난다는 것이다. 신의 개입은 하향적 인과관계 downward causation 라고 불린다.

이 개념은 하늘에 있는 보좌에 앉아서 하향적 인과관계라는 행위들을 베풀고 있는 전지전능한 황제로서의 신의 이미지를 상기시킨다. 그가 베풀고 있는 하향적 인과관계는 창조의 행위들, 지구를 포함한 천체들의 각기 다른 운동의 법칙들, 경건한 신자들을 위한 기적 같은 치유들, 고결한 자와 죄인들에 대한 심판 등등이다. 이 순진하고, 시대에 뒤떨어진 생각에 대한 지지는 오늘날에 있어서조차 통속적인 종교들, 특히 대중적 인기를 얻고 있는 기독교에 있어서 은연 중에 내포되어 있다.

과학자들은 이 설명을 철학적으로 지지할 수 없는, 불가능한 이원론 dualism이라고 업신여기기 위해 가장 인기 있는 신의 지지자들의 순박함을 이용한다. 신은 과연 하향적 인과관계를 저녁 식사 그릇을 나누어 주듯이 하고 있으며, 우리 세상에 때때로, 이곳저곳에서 개입하고 있는 것인가? 그것은 불가능하다고 그들은 단언한다. 어떻게 비물질적인 신이 물질적인 세상에서 물체들과 상호작용을 하는 것일까? 다른 종류의 두 가지 실체entity는 *매개 신호*mediator signal 없이 상호작용을 할 수 없다. 그러나 신호의 교환은 에너지를 포함한다. 물리적 세계의 에너지만이 항상 보존되거나 혹은 일정불변의 것이다. 그러나 그러한 일은 불가능할 것이다. 만약 세계가 초자연적인 신과의 어떤 상호작용에 관여된다면 말이다! 이상. 끝!

기독교의 인기 영합주의자들은 이러한 과학의 주장에 대해 유물론적 과학의 가장 취약한 이론들 가운데 하나인 (신)다윈주의라는 진화론을 공격함으로써 반격을 펼친다. 그러나 창조주의자와 지적 설계 이론가로 알려진 이들 인기 영합주의자들은 이원론은 말할 것도 없고 신다원주의에 대한 어떠한 신뢰할 만한 대안을 제공하지 못하고 있다.

신의 가설에 대한 진지한 제안자들은 존재하고 있는 모든 것이 신이며, 신은 초자연적이면서('초월적' transcendent) 동시에 세상적('내재적' immanent)이라고 말함으로써 이원론에 대한 비판에 대응하고 있다. 이러한 철학은 *일원론적 관념론*monistic idealism 혹은 *영원 철학*perennial philosophy [헉슬리Aldous Huxley가 그의 동명의 저서에서 유명하게 만든 말이지만, 원래 라이프니츠Leibnitz가 최초로 사용한 용어로 존재와 의식을 최하위의 가장 조밀한, 그리고 가장 단편적인 영역으로부터 최상위의 가장 '미묘하고' subtle 가장 '통일된' 영역에 이르기까지 여러 상이한 차원적 수준을 '계층' hierarchy 설명한다. 역자주]이라 불린다. 여기서 '초월적'이라는 개념은 이 세계 밖에 존재하지만 이 세계 안에 존재하는 것에 영향을 미칠 수 있음을 의미한다. 하향적 인과관계는 초월적 신transcendent God에 의해 발휘되는 것이다.

그러나 과학자들은 이 초월성transcendence의 정의에 대해 이와 똑같이 진지하게 논쟁을 벌이면서 이 복잡한 개념에 의문을 던지고 있었다. 어떻게 이 세상 밖에 있는 무엇인가가 이 세상 안에 있는 어떤 것의 원인cause이 될 수 있는가? 이 개념 역시 이원론과 같다고 그들은 주장하고 있다.

과학자들은 오래 전에 세상의 현상들은 '신의 가설' 없이도 이해할 수 있다는 것을 입증하려고 시도했다. 르네 데카르트는 최고의 존재supreme being가 물리학, 역학, 그리고 기하학의 법칙들에 따라 일정하고 지속적인 운동량을 제공하고 있는, 움직이는 천체 시스템으로서 우주를 존재하도록 했으며, 그런 후에는 어떤 방식으로도 간섭하지 않는 시계장치 우주clockwork universe라는 아이디어를 직감으로 알았다. 갈릴레오 갈릴레이는 우리가 과학이라고 부르는 이론과 실험의 양면적 접근법을 발견했다. 아이작 뉴턴은 시계장치와 같은 결정론적 우주의 배후에 있는 물리학의 법칙들, 지구행성이나 천체에 똑같이 적용되는 법칙들을 발견했다. 그런 후 찰스 다윈은 생명의 창조라는 성경적 생각들을 화석 데이터를 통해 어느 정도까지는 입증하는 진화론적 대안을 발견했다.

신을 믿지 않는 과학의 이러한 그리고 다른 괄목할 만한 성공은 다음과 같은 가설을 촉발시켰다. *삼라만상All things*은 물질의 기본입자들과 그들의 상호작용들로 이루어진다. 세상 속의 모든 것은 이 하나의 가설을 통해 이해될 수 있다. 기본입자들[입자물리학에서 물질을 구성하는 가장 기본이 되는 물질요소를 기본입자 또는 소립자라고 한다. 물질 내부에 구조가 없어서 그 내부에 더 간단한 다른 입자가 없는 입자들 말함. 역자주]은 원자들atoms이라고 불리는 집합체들을 형성한다. 원자들은 분자들이라고 불리는 보다 큰 집합체들을 형성한다. 분자들은 세포들을 형성한다. 이러한 세포들의 일부

(신경세포들neurons)는 우리가 뇌라고 부르는 집합체를 형성한다. 그리고 뇌는 우리 인간의 개념들을 생각해 낸다. 이러한 생각들은 중뇌midbrain 속 한 지점의 흥분으로 인해 존재할지도 모르는 한 생각으로서의 신God을 포함하고 있다. *과학적 유물론scientific materialism* 혹은 *유물론적 일원론 material monism* 혹은 간단히 *유물론materialism*이라고 불리는 이 철학에서 원인cause은 기본입자들로부터 위로 올라간다. 모든 원인들은 우리 인간의 신에 대한 경험들을 포함한 모든 결과들effects을 만들어 내는 '상향적 인과관계' upward causation에서 기인한다(그림 1-1).

그러나 신비한 영적 전승들은 신은 뇌 너머에 있다고 말한다. 신은 인간 본질essence의 원천, 우리 인간 안에 있는 보다 높은 의식consciousness 혹은 영Spirit이다. 의문은 다음과 같다. 상향적 인과관계 모델이 정말로

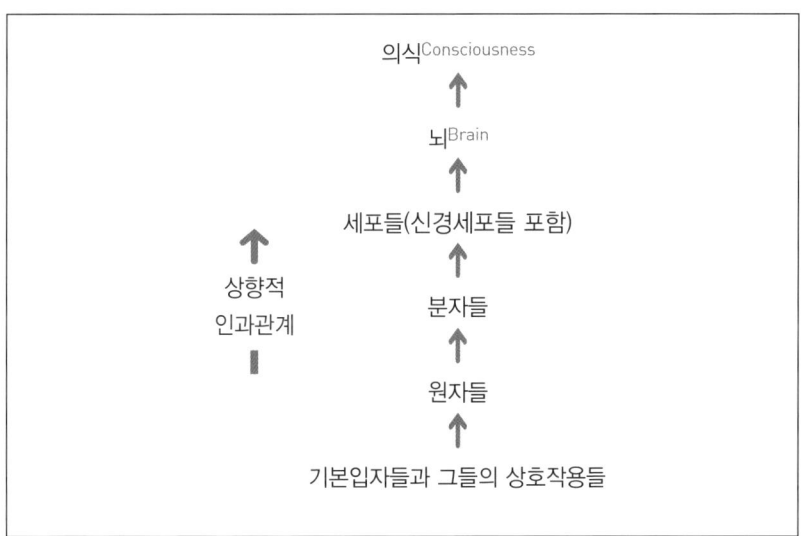

[그림 1-1] 유물론의 상향적 인과관계 모델. 원인은 기본입자들로부터 원자들로, 분자들로, 그리고 뇌를 포함한 보다 복잡한 집합체들로 향해 올라간다. 이러한 견해에서 의식 consciousness은 그 인과적 효과성causal efficacy이 오로지 물질의 기본 차원인 기본입자들로부터 나타나는 하나의 뇌 현상이다.

우리 인간을, 그리고 보다 높은 의식을 포함해서 우리 인간의 의식을 설명하고 있는가?

의식이란 대답하기 힘든 질문인가?
Is Consciousness a Hard Question?

오늘날 일부 철학자들은 의식consciousness을 과학의 '불가능한 질문'(챌머스Chalmers, 1995)이라고 부르기 시작했다. 물론, 그렇게 부르는 것은 한 사람이 선택한 맥락에 따라 좌우된다.

한 맥락은 신경생리학, 뇌 과학이다. 그 맥락은 뇌가 인간의 주관적인 경험들 모두를 생성하고 있다고 여기고 있다. 신경생리학자들은 의식을 우리가 뇌라고 부르는 복잡한 물질로 된 박스의 실체가 없는, 장식용에 불과한 부수현상(제2차 현상)이라고 단정한다. 다른 말로 하자면, 간이 담즙을 분비하는 것과 똑같이 뇌는 의식을 분비한다.

이러한 설명은 나에게 선禪과 관련된 이야기를 상기시킨다. 한 남자가 4인 가족(부모와 두 명의 장성한 아이들)을 만난다. 그들 모두는 깨달음을 얻은 상태이다. 그것은 그가 깨달음이 얻기 쉬운지 아니면 어려운지를 알 수 있는 기회이다. 그래서 그는 아버지에게 묻는다. 그는 "깨달음이란 매우 어려운 것"이라고 대답한다. 그는 어머니에게 묻는다. 그녀는 "깨달음이란 아주 쉬운 것"이라고 대답한다. 아들에게 묻는다. 그는 "그것은 어렵지도 쉽지도 않다"고 대답한다. 마지막으로 그는 딸에게 묻는다. 그녀는 "만약 당신이 그것을 쉽게 만들면, 깨달음은 쉬운 것이며, 만약 당신이 그것을 어렵게 만들면, 그것은 어려운 것"이라고 말한다.

만약 당신이 의식을 뇌의 부수현상(제2차 효과)으로 생각한다면, 의식은 정말로 대답하기 어려운 질문이다. 당신이 그것을 어렵게 만들고 있는 중이기 때문이다. 실증적 모델objective model은 항상 물체들objects의 관점에서 질문에 대한 답을 찾는다는 것을 고려하라. 그래서 신경생리학자들은 다른 대상들, 즉 뇌, 뉴런(신경단위)들, 기타 등등의 관점에서 의식을 이해하려고 노력한다. 그들이 바탕에 깔고 있는 가정은 의식이 하나의 대상object이라는 것이다. 그러나 의식은 하나의 주체subject이기도 하다. 대상(들)을 바라보고, 그것에 대해 생각하는 주체 말이다. 이러한 의식의 주체적 측면subject-aspect은 신경생리학적 뇌 기반 모델의 한 약점을 노출시키고 있다.

진실은 의식이란 대답하기 어려운 질문일 뿐만 아니라 유물론자들에게는 불가능한 질문이라는 것이다. 그것은 인기에 영합하는 종교들조차, 하향적 인과관계에 대한 그들의 견해가 비록 극도로 단순한 것일지라도, 항상 한 가지 일에 관해서는 분명했기 때문이다. 그것은 우리가 자유 의지free will를 갖고 있으며, 신을 선택하는 우리의 자유 의지 없이는 하향적 인과관계라는 신의 능력은 헛된 것이 될 것이라는 사실이다. 만약 우리가 지고선highest good으로 정의된 신을 선택하는 중이라면, 우리는 가치관들과 윤리를 선택하는 중이다. 그러나 그 선택을 할 수 있기 위해서는 우리에게 자유 의지가 필요하다.

그러나 만약 우리가 *자유* 의지를 가지고 있다면, 원인 작용causality의 원천이 물질적 우주 밖에 반드시 존재해야만 한다. 그렇기 때문에 상향적 인과관계를 주장하는 사람들은 자유 의지라는 개념에 대해 맹렬하게 이의를 주장하고 있다. 만약 우리가 자유 의지를 가지고 있다면, 인간을 사회심리적인 조건 형성의 산물들로 묘사하는 행동주의 심리학자들의 주장은 그다지 잘 작용하지 못한다. 그들은 그 개념과 맞서 싸우고 있다. 우리의 의식처럼, 우리의 자유 의지 또한 실체가 없는 뇌의 부수현상이어야만 한다. 인간은 행동과 관련하여 결정지어진 기계들machines 혹은 걸어다니는 좀비들이라고 주장하고 있다. 그들의 과학은 신과 종교를 훼손시키고 있을 뿐만 아니라 인간 사회와 문화의 가장 근본적인 것들인 가치관과 윤리도 그렇게 하고 있다.

그렇다면 신과 하향적 인과관계는 존재하는가? 의식은 물질의 부수현상인가? 우리는 자유 의지를 가지고 있는가? 상향적 인과관계 모델이 단정하고 있는 것은 최종적인 것인가? 아니면 그렇지 않다는 것을 제안하는 새로운 과학적 증거는 존재하는가?

그렇다. 그 증거는 존재한다. 물리학에 있어서 하나의 혁명이 양자 물리학의 발견과 함께 지난 세기 벽두에 일어났다. 양자 물리학의 메시지는 이렇다. 맞다, 신은 존재한다. 당신이 원한다면 그것을 양자 의식 quantum consciousness이라고 부를 수 있다. 일부 사람들은 그것을 양자 진공 장 quantum vacuum field 혹은 동양의 지혜를 빌어 아카식 장akashic field(라즐로 Laszlo, 2004)이라는 보다 객관적인 말로 부른다. 그러나 이름이야 어떻든 간에 하나의 장미는 그 자체의 향기를 지니고 있다.

양자 물리학 : 기본 원리
Quantum Physics : The Basics

양자 물리학의 본질은 과학자들도 이해하기 어렵다. 그러나 나의 경험에 의하면, 비과학자들도 이제 그것을 보다 쉽게 이해할 수 있게 됐다. 세상에는 과학자들의 어려움을 상세히 설명하는 책들이 있다. 여기서 우리는 간략히 훑어보기로만 하자.

양자 물리학은 물질과 에너지의 본성과 움직임을 원자와 아원자 입자들의 스케일에서 설명하는 것을 발견한 물리적 과학이다. 그러나 이제 양자 물리학은 모든 물질에 대해 유효하다고 믿어지고 있다. 과학자들은 아원자와 같은 미립자들을 단지 그것들이 어떻게 상호작용을 하는가라는 관점에서만 설명할 수 있다. 그것이 바로 극미소 물질들의 역학을 설명하는 방법으로서 양자 이론quantum theory이 시작된 배경이다. 그러나 양자 물리학은 또한 오늘날 별과 은하계, 그리고 빅뱅Big Bang과 같은 우주적 현상이라는 아주 커다란 대상들을 우리가 이해하는 토대가 되고 있다.

양자 물리학의 기원은 1800년대 초기로 거슬러 올라간다. 그러나 우리가 양자 물리학이라고 알고 있는 것은 1900년 막스 플랑크Max Planck의 연구작업에서 시작됐다. 양자 물리학의 수학적 처리mathematics는 1920년대 중반 베르너 하이젠베르그Werner Heisenberg와 어윈 슈뢰딩거Erwin Schroedinger에 의해 발견됐다.

플랑크는 그의 양자 이론에서 에너지가 이전까지 믿어져 왔던 것처럼 불변의 전자기 파동electromagnetic wave으로서가 아니라 물질matter과 동일한 방식으로 원소들units 속에 존재한다고 가정했다. 그는 에너지가 별개의 원소들로 구성되는 것을 의미하는 '양자화' 된다고 간주했다. 이러한 원소들의 존재 – 플랑크는 이 원소를 양자quantum라고 불렀다 – 는 양자 이론의 첫 번째 위대한 발견이 되었다.

모든 물질은 *입자들*particles(작은 알갱이들과 같은 어떤 공간을 차지하고 있는 것을 의미하는 국소화된 대상들)과 *파동들*waves(한 점에서 다른 점으로 점진적으로 퍼지는 간섭들disturbances 혹은 변동들variations) 두 가지 모두의 특성들을 나타낸다는 것이 양자 물리학 이론의 핵심이다. 입자와 파동은 하나의 물질적 대상의 두 가지 측면이라는 이 핵심 개념은 *파동-입자 이중성*wave-particle duality이라고 불린다. 양자 대상들quantum objects의 파동들은 가능성의 파동들waves of possibility이라는 사실도 또한 보편적으로 동의를 얻고 있다.

양자 물리학의 이 이중성과 미묘함을 설명하기 위해 다양한 해석들이 제안되어 왔다. 몇 년 동안 지배적이었던 하나는 양자 이론의 '코펜하겐 해석' 으로 알려져 있다. 이 용어에는 실제로 여러 가지 해석들이 포함되어 있다. 일부는 아주 서로 상반되는 해석들까지 말이다.

코펜하겐 해석은 일반적으로 다음과 같이 진술하고 있는 것으로 이해되고 있다. 즉, 모든 양자 대상quantum object은 그것의 파동함수wave function[양자역학에서 물질입자인 전자·양성자·중성자 등의 상태를 나타내는 양을 말하며, 보통 공간좌표 x의 함수 ψ(x)라는 형식으로 표시된다. 역자주]에 의해 서술된다. 파동함수는 그 대상이 측정될 때 어떤 위치에서 발견되는지에 관한 확률probability을 결정하는 데 사용되는 수학적 함수이다.

각각의 측정은 물질의 상태 안에서 가능성의 파동wave of possibility으로부터 실재의 입자particle of actuality로 변화시킨다. 이 변화는 '파동함수의 붕괴'collapse of the wave function라는 개념으로 알려져 있다. 간단하게 말하자면, 이 개념은 파동 측면의 모든 가능성들이 입자 측면의 하나의 일시적인 확실성certainty으로 축소되는 것을 의미한다.

불행하게도, 양자 수학이나 코펜하겐 해석 어느 쪽도 '파동함수의 붕괴'라는 현상event에 대한 만족스러운 설명을 제공하지 못한다. 그러나 양자 물리학자들은 그 이론으로부터 '붕괴'라는 개념을 제거하는 것이 불가능했다. 이에 관한 진실은 붕괴라는 개념을 이해하기 위해서는 의식consciousness이라는 것이 반드시 필요하다는 것이다(폰 노이만, 1955). 만약 우리가 이러한 사고를 따른다면, 그것은 의식이라는 것 없이는 파동함수의 붕괴도, 물질 입자들도, 물질성materiality도 없다는 것을 의미한다.

그렇게 양자 물리학의 가장 간결한 기초들이 존재한다. 이제, 그 적용에 관해 살펴보도록 하자.

양자 물리학과 의식
Quantum Physics and Consciousness

분명히 양자 물리학에 관한 수학은 결정론적이며 상향적 인과관계 모델에 기초를 두고 있다. 그러나 그것은 대상들과 대상들의 움직임들을 결정된 현상들(뉴턴 물리학에서처럼)로서가 아니라 앞에서 언급한 것처럼 이러한 파동함수에 의해 수학적으로 서술되는 가능성들 – 가능성의 파동들로서 예측하고 있다. 이러한 가능성들의 확률들은 아주 많은 대상들 혹은 현상들에 대해 아주 성공적으로 예측할 수 있는 과학을 개발 가능하도록 해주는 양자 수학을 통해 계산될 수 있다. 이것이 유물론자들을 난처하게 만들지 않는 양자 물리학의 한 측면이다.

불행하게도, 양자 물리학에는 매우 당혹스러운 측면이 존재한다. 바로 '붕괴 현상' collapse event이라는 것이 그것이다. 이것에 대한 적절한 이해는 과학 안에서 신God을 부활시키고 있다. 우리가 하나의 양자 대상을 바라볼 때, 우리는 그것을 가능성들의 다발로서가 아니라, 뉴턴 물리학자들이 말하는 입자와 많이 비슷하게 '실제적인 어떤 위치를 차지하고 있는 국소적 현상' actual localized event 으로서 경험한다. 그렇지만 앞에서 언급한 것처럼, 양자 물리학은 실제로 나타나는 경험이라는 단일 현상으로 이 가능성들이 '붕괴' 하는 것을 설명하는 어떠한 메커니즘 혹은 수학을 가지고 있지 못하다. 실제로, 양자 물리학은 물리학의 수학에 기초를 둔 필연성certainty에는 한계가 있다고 단호하게 선언한다. 우리에게는 결정론적인 양자 가능성들을 관측된 단일 현상이라는 실재로 연결시키게 할 수 있는 그 어떤 수학도 존재할 수 없다. 그렇다면, 어떻게 양자 가능성들은 단순히 우리가 그들을 관측함으로써, 단순히 우리 의식과의 상호작용을 통해(그림 1-2) 실재의 경험이 되는 것인가? 우리는 이 수수께끼 같은 '관찰자 효과' observer effect를 어떻게 설명해야 하는가?

양자 언어로 말하자면, 신경생리학자들의 상향적 인과관계 모델은 다음과 같이 해석된다. 즉, 기본입자들의 가능성을 가진 움직임movements은 원자들의 가능성을 가진 움직임을 만들어 내고, 원자들의 움직임은

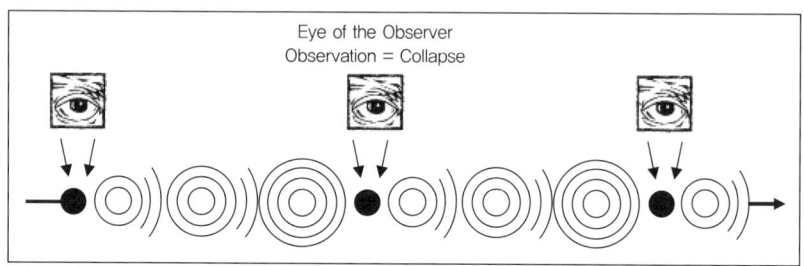

[그림 1-2] 붕괴collapse를 만들어 내는 의식적 선택으로서의 양자 가능성 파동들quantum possibility wave과 하향적 인과관계.

가능성을 가진 분자들의 움직임, 또 분자들의 움직임은 가능성을 가진 세포들의 움직임, 또 그것은 가능성을 가진 뇌의 상태들을 만들며, 의식을 만든다. 그렇다면 의식 자체는 가능성들의 집합체이며, 그것은 *가능성의 파동*wave of possibility이라고 불린다. 하나의 가능성의 파동이 어떻게 다른 가능성의 파동과 상호작용을 함으로써 그 다른 가능성의 파동을 붕괴시킬 수 있는가? 만약 당신이 가능성과 가능성을 연결시켜 놓는다면, 당신이 얻는 모든 것은 보다 큰 가능성이지 하나의 실재actuality가 아니다.

가능성 있는 돈이 당신 은행계좌로 유입되는 것을 상상한다고 가정해 보라. 그것을 당신이 상상할 수 있는 모든 가능성 있는 자동차들과 연결시켜 보라. 그렇게 하는 것이 당신의 차고 속에 하나의 자동차를 현실화시킬 것인가?

부디 잊어버리길 바란다. 의식이 신경생물학적 부수현상이라는 이론적 모델에서 우리 인간이 무엇인가를 바라보는 것이 가능성을 실재로 바꿀 수 있다는 주장은 논리적 모순이다. 그리고 그 모순은 인간의 의식에 관한 신경생물학적 모델은 결점이 있거나 기껏해야 불완전하다고 믿을 수 있는 지표이다.

그 모순은 당신이 두 가지 사실을 깨닫기 전까지 남아 있는다. 첫째,

양자 가능성들은 모든 존재의 토대인 '의식' 그 자체의 가능성들이라는 사실. 이 사실은 우리를 일원론적 관념론monistic idealism 철학에 이르게 한다. 둘째, 우리 인간이 무엇인가를 바라봄은 모든 양자 가능성들로부터 우리가 경험한 실재actuality가 되는 하나의 독특한 국면facet을 선택하는 것과 같다는 사실 말이다.

보다 구체적으로 상황을 이해하기 위해서, 처음에는 하나의 그림인 것처럼 보이는 것이 실제로는 두 개의 그림인 '게슈탈트 그림'gestalt picture이 어떻게 인지되는지 실험해 보도록 하자. 당신은 어쩌면 젊은 여성과 마귀처럼 생긴 할망구가 함께 그려진 게슈탈트 그림을 본 적이 있을 것이다. 그 그림을 그린 화가는 그것은 '나의 아내와 장모'라는 제목을 붙여놓고 있다. 또 다른 게슈탈트 그림은 화병과 두 개의 얼굴을 함께 그린 것이다. 당신은 당신이 하나의 인식으로부터 다른 인식으로 옮겨갈 때 당신이 그림에 영향을 미치지 않는다는 것을 알아차린다. 두 가지 가능성들은 이미 당신 안에 존재하고 있다. 당신은 그저 당신의 관점을 선택함으로써 그들 중에 하나를 선택하고 있는 것이다. 이런 식으로 하나의 초월적 의식transcendent consciousness 이원론 없이도 하향적 인과관계를 발휘할 수 있다.

엄격한 유물론자는 다음과 같은 질문을 던지면서 여전히 이의를 주장할 수 있다. 어떻게 실재reality라는 것이 우리 각자라는 관찰자들이 자신의 실재들을 양자 가능성들로부터 선택할 수 있을 정도로 그렇게 주관적일 수 있는가? 그러한 경우 어떻게 우리 각자가 '서로 동일하다고 합의하는 실재'consensus reality가 존재할 수 있는가? '서로 동일하다고 합의하는 실재' 없이 어떻게 과학이 존재할 수 있는가?

아주 놀라운 일이 아닐 수 없다. 우리는 자아ego라고 불리는 개인적 의식이라는 일상적인 상태 속에서 선택하지 않는다. 자아라는 것은 행동주의자가 연구하는, 조건 형성의 결과인 우리 자신들의 주관적 측면이다. 그 대신 우리는 '전일적 의식' unitive consciousness[주관과 객관이 나누어지지 않는 의식. 역자주]이라는 조건화되지 않은, 객관적인 상태에서 선택한다. 전일적 의식이란 우리 인간이 동일하게 가지고 있는 비일상적인 상태, 우리가 기꺼이 신과 일체감을 가질 수 있는 상태를 말한다(바스 Bass, 1971; 고스와미, 1989, 1993; 블라드 Blood, 1993, 2001; 제5장 참조).

신의 양자 특징들
The Quantum Signatures of God

그러면 여기서 중요한 사항들을 되짚어 보자. 우리는 양자 대상을 경험한다. 그러나 오직 우리가 그 양자 대상이 가지고 있는 가능성 파동의 한 가지 특별한 국면을 선택하는 경우에만 그렇다. 그런 후에만 한 대상의 양자 가능성들은 우리 경험이라는 실제적인 현상으로 형태가 바뀐다. 우리가 선택한 상태에서 우리는 모두 동일하다. 즉, 우리는 '신의식' God-consciousness 속에 있는 것이다. 양자 가능성 파동의 붕괴 collapse [양자 하나는 A라는 지점 혹은 B라는 지점에 있을 수 있다. 그리고 각각의 지점에 있을 확률이 똑같이 1/2씩이라고 해보자. 관측자는 관측하기 전까지 양자가 A와 B 중 어디에 위치할지는 알 수 없다. 결정론자였고 불확정성 원리를 반대했던 많은 과학자들(슈레딩거와 아인슈타인을 포함해서)은 양자가 A와 B 중 하나에 (이미) 위치해 있고, 관측은 그 위치를 확인하는 것뿐이라고 생각했다. 하지만 코펜하겐 학파(불확정성 원리를 발표한 하이젠베르크를 포함해서)는 관측하기 이전의 상태는 A에 1/2확률, B에 1/2확률이 있는 두 개의 상태가 혼재(양자물리에서는 중첩이라고 표현한다)되어 있으며, 관측을 행하는 순간 확률 붕괴가 일어나면서 (예를 들어 A에서 발견됐다면) A의 확률이 1로, B의 확률이 0으로 고정된다고 말한다. 역자주]라고 양자 물리학자들이 부르는 현상을 의미하는 '선택'이라는 인간의 행위는 '하향적 인과관계'라는 능력을 발휘하는 신의 행위이다. 그리고 신의 하향적 인과관계가 작동하는 방식은 다음과 같다. 많은 대상들과 많은 현상들에 있어서 선택은 '양자 확률' quantum probability[양자가 입자와 파동의 성질을 모두 가지고 있기 때문에 위치와 운동량에 있어서 동시에 확정된 값을 가질 수 없다는 불확정성 원리에 따라 위치와 운동량의 값을 정하는 확률. 역자주]의 객관적인 예측들이 적용되는 방식으로 이루어진다. 그러나 개인적인 현상들에 있어서 창조적 주관성subjectivity의 영역은 유지된다.

이런 방식에 있어서 신의 존재에 대한 최초이자 으뜸가는 과학적 증거는 양자 물리학(누구라도 의심하기 어려운)의 유효성과 양자 물리학에 대한 우리의 특별한 해석(일부에 의해 의심을 받기는 하지만)의 유효성을 지지하는 광대한 일련의 증거이다.

다행스럽게도, 이러한 의심들을 푸는 데는 두 가지 과학적 방법이 존재한다. 첫째, 이 해석이 (상향적 인과관계 모델처럼 모순을 일으키기보다는) 논리적 모순들을 해결하고 있다는 것을 제시함으로써, 둘째, 실험적으로 입증될 수 있는 예측들을 만들어 냄으로써 말이다. 의식의 우선성 primacy of consciousness(의식이 실재reality를 만들어 낸다는 이론)과 내가 여기서 제시하고 있는 양자 물리학의 해석을 기반으로 하는 신의 존재에 대한 과학적 증거는 이러한 과학적 타당성 실험들을 통과하는 것이다. 차후 참고를 위해 우리는 이것을 *의식 안의 과학*science within consciousness(철학자 윌리스 하먼Willis Harman이 최초로 제안한 용어) 혹은 단순히 *이상주의 과학* idealist science이라고 칭하자.

우리의 이론적 모델에 있어서 '하향적 인과관계'로부터 초래되는 현상들은 때때로 상향적 인과관계는 만들어 낼 수 없는 특별한 양자 특징들quantum signatures과 함께 나타난다. 만약 상향적 인과관계에 의해 일어난다면 - 즉, 만약 기본입자들의 가능한 움직임들이 우리 의식 안에 하나의 증가하는 복잡성의 연속적 계층구조hierarchy를 만들어 낸다면 - 일상생활이라는 육안으로 보이는, 거시적 현상들은 항상 연속적이어야 하며, 항상 명백한 신호들을 통해 국소적 소통들을 이루어야만 할 것이다. 그리고 언제나 하나의 방향으로 계층적인 구조를 가지고 있어야만 할 것이다. 하향적 인과관계라는 양자 특징들은 불연속성discontinuity (창조적 통찰력이라는 우리 인간의 경험에 있어서 그런 것처럼), 비국소성 nonlocality (정신 감응mental telepathy이라는 신호 없는 소통에 있어서 그런 것처럼), 그리고 '뒤얽힌 계층구조' tangled hierarchy라고도 불리는 순환적 계층구조circular hierarchy(사랑하고 있는 사람들 간에 때때로 경험되는 그런 것처럼)이다. 신의 존재에 대한 첫 번째 종류의 증거를 나는 *신의 양자 특징들* quantum signatures of the divine이라고 부른다. 상세한 내용은 추후에 나올 것이다(제5장 참조). 여기서 나는 당신에게 이러한 특성들 가운데 하나를 시연하고 있는 것이다.

양자 가능성들이 공간과 시간 밖의 영역domain인 초월적인 지성의 가능태potential 안에 존재한다고 최초로 명백하게 선언했던 사람은 양자물리학의 창시자들 가운데 한 사람인 베르너 하이젠베르그Werner Heisenberg였다. 양자 붕괴quantum collapse, 하향적 인과관계(우리 의식의 결과)는 비국소적nonlocal이어야만 한다. 즉, 공간과 시간 밖에 있는 무엇인가가 공간과 시간 안에 있는 현상에 영향을 미치고 있는 것이다. 그리고 알렌 아스펙트Alain Aspect, 장 달리바르Jean Dalibar, 그리고 제라드 로저Gerad Roger (1982)는 서로 멀리 떨어져 있는 실험실들에 있는, 파동의 위상이 서로 같은 광자들correlated photons(빛의 *양자들*quanta이라고 불리는 별개의 부분으로 분리된 대상들objects[양자론에서 빛을 특정 에너지와 운동을 가지는 일종의 입자로 간주할 경우 해당하는 빛의 입자. 역자주]) 간의 비국소적 연결성을 증명함으로써 '양자비국소성' quantum nonlocality(에너지 신호들의 교환 없이 원인들과 결과들이 서로 멀리 떨어진 곳에서 발생할 수 있다는 것을 의미함)을 실험적 영역에서 입증했다. 그 후 파동의 주기를 의미하는 위상이 서로 같은 광자들 간의 비국소적 커뮤니케이션은 1킬로미터 이상까지 떨어진 거리에서도 측정됐다. 양자 비국소성은 실제로 존재한다.

기억해야 할 사실이 두 가지가 있다. 첫째는 '자연' nature을 공간-시간-물질 세계로서 정의하면서 현상들에 대한 '자연적인' natural 설명을 발견하는 것이 과학이라고 주장하는 것은 과학자들의 나쁜 습관이 되었다는 사실이다. 이러한 견해에서 신과 영적 전승들이라는 미묘한 세계는 '초자연' supernature에 속하게 된다. 양자 비국소성이라는 관점을 통해 우리는 확실하게 자연에 대한 이러한 협소한 관점을 확대시켜야만 한다. 만약 과학이 양자 물리학을 포함시키려고 한다면, 자연은 모든 양자 가능성들이 존재하고 있는 곳인 '양자 가능태' quantum potentia라는 초월적인 영역을 포함해야만 한다. 양자 물리학의 관점에서 보면, 자연과 '초자연'을 구별 짓는 모든 시도들은 완전히 신뢰성을 상실한 것이다.

둘째, 양자 비국소성은 신이라는 난해한 영적 모델 spiritual model의 혼란스러웠던 한 가지 구성요소를 아주 분명한 것으로 만들고 있다. 신은 초월적이면서 동시에 내재적이라는 사실, 어떻게 외부에 있는 어떤 원인이 내부에 있는 무엇인가에 영향을 미칠 수 있는가라는 의문 말이다. 그것은 원인과 결과가 양자 비국소성 – 신호 없는 상호작용 혹은 커뮤니케이션 – 을 포함하고 있기 때문에 가능할 수 있다.

두 번째 종류의 증거 : 풀기 어려운 문제들은 불가능한 해결책들을 필요로 한다
A Second Kind of Evidence : Impossible Problems Require Impossible Solutions

유물론적 과학은 많은 극적인 성공을 이룩해 왔으며 우리에게 많은 유용한 기술들을 제공했다. 그러나 우리가 그것을 생물학적이며 인간적인 문제들에 적용하면 할수록, 그만큼 더 손에 잡히는 해결책들을 우리에게 제공할 수 없는 것처럼 보인다. 인간의 문제들에 대한 진짜 해결책들을 가진 과학을 발전시키기 위한 하나의 열쇠는 우리가 물질로서 경험하는 것은 단지 의식이라는 양자 가능성들의 많은 영역들 가운데 하나의 중요한 영역이라는 것을 깨닫는 것이다. 우리의 감각들을 통해 우리가 경험하고 있는 영역으로 말이다.

심리학자 칼 융은 우리가 경험하고 있는 의식적인 가능성들의 영역들에는 세 가지가 있다는 것을 실증적으로 발견했다. 즉, (유효성이라는) 감정feeling, (의미라는) 사고thinking, 그리고 (우리가 높이 평가하는 초정신적 주제 - 원형들, 집단 무의식archetypes이라는) 직관Intuition이 바로 그것이다 (그림 1-3). 루퍼트 쉘드레이크Rupert Sheldrake(1981), 로저 펜로즈Roger Penrose(1989), 그리고 필자(고스와미Goswami, 1999, 2001)가 발표한 최근 연구들은 감정, 사고, 그리고 직감은 각각 물질적 운동으로 환원될 수 없다는 사실을 확증했다. 그것들은 실제로 의식의 독립적인 영역들 혹은 구성요소들에 속해 있는 것이다. 이러한 영역들은 우리가 느끼는 *생기체*vital energy body, 우리가 사고하는 *멘탈체*mental meaning body, 그리고 우리가 직관하는 *지성체*supramental theme body of consciousness(원형archetypes)로서 다양하게 인식되고 있다. [고대 인도의 요가수행자들은 신성이 단순히 영적 차원에만 국한되는 것이 아니라 네 단계의 인간 의식 차원을 통해 하강한다고 말하고 있다. 그 설명에 따르면 인간의 의식의 차원은 신성으로부터 단계적으로 하강하여 지성체intellectual body, 멘탈체 mental body, 바이탈체vital body(생기체), 물질체physical body(육체)로 이루어져 있다. 역자주] 이 모든 구성요소들은 의식consciousness을 통해 비국소적으로(신호 없이) 연결되어 있다. 의식은 그것들의 상호작용을 중개하고 있으며, 이 작용에 관여하는 이원성dualism은

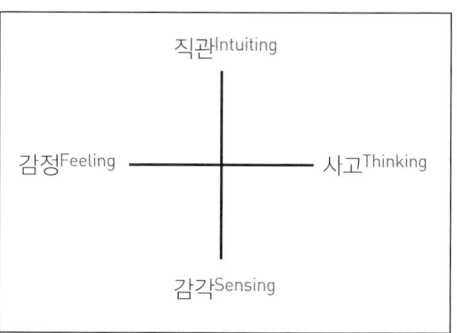

[그림 1-3] 칼 융의 경험의 네 가지 기능. 하나 혹은 또 다른 영역의 우세한 상태는 우리에게 네 가지 성격적 특성을 부여한다.

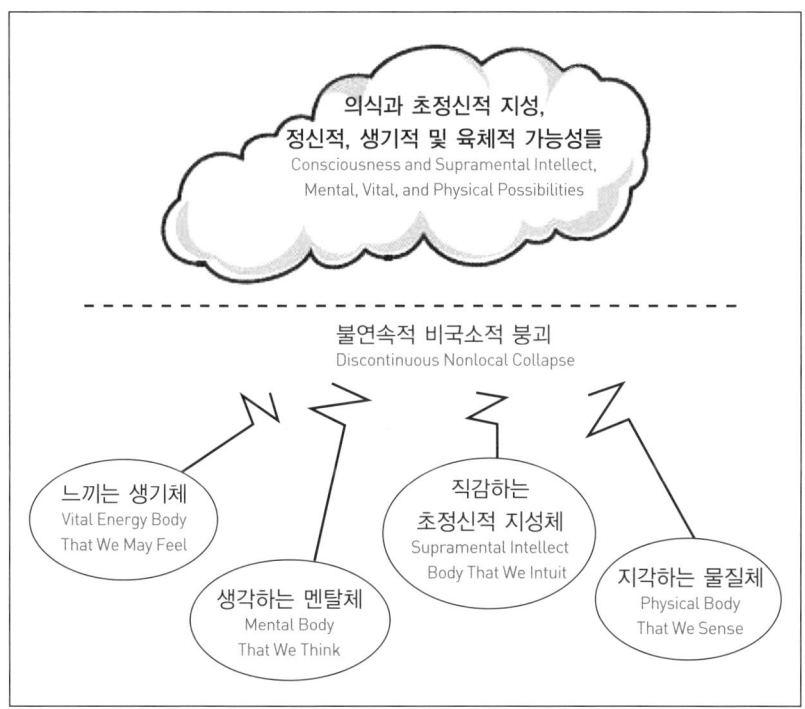

[그림 1-4] 양자 정신물리적 병행론. 의식은 병행적으로 기능하는 양자 가능성들의 물질체, 생기체, 멘탈체 그리고 초정신적 지성체 영역들을 중개한다.

없다(그림 1-4).

이 그림을 이해하려고 해보라. 이것은 데카르트 이래 지금까지 존재했던, 정체된 우리 사고thinking를 위한 하나의 돌파구이다. 우리 인간의 '내적' 정신inner psyche(우리가 내적으로서 경험하는 생기vital, 정신, 초정신supramental의 결합체)과 '외적' outer 물질 세계는 분리되어 있지 않다. 즉, 그것들은 병렬로 이어져 있으며, 우리가 의식이라고 부르는, 계속해서 하나로 서로 연결되고 있는 가능성들이다. 이런 방식의 개념화는 양자 정신물리적 병행론quantum psychophysical parallelism이라고 불릴 수 있다. 내적 정신psyche과 외적 세계world의 병행을 유지시키는 것은 인간의 '의식이다. 그리고 외적인 것과 그 내적 병렬 모두를 경험하는 것을 선택함으로써 양쪽을 연결시키는 것이 '의식'이다. 그 과정에서 의식은 물질적 육체를 의미하는 '총체 발현' gross manifestation 속에서 '신비한' 것을 경험하기 위해 '신비한' 내적인 것의 표상들representations을 총체에 투사한다. 그것은 신비한 정신적 상picture을 보다 잘 보기 위해 총체(육체)라는 캔버스 위에 스케치를 그리는 것과 같다. 정신적 상mental picture은 당신이라는 캔버스 위에 표현되는 것의 설계도blueprint와 같은 역할을 한다. (외적-내적 차이distinction는 어떻게 생기는 것일까? 제10장에서 이에 대해 설명한다.)

이것이 바로 세계가 어떻게 작동하는지를 알려주는 핵심 비밀이다. '드러난 실재'manifest reality인 우리의 내적 그리고 외적 경험들의 세계는 하나의 중심적인 지향성intentionality[어떤 대상을 향하는 인간 의식의 특성. 역자주]에 의해 작동된다. 즉, 양자 의식, 신을 인정하는 것, 총체적 현시 안에서 초정신적 원형들supramental archetypes(사랑과 같은)인 신의 가장 미묘한 측면들을 경험하는 것 말이다. 지금까지 진화evolution에 있어서 의식은 육체(하드웨어)physical 위에 초정신의 드러난 표상들(소프트웨어)을 만들어 내기 위해 청사진들 - 생기the vital와 정신the mental - 을 이용해 왔다. 인간 진화의 미래는 이제 다음과 같이 말해질 수 있다. 어느 날 의식은 청사진들을 이용할 뿐만 아니라 육체 위에 원형들의 직접적인 표상들을 만들어 낼 것이다. 하늘heaven이 땅earth으로 내려올 것이란 말이다.

만약 당신이 종교적이고 영적인 것에 주파수를 맞춘다면, 이곳에서 당신은 "하나님은 자신 형상image대로 우리를 만들었다"라는 성경 말씀의 반향음을 들을 것이다. 처음에 당신이 그것을 이해하지 못할 때, 그 말은 당신에게 불쾌감을 준다. 아돌프 히틀러가 신의 형상일 수 있는가? '형상'image은 표상representation을 의미한다. 지금까지 인간의 진화에 있어서, 표상적 과정, 형상 형성image making은 덜 완벽했다. 신God은 생기the vital와 멘탈the mental이라는 청사진들을 이용하고 있었다. 그리고 그 결과들은 조악했으며 진척이 느렸다. 그러나 미래에 대한 예상prognosis은 눈부시다.

당신은 또한 다른 무엇인가도 이해할 수 있다. 역사적으로 물질적인 부분이 우리 과학을 지배했던 이유는 물질이 정신psyche의 미묘한 차원에서 경험들의 (겉보기에는) 영원한 표상들을 만든다는 것이다. 표상들(소프트웨어)이 물질(하드웨어) 안에서 일단 만들어지면, 우리는 그 표상들의 생성자maker(의식)와 (정신mind과 생기체vital body라는 청사진들을 이용한) 표상 생성 과정을 잊어버리는 경향이 있다.

기본적으로, 표상들이 물질 안에서 만들어진 후 출현하는 것은 신에 대한 두 번째 종류의 과학적 증거이다. 그것은 신의 하향적 인과관계가 물질이라는 '저택'mansion(예를 들면, 감정feeling, 사고thinking, 그리고 직관intuiting과 같은) 너머 체류하는 '저택들' 혹은 많은 영역들을 깨닫는 것으로 이루어진다. 이러한 비물질적 영역들 안에서 나타나는 현상들은 유물론자의 상향적 인과관계 모델에 있어서는 모두 상상이 불가능한 문제들이다. 그리고 그렇기 때문에 그것들은 유물론자의 관점에서 보면 불가능한 해결책을 필요로 한다. 바로 신으로부터의 하향적 인과관계 말이다. 이러한 생각들의 도입은 분명히 생물학, 심리학, 그리고 의학에 혁명을 촉발시키는 것이다. (제2, 3, 4장을 참조할 것.)

위장
Camouflage

신과 양자 의식의 동일성oneness을 인식하지 못하게 가리고 있는 것은 인간의 습관의 패턴들, 인간의 사회심리적 조건 형성의 궤적인 자아ego/성격character이다. 어째서 이러한 위장이 필요한 것인가? 그 답은 중요하다. 인간의 자아는 자신에게 참조점reference을 제공하는 것을 필요로 한다. 만약 자아가 없다면 누가 우리일 수 있겠는가?

마찬가지로, 규모가 큰 대상들인 물질적 매크로 세계는 그것들의 양자 본질quantum nature을 숨기는 하나의 위장camouflage으로 작동한다. 모든 파동들처럼, 양자 가능성 파동들도 퍼져 나간다. 하나의 전자electron가 어떤 방 안에 제한 없이 방출되면, 그것의 가능성의 파동은 순식간에 그 (가능성의) 방을 채울 정도로 빠르게 퍼진다. 그래서 그 방 안의 다양한 장소에서 가지각색의 확률로 그 전자를 탐지하는 것은 가능하다. 그러나 양자 수학에 있어서 규모가 큰 대상들은 매우 완만한 하나의 가능성의 파동으로서 퍼진다. 그러나 그것들은 퍼지기는 한다. 이에 관해서는 오해하지 말라. 위장을 뚫고 보기 위해서 당신은 규모가 큰 대상들 전체mass의 중심으로 향해 가는 매크로체macro body의 마이크로 구성요소들의 움직임에 초점을 맞추어야만 한다. 규모가 큰 대상들은 한 장소에 머물러 있는 동안 자신들 고유의 양자 파동을 일으킨다. 실제로, 당신이 눈을 깜박이는 순간에 매크로 대상 전체의 중심은 1백조 분의 1센티미터 남짓씩 움직이는 것이 가능하다. 이 움직임은 우리 눈으로는 감지될 수 없지만, 놀라운 레이저 도구를 통해 물리학자들은 그러한 양자 운동들을 측정해 냈다.

어째서 그러한 위장이 필요한 것일까? 다시 말하지만, 그것은 인간의 물리적 육체를 위한 참조점을 인간에게 부여하기 위해서이다. 만약 당신과 내가 우리가 보고 있는 기본적으로 동일한 장소에서 매 순간 어떤 동일한 물질stuff이 나타난다면, 우리는 그것에 대해 서로 이야기를 할 수 있다. 즉, 우리는 하나의 '서로 동일하다고 합의한 실재'consensus reality를 만들어 낼 수 있다. 이것이 중요하다. 보다 더 중요한 것은, 매크로 물리적 대상들이 생각들thoughts과 같은 보다 미묘한 양자 대상들을 표현하기 위해 사용될 수 있다는 사실이다. 양자 대상들은 우리가 그것들을 관찰하고 있지 않을 경우 달아나 버리는 경향이 있기 때문이다.

그것은 바람직스러운 일이기도 하다. 당신이 이 페이지를 읽고 있는 동안, 만약 인쇄된 글자들이 그들의 양자 운동들 때문에 당신의 눈 앞에서 달아나 버린다면 어떤 느낌이 들지 상상해 보라. 물론, 이러한 불변성fixity이 지니는 바람직하지 않은 면도 있다. 매크로 대상들의 세계는 우리로부터 분리되어 있다는 오해를 만들어 내는 것이 바로 그것이다!

우리가 우주로부터 분리되어 있지 않다는 것, 전 세계가 우리의 운동장이라는 사실을 발견하기 위해, 우리는 이러한 위장들 모두를 꿰뚫어 보아야만 한다. 우리는 자아-조건 형성ego-conditioning을 뛰어넘어 움직여야만 한다. 우리는 매크로 물리적 외적 환경에 매혹되어 빠지는 것을 중단해야만 한다. 그리고 우리는 미묘한 내적 환경을 바라보아야만 한다. 대상들이 실제보다 더 많은 양자 자유quantum freedom를 가지고 움직이고 있는 그곳을 말이다.

태양은 동쪽에서 떠서 서쪽으로 진다. 우리의 선조들은 이것을 태양이 지구 주위를 도는 증거로 이해했다. 오늘날 우리는 그것을 다르게 알고 있다. 지구가 자신의 축을 중심으로 돌고 있다는 증거로 말이다. 이 설명은 우리에게 더 많은 것을 이해하도록 해주고 있다. 즉, 태양이 지구 주위를 도는 것이 아니라 지구가 태양 주위를 돌고 있다는 사실 말이다. 이와 비슷하게 매크로 물리적 세계는 일정한 불변성들을 가지고 있다. 당신은 이것을 뉴턴의 물리학을 통해 이해할 수 있으며, 저기 밖에 한 세계가 존재하고 있다는 결론을 내릴 수 있다. 혹은 매크로 대상들의 가능성 파동들은 느리게 퍼지기 때문에, 그것이 저기 밖에 하나의 세계가 존재하고 있다는 인상impression을 만들어 내고 있다는 것을 인식할 수 있다. 다른 말로 하자면, 당신이 바라보기 전까지 그러한 세계는 존재하지 않는다! 이것 역시 당신의 이해의 폭을 엄청나게 넓혀 주는 창문들을 열어줄 것이다.

만약 당신이 양자 방식quantum way으로 생각하는 것을 배운다면, 그것은 당신의 마음mind을 확장시킬 것이다. 어쩌면 생각thought의 운동 역시 양자 운동일지도 모른다. 당신은 어쩌면 다음과 같은 질문을 던질지도 모른다. 조건 형성conditioning을 뛰어넘지 않고 생각의 양자 본질quantum nature을 규명할 수 있는 방법이 있는가? 있다. 마치 당신이 창조적인 사고를 하는 동안 자유롭게 연상을 하는 때처럼, 당신의 생각의 방향을 쫓아갈 때, 어떻게 당신의 생각들의 내용을 잃어버리는지 알아차렸는가? 이와 비슷하게, 만약 당신이 만트라mantra[힌두교, 불교에서 영적 또는 물리적 변형을 일으킬 수 있다고 여겨지고 있는 발음, 음절, 낱말 또는 구절. 주문. 역자주] 명상을 할 때처럼, 생각의 내용에 초점을 맞춘다면, 당신의 생각이 어디로 가고 있는지 그 궤도를 잃어버린다는 것을 알아차린다. 양자 물리학에서 우리는 이것을 하나의 양자 운동의 복잡한 특성signature으로서 *불확정성 원리*uncertainty principle[양자 물리학에 있어서 불확정성 원리는 입자의 위치와 운동량을 동시에 정확히 측정할 수 없다는 것을 뜻한다. 입자의 위치가 정확하게 측정될수록 운동량의 퍼짐(또는 불확정도)은 커지게 되고 반대로 운동량이 정확하게 측정될수록 위치의 불확정도는 커지게 된다. 역자주]라고 부르고 있다. 만약 생각이라는 것이 뉴턴 물리학자들이 주장하는 데로 움직인다면, 이런 종류의 제약은 결코 발생하지 않을 것이다(봄Bohm, 1951).

나는 *프리시전 니르바나*Precision Nirvana라는 책을 읽었다. 이 책에서 저자인 딘 사피로Deane H. Shapiro는 내가 말하려고 하는 것을 두 가지 만화로 묘사했다. 첫 번째 그림에서는 착하게 보이는, 눈이 크고 머리숱이 많은 여학생이 턱수염이 더부룩한 과학자처럼 보이는 사람에게 "교수님, 교수님은 어떻게 그렇게 많이 알고 계신가요?"라고 묻고 있다. 이 질문에 교수는 잘난 체를 하면서 대답한다. "왜냐하면 나는 눈을 뜨고 있으니까." 두 번째 그림에서는 한 학생이 눈을 감은 채 평온하게 명상에 잠겨 있는 선禪 대가에게 이렇게 질문을 한다. "스승님, 스승님은 어떻게 그렇게 많이 알고 계신가요?" 이 질문에 선 대가는 대답한다. "왜냐하면 나는 눈을 감고 있으니까."

참으로, 유물론적 과학자들은 그 자체의 위장에 의해 영원히 묶여 있는 외적 존재에 대한 놀라움을 극복할 수 없다. 그들은 위장에 의해 너무나도 눈이 멀어 있기 때문에 자신들의 외적 세계 과학을 부수현상에 불과하다고 여기고 있는 내적 세계를 평가절하하는 시도조차 하지 않는다. 심리학자 에이브러햄 매슬로는 만약 당신이 손에 망치를 가지고 있다면, 당신은 모든 문제를 못으로 본다고 말하지 않았던가?

그리고 정말로, 매우 성숙된 영적 전승들spiritual traditions과 그 전승들의 방법들이 자아를 뛰어넘어 의식의 미묘한 상태에 도달하도록 우리에게 전해 주고 있는 것은 이 위장을 꿰뚫기 위한 활동이다. 매크로 대상들이 분리되어 있다는 위장은 신비한 의식의 상태들에 의해 제거된다. 그러나 우리는 보다 높은 의식의 도움 없이 외적 세계와 내적 세계, 육체와 정신이 하나임unity을 알아차릴 수 있을까?

지금 벌어지고 있는 우리 과학의 패러다임 전환은 '깊이' 심리학depth psychology과 초개인 심리학transpersonal psychology 그리고 대체의학이라고 불리는 의학 분야에서 드러나고 있다. 패러다임 전환은 또한 단순히 미시적인 구성요소 안에서만이 아니라 전체적인 생물학적 기관 안에서 인과관계의 자율성을 인정하고 있는 전체론적 관점을 가진 생물학자들의 연구에서도 드러나고 있다. 일부 진화론적 생물학자들조차 다윈주의적 신념들의 속박을 타파하기 위해 생명의 '지적 설계'intelligent design에 도움을 청할 필요성을 인정하고 있다. 이러한 과학 분야들에서 종사하고 있는 사람들은 그 위장을 어느 정도 간파했다. 당신이 앞으로 보겠지만, 그 위장을 걷어내는 일은 양자 물리학의 도움으로 훨씬 더 광범위하게 이루어지고 있다.

미묘한 것을 눈으로 확인하게 해주는 창인, 양자 물리학은 그 자체가 매우 포착하기 어렵다. 그것은 당연하다. 노벨 물리학상 수상자인 리차드 파인만Richard Feynman은 종종 다음과 같이 말했다. "그 누구도 양자 역학을 이해하지 못한다." 그러나 그는 단지 유물론자들에 관해서만 그렇게 이야기하고 있었던 것이다. 만약 당신이 유물론적 신념들의 유물들에 머물러 있는 것을 뛰어넘어 바라볼 의향이 있다면, 혹은 적어도 의식의 우선성primacy of consciousness과 신에 관한 당신의 불신을 일시적으로 중단시킬 준비가 되어 있다면, 당신은 이미 양자 물리학을 이해하는 데 있어서 많은 물리학자들과 과학자들보다 훨씬 앞서 있는 것이다.

춤이라는 것
What the Dance Is

지금까지 이야기했던 것을 요약하자면, 기존 과학은 우리에게 상향적 인과관계와 가능성들을 제공했다. 반면에 새로운 과학은 이러한 가능성들로부터 선택을 하는 주체agency를 재발견하고 있다. 즉, 신과 하향적 인과관계 말이다. 그것들은 모두 우리에게 (가능성 파동의) 자유가 (실제로 나타난 입자라는) 일시적인 속박 안에서 자신이 있을 곳을 찾는 실재reality를 보여 주고 있다.

데카르트, 갈릴레오, 그리고 뉴턴은 철학자들이 *모더니즘*modernism이라고 부르는 시대를 열었던, 대부분 오래된 과학적 생각들 덕분에 신뢰를 얻고 있다. 데카르트의 아이디어들 가운데 하나는 내적인 것inner(데카르트는 정신mind이라고 불렀다)과 외적인 것outer(물질matter)의 이원론이었다. 그리고 우리는 지금 막 그것을 뒤집고 있는 중이다. 비록 일원론monism이 물질에 기초를 두고 있는지 아니면 의식(혹은 신)에 기초를 두고 있는지에 대한 논쟁이 아마도 당분간 계속될지라도 말이다. 데카르트는 또한 우리에게 환원주의reductionism라는 철학도 소개했다. 그리고 환원주의는 물질적인 영역에서 엄청난 성공을 거두었다. 그러나 (불행하게도 이원론의 맥락 속에서) 데카르트 스스로가 인정했던 것처럼, 환원주의는 내적 영역의 작용들은 설명하지 못하고 있다. 내적 영역에서 하나의 움직임은 전체 움직임을 기억해야만 한다. 외적인 조각fragmentation은 우리를 하나의 개체로 만든다. 반면에 내적인 전체론holism은 우리에게 느낌, 의미, 목표, 그리고 목적을 부여한다. 개체와 전체는 실재reality라는 춤dance을 함께 추기 위한 파트너들이 된다.

데카르트, 갈릴레오, 그리고 뉴턴의 유산은 과학자들에게 있어서 총체적인 지식을 얻고자 하는 바램과 실재(현실)를 총체적으로 통제할 수 있게 해주는 '인과관계적 결정론'causal determinism이다. 그러나 그것은 물질 영역일지라도 양자 불확정성이 지배하고 있는 극미소submicroscopic 영역에서 역할을 제대로 하지 못하고 있다. 그렇다 하더라도, 통제에 대한 유혹과 통제와 함께 나타나는 힘은 대부분의 과학자들이 인과관계 결정론에 대한 믿음을 지속시킬 정도로 매혹적이다. 자유롭고, 어쩌면 예측 불가능한 하향적 인과관계는 이러한 과학자들에 매우 거부감이 느껴지는 것이다. 신이 자비로운 신God인 한 그들은 신에 대해 신경을 쓰지 않는다.

인과관계 결정론의 와해는 극미소 물리학의 영역에 있어서 하나의 물방울에 불과하다. 그것은 적어도 통계적인 결정론이 유지되는 물질 영역 안에서 신이 우리 인간에게 참조점을 부여하는 것과 같은 방식으로 물질 세계를 만들고 있기 때문이다. 그러나 자유로움이라는 작은 물방울은 그것이 내적 세계의 문제들로 될 때 눈사태처럼 커져 버린다. 창조creativity라는 것은 기존의 것의 불변성fixity과 함께 새로운 것을 향한 운동을 필요로 한다는 사실에 유의하는 것은 중요하다. 외적 세계 – 신체soma – 는 우리에게 불변성을 제공하며, 내적 세계 – 정신psyche – 는 우리에게 새로운 운동력을 부여하고 있다. 그것들은 서로 함께 실재reality라는 춤을 창조적으로 만들고 있다.

Chapter 2

종교의 세 가지 원리
The Three Fundamentals of Religion

    신의 존재를 상기시켜 주는 인간의 주요한 사회적 산물인 종교들은 인간 문명의 초기에 시작되어 수천 년 동안 우리와 함께 해오고 있다. 처음에 세상에서 벌어지는 사상들events의 원인을 두 가지 – (예를 들면, 만약 두 개의 돌이 서로 부딪쳐지면, 마른 잎들에 불이 붙게 하는 불꽃들을 만들 수 있는 것처럼) 인간이 통제할 수 있는 원인들과 (예를 들면, 지진과 같은 자연 재해들처럼) 인간의 통제 밖에 있는 것처럼 보였던 원인들 – 로 보았던 원시 종교들이 있었다. 인간의 원시 선조들은 통제 불가능한 원인들을 신들의 작용god sagency, 즉 하향적 인과관계 탓으로 여겼다. *하향적 인과관계*의 다중 주체들agents이라는 초기 개념은 결국 단일 주체, 신God이라는 개념에게 자리를 내어 주었다.

    시간이 흐름에 따라, 종교적인 사고는 보다 복잡해지기 시작했다. 신이라는 개념과 하향적 인과관계는 여전히 존재하고 있다. 그러나 그 정도로 중요한 하나의 추가적인 개념 – 개인의 혼soul 혹은 *신비체*subtle body(생명력life force, 정신mind, 그리고 의식이 종합된 용어) - 이 존재한다. 영혼은 물질적physical인 것이 아니며, 물질적인 실체substance와는 아주 다른 신비한 실체들로 이루어져 있다.

그리고 마지막으로 인간들은 신성Godliness이라는 덕목들을 추구해야만 한다는 발견이 이루어졌다. 호의kindness, 이웃 사랑charity, 도의justice와 같은 특성들 말이다. 만약 인간들이 그렇게 하지 않는다면, 그들은 죄/sin를 저지르는 것이며, 그들의 영혼은 죽은 후에 벌을 받게 될 것이라고 여겨졌다.

종교적인 사고의 발전은 신의 모습picture과 하향적 인과관계, 인간의 신비체의 본질, 그리고 순결virtue과 죄라는 생각들을 매우 정교하게 만들었다. 그러나 이런 세 가지 생각들은 종교적 사고의 근본으로 남겨졌다. 오늘날 거의 모든 종교들은 하향적 인과관계, 미묘한 비물질적 육신들, 그리고 윤리와 도덕성morality - 순결과 죄를 구별하여 고결함을 선택하는 능력 - 에 관해서는 의견이 일치하고 있다. 이러한 것들이 바로 종교의 세 가지 기본 원리이다.

나는 이것을 신의 존재에 관한 과학적 데이터를 제시하기 전에 지적해 두고자 한다. 왜냐하면 유물론적 과학자들, 특히 서양의 유물론적 과학자들은 변함없이 가짜 신straw God, 논박하기 쉬운 창조론creationism과 같은(도킨스Dawkins, 2006) 생각들을 가지고 있는 인기 영합적인 기독교의 '초인간적' superhuman 신에 반대하여 싸우고 있기 때문이다. 그러나 양자물리학(고스와미Goswami, 1993), 사후 세계life after death에 관한 방대한 데이터(고스와미, 2001), 그리고 새로운 신비체subtle body 의학(고스와미, 2004)의 관점에서 보면, 하향적 인과관계와 신비한 힘이라는 개념들ideas을 논박하는 것은 상당히 더 어렵다. 또한 올바른 정신을 가지고 있는 사람이라면 누가 우리 삶에 있어서 덕목virtues과 가치관values의 중요성을 논박하려 들겠는가? 분명히, 종교들은 덕목과 가치관이 다원주의자들이 말하는 우연과 필연성을 통한 적응으로부터 진화했다고 주장하고 있는 생물학자들보다 더 믿을 만한 덕목과 가치관의 이론을 가지고 있다.

그러나 유물론자들은 한 가지 중요한 지적을 하고 있다. 즉, '신은 무엇인가?' 라는 커다란 의문에 대해 종교들이 아직 확실한 답을 내리지 못하고 있을 때 과학 내에서 신을 이야기하는 것은 어렵다는 것이다. 만약 종교들이 여전히 누구의 신이 더 나은지에 관해 자기들끼리 싸우고 있다면, 과학과 같은 일원적인monolithic 접근법에 어떻게 정신을 쏟을 수 있을까?

과학 내에서 신에 대한 연구에 관한 이런 종류의 반대에 대한 하나의 대답은 적어도 그 심원에 있어서 세계의 위대한 전승들과 주요 종교들은 이원론적이 아니라는, 그들의 신에 대한 철학에서는 일치하고 있다. 신비주의esoterism에는, 삼라만상의 기초ground로서 지고의 실재Godhead 혹은 의식(혹은 거대 공동大空, Great Void)이라는 묘사picture가 있다. 이 기초 안에는 종류가 다른 신비체(비물질적)subtle body와 총체(물질)gross body가 존재한다. 인간 존재의 가장 높은 이상들은ideals – 예를 들면 사랑하는 호의loving kindness – 우리가 이루려고 노력하는 혼soul의 특징이 된다. 우리가 그렇게 할 때, 우리는 자유로워지며, 우리는 깨닫게 되고, 우리의 무지는 사라진다(슈온Schuon, 1984).

그러나 신비주의 그 자체는 불명료한 채로 남아 있다. 대중적인 차원에서 모든 종교들은 이원론적 신, 즉 세상으로부터 분리된 신을 가르치고 있다는 것은 사실이다. 그리고 이 독특한 두 가지 존재의 세부적인 사항들은 종교마다 상당히 다르다. 그렇다면, 유물론자들에 의해 제기된 지적이 유효하지 않은가? 종교들을 먼저 동의하게 하자. 그런 후에야 과학은 신God이라는 문제를 고찰할 것이다.

다문화주의
Multiculturalism

그러나 그러한 과학자들은 문화인류학의 교훈에 주의를 기울이지 않았다. 문화인류학자들은 한동안 '일원적 과학'이라는 생각이 유용하지 않거나 정확하지 않을지도 모른다고 주장했다. 그들에 따르면 과학은 다른 문화들에 다원주의적이고, 종속적이어야만 한다. 과학자들은 이 견해를 거부하는 경향을 보이고 있다. 왜냐하면 그들은 설명의 원리들로서 동시에 제시되는 서로 다른 관점들 때문에 나타나는 혼돈들chaos을 몹시 싫어하기 때문이다.

신비체들subtle bodies이 관련된 현상들에 관한 한 문화인류학자들이 설득력이 있다고 나는 생각한다. 다문화주의적 과학은 혼돈되어야만 할 필요가 없다고 나는 또한 믿는다.

대체로, 지금은 단 하나의 물리학만이 존재한다. 겉으로 드러난 물질적 총체gross material bodies에 대해 다원적 접근법이라는 생각은 더 이상 필요치 않다. 환원주의자들의 물리학적 접근이 성공한 것은 일원적 물리학 덕분에 문제를 해결했기 때문이다. 그러나 그것은 심리학과 의학에 대해서는 분명히 그렇지 못하다. 혹은 생물학에 대해서는 더욱 그렇지 못하다.

심리학에는 세 가지 강력한 세력들이 여전히 존재한다. 즉, 알프레드 아들러Alfred Adler의 행동인지심리학behavioral-cognitive psychology과 프로이트 학파의 심리분석과 융 학파의 분석심리학에서 유래된 무의식이라는 개념에 기초를 두고 있는 '깊이' 심리학, 그리고 초의식superconsciousness이라는 개념을 가지고 있는 인본주의/초개인humanistic/transpersonal 심리학이 바로 그것들이다. 이 모든 접근법의 유효성을 입증하는 데이터들은 많다. 인지실험심리학cognitive laboratory psychology의 경우 행동학적 접근법은 적절하며 대부분 유효하게 작용을 하고 있다. 그러나 심리치료 psychotherapy의 경우, 깊이 심리학은 절대적으로 필요한 것이다. 웰빙 심리학에 있어서 인본주의/초개인 접근법은 호소력이 있으며 많은 성공을 거두고 있다. 이렇듯 심리학 분야는 약간 혼돈스러운 상태이다. 이러한 세 가지 세력 각각의 고유한 영역에 대해 정의를 내리는 적절한 방법은 아직 없다. 일관성 있는 하나로 그 세 가지 심리학 영역을 통합하려는 어떠한 시도도 성공하지 못했다.

의학분야에는 잘 알려져 있으며 성공적인 두 가지 접근법이 있다. 통상적인 대중요법적 의학과 대체 의학이라는 다른 패러다임이 그것이다. 각각의 의학 패러다임과 다른 영역의 유효성과 관련해서는 엄청난 언쟁과 혼돈이 있는 반면 의견 일치는 별로 많지 않다. 그렇다면 우리는 지금 다원주의적 접근법 때문에 혼돈에 빠져 있는 것인가?

분자생물학과 (네오)다원주의가 양대 축을 이루고 있는 패러다임에 관해서 생물학자들은 거의 보편적으로 의견을 같이하고 있다. 그러나 그 어떤 생물학자도 이 패러다임을 물리학과 연관시킬 수 없었으며, 생명과 비생명의 차이를 명확하게 식별할 수 없었다. 특히 그 누구도 진화의 화석 기록에 나타나는 간극을 명쾌하게 설명할 수 없었다. 따라서 진화에 관한 창조주의자/지적 설계론적 접근법은 계속해서 대중적인 인기를 끌고 있다. 심지어 몇몇 진지한 생물학자들에게 있어서도 말이다. 한편 힘을 얻고 있는 또 다른 패러다임들이 존재한다. 그 하나는 유기체 전체의 중요성에 토대를 두고 있다. 그것은 전체론적 패러다임이라고 불린다. 그러나 그 누구도 유물론자와 전체론적 패러다임들을 연결시키지 않았으며, 이 두 가지 접근법과 지적 설계론적 패러다임 간의 연계성에 관심을 기울이지 않고 있다.

심리학, 의학 그리고 생물학이 겪고 있는 이 같은 어려움들은 '겉으로 드러난 물질적 육체' 뿐만 아니라 인간의 '신비체'도 역시 이들 과학의 연구대상에 포함되어야만 한다는 사실에서 비롯되고 있다는 것이 나의 소견이다. 신비체라는 아이디어는 아직 일원론적인 구조를 가진 과학으로 발전하기에 충분할 정도로 정제되지 않았다. 우리는 겉으로 드러난 물질적 육체와 신비체를 동일한 토대에서 다룰 수 있는 양자 정신물리적 평행론(그림 1-4)이라는 근거를 가지고 있기 때문에 이 책에서 앞으로 제시될 것과 같이 훨씬 더 중요한 통합적 접근을 위한 기회를 맞이하고 있다.

"종교들은 어째서 그 세부적인 사항에 있어서는 그렇게 서로 다른가?"라는 질문에 대한 답이 여기에 있다고 나는 생각한다. 왜냐하면 토대가 튼튼한 물리학과는 달리 종교들은 현실, 물질의 겉으로 드러난 측면을 다루지 않기 때문이다. 그 대신 종교들의 주된 관심사는 미묘한 것들 중에서도 가장 미묘한 것, 즉 신과 영혼이다.

유물론자들은 신에 관한 종교적 신념들의 다양성은 방향이 잘못된 것이라고 우려한다. *믿음의 종말: 종교, 테러 그리고 이성의 미래*라는 책에서 샘 해리스Sam Harris는 이렇게 말하고 있다. "모든 인간은 신에 관해서 무엇을 원하든지 간에 믿을 자유가 있어야만 한다는 생각에서 비롯된 종교적 관용이라는 바로 그 이상이 인간을 나락으로 몰고 가는 주범이다." 이러한 우려들은 종교들의 차이점들에만 관심을 집중시키는 데서 생겨난다.

이러한 차이점들에 대해서 우리는 정말로 신경을 쓰지 말아야만 한다. 그 대신에 모든 종교들의 공통적인 관심사에 집중해야만 한다. 하향적 인과관계, 미묘한 힘 그리고 두터운 신앙심이라는 세 가지 원칙 말이다. 여기에 '신'이라는 종교적 개념의 공통분모가 있다. 그리고 과학적 접근을 허용하는 것이 바로 이 공통분모이다.

통합접근을 위한 새로운 데이터와 전망
New Data and Outlook for an Integrated Approach

　이 책의 2, 3, 4부에서 나는 1장에서 정의된 '의식 안의 과학'이라는 광범위한 패러다임으로부터 이러한 세 가지 원리들을 지지하는 과학적 데이터에 관해 살펴볼 것이다. 앞서 나는 두 가지 종류의 데이터가 존재한다고 말한 바 있다. 그 하나는 '신의 양자 특징'으로 이루어진다. 다른 하나는 '불가능한 대답들이 필요한 풀기 어려운 의문들' 혹은 미묘한 힘과 상관이 있다. 사실 많은 실제적인 데이터 속에는 이러한 두 가지 아이디어가 섞여 있다. 다시 말하자면, 데이터는 미묘한 힘과 상관이 있으면서 동시에 신의 양자 특징과도 관련을 가지고 있다.

　미묘한 힘과 그에 관한 양자 생각을 과학에 포함시킨다면, 생물학, 의학 그리고 심리학의 모든 논란들 – 다문화주의적, 다원론적 사고에 의해 만들어진 혼돈들 – 은 각 분야에 있어서 새로운 통합된 과학적 관점으로 해소될 수 있다. 다문화주의는 여전히 일부 유용성을 가지고 있다. 그러나 각 문화의 영역은 분명하게 규정되고 있으며 그들 영역은 자유롭게 왕래할 수 있다. 이것이 더 낫지 않는가?

　그리고 바로 이 점이 나에게 새로운 희망을 솟구치게 하고 있다. 이러한 생명과학에 대한 다양한 다문화주의적 접근법들이 하나의 체계로 통합될 수 있다면, 의식과 관련된 과학, 즉 종교들은 왜 그것이 불가능한가? 뒷받침하는 모든 증거를 통해 여기서 탐구되고 있는 신에 근거를 둔 새로운 과학은 세상의 위대한 종교들에게 서로서로 진지한 대화를 시작하도록 용기를 북돋을 것이다. 아마 우리는 인류 전체에 적용할 수 있는 영성spirituality이라는 보편적 생각들을 곧 가지게 될 것이며, 그런 생각들 안에서 현존하는 각 종교들은 잘 정의된 유효성의 영역이 될 것이다. 그리고 종교들 간에도 제한 없는 왕래가 가능하게 될 것이다.

15, 6세기에 종교는 과학을 억압하는 재판장이었으며 많은 잔학 행위의 원인제공자였다. 그러나 지금은 그 역할이 역설적으로 바뀌었다. 유물론에 영향을 받은 과학은 신과 신비체the subtle는 초자연적이며 부적절한 것이라고 오만하고 자기 멋대로 선언하는 재판장이 되었다. 그러나 앞에서 내가 주장했던 것처럼 이러한 태도는 아무런 결실을 거두지 못한다.

유물론적 과학의 영향을 받은 정치가들이 고대로부터 전해온 전승들을 너무나도 빨리 변화로 몰아붙이기 시작함에 따라 역효과가 나타나고 있다. 이러한 종교계의 사람들은 (예를 들어 여성에 대한 동등한 대우와 같은) 절실하게 필요한 변화들을 만드는 대신, 방어적이고, 극단적 보수주의적이며 보다 악화되어 버렸다. 유물론자들의 영향 하에서 종교계의 지도자들은 냉소적이 되고 있으며 윤리와 가치를 포기하고 권력을 택하고 있다. 만약 유물론적 과학이 그 자체의 결점들을 인정할 수 있으며 의식 안의 과학이라는 보다 넓은 영역을 받아들일 수 있다면, 수세기에 걸쳐 인류를 분리시켰던 유물론과 영성이라는 두 가지 대립적인 힘 사이에 새로운 대화가 시작될 수 있다. 이 대화가 잘 이루어지면 오랜 종교적 전승 내에서조차도 변화의 바람이 일게 될 것이다.

Chapter 3

인간사회를 이끌어 온 철학의 간략한 역사

A Brief History of Philosophies That Guide Human Societies

오늘날에 있어서도 대부분 신념체계들의 일부를 차지하고 있는 세 가지 중요한 철학적 '관념체계'가 존재한다. 이원론*dualism*, 유물적 일원론 *material monism* 그리고 일원론적 관념론*monistic idealism*이 그것이다.

가장 널리 받아들여지고 있는 관념체계의 하나인 이원론은 가장 오래된 것이기도 하다. 이원론은 내적/외적 이분법 때문에 우리 스스로가 경험을 통해 알 수 있듯이 실증적으로 '분명하다'. 의심할 것도 없이 이것이 바로 이원론이 인기를 얻고 있는 이유이다. 종교적인 생각에서 이원론은 신/세상의 이원론으로 존재한다. 신은 세상으로부터 분리되어 있지만 영향력(하향적 인과관계)을 세상에 행사하고 있다. 이 이원론은 수세기에 걸쳐 인류를 지배해 왔다. 특히 서양에서 그랬다. 그러나 17세기 유럽에서는 르네 데카르트가 '심신*mind-body* 이원론'이라는 '근대적' 버전을 만들어 냈다. 인간은 자유 의지를 가지고 있는 신의 영역으로서의 정신과 결정론적인 과학의 영역으로서의 육체(물리적 세상)라는 이원론이 그것이다. 과학과 종교의 휴전인 데카르트 이원론은 그 후의 서구의 철학적 사고에 많은 영향을 미쳤다. 데카르트 이원론은 모더니즘 이라는 서구 철학의 근대적 시대를 규정하기도 했다.

모더니즘 이전의 서구 사회는 암흑기Dark Ages라는 심각한 침체기 속에 있었다. 그 시기는 종교(기독교라는 형태로)가 감히 도전할 수 없도록 사회를 지배했다. 모더니즘은 과학자들을 종교의 지배로부터 해방시켰다. 그렇게 되자 과학자들은 물질 세계 – 자연의 법칙들 – 에 대한 힘을 얻고 지배하기 위해 그것의 의미를 발견해 내기 시작했다. 과학자들은 그들의 정신이 모든 서구 사회에 퍼져 나갔을 정도로 의심받지 않는 놀라운 기술을 통해 그 일을 아주 성공적으로 해냈다. 그러자 곧 종교적 위계 질서와 봉건주의는 모더니즘 사회의 최고의 업적인 민주주의와 자본주의에게 자리를 내어 주게 됐다.

과학의 성공으로 들뜬 사람들은 과학과 종교 간의 이러한 휴전의 필요성에 의문을 제기하기 시작했다. 사실, 이원론은 다음과 같은 명백한 의문들을 그다지 옹호하지 않았다. 완전히 다른 두 가지 본질로 이루어진 두 가지 대상들이 어떻게 상호작용을 하는가? 신성한 실체인 신이 어떻게 물질 세계와 상호작용을 하는가? 비물질인 정신이 물질인 육체와 어떻게 상호작용을 하는가?

만약 우리가 공간과 시간을 통해 한 물체에서 다른 물체로 향하는 에너지를 수반하는 신호들에 의해 매개되는 '국소적' 상호작용만이 가능하다고 생각한다면 이런 상호작용은 불가능하다. 비물질과 물질 간의 상호작용은 물리학의 신성 불가침인 에너지 보존의 법칙을 위반하는 것이 될 것이다. 에너지 보존의 법칙은 형태가 변할지라도 개별 체계 안에 있는 에너지 총량은 일정하다는 것을 의미한다. 이와 함께 그 상호작용이 일어나는 수단에 관해서도 만만치 않은 의문이 존재한다. 매개 신호는 무엇으로 이루어지는가? 두 가지 실체 모두로 만들어진 매개체가 필요한 것처럼 보인다. 그러나 그 두 가지 중 어느 것도 존재하지 않는다!

이 때문에 유물론적 일원론은 이원론에 대한 대안으로 떠올랐다. 유물론적 일원론에서 이원론의 난제들은, 두 가지 실체가 존재하지 않으며 오직 물리적인 물질만 존재한다고 간단히 주장함으로써 피할 수 있게 된다. 그래서 의식, 신, 인간의 마음, 그리고 모든 인간의 내적 경험들은 뇌의 상호작용들의 결과물로 간주된다. 이러한 것들은 궁극적으로 기본입자들의 상호작용들(상향적 인과관계)로부터 기인한다.

이 같은 철학은 최근 들어 많은 신뢰를 얻고 있다. 그 이유는 그 철학의 단순성뿐만 아니라 원자핵들과 같은 기본입자들의 집합체가 극적인 형태(핵폭발) 속에서 입증됐기 때문이다.

그러나 유물론적 일원론의 성공은 또한 서구 사회의 모더니즘적 정신에 대해 찬물을 끼얹었으며 포스트모더니즘의 침체를 불러 왔다. 결국 유물론이 옳다면, 우리는 모더니즘이 널리 퍼져 있었을 때 우리가 할 수 있다고 생각했던 것처럼 자연을 정복하고 통제할 수 없다. 그 대신 우리 인간들은 나머지 자연과 같이 한정된 기관에 불과하게 된다. 인간은 자유 의지를 가지고 있지 않으며, 우리가 가치가 있다고 보는 의미를 추구할 자유를 가지고 있지 못하다. 그 대신, 기계적인 우주에는 어떠한 의미도 존재하지 않는다. 이러한 상황에서 인간이 할 수 있는 최선은 실존주의 철학에 동의하는 것이다. 실존주의 철학에 따르면 개인으로서 우리 인간들이 자신의 삶에서 의미(본질)를 만들어 내는 인간의 삶에는 그 어떤 의미도 존재하지 않는다. 어쨌든 우리 인간은 존재한다. 인간의 실존을 부정할 수 없기 때문에서 우리는 인간을 필요로 하는 것처럼 보이는 게임을 하고 있는 것일지도 모른다. 우리는 의미가 존재하고 있는 것처럼 속이고 있으며, 그 밖의 점에서는 의미 없는,

사랑 없는 우주 안에서 사랑이 존재하고 있는 것처럼 우리 자신을 속이고 있다.

"신은 죽었다"라고 철학자 프리드리히 니체가 잘 전한 것처럼 니힐리즘으로의 이러한 실존주의적, 비관적 도피는 그러나 오래 지속되지 못했다. 일부 과학자들은 1926년 *전체론과 진화*Holism and Evolution라는 제목의 책에서 남아프리카 정치가인 얀 스뮈츠Jan Smuts가 제시한 새로운 생각인 *전체론*을 통해 반격에 나섰다. 전체론은 처음에는 '창조적 진화를 통해 부분들의 합보다 큰 전체를 이루는 자연의 경향'이라고 정의되었다. 많은 과학자들은 신과 종교를 전적으로 포기하는 것을 거부했다. 과학자들은 전체론에서 한 종류의 신을 회복시킬 기회를 보았던 것이다.

특정한 원시적, 정령신앙적인 생각에서 신은 내재적인 신, 자연 신으로서 존재한다. 자연 그 자체가 신을 통해 생명을 가지게 된다는 생각이다. 이 세상 밖에 있는 신을 찾을 필요는 없다. 신은 바로 여기에 있다. 전체론적 언어를 이용하면 이러한 생각은 매력적인 철학으로 만들어질 수 있다. 전체는 그 부분들로 환원될 수 없다. 기본입자들은 원자들을 이룬다. 그러나 원자들은 하나의 전체이며 그 자신의 부분들, 기본입자들로 완벽하게 환원될 수 없다. 원자들이 분자들을 이룰 때도 똑같은 일이 벌어진다. 존재의 원자적 차원으로 환원될 수 없는 전체 속에서는 새로운 무엇인가가 나타난다는 것이다. 분자들이 살아 있는 세포를 이룰 때 나타나는 새로운 전체론적인 본질은 '생명'이라는 것으로 확인될 수 있다(매튜라나Maturana와 배렐라Varella, 1992. 카프라Capra, 1996). 뉴런이라는 세포들이 뇌를 형성할 때, 새롭게 나타나는 전체론적인 본질은 정신mind이라는 것으로 확인될 수 있다. 모든 생명과 모든 정신의 총합, 자연 그 자체의 전체는 신God이라는 것으로 확인될 수 있다. 어떤 사람들은 화학자 제임스 러브록James Lovelock(1982)과 생물학자 린 마굴리스Lynn Margulis(1993)의 아이디어를 쫓아서 '신'을 하나의 거대한 생명체를 의미하는 가이아Gaia, 지구의 어머니earth mother로 보고 있다.

동시에 이러한 전체론적인 사고는 자연 보존을 위한 생태학 운동과 자연 그 자체에 대한 사랑과 이해를 통한 영적 변환이라는 '깊이' 생태학(데발Devall과 세션스Sessions, 1985)이라는 철학을 만들어 냈다. 그러나 유물론적 과학자들은 무수한 실험들이 보여 주고 있는 것처럼 물질은 근본적으로 환원주의적이라는 근거를 만들어 내고 있다. 이 때문에 그들은 전체론을 철학적 환상이라고 주장하고 있다.

그러나 고대로부터 이원론에 대한 또 다른 대안이 존재해 왔다. 일원론적 관념론monistic idealism이 그것이다. 흥미롭게도 (서구 문명에 가장 영향을 미친) 그리스 사상에는 (파르메니데스Parmenides, 소크라테스 그리고 플라톤에 의해 주창된) '일원론적 관념론'과 (데모크리투스에 의해 형성된) '유물론적 일원론'은 거의 같은 시대에 나타났다. 이원론은 그 두 가지 사상의 타협점이 되었는데, 그 이유는 두 개의 실체가 서로 상호작용하기 위해 필요한 매개 신호들에 관한 의문을 풀 수 없기 때문이었다. 신호들이 없다고 가정해 보라. 상호작용이 비국소적이라고 가정해 보라. 그렇다면 무엇인가?

인간의 상상력과 직관은 일찍이 고대시대에도 그렇게 높은 경지에 다다랐으며 비이원론non-dualism 혹은 (영원의 철학perennial philosophy이라고도 불린) '일원론적 관념론'을 만들어 냈다. 신은 세상과 상호작용을 한다. 왜냐하면 신은 세상과 분리되어 있지 않기 때문이다. 신은 세상에서 초월적이면서도 동시에 내재적이다.

'심신 이원론'에 관해서 우리는 이와 같은 방식으로 관념론적으로 생각할 수 있다. 인간의 내적 경험, 정신의 거처는 하나의 (경험하는) 주체와 생각들thoughts이라는 것과 같은 내부의 정신적 대상들objects로 구성되어 있다. 주체는 내부의 대상들을 경험할 뿐만 아니라 물질적 세계라는 외부의 대상들도 경험한다. 가령 오직 하나의 실체entity가 존재한다고 가정하고, 그것을 의식consciousness이라고 부른다면, 그것은 인간의 경험에서 어떤 불가사의한 방식으로 주체와 대상들로 나뉘어진다. 의식은 물질과 마음 대상들 모두를 초월하며 또 그들 안에 내재하기도 한다. 이런 방식으로 종교적 그리고 철학적 언어들은 동일하게 된다. 단지 사소한 애매한 언어적 표현들만 제외하면 말이다.

이런 일원론적 관념론이라는 철학은 결코 대중적이지 못했다. 그 이유는 초월성transcendence이라는 것이 양자 개념인 비국소성nonlocality이라는 개념 없이는 이해하기 어렵기 때문이다. 다음과 같은 문장에서 알 수 있듯이 그런 철학의 미세한 구별은 더욱더 이해하기 어렵다. "삼라만상은 신 안에 있다. 그러나 신은 삼라만상 안에 있지 않다." 이 문장의 의미는 신은 결코 완전히 내재적일 수 없다는 것이다. 신의 초월적인 측면이 항상 존재한다는 말이다. 무한infinite은 결코 유한finitude 안에서 완전히 나타내질 수 없다. 그러나 일반 사람들에게 그것을 설명하려고 시도해 보라!

어쨌거나 일원론적 관념론은 동양에서는 매우 큰 영향력을 가지고 있었다. 그것은 인도, 티베트, 중국, 그리고 일본에서 힌두교, 불교, 그리고 도교와 같은 종교들의 형태 안에서 영향력을 발휘했다. 이러한 종교들은 조직화된 위계질서가 아니기 때문에 항상 자기 자신의 초월적인 경험을 근거로 한 철학의 유효성을 때때로 재확인했던 신비주의자들의 메시지에 반응했다.

신비주의자들은 서구 세계에도 역시 존재했다. 예수 자신은 위대한 신비주의자였다. 그의 인도에 따르는 서구 세계의 기독교는 일원론적 관념론을 제안했던 또 다른 위대한 신비주의자들을 가지고 있었다. 마이스터 에크하르트, 아씨시의 성프란치스코, 아빌라의 성녀 테레사, 제노아의 성녀 캐서린 등등이 그들이다. 그러나 기독교의 '조직화된 본질'은 (역설적이게도 예수를 포함해서) 신비주의자들의 목소리를 몰아냈다. 그 대신 이원론이 기독교도의 공식적인 사고방식 안에서 자리를 잡았다.

당신은 어떻게 신비주의자를 분간하는가? 이러한 사람들은 가능성에 있어서 우리가 일상적으로 경험하는 것보다 훨씬 더 큰 존재, 인식, 그리고 지복bliss이 자아 너머에 존재한다는 것을 직접적으로 발견하기 위해 그들 자신의 자아심ego-mind으로부터 '퀀텀 점프'를 했다. 그러나 유감스럽게도 '보다 진정한' 실재로 향한 신비주의적 돌파는 그 어떤 즉각적인 행동적 변형(특히 기본 감정들이라는 영역에서)을 만들어 내지 못한다. 따라서 행동과 관련해서 말하자면, 대부분의 신비주의자들은 일반적으로 일반 사람들보다 더 놀랍지 않다. 우리는 신비주의의 말을 그들의 '진리'라고 생각해야만 한다. 각 시대의 과학자들과 사회적 지도자들은 그렇게 하는 것을 꺼렸다!

일원론적 관념론이 전통적인 철학으로 정립되기에는 일련의 결점을 가지고 있기도 하다. 삼라만상은 '신' 혹은 '의식'이다. 그렇다면 물질이라는 것은 어느 정도 진짜이며 어느 정도로 중요한가? 이 점에 대해 대부분의 관념론 철학자들은 물질세계는 무의미하며, 허황되며, 단지 겪어야 하고 초월되어야 하는 것이라는 견해를 가지고 있다. 사실, 소수의 관념론 철학자들은 인간은 오직 물질적 형태 안에서만 인과응보karma를 없앨 수 있다고 말함으로써 물질의 중요성을 강조했다. 그들은 물질세계에서 물리적 형태로 계속해서 환생할 필요성이 전달되도록 하기 위해 영혼이 업보를 소진시켜야만 한다고 말하고 있다. 그러나 전반적으로 의식과 물질에 관한 관념론자들의 견해에는 항상 불균형이 있었다. 의식은 진짜 실재이며 물질은 사소한 것에 가까운 부수현상이다. 이러한 견해는 의식, 정신, 그리고 인간 경험이라는 모든 내적 요소는 사소한 것이며, 인과관계적 유효성(한 상황의 하나 혹은 그 이상의 특성들과 그 상황의 결과 사이의 관계)이 결여되어 있다는 유물론자들의 믿음과 상반되는 것과 아주 비슷하다. 의식에 대한 완전하고, 통합적인 연구를 하기 위해서 우리는 위에서 언급한 이러한 사고방식들을 극복해야만 한다.

의식의 외적 그리고 내적 영역들, 강한 그리고 약한 객관성
External and Internal Domains of Consciousness, Strong and Weak Objectivity

신경생리학, 인지과학 등과 같은 의식에 관한 유물론적 연구들은 분명히 연구자들의 신념 체계에 의해 제한을 받고 있다. 그러나 이들 연구자들이 모은 실험결과치들이 유용하다는 사실은 그 누구도 의심할 수 없다. 유물론적 이론들은 비록 불완전하지만, 유용하기도 하다. 이와 비슷하게 그동안 많이 보고됐던 (일상적인 상태들 이외에도) 의식의 '보다 높은 상태들'에 이르게 하는 내면적 특질에 대한 성찰을 통해서 신비주의자들과 명상 연구자들이 얻은 실험결과치와 이론들도 역시 유의미하며 유용한 것으로 여겨져야만 한다.

유물론적 과학이 연구하는 것은 의식의 제3자적 측면(행동 결과)이라는 사실을 알아야 한다. 이에 대한 합의에 도달하는 것은 쉽다. 실험결과치는 '강한 객관성'이라는 엄격한 기준을 만족시킨다. 실험결과치는 관찰자와는 대부분 독립적이다. 이와는 대조적으로 신비주의자들과 명상 연구자들은 의식의 제1인칭적 측면(느껴진 경험들)을 연구하고 있다. 후자의 연구자들이 제시하는 실험결과치들은 유사점들을 가지고 있으며, 그 때문에 그들은 의식의 '보다 높은 상태들'에 대한 합의에 도달하고 있다는 것을 인식해야만 한다. 그러나 우리는 그러한 실험결과치들에 대한 판단의 기준을 '강한 객관성' strong objectivity(관찰자 독립성 : 주관적인 실험결과치는 허용될 수 없다)으로부터 '약한 객관성' weak objectivity (관찰자 불변성 : 실험결과치들은 한 관찰자/주체로부터 다른 관찰자/주체에 이르기까지 유사하다)으로 완화시켜야만 한다. 전형적으로 인지심리학의 연구실 실험들의 경우에 우리는 이미 '약한 객관성'을 일상적인 의식의 상태들에 관한 실험결과치의 기준으로 인정하고 있다는 것을 주목해야 한다. 물리학자 베르나르 데스파냐 Bernard D'Espagnat(1983)가 오래 전에 주목했던 것처럼 양자 물리학의 개연적 본질은 오직 '약한 객관성'과 일치한다는 사실도 주목해야 한다.

우리는 이러한 요약에 사람들의 주관 사이에서 일치점을 발견할 수 있다는 것을 의미하는 '상호주관적intersubjective 경험'이라는 또 다른 상한을 추가할 수 있다. '상호주관적 경험'이라는 것은 내적으로 경험된 연관성의 측면들을 의미하며, 이에 대한 연구는 아주 드물다. 모두 대칭적으로 만들기 위해 우리는 전체 사회들이라는 사람들의 집합체들에 관한 객관적인 실험결과치로 이루어진 네 번째 상한을 추가할 수 있다. 이렇게 해서 우리는 4상한 모델(그림 3-1)을 확보하게 된다. 이에는 철학자 켄 윌버Ken Wilber(2000)가 기여한 바가 크다.

그러나 이러한 현상학적 대성공은 통합적 접근법처럼 보일지 모르

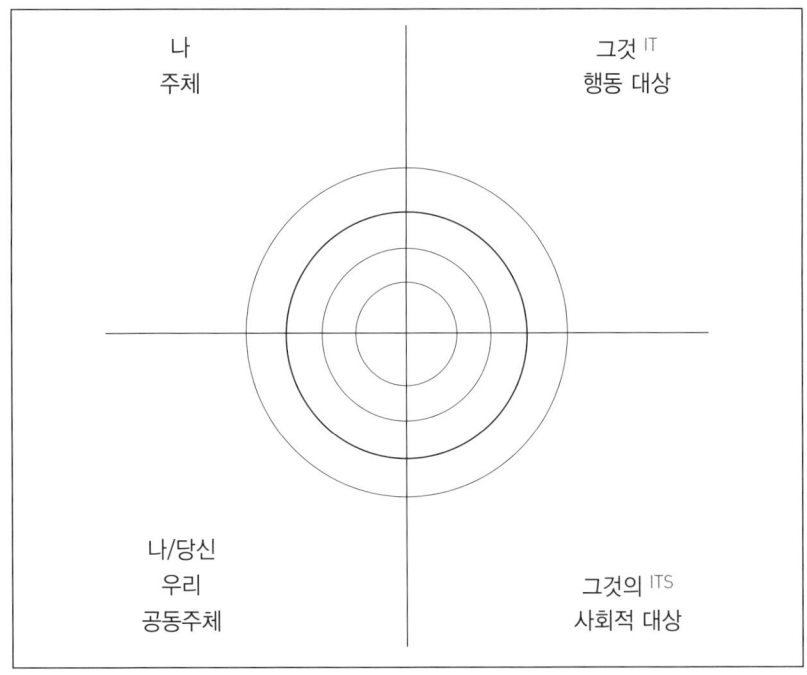

[그림 3-1] 켄 윌버가 설명하는 의식의 4상한

지만, 사실은 그것은 단지 시작일 뿐이다. 각 상한에는 '이항 대립들'이 남아 있으며 모든 상한들의 진정한 통합은 이루어지지 않았다. 이 철학자의 입장은 엘리트주의적이다. 즉, 이성reason 혹은 과학을 사용하는 것은 통합할 수 없다는 입장 말이다. 통합을 보기 위해서는 '보다 높은 상태들'이 이루어져야만 한다는 것이 이 입장이다.

과학은 오직 실재의 물질적인 차원에만 적용되며, 이성은 결코 의식의 보다 높은 차원들을 다루는 것에까지 확장될 수 없다는 철학자의 편견을 우리는 극복할 수 있을까? 이 편견은 의식과 물질, 내적 실재와 외적 실재라는 철학자의 감춰진 이원론에 대한 믿음에서 생겨났다고 나는 생각한다. 그래서 철학자는 과학은 오직 외부(물질)에만 적용되고 내부(의식)에는 적용되지 않으며, 그래서 그 두 가지가 어떻게 상호작용하는가에 관해서 신경을 쓸 필요가 없다고 주장함으로써 (정신과 육체의) 상호작용론interactionism의 문제를 피하려고 한다.

양자 물리학의 진정한 의미가 이해될 경우, 의식이라는 것은 뇌의 단순한 부수현상일 수 없다는 사실이 분명해진다. 뿐만 아니라 정신mind과 다른 내적 대상들을 뇌와 육체의 부수현상이라고 평가절하할 필요가 없어진다. 그 대신 양자 물리학과 모든 과학은 일원론적 관념론 철학에 근거를 두어야만 한다. 의식은 모든 '존재being의 바탕'이며, 그 바탕 안에서 물질, 정신 그리고 다른 내적 대상들은 가능성들possibilities로서 존재한다. 그러나 물질을 평가절하할 이유도 역시 없다. 미묘한 정신적 상태들을 나타내는 능력이라는 측면에서 물질은 물질이 반영시키는 미묘한 (비물질적) 것만큼이나 중요하다. 다른 말로 하자면, 인과적 효과성과 중요성을 두 대상 모두에게 확장시킴으로써 양자 사고 방식은 우리에게 정신과 물질, 내적 경험과 외적 경험을 동등한 근거 위에서 다룰 수 있게 해주고 있다.

이런 방법으로, 철학적으로 또 과학적으로 (이론과 증거를 가지고)

우리는 어떤 '관념체계'ism가 정확하고 타당한지 – 일원론적 관념론이라는 극히 추상적인 문제점을 해결했다. 그렇지만 유물론적 사고방식은 인류의 '집단적 총체적 정신psyche' 안에 치료되지 않고 방치하여 점점 더 악화되기만 하고 있는 상처를 만들어 냈다. 이제 우리의 최우선 과제는 모든 인류에게 명백해지고 있는 철학적 그리고 과학적 통합의 메시지를 공유함으로써 이 상처의 치유를 돕는 것이다.

모더니스트로서 우리는 정신과 정신이 처리하는 것, 즉 의미meaning의 진실성을 인정했다. 그것은 의미에 관한 대담한 탐구에 훨씬 더 광범위하게 참여하는 것으로 이어졌다. 모더니즘이 '의미 없는 유물론'이라는 포스트모더니즘적인 불안감에게 자리를 내어줌에 따라 우리의 제도들과 민주주의, 자본주의 그리고 공평한 교육이라는 그 제도들의 진보적인 유물은 위험에 빠졌다. 그것들은 과거 시대에 교회와 봉건적 지배에 의해 가해졌던 제한들보다 결코 더 좋지 않은, 자유에 대한 새로운 제한들을 설정하는 새로운 종류의 위계질서를 만들어 내기 위해 평가절하되고 있다. 오늘날의 족쇄들은 유물론적 과학과 과학만능주의scientism이다.

일원론적 관념론은 철학자 윌리스 하먼Willis Harman의 개념을 빌어 트랜스모더니즘transmodernism이라고 내가 부르는 새로운 종류의 모더니즘에 이르게 할 수 있다. 데카르트의 이원론적 모더니즘은 "나는 생각한다. 고로 존재한다"라는 모토에 근거하고 있었다. 다른 말로 하자면, 만약 하나의 생각이 존재한다면, 생각하는 사람이 존재해야만 한다. 이 사실은 '생각하는 정신' thinking mind에게 새로운 탐구, 주로 문제들을 해결하기 위해 의도된 창안들inventions을 할 수 있도록 해주었다. 창안들은 창의성을, 그러나 단지 내가 *상황적 창의성*situational creativity이라고 명명한 제한적인 창의성만을 필요로 한다. 이 제한적인 창의성은 알려진 사고의 맥락 내에 있는 문제를 해결하기 위한 것이다. 상황적 창의성은 중요하다. 그러나 어떤 실제적인 의미에서 그것은 또한 동일한 것 이상이다. 그것은 '박스 안쪽을 생각하는 것'이다. 트랜스모더니즘은 다음과 같은 모토를 기반으로 한다. 즉, "나는 선택한다. 고로 존재한다." 그것은 상황적 창의성뿐만 아니라 내가 *근본적 창의성*fundamental creativity이라고 명명한, 생각의 바탕인 맥락을 변화시키고, 새로운 맥락을 선택하는 능력까지 포함한 창조적 정신이라는 실제적인 잠재적 능력을 마음껏 펼칠 수 있게 해준다.

모더니즘 하에서 우리는 민주주의와 자본주의라는 혜택뿐만 아니라 '모더니즘의 악마들evils'도 함께 갖게 됐다. '모더니즘의 악마'라는 것은 인간을 자연보다 상위에 두며, 생각thinking이 느낌feeling을 지배한다고 생각하는 것이다. 생각이 느낌을 지배한다고 생각하는 것을 나는 *느낌의 관념화*mentalization of feeling라고 명명하고 있다. 그렇다. 우리는 유용한 산업과 기술을 만들어 냈다. 그러나 우리는 해결방법을 알지 못하는 환경문제들도 또한 만들어 냈다.

우리는 모더니스트 정신과 관념적인 탐구를 다시 강조할 필요가 있다. 그것의 어두운 측면, '자연 위의 인간'과 '느낌 위의 이성'이라는 사고방식과 단순한 계층구조 및 고독한 개인의 자아 고립화ego isolation에 대한 거의 전적인 의존은 배제하고 말이다. 트랜스모더니즘이라는 새로운 시대는 우리의 사고방식에 있어서 '자연 위의 인간'으로부터 '자연 내의 인간', '느낌 위의 이성'으로부터 '느낌과 통합된 이성', '단순한 계층구조'로부터 '뒤얽힌 계층구조', '자아 분리'로부터 '자아와 양자의식/신과의 통합'이라는 양자도약quantum leap과 함께 시작된다. 그때부터 우리는 윤리적 삶이라는 새로운 시대의 출범을 향한 궤도로 정확히 되돌아오게 된다.

기존 과학과 새로운 과학 : 패러다임 전환
Old Science and the New Science : Paradigm Shift

제1장에서는 나는 패러다임 전환이라는 개념을 소개한 바 있다. 기존 과학은 환원주의와 상향적 인과관계와 함께 물질지상주의, 유물론적 일원론material monism에 토대를 두고 있다. 새로운 전체론적인 패러다임은 '모든 것은 물질'이라는 유물론적 일원론을 포기하지 않는다. 그러나 전체론적 패러다임은 환원주의라는 개념은 포기한다. 그리고 전체는 그것의 각 부분들보다 더 크며, 전체는 그것의 각 부분들로 환원될 수 없다는 전체론holism 철학을 선택한다. 여기서 신과 영성spirituality은 내재적인 신immanent God, 혹은 모든 유기체를 담고 있는 전 세계에 걸쳐 내재적인 '가이아 의식' Gaia consciousness[가이아라는 것은 고대 그리스 신화에 등장하는 대지의 여신을 일컫는 말로, 지구의 생물들을 어머니처럼 보살펴 주는 자비로운 신이다. 역자주]이라는 의미로 회복된다. (제임스 러브록James Lovelock에 의해 전개된 가이아 가설 혹은 이론은 생명체이건 비생명체이건 간에 지구상의 모든 것들을 하나의 단일 유기체로 간주될 수 있는 상호작용들을 하는 복잡한 시스템으로 서술한다.) 거기에는 부분들로 환원될 수 없는 각각의 유기적 조직체 차원에서 나타나는 전체적인 실체라는 인과관계적 자율성인 하향적 인과관계와 같은 것도 존재한다. 유감스럽게도 이 인과성은 진짜가 아니다. 왜냐하면 마지막 추정에서 이 인과성 역시 물질적 상호작용들, 즉 상향적 인과관계로부터 결정되기 때문이다.

가장 새로운 과학, '의식 안의 과학' science within consciousness은 양자 물리학과 '의식의 우선성'(일원론적 관념론)을 토대로 하고 있다. 그리고 그것은 기존의 환원주의적인 패러다임을 포함하고 있다. '의식 안의 과학'에서 신은 하향적 인과관계를 통해서 개입하는 실제적이고 인과적으로 효과가 있는 주체agency이다. 의식 안의 과학에서 우리는 상호작용적 이원론이라는, 늘 따라다니던 문제들 없이 신비체들subtle bodies을 다룰 수도 있다. 의식 안의 과학에서 우리는 종교들이 성취하기를 열망하는 신성godliness의 진화를 과학 내부에서 다룰 수 있다. 그렇지만 기존 과학은 그 자체의 고유 영역에서 유효성을 유지하고 있다. '자각하고 있는 경험'이라는 물질적 영역에서 의식은 물질적 토대로부터 상향적 인과관계에 의해 결정되는 양자 가능성들로부터 나타나는 실재reality라는 실제적인 현상event을 선택하고 있다. 그리고 양자 효과들은 '겉으로 드러난 물질'gross matter에 비해 상대적으로 약해지기 때문에 겉으로 드러난 물질의 반응은 대체로 인간의 의지와는 관계없이 이미 정해진 것처럼 보인다.

사실, 환원주의적 유물론자들조차 신을 위한 약간의 여지를 만들어 놓고 있다. *신은 왜 우리 곁을 떠나지 않는가*Why God Won't Go Away라는 책에서 앤드류 뉴버그Andrew Newberg[미국 펜실베니아대학 핵의학부 방사선학과 조교수, 종교연구학과 전임강사. 역자주]와 유진 다킬리Eugene D'Aquili[펜실베니아대학 정신의학과 교수. 역자주](2001)는 신경생리학 분야의 최근 연구에서 신과 영적 경험들이 뇌 현상으로서 간단히 설명될 수 있다는 것을 시사하는 언급을 했다.

비슷한 맥락에서 전체론자들은 신과 영성은 물질 그 자체가 나타나는 전체론적 현상들로서 이해되고 탐구될 수 있다고 주장하고 있다. 그들은 자유 의지와 하향적 인과관계까지도 물질이라는 조직의 보다 높은 차원의 자율성이 분명하게 나타나는 것으로 이해될 수 있다고 주장하고 있다.

이 책에서 탐구되고 보증된 패러다임은 신에 대한 이들 두 가지 접근법보다 훨씬 더 근본적이며 극단적이다. 나는 존재의 근본은 물질이 아니라 '의식'이라고 단정하고 있다. 나는 물질뿐만 아니라 물질보다 신비한 생기체vital energy body, 더욱더 신비한 정신mind, 그리고 그보다 더 신비한 초정신체supramental body 모두가 의식의 양자 가능성들로서 존재한다고 단정하고 있다. 이러한 것들은 그들 각각의 영역에서 인과적인 상호작용들에서 적절한 시기에 나타난다. 나는 또한 우리 인간은 진화함에 따라 보다 위대한 신성의 현현들 – 신의 특징들, 초정신적 원형들 archetypes인 의식consciousness이 발현된 상태들을 거쳐 간다고 단정하고 있다. 신비체들을 과학 속에 포함시킬 때 치러야 할 대가는 이론의 다문화주의와 실험결과치를 분석하는 데 있어서 '약한 객관성'이다.

위대한 종교들의 가르침들은 그들의 인기영합적 번역 때문에 약화되어 이원론이 되어 버렸다. 그러나 내가 과학적 실험결과치의 제시를 통해 지지하고 있는 '신'은 신비주의자들과 모든 세계의 위대한 전승들의 창시자들에 의해 그려졌던 신과 아주 동일한 것이라는 사실을 나는 다시 한번 강조해야만 한다.

19세기 말 무렵 철학자 니체는 자신이 허구적으로 만들어 낸 인물들 가운데 한 명을 통해 "신은 죽었다"라고 선언했다. 이 선언은 서구 사회를 급속하게 휩쓸고 있었던 유물론적 과학에 대항해서 윤리와 도덕성을 유지하기 위해 기독교가 보여준 순진하고 대중적인 태도의 실효성에 관한 니체의 불편한 심기를 반영하고 있었다. 다른 말로 하자면, 니체는 '대중적인 이원론적 기독교 신은 죽었다'는 사실을 깨달았던 것이다. 이 책에서 나는 '의식의 우선성'과 양자 물리학을 기반으로 한 과학의 새로운 패러다임 안에서 신은 과학과 종교 모두를 만족시킬 수 있도록 입증되어야만 하는 작용인 '하향적 인과관계'의 주체로서 영원히 살아 있다는 것을 증명할 것이다.

어떤 모습의 신이 현재 당신을 가장 만족시키느냐와는 관계없이, 나는 당신이 이 책에서 제시된 증거와 이론에 정당한 평가를 내리길 바란다. 어쨌든 신은 수백 년 동안 인간이라는 존재가 심취해 왔던 것이다. 나는 그에 대한 심취가 당신에게 조금이라도 영향을 미쳤다고 생각한다. 내가 증거를 제시할 이 책의 2, 3, 4부를 읽는 동안 당신의 판단과 불신을 잠시 유보하길 바랄 뿐이다.

Chapter 4

신과 세상
God and the World

기존 과학은 실제로 존재하는 것은 물질적 우주라고 말하고 있다. 우리 인간의 뇌는 물질이며 자아의 경험과 신의 경험은 그저 물질인 뇌의 부수적인 경험들이라고 말하고 있다. 몇몇 신비주의자들은 오직 신만이 실제real이며 나타난 세상은 실제가 아니라고 말하고 있다. 대중적인 기독교의 견해는 물질적 우주와 신 모두 실제이나 그것들은 서로 분리된 실재들realities이라고 말하고 있다.

새로운 과학은 우주, 신, 그리고 우리 인간은 실제로 분리되어 있지 않으며 신과 세상, 그리고 우리 인간이 분리되어 있는 것은 하나의 표면상의 모습, 부수현상이라고 말하고 있다.

그렇다면 무엇이 실제이며 무엇이 부수현상인가? 이것이 문제이다. 그렇지 않은가?

만약 인간의 의식이 실제가 아니라면, 내가 이 책을 쓰는 것과 당신이 이 책을 읽을 아무런 이유가 없다. 그렇다면 왜 우리는 – 유물론자들을 포함하여 – 책을 읽고, 쓰고, 연구를 하며, 또 실재reality를 알기를 원하고, 심지어 사랑을 하고 행복하기를 바라는 것일까? 왜냐하면 우리 가슴 속에서 우리는 우리 자신의 의식이 *실제로 존재하는* 것을 알고 있기 때문이며, 우리 의식이 인과적 효과성causal efficacy을 가지고 있다는 것을 알고 있기 때문이다. 우리 인간의 느낌에는 생명력vitality이 있으며 우리가 의식적으로 생각하는 것에는 의미가 있고, 우리의 직관들intuitions 속에는 목적과 가치가 존재한다. 데카르트가 오래 전에 (약간 다른 언어를 사용하여) 주장했던 것처럼 우리는 그 밖에 다른 모든 것의 실재에 의문을 던질 수 있지만 우리 의식의 실재에 대해서는 그럴 수 없다. 같은 맥락에서 물질은 실제가 아닌가? 만약 당신이 의식의 미묘한 상태들에 관한 전문가인 오래 전 시대의 선禪 대가들에게 물질 세상의 비실재unreality에 관해 말한다면, 그들은 당신의 귀를 잡아당길 것이다. 당신이 귀가 아프다고 불평을 한다면, 그들은 "실제가 아닌 것에 관해 왜 당신은 불평을 하는가?"라고 물을 것이다.

진짜 의문은 다음과 같은 것들이다. 어째서 세상은 우리 인간과 분리되어 있는 것처럼 보이는가? 우리가 우주와 다른 사람들로부터 분리되어 있음으로써 우리가 길을 잃어버렸다는 사실은 우리 인간과 인간의 조건에 대해 무엇을 의미하고 있는 것일까? 이러한 분리 역학separation dynamic을 뛰어넘는 길은 있을까?

우리는 새로운 과학에서 세상은 우리 때문에 이곳에 존재하며, 우리는 세상 때문에 여기에 존재한다는 사실을 발견한다(제7장 참조). 분리 역학은 '상호 창조' mutual creation의 하나이며, 세상이 나타나도록 하는 데 있어서 우리 인간이 작용을 하기 위한 전제조건이다. 우리가 이 역학을 창조적으로 이해한다면, 분리 역학은 우리 인간에 대한 지배력을 상실한다. 우주의 스토리는 우리 인간의 스토리이다. 우리가 우리 자신, 우리의 의식을 이해하면, 우리는 또한 우주와 우리와의 관계, 신과 우리와의 관계를 이해하게 되며, 분리는 그러한 작용을 위한 하나의 전조가 된다.

'분리되어 있음'이 환상 또는 실체가 없는 것으로 여겨진다면, 실제의 것으로 나타나는 작용이라는 것의 의미는 어떻게 달라질까? 당신이 그 결과에 대해 궁금해 하기를 바란다. 진짜 '분리되어 있음'이 우리 인간에게 미쳤던 작용에 관해 싫증나 있기를 바란다. 그것은 우리에게 테러리즘, 에너지 위기, 지구 온난화, 그리고 핵 전쟁의 가능성이라는 악몽을 안겨 주었다. 나는 당신이 의식의 보다 미묘한 차원들까지 일깨울 가능성과 함께 의식 안의 과학이 가지고 있는 가능성을 탐구할 준비가 되어 있기를 바란다. 나는 당신이 신에 대한 과학적인 재발견의 중요성을 인식할 준비가 되어 있기를 바란다.

현재의 유물론적 과학의 많은 연구들은 하나의 핀 끝에서 얼마나 많은 천사들이 춤을 출 수 있는가와 같은 중세의 의문에 매달려 있는 것처럼 들린다. 블랙홀에 관한 모든 세세한 사항들을 아는 것이 사랑하는 방법 혹은 용서하는 방법에 관해 어렴풋이나마 알려 주기라도 하는가? 낡고 고리타분한 과학은 우리가 직면한 커다란 문제들에 대한 해답들을 줄 수 없다. 왜 세상에는 그렇게 많은 테러가 존재하며, 우리는 그것을 어떻게 대처하는가? 세상에는 왜 그렇게 많은 폭력이 존재하는가? 우리는 대량 살상을 저지르는 우리 아이들을 어떻게 다루어야 하는가? 어째서 세상에는 사랑이 그렇게 적은가? 우리는 어떻게 우리 사회에 윤리를, 그리고 우리 가족들에게 사랑을 다시 소개해야 하는가? 윤리란 중요한 것인가? 만약 그렇다면, 세상에 널리 퍼져 있는 유물론적 과학이 세상은 가치로부터 자유롭다고 공언할 때, 우리는 윤리와 가치를 우리 아이들에게 어떻게 가르칠 것인가? 어째서 자본주의에서 경제적인 성장과 침체는 지속되는가? 우리는 어떻게 비교적 안정된 경제를 만들어 낼 것인가? 어떻게 우리는 경제가 빈부의 격차를 확대시키는 대신에 줄이고, 가난한 사람들일지라도 자신의 마음을 의미 있는 것을 만들어 내도록 하는 데 쓸 수 있도록 자본주의 경제를 변화시킬 것인가? 어떻게 우리는 기업과 산업을 환경친화적으로 만들어 지구 온난화와 다른 환경적 재해들로부터 우리 행성을 지킬 수 있을 것인가? 어째서 정치는 그렇게 부패되었는가? 우리는 어떻게 자본력, 언론, 그리고 원리주의자들로부터 민주주의를 지킬 것인가? 어떻게 우리는 하늘 높은 줄 모르고 치솟는 건강과 치유 비용을 억누를 것인가?

의식에 관한 의문처럼 이러한 의문들은 유물론적 세계관을 가지고 있는 이들에게는 어렵고, 심지어 불가능한 것들이다. 그러나 유물론자들은 그 해답들이 코앞에 다가와 있다고 계속해서 주장하고 있다. 이러한 억지스러운 사고방식을 철학자 칼 포퍼Karl Popper는 *지급보증 유물론 promissory materialism*[현재 유물론은 과학적 증거가 부족하지만 유물론은 사실이기 때문에 언젠가는 확고한 증거를 찾을 수 있을 것이라는 유물론자들의 주장. 역자주]이라고 불렀다. 어려운 문제들에 직면했을 때, 오직 인간들만이 현실을 직시하지 않는다. 유물론적 과학자들이라고 예외는 아니다. 그러나 이러한 과학자들이 지구 온난화에 관해서는 '조지 부시 신드롬'[평소에는 정상인 사람들이 부시라는 말만 들어도 즉각적인 편집증적 혐오 반응을 보이는 현상. 미국의 보수주의자들이 조지 부시와 그의 정책에 대한 진보진영의 증오를 일컫는 말로 미국 보수 정치 컬럼리스트이자 정신과 의사인 찰스크라우트 해머가 2003년 컬럼에 처음 사용한 정치적 용어. 역자주]을 통렬하게 비난하고 있지만, 의식을 과학과 세계관 안에 포함시키기 위해서는 패러다임 전환이 필수적이며 불가피하다는 것을 인정하는 문제에 직면할 때 그들은 태도를 바꿔 똑같이 억지를 부리고 있다.

한편, 지구 온난화가 우리 세상을 위협하고 있는 것과 똑같이, 유물론적 접근법 안에서는 풀 수 없는 긴급한 사회 문제들이 늘어나고 있다. 사실, 이러한 문제들의 대부분에 있어서 근본원인은 바로 유물론이다. 물론 거기에는 유물론적 과학이 회피하고 있는 오래된 주제인 인간 문제들도 있다. 즉, 내 삶의 의미는 과연 무엇인가? 나는 어떻게 사랑을 하는가? 나는 어떻게 행복하게 되는가? 나의 진화의 미래는 무엇인가? 이러한 질문들은 유물론자에게는 불가능하다. 그러나 새로운 의식 안의 과학은 우리에게 이러한 질문들에 대한 대답들을 찾는 일을 잘 시작할 수 있도록 해주고 있다.

그러나 우리는 우리를 위협하고 있는 대참사들을 피하기 위해서 적절한 때에 우리의 행동과 사회를 변화시키기 위해 신/의식이라는 주제를 우리의 지식체계들 속으로 되돌려 놓을 수 있을까? 그렇다. 우리는 할 수 있다.

나는 나의 가설을 당신에게 이야기할 것이다. 비록 오늘날 우리를 대격변에 이르게 했던 그러한 영향력들이 이러한 대참사들을 막기 위해 이미 진행 중인 의도적인 의식의 움직임의 일부일지라도 말이다. 한편, 불안하게 다가오고 있는 대참사들은 우리에게 중요한 무엇인가를 이야기하려 하고 있다. 우리는 그것을 판독해 내야만 한다. 우리는 의식의 움직임들movements of consciousness의 의미와 목적을 알아차려야만 한다. 그리고 난 후 선택은 우리의 몫이다. 우리는 과연 우리 자신을 그렇게 진화하고 있는 움직임들의 목적과 일치시키고 있는가, 우리는 그것과 반대 방향으로 줄달음질치고 있는가, 아니면 우리는 무관심하게 처신하고 있는가?

당신은 모든 비극적인 문제들에 있어서 하나의 공통적인 측면인 갈등도 또한 인정해야만 한다. 오늘날 테러리즘은 유물론과 종교 간의 갈등에 뿌리를 두고 있다. 그것은 미국이라는 유물론적 '거대한 사탄'의 제국과 싸우고 있는 중동지역의 원리주의 이슬람교도들뿐만 아니라 미국 내에 있는 기독교 원리주의자들도 마찬가지다. 경제적 그리고 생태학적 문제들은 표면적으로는 개인과 집단적 이해관계, (이기심과 과도한 경쟁과 같은) 자아 가치들과 (협력, 윈-윈 철학, 직관, 창의성, 감정, 행복과 같은) 존재 가치들 간의 갈등 때문이다. 궁극적으로 이러한 원인들 역시 유물론과 영성 간의 갈등으로 귀결될 수 있다. 면밀하게 조사해 보면, 의료 비용이 오르는 주요 이유는 우리의 죽음에 대한 공포와 무지와 지혜 – 또다시 물성materiality과 영성spirituality 간의 갈등이다. 우리 가족, 사회 그리고 학교에서 윤리와 가치관이 약화되는 것은 분명히 이 갈등 때문이다. 진정한 해법의 세계로 들어가는 길은 갈등의 해소이다.

의식의 개인적 그리고 집단적 움직임
Individual and Collective Movements of Consciousness

동양의 영적 전승들은 개인적 의식의 움직임들을 아주 잘 이해하고 있다. 그 전승들은 바로 그것을 강조하고 있다. 세상에서의 삶은 우주적인 '신 의식' 위에 겹쳐진 개인적 주체성(자아)을 만들어 내고 있다. 이것은 신과 개인이 하나oneness라는 지혜를 흐리게 하는 무지이다. 동양인들은 오랜 환생을 통해 자아 동일성이 '신 의식'으로 바뀐다고 믿고 있다. 그들은 유일한 것one은 신이며, 그 유일한 것은 생과 사, 그리고 재탄생의 사이클로부터 자유롭다는 것을 알고 있다. 따라서 이러한 관점으로부터 다음과 같은 격언이 생겨났다. *당신은 세상을 바꿀 수 없다, 당신은 오직 당신 자신만을 바꿀 수 있을 뿐이다.* 세상에서 벌어지는 그 어떤 변화일지라도 그것은 이러한 개인적인 변화들을 통해 나타날 것이다.

그러나 서구에서는 단 한 번의 삶이라는 믿음이 자아 실현self-realization과 [자아 실현이 완성된 후 자아를 초월하여 신이 창조한 원형의 모습으로 바뀌는] 변형transformation을 위한 노력을 쇠퇴시켰다. 그 대신에 자기 자신을 신과 연결시켜야 한다는 특정한 행위 규범을 따르면서 윤리에 강조점이 두어졌다. 심지어 유물론의 보호 아래서 서양은 사회적 윤리를

위한 어떤 책무가 분명히 존재하는 사회적 의식을 발전시켰다. 즉,

> 삶은 단 한 번뿐이며 너무 짧다.
> 우리 함께 노력해서 우리의 정해진 운명을 개선시키자.

그래서 오늘날 세상을 변화시키려는 활동가들도 볼 수 있게 됐다. 그러나 자기 자신들을 변화시킨다는 영적인 생각을 가지고 있는 활동가들은 쉽게 찾아볼 수 없다. 이 두 가지 추세의 필요성을 인식할 수 있으며 그것들을 하나로 통합시킬 수 있을까?

진화
Evolution

동, 서양 모두에 있어서 사람들이 환생 혹은 일회적인 삶을 믿든 아니든 간에 영성에 관한 강조는 초월적인 신과 하나가 되는 것이었다. 물론 영적 철학자들은 신이 이 세상 안에 내재하고 있다는 것도 잘 알고 있다. 그러나 어쨌든 그들은 대체로 내재적 세상 속에서 우리가 그 연합을 추구하는 것을 훼손시키려 했다. 이러한 자세는 세상 문화를 유물론적으로 만드는 데 어느 정도 기여했다. 최근 들어 영적 전승들은 세상사들이 유물론적 과학에 의해 지배되는 것을 허용했다. 바로 이런 태도가 최근까지 유물론을 세상에서 그 어떤 도전도 받지 않으면서 만연하게 만들었다. 단지 지난 몇 십 년 전에 이르러서야 유물론에 대한 도전이 과학 그 자체의 전통 안에서 수면 위로 다시 떠올랐다.

이원론적 문화 속에서 영적 철학자들은 완전한 신이 어째서 불완전한 세상을 창조했는지 궁금해 했다. 비이원론적 문화 속에서 영적 철학자들은 때때로 어째서 신은 천상의 완벽함 속에서 영원히 존재할 수

있었음에도 불구하고 불완전한 세상에 내재하고 있는지 몹시 궁금해 했다. 이 두 가지 궁금증에 대한 해답은 물론 진화 evolution이다. 두 가지 문화 속에서 영적인 사상가들은 진화에 대해 생각하지 못했다. 신은 신의 드러나지 않은 가능성들을 나타내기 위해 내재적 세상 속에서 나타난다. 세상은 불완전한 진화의 여정을 시작한다. 그러나 그것은 단지 시작일 뿐이다. 의식은 완전한 발현을 향해, 의식의 완전한 본질이 발현되는 것을 확인하기 위해 진화하고 있다.

영적 전승들이 세속적인 일들을 일반적으로 무시했기 때문에 그 전승들은 진화라는 것이 의식이 발현되는 작용의 중요한 부분이라는 사실을 알아차리지 못했다. 우연찮게도 진화를 발견한 (그리고 사회에 종교가 미치는 영향력을 가로막기 위해 그것을 사용했던) 유물론적 과학도 역시 진화를 우리 삶 속에 있는 중요한 힘으로 보지 않았다. 대체로 생물학자들은 더디고 점진적인 다윈의 부적절한 진화론에 만족하고 있다. 다윈주의에 있어서 진화는 두 가지 단계에서 발생하는 것으로 가정되었다. 첫째, 한 종의 유전적 요소들(유전자들) 안에서 변형들이 발생한다. 둘째, 살아남고 보다 많은 숫자로 번식한 종의 구성원들은 *자연의 도태* natural selection로 알려진 것을 통해 자신의 종에 보다 나은 생존 가능성을 제공하기 위해 그들의 유전자들을 다음 세대에 전하게 된다. 이런 방식으로 진화라는 것은 우리 인간의 생존과 연관이 있는 것처럼 보여진다. 그러나 그것은 그 밖의 다른 어떤 중요성을 가지고 있지 않다. 만약 그것이 보다 덜 복잡하게 되고, 보다 덜 의미와 가치 지향적이 되어서 인간이라는 종이 살아남을 기회를 증진시킨다면, 그러한 방향의 진화는 다윈설의 신봉자들에게 문제될 것이 없을 것이다. 요약하자면, 진화는 육체적 생존에 관한 이야기이지 영적 발전에 관한 것은 아니다.

그러나 이것 역시 바뀌고 있다. *화석 간극* fossil gaps이라는 지질학적 기록에서 지속적으로 나타나는 실증적 불연속성들은 연속적인 진화를 예견한 신다윈주의가 불충분한 이론이며, 완전한 진화론을 위해서는 하향적 인과관계와 생물학적 창조성을 불러내야만 한다(고스와미Goswami, 1997a, 2008)는 사실을 분명하게 만들었다. 새로운 접근법에 있어서 진화는 목적 지향적인 것으로서, 그리고 우리 삶에 있어서 중요한 힘으로서 인식되고 있다.

지난 세기 동안, 두 명의 철학 대가인 인도의 스리 오르빈도Sri Aurobindo 와 서양의 피에르 테야르드 데 샤르댕Pierre Teilhard de Chardin[1881년 5월 1일 프랑스 중부 오베르뉴에서 태어나 18세에 예수회에 입회하고 영국 저지와헤스팅스에서 1911년 신부가 되기까지 신학 수업을 받고 예수회 교단의 신부로 서품되었다. 지질학, 고생물학 등을 연구했고 소르본대학에서 포유류의 진화를 연구하여 자연과학 부분의 박사학위를 받고 '파리 가톨릭 연구원'의 지질학 교수 자격도 얻었다. 1929년 북경 주구점에서의 북경 원인 발굴은 고고인류학 분야의 가장 빛나는 업적이다. 세계 2차 대전 후 파리로 돌아온 샤르댕은 '파리 과학연구원 국립중앙연구소장'에 임명되었으며 1951년에는 인류학 연구기관인 뉴욕 웬느그렌 재단의 상임 연구원으로 초청받고 1955년 숨을 거두기까지 연구와 집필을 계속했다. 역자주]은 인간에게 있어서 복잡성의 증가를 향한 여정이 끊임없이 계속되는 것이 진화라는 혁명적인 식견을 가지고 있다. 오르빈도에 따르면 동물들이 인간 진화를 위한 자연의 실험실이었던 것처럼, 비슷하게 인간 존재들은 지금 진화하고 있는 중인 초인간들superhumans을 위한 실험실이다. 초인간 안에서 우리는 사랑, 아름다움, 정의, 선 등과 같은 우리가 얻기를 갈구하고 있는 겉으로 드러난 완전한 경지를 향해 진화하는 천상의 특질을 확인할 것이다. 테야르에 따르면 진화의 끝은 우리 인간이 완전한 경지인 오메가 포인트omega point[샤르댕은 모든 물질은 물질마다의 '의식'이 있고 그것은 진화과정에서 모이게 된다. 그래서 인간에게 이르면 드디어 그 '의식'이 어떤 임계점을 넘어 새로운 차원을 창조할 수 있게 되는데 그것이 바로 정신세계라는 것이다. 그리고 인간은 진화를 거듭하게 되며 진화의 종착역은 물질과 정신이 비로소 하나가 되는 오메가 포인트라고 명명했다. 샤르댕의 저서 "인간현상" 참조. 역자주]에 도달할 때이다.

우리는 또한 진화라는 것이 의식의 작용 – 목적 지향적이며 집단적인 작용이라는 사실을 인식해야만 한다. (주로) 서양에서 시작된 사회적 의식을 향한 집단적인 움직임은 의식의 진화이다. *그 집단적인 움직임은 중요하며 드러난 의식의 움직임의 핵심적이고 통합적인 부분이다.* 그래서 여기서 다시 동양과 서양의 생명에 관한 견해들은 통합되어야만 한다. 우리는 동양에서와 같이 개인적인 구원salvation을 향해 나아가야만 한다. 그러나 우리는 또한 *진화에 기여를 해야만 한다.* 그리고 분명하게, 우리는 신을 향한 우리의 여정 안에서 우리의 '자아 동일성'ego identity[자기가 가진 특성이 언제나 과거의 그것과 같으며 미래에도 변함없이 이어진다는 생각. 에릭슨의 자아 심리학과 올포트의 인격 심리학에서 사용된 용어. 역자주]을 탈피함으로써 진화라는 움직임에 더 많은 것을 추가하게 된다.

우리는 새로운 모토를 내세운 새로운 종류의 행동주의가 필요하다. 당신은 세상을 변화시킬 수 없지만, 당신 자신은 변화시킬 수 있으며, *집단적인 세상의 진화*collective world evolution라는 관점을 항상 마음 속에 간직할 수 있다. 이것이 바로 내가 *퀀텀 행동주의*quantum activism라고 부르는 것이다. 퀀텀 행동주의를 통해 우리는 의식의 진화적 움직임을 전체로서, 그 필요성들에 항상 유의하면서 새로운 과학의 힘을 이용하여 우리 자신을 변화시키는 일을 할 수 있다.

종교들은 전통적으로 우리에게 개인적 구원을 위해, 우리 고통의 경감을 위해, 그리고 삶에 있어서 노력이 필요 없는 행복의 발견을 위해 신을 따르라고 권해 왔다. 그러나 모든 형태의 고통에 관하여 우리는 이제 치료법들(비록 임시적인 것이기는 하지만)을 가지고 있다. 삶에 있어서 신을 확증하기 위해, 미래의 어떤 알기 어려운 행복을 위한 추가적인 고통을 기꺼이 받아들이기 위해 어째서 우리가 끈기 있는 노력을 해야만 하는지는 더 이상 분명하지 않다. 우리 가운데 몇몇 사람들은 물론 어쨌든 여전히 그렇게 하고 있지만 우리는 그 이유가 무엇인지 알 수가 없다. 그들이 그렇게 하는 동기는 무엇인가? 우리 삶에서 신을 찾기 위한 동기는 '자아의 한계'ego-boundary를 넘어갈 준비가 되어 있는 사람들을 위한 진화적인 힘으로부터 나타난다는 것이 나의 생각이다. 바로 이러한 힘의 존재는 우리 인간이 새로운 진화 단계를 위한 준비를 하고 있다는 것을 시사한다. 새로운 진화 단계는 오르빈도와 테야르에 의해 예견된 것이다.

그렇다면 진화에 대해 우리는 어떻게 반응할 것인가?
So What Is Our Response To Evolution?

과학 안에서의 신의 재발견을 인정할 때가 왔다고 나는 선언한다. 만약 그것이 우리 과학의 토대를 물질matter에서 의식consciousness으로 패러다임 전환을 요구한다면, 그렇게 되어야만 할 것이다. 만약 우리가 세상의 번영에 관심을 가지고 있다면, 우리는 또한 우리 안에서 신의 권능God potency이 발현되도록 각자의 능력 범위 안에서 나아가야만 한다.

당신은 분리에서 연합으로, 자아 의식에서 '신 의식'으로, 그리고 정지에서 진화로 향한 여정을 시작하기 위해 많은 일들을 할 수 있다는 것이 나의 생각이다. 몇 가지 출발점들을 소개하자면 다음과 같다.

- 양자를 생각하라! 가능성을 생각하라!
- 의식의 잠재 능력을 탐구하라.
- 당신이 온전한 것으로부터 분리되어 있음은 환상일 가능성을 탐구하라. 당신의 조건 형성의 본질을 연구하라.
- 선택의 자유라는 힘을 행사하고 실현하라.
- 당신의 내적 경험들과 외적인 총체gross body와 더불어 당신의 신비체subtle body에 주의를 기울여라.

- 갈등들을 해소하고 부분적(그리고 갈등적인) 지혜의 조각들을 전체로 통합하라.
- 의식의 비국소성nonlocality of consciousness을 깨달을 준비를 하라.
- 의식의 진화(온전함wholeness으로 향한 움직임)를 인정하면서 당신 자신의 변신을 위해 노력하는 것의 중요성을 깨달아라.
- 우리의 사회적 기관들과 관련되어 있는 의식의 움직임들에 주의를 기울여라.
- 풀기 어려운 문제들(유물론적 과학)이라는 세상에서 가능한 해결책들(의식 안의 과학)의 세상으로 생각을 바꿔라.

이 책의 의도
The Plan of the Book

이 책의 제1부가 우리가 과학 안에서 재발견하고 있는 신에 대해 당신에게 좋은 소개가 되었기를 바란다. 그리고 과학적 신이 인기 있는 종교들의 신과 어떻게 다른지를 당신에게 보여 주었기를 희망한다. 그러나 하향적 인과관계, 신비체의 존재, 그리고 신을 믿는 마음과 같은 가장 필수적인 기본원리에 있어서는 일치점이 있다는 사실을 유의하길 바란다. 이 일치점은 가장 중요한 것이다. 그리고 나는 이 일치점이 (새로운) 과학과 이원론적인 인기 있는 종교들 간에 계속적인 대화를 촉진시키기를 희망한다.

제1장에서 약속한 것처럼 제2, 3, 4부는 신이 존재한다는 사실을 지지하는 새로운 증거를 제시할 것이다.

제2부에서 나는 신의 양자 특징들에 대해 좀 더 세부적으로 소개를 할 것이다. 그리고 하향적 인과관계, 양자의 비국소성, 불연속성, 그리고 심리학과 생물학에 있어서 '뒤엉킨 계층구조' tangled hierarchy에 대한

실험적 입증에 관해 상술할 것이다. 여기에는 의식과 무의식 간의, 생명체와 비생명체nonlife 간의 차이점에 대한 설명이 포함될 것이다. 제2부는 창조적 진화에 관한 논의로 마쳐질 것이다. 창조적 진화라는 것은 화석 간극들과 지적 설계의 이유와 방법을 설명하는, 신을 토대로 한 진화론이다.

제3부는 신비체의 존재에 관한 이론과 실험적 입증으로 구성되어 있다. 그 주제에 관한 이러한 측면들은 우리에게 생물학적 그리고 심리학적 과학들에게 있어서 '불가능한' 것으로 여겨졌던 문제들을 해결하기 위한 아주 시의적절한 과학의 확장을 가능하게 해주는 것이다. 자연nature과 살아 있다는 우리 인간의 느낌들의 기원origin에 관한, 동종요법homeopathy과 침술요법acupuncture의 유효성에 관한, 그리고 수맥 탐지봉으로 수맥이나 광맥을 찾는 것과 같은 점술 현상들의 가치에 관한 문제들이 여기에 포함된다.

제3부는 또한 새로운 심리학과 그것이 '신의 정신'mind of God을 어떻게 탐구하고 있는가에 관한 내용도 담고 있다. 여기서 나는 왜 우리 인간이 내적 그리고 외적 경험들이라는 것을 모두 가지고 있는가를 설명할 것이다. 이와 함께 그 두 가지의 경험이 '내 아버지 집에 거할 곳이 많도다'(성경, 요한복음 14:2)라는 생각의 유효성을 입증하고 해석하기 위해서 과학에 있어 어째서 중요한지도 설명할 것이다. 신은 하늘 위에 있는가, 여기 지상에 홀로 내재하고 있는가, 아니면 저 아래 어느 곳에 존재하는가? 이와 같은 질문들은 신에 대해 어떻게 조사할 것이며 어떻게 신에 대해 알 것인가에 대해 새로운 빛을 비추고 있다. 꿈들, 의식의 상태들, 환생, 윤리, 그리고 이타주의에 관한 실험결과치들은 우리에게 혼soul에 관해서 설명을 해준다.

제4부에서는 창조성, 사랑, 변형transformation, 그리고 치유healing라는 것들이 신의 하향적 인과관계의 예로서 검토될 것이다. 이러한 것들은

모두 초월적인 신의 존재에 대한 반박할 수 없는 증거를 제공하기 위해 제시될 것이다.

제5부는 양자 행동주의를 다룰 것이며, 의식의 진화라는 의제agenda에 발맞춰서 우리 자신과 우리 사회를 진화시키기 위해 우리가 할 수 있는 일을 소개할 것이다. 여기서 나는 우리가 퀀텀 액티비즘(양자 행동주의)을 실천해 나가는 데 있어서 양자 물리학이 가지고 있는 변형력을 어떻게 발휘하게 할 것인가에 대해서도 논의할 것이다.

이 책은 두 가지 특별한 에필로그로 마무리된다. 첫 번째 에필로그는 더 이상 앞뒤가 맞지 않는 유물론적 과학의 주장들에 의해 혼란스럽게 된 젊은 과학자를 위한 이야기이다. 두 번째 에필로그는 기독교의 아버지인 예수가 양자 물리학의 가르침들과 아주 일치했다는 사실을 보여줄 것이다. 예수는 알고 있었다.

요약
In Summary

인간의 감각으로 느끼거나 인식할 수 있는 경험의 세계인 현상계 phenomenal world에는 유물론적 과학의 견해(실재의 유일한 차원은 물질, 인과관계의 유일한 원천은 상향) 안에서는 다루는 것이 불가능한 측면들이 존재한다. 즉,

- 양자 가능성의 파동들이 실제적 사상들events로 나타나는(붕괴되는) 것은 불가능하다.
- 양자 가능성 파동이 하나의 실제적 현상으로 나타나는(붕괴하는) 것을 의미하는 양자 측정quantum measurement을 설명하는 것은 불가능하다.

- 오직 연속적 작용들이라는 용어로는 불연속성discontinuity을 설명하는 것은 불가능하다.
- 국소적 상호작용들 단독으로부터 비국소성을 만들어 내는 것은 불가능하다.
- 단선적인 단순 계층구조들로부터 '순환적인 뒤엉킨 계층구조' circular, tangled hierarchy를 생기게 하는 것은 불가능하다.
- 의식적인 지각awareness(한 경험에 대한 주체-대상의 분리)과 무의식 (주체-대상이 분리되지 않은 지각)을 구별하는 것은 불가능하다.
- 비생명으로부터 생명을 구별하는 것은 불가능하다.
- 마음 속의 경험(제1인칭 주체)을 외형(제3인칭 대상)이라는 용어로 설명하는 것은 불가능하다.
- 의미meaning의 처리를 상징symbol을 처리하는 능력이라는 용어로 설명하는 것은 불가능하다.
- 느낌feeling을 상징 처리 능력만으로 설명하는 것은 불가능하다.
- 물리학의 법칙들을 물질적 운동만으로 설명하는 것은 불가능하다.

우리를 지배하고 있는 과학 패러다임의 불완전성과 부적합성은 유물론적 체계 안에서 불가능한 현상들을 잇달아 만나게 될 때 분명하게 드러난다. 이러한 불완전성과 부적합성은 유물론적 과학이 원리적 측면에서조차도 결코 메울 수 없으며, 우리가 이해할 수 없는 실제적이고, 메우는 것이 불가능한 간극들을 야기시킨다. 신이 재발견되는 것은 바로 이러한 설명할 수 없는 간극들 때문이다.

셰익스피어 식으로 말하자면 이렇다. 오 유물론자여, 하늘과 땅에는 당신의 철학 안에서 꿈꾸고 있는 것보다 더 많은 것들이 존재하네, 그것을 인정하시게!

이것은 13세기 중동 지역에 걸쳐 퍼졌던 이야기들의 주인공인 물라나스루딘Mulla Nasruddin에 관한 이야기를 생각나게 하고 있다. 그는 물 한 양동이를 가지고 격렬하게 일하고 있는 중이었다. 물을 흔들기도 하고, 자신의 손으로 물을 치기도 했으며, 주무르기도 하는 등 우스꽝스러운 짓을 하고 있었다.

누군가가 그에게 물었다. "물라, 무슨 일을 하고 있는 건가?"
그는 이렇게 대답했다. "요구르트를 만들고 있는 중일세."
질문한 사람이 놀라 이렇게 말했다. "물라, 물로는 요구르트를 만들 수 없어!"
물라의 대답은 이랬다. "만약 만든다면 어쩔 것인데?"

일반적인 간격신학Gap Theology[성경 창세기 1장 1절과 2절 사이에 오랜 시간적 간격이 있다는 이론. 역자주]과 이 책에서 제시되고 있는 과학적 접근법 간의 차이점은 물론 신이라는 존재를 유물론적 과학이 가지고 있는 간격들을 설명하는 것이라는 단순한 제안에 우리가 만족하고 있지 않다는 것이다. 그 대신 우리는 실험적 증거를 통해 입증 가능한 신의 가설에 기초한 새로운 과학을 확립하고 있다.

어떻게 신이 과학 안에서 재발견되었다고 말해질 수 있는가? 왜냐하면 우리는 아주 과학적으로 불가능한 것이 어떻게 가능하며, 그 간극들이 어떻게 연결되는가를 설명하는 신의 가설을 토대로 한 입증 가능한 과학적 이론을 가지고 있기 때문이다. 그리고 가장 중요한 이 이론의 결정적인 몇 가지 예측들은 이미 과학적 실험들을 통해 입증됐다. 수년 안에 우리는 이 새로운 과학에 대한 보다 심층적인 실험적 입증을 기대할 수 있다.

그렇다면, 나는 신의 존재에 관한 충분한 과학적 증거를 제시하는 데 있어서 성공했는가? 일부 사람들에게, 특히 종교적인 원리주의자들에게 있어서는 그들의 신학을 만족시키는 그들의 신에 대한 증거를 제시하지 않는다면, 그 어떤 증거도 충분하지 않을 것이다. 이와 비슷하게, 강경한 유물론자는 새로운 실험결과치, 새로운 입증 가능한 예측, 기존 수수께끼에 대한 새로운 설명, 혹은 불가능한 모순들에 대한 새로운 해결책을 아무리 많이 제시해도 설득되지 않을 것이다. 그러나 이들 양극단 사이에는 많은 사람들, 비전문가들과 전문가들 모두, 과학자들과 비과학자들이 존재하고 있다. 그들은 내가 제시한 것을 이해할 것이다. 이유는 간단하다. 이전에는 결코 그렇게 많은, 본질적으로 다른 과학 분야들과 지고의 존재인 신을 양자 의식quantum consciousness이라는 아주 희귀한 새로운 가정들을 가지고 있는 생각들과 통합시키는 것이 가능하지 않았기 때문이다.

만약 당신이 이 책에서 이것에 관해 더 읽는다면, 당신은 그러한 사람들 가운데 하나일 것이다. 그리고 만약 이 책이 신 혹은 진화 또는 두 가지 모두를 향한 당신의 탐구 여정에 도움이 될 것인지는 전적으로 당신의 판단에 달려 있다. 나는 연구조사와 자기 것으로 만들기 위한 개념들과 그 여정에 활용할 수 있는 지도들, 깊이 생각해 보아야 할 의문점들, 갖추어야 할 마음가짐들, 그리고 그렇기 되기 위해 해야 할 일들을 당신에게 제공하는 데 최선을 다했다.

Part 2
하향적 인과관계에 관한 증거
The Evidence for Downward Causation

1979년 나는 '양자 측정' quantum measurement 문제라는 '행복한' 나의 물리학을 발견했다. 양자 측정 문제는 그저 바라보고 있는 관찰자의 경험 안에서 양자 가능성들이 어떻게 실제적인 현상들이 되는가에 관한 것이다. 이 문제와 이에 대한 가능한 해결책에 관해 생각을 했을 때마다, 나는 어찌할 바를 모르곤 했다. 그러나 이상하게도 그 문제는 나를 행복하게 만들었다. 나는 '우주를 당황하게 만드는' 결과를 초래할 무엇인가를 하고 있다고 확신했다.

저명한 물리학자 존 폰 노이만 John von Neumann 은 우리에게 한 가지 힌트를 남겨 주었다. 하나의 양자 대상 object 의 가능성 파동을 실제적 현상들, 즉 한 사람이 본 미립자들로 바꾼 것이 관찰자의 의식이라는 것이 그 힌트다. 그러나 의식 consciousness 이란 무엇인가?

아무도 몰랐다. 의식에 관한 일반적인 생각들을 양자 측정 문제에 적용시킬 경우 모순들이 생겨났다. 물리학을 전공하는 한 대학원생은 나에게 심리학자들을 찾아가라고 제안했다. 심리학자들이 의식을 연구하고 있기 때문에 말이다. 그래서 몇 년 동안 나는 심리학 교수와 공동 연구를 했으며 의식에 대한 심리학적 관점을 배웠다.

내가 가지고 있던 모순들을 해소할 수 있는 그 어떤 해답들도 나타나지 않았다. 물리학자 데이비드 봄 David Bohm 은 그 당시 유명해지고 있었다. 나는 그의 논문들을 읽기 시작했으며 그가 신비주의자 크리쉬나무르티 J. Krishnamurti 와 마음을 터놓고 지내고 있다는 것을 알았다. 나라고 뒤질 이유가 없었다. 나는 신비주의자와 친하게 지내기 시작했다.

1985년 5월 나는 캘리포니아 벤츄라에 있는 한 친구를 방문했으며 우리는 오자이 Ojai 근처에서 크리쉬나무르티 강연에 참석했다. 강연 후에 우리는 내 친구의 집 거실에서 조엘 모우드Joel Morwood라는 이름의 신비주의자와 마주 앉았다.

대화는 곧 새로운 시대 과학으로 바뀌었다. 나는 조엘에게 의심할 것도 없이 뇌에서 나타나는 한 현상인 의식이 어찌됐든 간에 뇌 안에 있는 대상들도 포함하여 우리가 보고 있는 모든 대상들이라는 양자 가능성 파동들을 '붕괴시킬 수' 있다는 사실이 얼마나 모순인가를 설명했다.

그러자 조엘이 이의를 제기했다. "의식이 뇌보다 우선하는가 아니면 뇌가 의식보다 우선하는가?"

나는 신비주의자들이 의식을 모든 것보다 우선으로 여기고 있다는 사실을 알고 있었다. 그래서 나는 조심스럽게 말했다. "저는 지금 경험들의 주체로서의 의식에 관해 이야기를 하고 있는 중입니다."

"의식은 경험에 우선합니다." 조엘이 말했다. "의식은 대상 없이 존재하며, 주체 없이 존재합니다."

나 역시 그러한 말들을 알고 있었다. 바로 얼마 전에 나는 신비주의 철학자인 프랭클린 메렐-울프Franklin Merrell-Wolff(1983)가 쓴 *대상 없는 의식의 철학*The Philosophy of Consciousness Without an Object이라는 제목의 책을 읽었다.

그래서 나도 그에게 반론을 제기했다. "맞습니다. 그것은 오래된 신비주의입니다. 그러나 제가 보기에 당신은 의식의 비국소적 측면에 관해 말씀하고 계신 것 같습니다."

조엘이 나에게 내가 어떻게 '과학적인 눈가리개들'을 쓰고 있었는가에 관해 감동적인 짧은 강의를 해준 것은 바로 그때였다. 그는 정확하게 '과학적인 눈가리개들'scientific blinders이라고 말했다. 그는 '신을 제외하고 아무것도 존재하지 않는다' 라는 수피Sufi[이슬람교의 신비주의자. 역자주]

의 말로 이야기를 마쳤다.

  참고로 그때까지 나는 그러한 말들은 여러 차례 듣고 읽었다. 각각 다른 전통들로부터 각각 다른 맥락 속에서 말이다. 그러나 이번에는 이해되기 시작했으며 눈가리개가 걷혔다. 갑자기 나는 신비주의자들이 옳다는 것을 깨달았다. 의식은 물질과 뇌를 포함한 모든 존재의 근원이다. 그리고 과학은 전통적인 유물론적 형이상학이 아니라 이러한 형이상학에 기초를 두어야만 한다.

  양자 측정 문제에 관한 모순에서 자유로운 해결책에 관한 나의 첫 번째 논문(고스와미, 1989)을 발표하는 데 4년이 걸렸다. 그 논문에서 나는 '신'은 말할 것도 없이 그 어떤 신비주의나 신비주의적 문헌을 언급하지 않으려고 신중을 기했다. 만약 내가 그렇게 하면 과학자들이 나의 논문을 철저히 거부할 것이라고 걱정했다.

  4년 후 내가 *자각하는 우주Self-Aware Universe*라는 책을 쓰고 있었을 때, 나는 부끄럽지 않았다. 그리고 나와 함께 자신의 실험에 관한 논문을 공동으로 쓰고 있던 제이코보 그린버그 질버바움Jacobo Grinberg Zylberbaum이 1993년 멕시코대학으로 나를 초대하여 자신의 실험 설계와 실험결과치를 보여 주었을 때 나는 알았다. 우리가 과학 안에서 신을 재발견하고 있는 중이라는 사실을 말이다.

Chapter 5

신의 양자 특징들
The Quantum Signatures of the Divine

　예수는 하나님의 나라kingdom of God가 모든 곳에 존재하지만 사람들이 그것을 보지 못한다고 한탄했다. 그렇지만 그에 대한 증거는 포착하기 어렵다. 일반적인 사람들은 그것을 놓치기가 쉽다. 그러나 과학자들은 특별한 사람들이다. 그들은 증거의 미묘한 점들을 판독하는 데 있어서 전문가들이다. 그런 그들이 신의 특징들을 보지 못하고 빠뜨려 왔던 이유는 무엇일까?

　노벨 물리학상 수상자 리차드 파인만이 구속이 없는 상상력에 반대하는 경고를 나타냈을 때, 그것은 오늘날 과학자들의 이러한 통찰력 결여를 드러낸 것이었다. '과학적 상상력은 (정신병자나 죄수에게 입히는) 구속복straitjacket 안에 있는 상상력'이라고 그는 말했다. 파인만과 다른 유물론자들이 입고 있는 구속복은 *과학적 유물론scientific materialism*이라는 신념 체계이다. 모든 것을 구속하고 있는 학설doctrine은 상향적 인과관계라는 환원주의자들의 학설이 가지고 있는 배타성이다.

이 책 전체는 유물론이라는 구속복으로부터 자유로워지는 방법에 관한 지적 훈련이다. 제1장에서 나는 양자 물리학이 하향적 인과관계와 관찰자를 통해 작동하는 신God이라는 하향적 인과관계의 행위주체를 우리에게 되돌려 줌으로써 자유로워지는 길을 우리에게 보여 주고 있다고 주장했다. 뉴턴 물리학에서 대상들objects은 정해진 것들이다. 그러나 양자 물리학에서 대상들은 의식이 선택하는 가능성들이다. 한 사람이 무엇인가를 바라볼 때, 그 사람의 의식은 양자 가능성들 중에서 경험이라는 실체actuality로 붕괴될(나타날) 것을 선택한다.

그러나 이것이 어떻게 신의 존재에 관한 증거란 말인가? 그것은 마치 포고Pogo[미국의 만화가 월트켈리가 그린 매카시즘 시대의 정치 풍자만화의 주인공인 주머니쥐. 역자주] 만화에서 나오는 소리처럼 들리게 한다. 즉, 우리는 신을 조사했고 찾았다. 그리고 신은 우리들이다! 세상에는 3억 3천만 개의 신들이 존재한다고 말했던 고대 힌두인들이 어쩌면 옳을지도 모른다. 그렇지만 그 신들의 숫자는 이제 인플레이션 때문에 60억 개가 되었다. 만약 우리가 신이라면, 어째서 우리는 우리가 하는 방식으로 살고 있는 것일까? 어째서 우리는 비폭력과 사랑과 같은 신의 특성들이 드러나기 어려운 시기를 보내고 있는 것일까?

신에 관한 증거는 우리 안에 있지만, 그것을 보기 위해서 우리는 민감해야만 한다. 신의 증거를 실천하기 위해서 우리는 성장해야만 한다.

우리는 우리 자신의 현실을 만들어 낸다, 그러나……
We Create Our Own Reality, But...

프레드 앨런 울프Fred Alan Wolf(1970)라는 물리학자가 "우리 인간은 우리 자신의 현실reality을 만들어 낸다"라는 말로 사람들의 주의를 환기시킨 것은 1970년대였다. 이 말이 상기시켰던 이미지들은 그렇지만 아주 실망스러운 것들이 되었다. 일부 사람들은 캐딜락 자동차들을, 다른 사람들은 사막과 같은 환경 속에서 채소밭을, 그리고 또 다른 사람들은 복잡한 시내 중심가에서 자신의 자동차를 위한 주차구역을 나타내려고 애썼다. 의심할 것도 없이 모든 사람들은 양자가 현실을 창조한다는 아이디어에 고무됐다. 그러나 창조를 해보려는 시도들은 창조자가 되려는 사람들이 미묘한 것들을 알지 못했기 때문에 많은 복잡한 결과들을 만들어 냈다.

우리는 우리 자신의 현실을 만들어 낸다. 그러나 그것에는 미묘한 것이 존재한다. 우리는 우리의 일상적인 의식의 상태 안에서 현실을 만들어 내지 못한다. 그러나 비일상적 의식의 상태 안에서는 가능하다. 이러한 사실은 최초로 모순을 생각했던 노벨 물리학상 수상자 유진 위그너Eugene Wigner에 의해 제안된 '사고 실험'thought experiment인, 위그너의 친구의 모순paradox of Wigner's friend[내가 존재하는 이유는 위그너의 친구 때문이라는 것이다. '위그너의 친구'가 만물의 근원인가? 그건 아니다. 그 이유는 위그너의 친구가 존재하려면 위그너의 친구의 친구가 있어야 한다. 위그너의 친구의 친구의 친구의 친구의 친구의...... 이렇듯 모순이 생긴다. 역자주]을 생각하면 분명해진다. 여기서 나는 간단한 예로 모순이라는 것을 설명하겠다.

다음과 같은 상황을 상상해 보라. 위그너가 적색과 녹색이라는 두 가지 가능성을 가지고 있는 양자 신호등에 다가가고 있다. 그와 동시에 위그너의 친구도 위그너의 건너편에서 똑같은 신호등에 다가가고 있다. 바쁜 미국인들이지만, 그들은 모두 녹색을 선택한다. 불행하게도, 그들의 선택들은 서로 모순된다. 만약 두 가지 선택이 동시에 실현된다면, 거기에는 대혼란이 벌어질 것이다. 분명히 그들의 선택들 가운데 단 하나만이 중요하다. 그러나 누구의 선택일까?

수십 년이 지난 후, 각각 다른 시간과 다른 장소에서 세 명의 물리학자들 - 호주의 루디빅 바스Ludivik Bass(1971), 오레곤의 나(고스와미, 1989,

1993), 그리고 뉴저지의 케이시 블루드Casey Blood(1993, 2001)가 각각 그 모순의 해결책을 발견했다. 즉, 위그너와 그의 친구라는 두 명의 국소적 존재 너머에서 의식은 하나이며, 비국소적이고 우주적이라는 사실 말이다. 그들 두 사람은 선택한다. 그러나 단지 비유적으로 말하자면, 하나의 통일된 의식이 그 어떤 모순을 피하면서 그들 모두를 위한 선택을 한다. 하나의 통일된 의식은 양자 확률 계산에 의해 좌우되는 다음과 같은 결과를 허용한다. 만약 위그너와 그의 친구가 많은 경우의 수에 있어서 동일한 신호들에 다다른다면, 녹색 신호를 갖게 될 확률은 각각 50퍼센트가 될 것이다. 그러나 어떤 한 경우의 수에 있어서는 녹색 신호를 갖게 될 새로운 기회는 두 사람 모두에게 열려 있다.

2003년 나는 의식에 관한 과학 컨퍼런스에서 발표를 하기 위해 런던으로 초대받은 적이 있다. 나의 발표 후에 BBC 리포터가 나에게 질문을 던졌다. "당신의 이론은 신의 존재를 입증합니까?" 나는 즉각적으로 그의 질문 안에 담긴 함정을 알아차렸다. 만약 내가 그렇다고 말한다면, 그는 '양자 물리학자가 하늘에 있는 보좌에 앉아 하향적 인과관계라는 행위들을 베풀어 주고 있는 신이라는 개념을 지지하고 있다' 라는 선정적인 제목을 자신의 기사에 붙일 것이다. 그래서 나는 조심스럽게 말했다. "그렇지 않기도 하고 그렇기도 합니다"no and yes. 그는 내가 자신의 함정에 빠지지 않아 약간 실망한 것처럼 보였다. 나는 상세히 설명했다. 그렇지 않다는 것은 양자 물리학에 의해 재발견된 신은 대중적인 종교들이 말하고 있는 단순한 신이 아니기 때문이다. 신은 하늘에서 하향적 인과관계를 베풀어 주며, 천당으로 갈 사람은 누구인지, 지옥으로 보낼 사람은 누구인지를 심판하는 황제가 아니다. 그 이유는 양자 창조의 행위자이자, 하향적 인과관계의 자유로운 행위주체는 우리 인간의 일상적인 자아를 초월하기 때문이다. 그것은 비밀리에 전해 내려오는 모든 영성spirituality의 전승들에 의해 받아들여지고 있는 창조자 신과 아주 똑같이 보편적이며 우주적이다. 당신은 이것을 '양자 의식' quantum consciousness이라고 부를 수 있다. 그러나 이 의식의 특징은 독특하게도 그 전승들이 신이라고 부르고 있는 바와 똑같다.

선택하는 의식choosing consciousness의 단일성oneness은 '어떠한 모순 없이 의식이 하향적 인과관계의 자유로운 행위주체가 될 수 있게 하는 의식의 본질은 무엇인가' 라는 우리가 제기하고 있는 문제에 대한 한 답이다. 우선, 의식은 우리 인간 모두를 합일시킬 수 있어야 하며, 오직 하나뿐인 것이어야만 한다. 이러한 의식의 단일성은 그 당시 그 이론의 하나의 예견이었다.

이러한 예견을 담은 나의 논문(고스와미, 1989)이 유명하지 않은 물리학 저널에 발표되었을 때, 멕시코대학의 신경생리학자인 제이코보 그린버그 질버바움이 그것에 주목했다. 제이코보는 두 그룹의 피험자들과 그들 간의 뇌의 전기적 활동의 이상한 전이들에 관한 실험을 하고 있었다. 그는 나의 이론이 어쩌면 자신의 실험들을 해석하는 데 있어서 도움이 될 중요한 무엇인가를 가지고 있을지 모른다고 직감적으로 알았다. 그래서 그는 나에게 흥분에 들뜬 목소리로 전화를 했다. 축약해서 말하자면 다음과 같다. 나는 멕시코대학에 있는 그의 실험실로 날아가서 그의 실험 설계와 실험결과치를 점검했으며 그것을 해석하는 데 있어서 그를 도왔다. 그리고 얼마 후 그린버그 질버바움과 세 명의 공동저자들(1994)은 의식의 단일성oneness of consciousness이라는 아이디어를 현대적 과학을 통해 입증했음을 선언하는 첫 번째 논문을 작성했다.

희소식을 전하는 실험 : 우리는 하나다
The Good News Experiment : We Are One

네 개의 개별적인 실험들이 이제 양자 의식, 하향적 인과관계의 행위

주체, 비국소성, 단일성이 신God이라는 사실을 보여 주고 있다는 사실은 희소식이다.

앞서 언급한 바와 같이 (사람들의 주관적인 경험들을 통해서가 아니라 객관적인 기계장치들을 가지고) 명확하게 그것을 입증하는 최초의 그 실험은 멕시코대학의 신경생리학자인 그린버그 질버바움과 그의 공동저자들에 의해 수행됐다. 그것에 관해 좀 더 자세히 살펴보도록 하자.

양자 물리학은 우리에게 비국소성nonlocality이라는 놀라운 원리를 가져다주고 있다. 국소성의 원리라는 것은 모든 커뮤니케이션은 속도 한계를 가지고 있는 국소적 신호들을 통해 진행된다는 것을 말한다. 아인슈타인은 이 한계를 빛의 속도(초당 299,792,458미터라는 엄청나지만 한정된 속도)로 규정했다. 따라서 아인슈타인의 생각에 의해 부과된 한계인 이 국소성 원리는 신호들을 통한 즉각적 커뮤니케이션을 불가능하게 했다. 그러나 양자 대상들은 일단 그들이 양자 비국소성을 통해 상호작용을 하고, 서로 연관되어지기만 하면, 서로에게 즉각적으로 영향을 미치는 것이 가능하다. 이 사실은 물리학자 알렌 아스펙트와 그의 공동저자들(1982)에 의해 쌍둥이 광자photon(빛의 양자들)를 통해 입증됐다. 그 실험 결과치는 일단 우리가 양자 비국소성이라는 개념을 국소적인 공간과 시간 밖에서 신호 없이 '상호 연결되어 있는 상태'interconnectedness로 인식한다면, 아인슈타인의 생각과 모순되는 것으로 여겨지지 않는다.

1993년 그린버그 질버바움은 두 개의 서로 연관된 뇌를 통해 양자 비국소성을 입증하려는 시도를 하고 있었다. 두 사람이 함께 같은 장소에서 직접적인 (신호없이, 비국소적인) 커뮤니케이션을 할 의도를 가지고 명상을 하고 있었다. 20분 후에 그들은 서로 분리되어(그렇지만 그들의 의도에 따른 명상은 계속하면서) 개별적인 패러데이 케이지Faraday cage(전자기적으로 차폐된 방) 안으로 격리됐다. 그곳에서 각 사람의 뇌에는 뇌전도EEG 측정장치가 부착되어 있었다. 한 피험자는 EEG 측정장치에 의해 기록되는 뇌 전기적 활동을 만들어 내는 일련의 섬광을 나타내고 있다. 이 기록으로부터 '유발 전위'evoked potential가 컴퓨터의 도움으로(뇌 잡음을 제거한 상태로) 추출된다. 이렇게 추출된 유발 전위는 어쨌든 두 번째 피험자의 뇌로 보내진다. 두 번째 피험자의 EEG가 기록될 때, 그것은 (잡음 제거에 의해) 첫 번째 피험자의 유발 전위와 길이와 강도가 비슷한 전위가 생기게 한다. [그림 5-1]은 이러한 실험과정을 보여 주고 있다. 피험자들을 통제하면(함께 명상을 하지 못하게 하거나 실험을 하고 있는 동안 명상을 통해 신호 없는 커뮤니케이션을 유지할 수 없도록) 아무런 전위의 전송도 나타나지 않는다(그림 5-2).

이 실험은 뇌 반응의 비국소성이 분명히 존재한다는 사실을 입증하고 있다. 그러나 이 실험은 또한 아주 더 중요한 무엇인가, 즉 양자 의식의

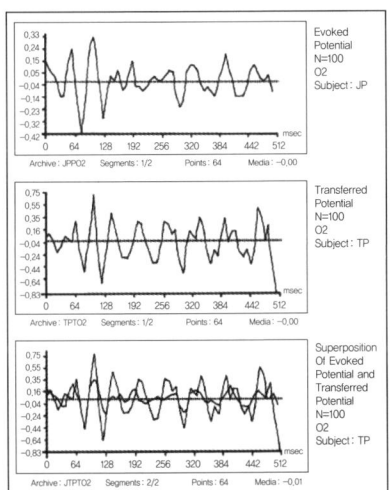 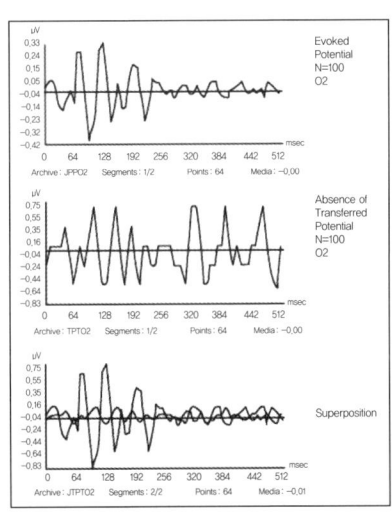

[그림 5-1] 유발(맨 위쪽) 그리고 이전된 (중간) 전위. 맨 아래 그래프는 두 가지 뇌 전도 측정결과 간에 71퍼센트가 겹친다는 것을 보여 주고 있다(그린버그 질버바움et al., 1994 실험에서 인용).

[그림 5-2] 피험자들을 통제한 경우 전송된 전위가 없다. 두 번째 피험자의 관측된 전위가 얼마나 더 작은가에 주목할 것(중간 그래프. 수직적 변화에 특별히 주목할 것). 또한 맨 아래 그래프도 쉽게 알아볼 수 있는 겹침 현상이 나타나지 않고 있다.

비국소성도 입증하는 것이다. 그렇지 않다면 우리는 어떻게 한 피험자의 뇌 속에서 유발된 반응이라는 강요된 선택이 서로 연관된 파트너의 뇌 속에서 (거의) 동일한 반응이라는 자유로운 선택으로 나타날 수 있는지를 설명할 수 있단 말인가? 앞서 언급했던 것처럼 이 실험은 여러 차례 반복하여 실시됐다. 처음에는 신경정신과 의사인 피터 펜위크Peter Fenwick와 공동저자들(사벨Sabell et al., 2001)이 영국 런던에서, 두 번째는 지리 바커만Jiri Wackermann[체코슬로바키아 프라하 찰스대학 심리학자. 역자주]과 공동저자들(2003)에 의해, 세 번째는 바스티유대학 연구자인 레나 스탠디쉬와 그녀의 공동저자들(스탠디쉬Standish et al., 2004)에 의해서 말이다.

이러한 실험들을 토대로 내린 결론은 놀라운 것이었다. 양자 가능성들로부터의 선택이라는 하향적 인과관계를 촉진시키는 양자 의식은 바로 비밀스럽게 전해 내려온 영적 전승들이 신이라고 부르고 있는 것이다. 우리는 과학 내에서 신을 재발견했다. 그뿐만이 아니었다. 이러한 실험들은 기존의 과학처럼 물질 우선성에 토대를 두지 않는, 그러나 '의식의 우선성' primacy of consciousness에 근거한 새로운 과학 패러다임으로 안내하고 있다. 의식은 모든 존재의 근원이다. 그것을 우리는 이제 영적 전승들이 신Godhead(기독교), 브라만(힌두교), 아인 소프AinSof(유대교)[아인 히브리어로 무無를 의미하며 소프는 존재를 의미한다. 따라서 아인 소프는 무한한 존재, 존재이면서도 무인 존재, 존재를 초월한 신을 일컫는 말이다. 역자주], 수냐타Shunyata(불교)['비어 있음'을 의미하는 산스크리트어. 여기서 공空이라는 개념이 유래했다. 서구에서는 공, 허, 부재, 무 등을 부정적으로 보기 때문에 의미가 다르고 또 수학이나 전자공학 등 과학에서는 다른 개념이므로 '수냐타 공空'으로 명명할 필요가 있다. 영어의 emptiness나 한자어의 空과 유사한 수냐타는 모든 존재는 '내재적 본질'이 없이 변화하는 현상임을 강조한 개념이라고 설명된다. 역자주] 등으로 부르고 있는 것으로 인정할 수 있다.

새로운 과학은 모든 것을 통합한다. 사실 대부분의 이러한 용어들은 존재의 근원ground of being을 뜻한다. 예를 들면 신Godhead은 그것의 완전함

fullness을 가리키고 있으며, 불교 용어인 수냐타는 공void 혹은 무nothingness를 말한다. 상충되지 않는가? 새로운 과학의 설명은 이렇다. 존재의 근원은 '가능성'들로 가득 차 있다. 그렇다. 그러나 가능성들은 '삼라만상'things이 아니다. 그렇기 때문에 그것은 정확하게 '삼라만상이 없음, 무'nothingness라고도 불릴 수 있다.

의도의 힘
The Power of Intention

그린버그 질버바움 실험의 가장 중요한 측면들 가운데 하나는 우리 인간의 의도라는 힘power of our intention을 입증하고 있다는 것이다. 피실험자들은 자신들의 비국소적 연결들을 드러내려고 '의도' 했다. 초심리학자 딘 라딘Dean Radin(1997, 2006)은 의도의 힘을 입증하는 많은 실험들을 실시했다.

그의 실험들 가운데 하나는 1994~1995년에 있었던 'O. J. 심슨 사건' [흑인 미식축구 영웅 O. J. 심슨이 1994년 6월 12일 자신의 전처인 금발의 백인 미녀 니콜심슨과 그녀의 친구 론골드먼을 살해했다는 혐의로 기소된 사건. 역자주] 재판을 활용했다. 그 당시 많은 사람들은 텔레비전으로 중계된 재판을 보고 있었다. 재판을 지켜보고 있는 시청자들의 의도가 그 법정 드라마가 격렬한지 혹은 지루한지에 따라 크게 흔들릴 것이라고 그는 정확하게 가정했다. 한편에서 그는 한 그룹의 심리학자들에게 법정 드라마의 강도(곧, 시청자들의 의도의 강도)를 하나의 실시간 함수로서 구성하도록 했다. 다른 한편에서 그는 실험실에서 *난수발생기*random number generator(이 장치는 방사능이라는 무작위의 양자 현상들을 0과 1들로 이루어진 무작위의 배열로 해석한다)라는 것에 의해 생성된 무작위성에서 편차를 측정했다. 그는 난수발생기들이 그 법정 드라마가 가장 격렬했던 바로 그 시점들에서 무작위성에서 최고로 벗어났다는 것을 발견했다. 이것이 의미하는 것은 무엇일까? 철학자 그레고리 베이트슨Gregory Bateson[영국출신의 인류학자이며 철학자. 그는 물질로 발현하는 우리 세계의 본질은 서로 다른 것으로 드러나는 그 차이를 표현하는 각각의 정보에 따른 것이므로, 이 세상은 커다란 정보순환의 형태로 이해해야만 한다고 규정했다. 따라서 우리는 물질 그 자체를 상대하는 것이 아니라 우리 감각기관이 전달받는 그 물질의 속성을 통해 거기에 그것이 있다는 정보를 취한다는 것이다. 때문에 우주와의 질서에 대해 우리가 받아들이는 정보가 바로 우리가 연구해야 할 우리 실존의 문제라고 주장했다. 역자주]은 '무작위성의 반대는 선택'이라고 말한 바 있다. 따라서 상관 작용correlation은 '의도'의 창조적인 힘을 입증한다.

또 다른 일련의 실험을 통해 라딘은 난수발생기들이 한 기업의 이사회 모임에서가 아니라 명상 홀에서 사람들이 함께 모여 (강한 의도를 나타내면서) 명상을 할 때 무작위성에서 벗어난다는(상관 작용을 한다는) 사실을 발견했다!

캐묻기를 좋아하는 독자들은 아마 어떻게 의도의 힘을 키울 수 있는가를 물으려 할 것이다. 사실은, 우리 모두는 우리의 의도들을 통해 어떤 상태나 상황을 발현시키려고 노력하고 있다. 때로 그 의도들은 작동을 하지만 그렇지 못한 경우가 더 빈번하다. 이제 우리는 그 이유가 우리가 무엇인가를 하려고 의도할 때 우리가 우리의 자아ego 안에 있기 때문이라는 사실을 알고 있다. 그렇다면 우리는 어떻게 그것을 바꿀 수 있을까?

이것은 매우 훌륭한 질문이다. 하나의 의도는 반드시 자아로부터 시작되어야만 한다. 왜냐하면 자아가 바로 우리가 일상적으로 존재하고 있는 곳이기 때문이다. 국소적이며, 개별적이고 이기적인 우리 자신 말이다. 두 번째 단계에서 우리는 모든 사람들을 위해 우리가 이루기 원하는 것을 이루려고 의도한다. 이 경우 그 의도는 이기심을 넘어서는 것이다. 우리는 염려할 필요가 없다. 왜냐하면 우리가 우리도 포함되는

'모든 사람'이라고 말할 때, 우리는 그 어떤 것도 손해보지 않았기 때문이다. 세 번째 단계에서 우리는 우리의 의도들이 기도가 되도록 할 수 있다. "만약 나의 의도가 온전한 것whole의 의도, 신의 의도와 통(공명)한다면, 결실을 맺게 하소서." 네 번째 단계에서 그 기도는 침묵을 통과하여 명상이 되어야만 한다. 이 과정이 중요하다. 왜냐하면 오직 침묵 안에서 그 가능성들은 이루어져서 선택하는 일이 가능하기 때문이다.

비록 당신이 이것을 진지하게 실행할지라도, 하루아침에 이루어질 것으로는 기대하지 말라. 오늘날, 우리의 바쁜 생활방식에서 침묵은 우리에게 어려운 일이다. 당신의 생활방식의 속도를 늦춰라. 그래서 새로운 가능성들을 위한 여지를 만들어 보라. 그런 후 당신의 의도를 불연속적으로 드러내 보라. 이것이 바로 진짜 당신의 의도를 물질세상에서 실현되게 하는 비밀이다.

불연속성과 양자도약
Discontinuity and Quantum Leap

하향적 인과관계는 우리가 *신 의식*God-consciousness이라고 부르는 비일상적인 의식의 상태 안에서 나타난다. 그러나 우리는 그것을 알지 못한다. 왜 알지 못하는 것일까? 신비주의자들은 '신 의식'과 인간의 일상적인 의식의 단일성oneness에 관해 수백 년 동안 우리에게 말해 왔다. 그러나 우리는 그들의 말의 대부분을 경청하지 않았다. 그 이유는 무엇일까?

힌두교 경전인 *우파니샤드*Upanishads는 단호하게 "그대가 그것That이다"라고 말한다. 당신이 신이라는 의미이다! 예수는 이에 못지않게 단호하게 말한다. "너희는 모두 신의 자녀들children of God이다." 이것이 바로 핵심이다. 우리는 신의 자녀들이다. 따라서 우리는 우리의 '신 의식'을 깨닫기 위해 성숙해야만 한다. 우리가 *자아*ego라고 부르는 우리의 일상적인 '자기 분리'I-separateness를 나타나게 하여 *우리의 신성Godness을 보이지 않게 하는* 메커니즘들이 존재한다. 바로 이 자아가 우리 인간과 신의 단일성과 우리들 서로의 단일성을 보지 못하도록 막는 장애물을 만들어 내고 있다. 영성에 있어서 성숙한다는 것은 바로 그 자아를 뛰어넘어 성숙한다는 것을 의미한다.

핵심은 선택choice이라는 양자의 하향적 인과관계가 불연속적으로 이루어진다는 사실이다. 만약 선택이 연속적이라면, 그것에 대한 수학적 모델 혹은 적어도 컴퓨터 알고리즘이 만들어질 수 있다. 따라서 선택의 결과가 예측가능하며 선택의 주체가 많아질 수 있기 때문에 신이라고 불릴 수 없을 것이다. 자아에 의해 지배당하고 있는 우리 인간의 일상적인 의식의 상태는 선택을 오직 알려져 있는 것만으로 제한시켜 선택의 자유를 빼앗음으로써 불연속성을 제거시킨다. 우리가 자유롭게 선택한다는 사실을 아는 것은 자아라는 것을 뛰어넘는 것이다. 그것은 알려져 있지 않은 것으로 불연속적 도약을 하는 것이며, 우리는 이것을 양자도약quantum leap이라고 부른다.

만약 당신이 불연속적 양자도약이라는 것을 이해하기 어렵다면, 닐스 보어Niels Bohr[원자 구조의 이해와 양자역학의 성립에 기여한 덴마크의 물리학자. 이 업적으로 1922년 노벨 물리학상을 수상했음. 역자주]의 설명이 도움이 될 것이다. 1913년 보어는 한 원자들atom 모델을 제안했다. 그는 전자들electrons은 오직 일정한 방식 안에서만 움직일 수 있다고 보았다. 전자들은 연속적인 궤도 안에서 핵 주변을 돌고 있다. 그러나 하나의 전자가 특정 궤도에서 다른 궤도로 점프할 때, 그 전자는 아주 불연속적인 방식으로 움직인다. 그 전자는 궤도들 중간에 있는 공간을 결코 통과하지 않는다. 그 전자는 특정 궤도로부터 사라지며, 다른 궤도 안에서 다시 나타난다. 이 과정에서 점프의 방향에 따라서 에너지 양자들이 방출되거나 흡수되는 현상을 일으킨다. 바로 이 점프가 *양자도약quantum leap*이다.

우주적, 비국소적 양자 의식인 신이 어떻게 한 개인의 의식과 동일하며, 개인화될 수 있는가? 혹은 한 인간은 어떻게 자신의 '신 의식'을 경험하는가? 평범한 세상의 연속성은 어떻게 불연속성을 손상시키는가? 일차적으로는 관측observership을 통해, 그리고 이차적으로는 조건 형성을 통해서 그렇게 된다.

관측 이전에 인간의 '신 의식'은 하나이며 그것의 가능성들로부터 분리되지 않는다. 관측은 주체-대상의 분리, 관찰하는 자신self과 관찰되는 세상 간의 분리라는 것을 의미한다. 세상을 경험하는 주체, 혹은 자신이라는 것은 하나의 자극stimulus을 처음 경험할 경우 통합적unitive이며 우주적이다. 이러한 첫 경험에서 우리 인간의 '신 의식'은 양자 가능성들로부터 오는 자극에 대한 자신의 반응을 완전히 창조적으로 자유롭게 선택한다. 그것은 다만 그 상황을 지배하는 양자역학 법칙의 제약에 의해서만 좌우된다.

동일한 자극의 추가적인 경험, 학습에 이르는 경험을 통해 우리 자아 반응들은 그 자극에 대한 과거의 반응들에 의해 편향성을 띠게 된다. 바로 이것이 심리학자들이 말하는 조건 형성conditioning이다(미첼Mitchell, 고스와미, 1992). 자극 반응들의 조건화된 패턴(습관의 특징)을 과거 반응들의 역사와 동일시identifying하는 것은 주체/자신에게 하나의 뚜렷한 국소적 개성, 즉 자아를 부여한다. (보다 자세한 내용은, 고스와미, 1993 참조할 것.)

우리 인간이 자아 그리고 우리 개인적 조건 형성 패턴에 따라 움직일 때, 우리 경험들은 예측 가능하게 되며, 뚜렷한 인과적 연속성을 갖게 된다. 그 결과 우리 인간은 개인적 자아personal self라는 보다 큰 의식sense을 발달시킨다. 우리는 우리 자신을 인간의 통합적 전체 그리고 우리의 '신 의식'과는 별개인 것으로 느낀다. 우리의 의도들이 의도된 결과를 항상 만들어 내지 못하는 것은 바로 이때부터이다.

'자유 의지'라는 문제
The Question of Free Will

조건 형성의 핵심은 의식이 점차적으로 자아와 동일시됨에 따라, 그에 상응하는 자유의 상실이 나타난다는 것이다. 무한한 조건 형성이 극단에 이르면, 자유는 100퍼센트 상실된다. 이 상황에서 우리 인간에게 남겨진 유일한 선택을 비유적으로 말하자면, 초콜릿 혹은 바닐라라는 아주 친숙한 아이스크림 맛들 간의 선택, 조건화된 대안들 사이에서의 선택이다. 이 말은 우리가 이러한 더 많은 자유의 가치를 폄하하기를 원한다는 것은 아니다. 그러나 분명하게 이것은 진정한 자유가 아니다. 이러한 극단적 상황에서, 행동주의가 유효하다. 그것이 바로 소위 새로운 과학의 *대응 원리*correspondence principle 한계이다. (양자 이론에 있어서 대응 원리는 1923년 보어에 의해 정식화됐다. 이 원리에 따르면 양자 이론과 고전적 뉴턴 물리 이론은 특정한 상황 안에서 일치한다. 예를 들자면, 실재reality라는 거시적 영역 안에서와 같은 특정한 상황 안에서 일치한다. 양자 물리학과 고전 물리학이 일치하는 조건들은 *대응 제약* 혹은 *고전적 제약*이라고 불린다.)

그러나 걱정하지 말라. 우리는 결코 조건 형성에 있어서 그 정도로 극단까지 가지 않는다. 우리 자아 속에서조차 우리는 어느 정도 자유를 유지하고 있다. 우리가 유지하고 있는 자유의 가장 중요한 측면은 바로 조건 형성에 대해서 "싫어"no라고 말하는 자유이다. 우리가 가끔씩 창의적일 수 있게 하는 그런 자유 말이다.

이러한 입장을 지지하는 실험적 데이터들이 존재한다. 1960년대에 신경생리학자들은 우리 인간의 '길들여진 본성' conditioned nature을 지지하는 *P300 이벤트 관련 잠재성*P300 event-related potential을 발견했다. (요약해서 말하자면, P300 ERP라는 것은 한 사람의 뇌전도EEG에 나타나는 하나의 짧은

- 300밀리세컨드 - 전기적 파동이다. P300은 정신적 활동의 한 지표로 활용되고 있다. 그 지표를 통해 뇌파들이 잠재적으로 중요한 자극들과 중요하지 않은 자극들을 어떻게 구별하는가를 측정한다. P300 파동의 진폭은 예측 불가능한, 생각하지 못한, 혹은 아주 중요한 자극들이 있을 때 증가한다.)

당신의 자유 의지의 증거로서 "나는 내 오른쪽 팔을 들어올릴 자유가 있다"고 선언하고, 그런 다음 그렇게 한다고 생각해 보자. 어떤 일이 벌어지는지 추측할 수 있는가? 당신의 뇌에 부착된 뇌전도 측정장치를 살펴봄으로써, 신경생리학자는 P300 파동이 나타나는 것을 통해 당신이 팔을 들어올리려고 한다는 것을 쉽게 예측할 수 있다. 만약 당신의 결정이 예측될 수 있다면, 당신의 어떤 종류의 자유 의지를 가지고 있는 것인가?

그렇다면, 옳은 것은 행동주의자들인가? 자아에게 자유 의지란 없는 것인가? 어쩌면 신비주의자들이 옳을지도 모른다. 그들은 유일한 자유 의지는 '신의 의지' God's will이며 우리 인간은 자신을 신의 의지에 맡겨야만 한다고 말하고 있다. 이 경우 하나의 모순이 존재한다. 만약 우리가 자신을 맡길 자유가 없다면, 우리가 어떻게 우리 자신을 신의 의지에 맡길 수 있단 말인가?

그러나 다시 한번 말하자면, 걱정할 필요는 없다. 신경생리학자 벤자민 리벳 Benjamin Libet(1985)은 자아를 위해서 약간의 자유 의지를 지키는 한 실험을 실시했다. 리벳은 자신의 피실험자들에게, 그들의 팔을 자유롭게 들어올릴 수 있다는 것을 알아차리자마자 바로 그 행동을 취소하라고 요청했다. 이럴 경우 신경생물학자들은 여전히 피실험자들이 자신의 팔을 들어올리려 한다는 사실을 P300을 통해 예측할 수 있었을 것이다. 그러나 대개의 경우, 리벳의 피실험자들은 그들의 의지를 거부할 수 있었으며 자신의 팔을 들어올리지 않았다. 그것을 통해 피실험자들은 자신의 팔을 들어올리라는 조건부 행동에 대해 "노"라고 말하는 자신의 자유 의지를 유지하고 있었다는 것을 입증했다.

불연속성의 실험적 증거
Experimental Evidence of Discontinuity

전자electrons가 원자atoms가 도약함에 따라 빛을 방출하는 단지 그러한 상황에서뿐만 아니라 아주 정기적으로, 양자도약들을 한다는 사실을 명확하게 분석할 수 있는 상황들이 많이 존재한다. 예를 들면, 방사능 radioactivity 현상이라는 것이 있다. 그 현상에서 전자들은 때때로 방사능을 가진 원자들의 핵으로부터 나타난다. 이 현상은 전자들이 '에너지 장벽을 통과한다'는 것으로 분석된다. 그러나 어떻게 하나의 전자가 에너지 장벽을 뛰어넘기에 충분한 에너지를 가지고 있지 않을 경우에 에너지 장벽을 통과할 수 있다는 말인가? 일부 물리학자들은 이 현상을 설명하기 위해 '장벽투과, 터널링' tunneling이라는 용어를 사용하고 있다. 전자는 터널링을 하기 위해 공간을 통과하지 않고 양자도약을 함으로써 에너지 장벽을 뚫고 나아간다. 지금 전자는 그 장벽의 이쪽 편에 있다. 그러나 한 순간 뒤, 전자는 양자 점프quantum jump를 통해 저쪽 편에 존재한다.

그러나 이 분석은 여전히 그저 이론일 뿐이다. 전자들이 하나의 에너지 장벽을 정말로 불연속적 양자 점프를 통해서가 아니라 연속적으로 뚫고 지나가고 있다는 사실을 실제적으로 입증하는 실험들이 존재하는가? 존재한다. 동일한 종류의 '터널링' 현상이 특정한 트랜지스터들 안에서 발견되고 있다. 이 경우에서, 실험자들은 전자들이 에너지 장벽의 한 쪽에서 다른 쪽으로 빛의 속도보다 더 빠르게 전이된다는 것을 입증했다. 실험적으로 증명된 상대성 이론에 따르면, 전자들은 공간에서 빛보다 더 빠르게 움직일 수 없기 때문에, 전자들은 공간을 통과하지 않은 채 순식간에 움직이는 것이어야만 한다. 다른 말로 하자면, 전자들은 양자도약을 하고 있는 중인 것이다.

가능성 파동들possibility waves이라는 용어로 말하자면, 실험자는 하나의 전자라는 가능성 파동을 장벽의 한쪽에서 붕괴시킨다. 그러고 난 후 즉시, 전자는 다시 한번 하나의 가능성 파동으로 존재한다. 이 경우 가능성 파동의 가능한 양상들의 하나는 에너지 장벽의 다른 쪽에 그것이 존재한다는 사실이다. 우리의 관측이 다른 쪽에 있는 가능성 파동을 붕괴시킬 때, 두 가지 관측 사이에 시간 경과가 없기 때문에 우리는 양자 붕괴quantum collapse[양자역학은 입자 위치가 확률에 의해 지배된다고 가정하고 있다. 관측하기 전에 입자는 확률에 따른 위치분포를 가지고 있으며, 관측하는 경우 관측되는 지점에서는 100퍼센트, 그 밖의 지점에 존재할 확률은 0퍼센트가 되는 현상을 양자 붕괴 현상이라고 한다. 역자쥐]는 불연속적이라고 결론을 내려야만 한다.

그러나 극미시적인 전자 세계로부터 부피가 커다란 인간의 세계로 이르는 길은 아주 기나긴 길이다. 우리는 어떻게 불연속성이 모든 사람들이 연관될 수 있는 인간 의식에 속하고 있는 현상들events과 관련이 있다는 사실을 입증할 수 있을까? 세상이라는 거시적인 사건들affairs 안에 부정할 수 없는 '신의 양자도약 특성들' quantum leap signatures of the divine이 존재하는가? 그렇다. 존재한다.

창조성은 하나의 양자도약인가?
Is Creativity a Quantum Leap?

나는 양자도약으로서의 창조성creativity이라는 문제가 커다란 신체적 장벽들을 손쉽게 뛰어넘은 뉴턴, 미켈란젤로, 마서 그래함Martha Graham 과 같은 창조적인 인물들의 이미지를 떠오르게 하지 않기를 바란다. 당신도 분명히 알고 있는 것처럼, 물리적인 측면에서 양자 효과들은 거시적 차원에 숨겨지는 경향을 나타낸다. (제1장 참조.) 우리는 정신적인 측면을 살펴보아야만 한다. 그곳이 바로 창조성이라는 것이 존재하는 곳이기 때문이다.

창조성이란 무엇인가? 약간만 분석해 보면 우리가 흔히 창조적이라고 부르는 일은 새로운 '정신적 의미' mental meaning의 발견으로 구성되어 있다는 사실을 알 수 있을 것이다. 새로운 정신적 의미라는 것은 의미를 작용시키는 방식이 크게 달라졌다는 것을 뜻한다.

아인슈타인의 상대성 이론을 예로 들어보자. 아인슈타인이 10대 소년이었을 때, 그는 두 가지 물리학 이론들 간의 불일치conflict를 우연히 찾아냈다. 한편에는 아이작 뉴턴의 이론이 있었으며 다른 한편에는 제임스 맥스웰James Maxwell의 이론이 있었다. 두 가지 모두 위대한 이론이었으며 모두 다 그 이론의 창시자가 의도한 영역 안에서는 그 자체로 입증된 것이었다. 그러나 그 영역들은 겹치는 것처럼 보였으며, 겹치는 영역 안에서는 불일치들이 분출하고 있는 것처럼 보였다. 아인슈타인은 그 불일치를 해결하기 위해 이 문제를 10년이라는 긴 시간 동안 연구했다. 그는 몇 가지 진전을 이룩해 냈으나 완전한 해결은 그에게 좀처럼 생각나지 않았다. 그가 자신의 전체적인 사고의 틀을 위한 맥락context을 놀랍게 바꾸기 전까지는 말이다. 그 문제의 맥락은 두 가지 모순되는 물리학 이론들이었다. 그러나 그의 해결책의 맥락은 우리가 시간을 어떻게 보느냐였다.

아인슈타인 이전에, 모든 사람들은 시간이라는 것은 절대적인 것이라고 생각했으며 모든 것은 시간에 맞추어 발생한다고 생각했고, 시계들은 운동들에 의해 영향을 받지 않은 채 작동한다고 생각했다. 아인슈타인의 창조적인 통찰력은 그 생각이 틀렸다는 것을 간파해 냈다. 그 대신, 시간이라는 것은 운동과 관계가 있다. 우주선에서 작동하는 시계는 지구상에서보다 천천히 움직인다. 이러한 시간을 보는 새로운 문맥은 뉴턴의 이론과 맥스웰의 이론 간의 불일치를 해결했다. 그리고 그것은 아인슈타인에게 $E=mc^2$라는 멋진 아이디어가 나오게 한 새로운 역학을 발전시킬 수 있게 했다. 이것은 창조성의 한 예이다. 그러나 창조성은 불연속적이었을까?

창조성이라는 것은 불연속적이어야만 했다. 왜냐하면 아인슈타인이, 작동하는 시계들이 천천히 간다는 아이디어를 취할 수 있었던 것은 그 누구도 논문으로 발표하거나 과학적 토론에 등장한 바가 없었던 생각이었기 때문이다. 그 어떤 알고리즘algorithm[일정한 계산 기준을 정하기 위한 일련의 규칙. 역자주]도 아인슈타인에게 그 아이디어를 줄 수 없었다. 아인슈타인은 "나는 이성적 사고 자체만으로는 상대성 이론을 발견하지 못했다"고 실토한 바 있다.

오늘날 많은 과학자들이 창조적인 통찰력들이 정신적 의미 안에서 이루어지는 '양자도약'이며 불연속적으로 출현한다는 아이디어에 동의하고 있다는 것은 칭찬받을 만하다. 그것은 부분적으로는 창조성 연구가 많은 사례 연구들을 통해서 어느 한 분야에서 창조적인 통찰력들이 갑자기 생겨난다는 사실을 견고하게 확립시켰기 때문이다. 뉴턴의 중력 발견과 같은 몇 가지 확립된 과학의 신화들 가운데 하나는 창조적인 현상에 관한 것이라는 사실을 달리 어떻게 설명할 것인가? 뉴턴의 사과 이야기 말이다.

1666년 영국 케임브리지에서 콜레라가 발생했다. 그래서 23세의 물리학 교수였던 아이작 뉴턴은 링컨셔에 있는 모친의 농장으로 피신했다. 그곳에서, 어느 날 아침에 정원에 있는 사과나무 아래서 휴식을 취하고 있던 중에 젊은 아이작은 사과 하나가 떨어지는 것을 보았다. 그리고 느닷없이! 모든 물체들은 중력에 의해 서로서로 끌어당긴다는 만유인력universal gravity이라는 아이디어가 갑자기 뉴턴에게 떠올랐다.

그것은 정말 그렇게 나타났을까? 일부 역사학자들은 프랑스를 방문 중이었던 뉴턴의 조카딸이 그 이야기의 출발점이었다고 생각하고 있다.

그러나 물리학계의 대부분의 인사들이 과학은 모두 논리적이며 합리적인 과학적 방법론인 시행착오trial and error를 통해 이루어진다고 믿고 있었을 때, 어째서 그 이야기가 물리학 지식의 일부가 되었던 것일까?

신화란 우리 인간 영혼들의 역사라고 말해져 왔다. 그러나 전통적인 해석들이 과학적 발견을 연속적인 시행착오의 결과라고 하고 있을 때, 과학적 방법론은 영혼을 제대로 인정하지 않았다. 이것이 무슨 의미인지 짐작할 수 있는가? 신화란 창조되는 것이라는 뜻이다.

그리고 물론 창조성이라는 양자도약은 오직 과학 안에서만 나타나는 것은 아니다. 미술, 음악, 문학, 수학 등에서도 불연속적 양자도약에 관한 엄청난 증거가 존재한다. 창조성 연구자들에 의해 수집된 많은 사례조사서에서 그 증거를 찾을 수 있다. (예를 들면, 브릭스Briggs, 1990을 읽어 보라.) 뿐만 아니라 개인적인 증언들 속에서도 그 증거를 발견할 수 있다. 다음은 그에 관한 두 가지 예이다.

> 마침내, 이틀 전에 나는 나의 고통스러운 노력들에 의해서가 아니라 신의 은총으로 성공했다. 갑작스러운 섬광처럼 그 수수께끼는 해결됐다. 내 자신은 내가 전에 알고 있던 바를 나의 성공을 가능하게 만들었던 것과 연결시켰던 가이드 라인이 무엇이었는가를 말할 수 없다. (수학자 칼 프레드릭 가우스Karl Fredrick Gauss, 아다마르Hadamard, Jacques Salomon[자크 아다마르. 소수정리를 증명한 프랑스 수학자. 역자주], 1939, 15쪽에서 인용.)

> 일반적으로 말하자면, 작곡의 발아는 갑작스럽고 불쑥 나타난다…….
> 그것은 엄청나 힘으로 방향을 잡으며, 땅을 뚫고 솟아오르고, 가지들과 잎들을 내밀고, 마침내 꽃을 피운다. (작곡가 차이코프스키, 하르만, 라인골드Harman and Rheingold, 1984, 45쪽에서 인용.)

창조성이라는 양자도약들의 불연속에 대한 가장 좋은 증거는 우리가 어렸을 때 의미의 새로운 문맥들을 배우는 경험들이라고 생각한다. 철학자 그레고리 베이트슨Gregory Bateson["마음의 생태학" 저자. 1956년 팔로알토연구소에 '이중구속'double bind 이론을 발표한 정신의학자. 이중구속이란 상대방으로부터 이중적인 (또는 모순적인) 메시지를 받은 수신자가 이러지도 저러지도 못하는 상황에 처하게 되는 것을 말하며, 이런 상황이 반복될 경우 정신분열증이 유발된다고 주장했다. 역자주]은 학습을 두 가지로 분류했다. '학습 1'은 의미의 주어진 고정된 맥락 속에서 배우는 것이다. 예를 들면, 암기학습, 기억 등이 이에 해당한다. 그러나 '학습 2'도 존재한다. 베이트슨에 따르면, 학습 2에는 맥락의 변화도 포함된다. 이 학습은 양자도약을 받아들인다.

내가 세 살이었을 때, 나는 어머니가 나에게 숫자를 가르쳐 주셨던 것을 기억하고 있다. 처음에, 나는 100까지 어떻게 세는지를 암기했다. 그리 즐겁지는 않았지만, 나는 어머니가 나를 들들 볶아댔기 때문에 그것을 했다. 그녀는 맥락을 고정시켰던 것이다. 숫자들은 나에게 아무런 의미가 없었다. 그런 후 어머니는 나에게 둘이라는 세트에 관해 말해 주셨다. 두 개의 연필, 고양이 두 마리, 혹은 셋이라는 세트, 세 개의 루피rupee[인도 화폐단위. 역자주], 세 벌의 셔츠. 이런 방식이 한동안 계속됐다. 그러던 어느 날, 예상치 못하게 나는 깨달았다. 둘과 셋(그리고 모든 다른 숫자들도) 간의 차이가 나에게 분명해졌다. 은연 중에, 나는 세트라는 새로운 맥락 안에서 숫자들을 이해했다. 물론 그 말 자체로는 아니었지만 말이다. 그리고 그것은 나에게 아주 즐거운 경험이었다. (이러한 경험을 했을 때 나의 의식 안에서 세트라는 개념은 함축적인 것이며, 명확한 것은 아니었다는 점을 유의해 주기 바란다. 그 당시 세트라는 개념은 어린 나이에 배우도록 장려되지 않았다.)

동일한 맥락에서 당신은 이야기를 읽을 때 처음으로 연결된 의미를 이해했던 경험을 기억할지도 모른다. 아니면 대수학의 목적이 무엇인지를 이해하는 경험, 혹은 어떻게 개별적인 음표들이 적절하게 작곡되어 음악을 살아나게 하는지를 이해하는 경험을 했을지도 모른다. 우리의 어린 시절은 그러한 경험들이라는 양자도약으로 가득 차 있다.

돌고래들조차도 학습에 있어서 양자도약을 할 수 있는 능력을 가지고 있다. 그레고리 베이트슨(1980)은 그의 지도 하에서 새로운 돌고래를 훈련시키는 스토리를 들려 주고 있다.

그 돌고래는 일련의 학습과정을 거쳤다. 각 과정에서, 그 돌고래가 조련사가 원했던 것을 반복적으로 했을 때마다 조련사는 휘슬을 불었다. 만약 돌고래가 자신의 행위를 반복한 경우에는, 먹을거리로 보상을 받았다. 이것은 쇼에 나오는 돌고래들을 훈련시키는 통상적인 방식이다.

베이트슨은 지난번 과정에서 이미 보상받았던 행동에 대해서는 결코 보상을 해주지 않는다는 추가적인 규칙을 도입했다. 그러나 실제 훈련에 있어서 조련사는 베이트슨의 규칙을 결코 지킬 수 없었다. 왜냐하면 돌고래가 자신의 잘못과 먹을거리를 받지 못하는 것에 대해 아주 화를 냈기 때문이었다!

처음 14개 과정에서 돌고래는 너무 화가 났을지라도 이전에 보상받았던 행동을 계속 반복했으며 노력 없이도 먹을거리를 받았다. 이따금씩, 돌고래는 새로운 무엇인가를 했으나 그것은 단지 우연이었던 것처럼 보였다.

> 그러나 14번째와 15번째 과정 사이에 돌고래는 매우 흥분한 것처럼 보였다. 그리고 15번째 과정을 하기 위해 무대에 올랐을 때, 그 돌고래는 이런 종의 동물에서는 전에 결코 관찰되지 않았던 전적으로 새로운 네 가지를 포함한 여덟 가지 종류의 행동을 정교하게 해냈다. 그 동물의 관점에서 보자면, 그것은 하나의 퀀텀 점프이며, 하나의 불연속성이다. (베이트슨, 1980, 337쪽)

뒤엉킨 계층구조
Tangled Hierarchy

당신은 알아차리지 못했을지도 모르지만, 관찰자 효과 안에 있는 모순을 우리가 볼 수 있는 또 다른 길이 존재한다. 관찰자는 대상에 의해 제시된 양자 가능성들로부터 경험이라는 실제적 현상을 선택하고 있다. 그러나 가능성들이 붕괴되기 전에, 관찰자 자신(관찰자의 뇌)은 가능성들로 이루어져 있으며 발현되지 않는다. 그래서 우리는 그 모순을 하나의 순환고리로서 가정할 수 있다. 즉, 관찰자(뇌)는 한 대상의 양자 가능성 파동을 붕괴시키기 위해 필요하다. 그러나 붕괴는 관찰자(뇌)를 발현시키기 위해 필요하다. 보다 간단명료하게 말하자면, 관찰자 없이는 붕괴는 없으며, 붕괴가 없다면 관찰자도 없다.

만약 우리 인간이 하나의 차원, 물질적 차원에 머무른다면, 그 모순에 대한 해결책은 존재하지 않는다. 그 해결책은 오직 의식만이 관찰자(뇌)와 대상이라는 두 가지 모두의 가능성 파동을 의식으로 대표되는 존재의 기반ground of being이라는 초월적 실재로부터 붕괴시킨다고 우리가 가정할 때 유효하게 작용한다.

인공지능 연구자인 더글라스 호프스타터Douglas Hofstadter[미국의 인지과학자이자 컴퓨터 과학자. 역자주](1980)는 우리에게 지금 벌어지고 있는 일을 이해하기 위한 실마리를 제공했다. 그는 그러한 순환고리들은 *뒤엉킨 계층구조들*tangled hierarchies이라고 불린다고 언급했다. 가장 흥미로운 것은 자기참조self-reference, 주체-대상subject-object의 분리가 그러한 순환고리들로부터 나타난다는 사실이다.

호프스타터에 의해 제시된 한 사례를 검토해 보자. '*나는 거짓말쟁이다*'라는 문장 속에서 표현된 *거짓말쟁이의 모순*liar's paradox을 생각해 보라. 그 순환성에 주목하라. 즉, 만약 내가 거짓말쟁이라면, 나는 '참'the truth을 말하고 있는 것이다. 그리고 만약 내가 참을 말하고 있는 것이라면, 나는 거짓말을 하고 있는 것이다. 이 상황은 *끝없이* 계속된다. 이것이 바로 뒤엉킨 계층구조다. 왜냐하면 '인과적 효과성' causal efficacy[이전의 현실적 존재가 지금 생성 중인 현실적 존재에 닿아 있고 영향을 준다는 화이트헤드의 인식론. 역자주]은 주체subject이건 속성the predicate이건 간에 전적으로 함께 있지 않기 때문이다. 그 대신 인과적 효과성은 그들 사이를 끝없이 오르내리고 있다. 이러한 무한한 변동들은 그 문장을 아주 특별한 것으로 만들었다. 그 문장은 스스로 말하고 있는 중이며, 나머지 다른 화법과는 분리되고 있다.

그러나 이 문장 자체와 이 문장이 나타내는 세상이 확연히 분리되는 것은 우리의 영문법 규칙의 이해와 그 규칙을 지키는 것에 달려 있다. 이 문장의 순환성은 그 문장을 말하는 사람에게 다음과 같이 물어볼 어린 아이에게 있어서는 사라진다. "왜 당신은 거짓말쟁이예요?" 그 아이는 그 뒤엉킴을 이해하지 못하며, 그 문장 속에 사로잡히지 못한다. 왜냐하면 언어 규칙들이 그 아이에게는 불분명하기 때문이다. 그러나 일단 이러한 언어 규칙들을 알고 받아들이면, 우리는 그 문장을 그 내부로부터 바라보게 되며 그 뒤엉킴으로부터 빠져나올 수 없다. 문법은 비록 그 뒤엉킴을 일으킨 진짜 원인이지만, 그 문장 자체를 초월해 있는 함축적인 것이다.

이와 비슷하게, 관찰자 효과의 경우 그 상황을 해독하도록 우리 물리학자들을 한동안 붙잡았던 이유는 '선택하는 의식' choosing consciousness – 신God – 이 함축적implicit이고 명확하지explicit 않으며, 초월적transcendent이고 내재적immanent이지 않기 때문이었다. 붕괴collapse라는 것은 자기참조, 혹은 주체-대상의 분리라는 현상을 제공하는 뒤엉킨 계층구조다. 그렇지만, '나'라는 관찰자, 붕괴의 명백한 주체는 대상과 함께 상호의존적으로 생겨난다.

하나의 양자 가능성 파동의 붕괴가 존재할 때는 언제나, 그것을 측정하는 데 있어서 뒤엉킨 계층구조가 존재한다. 비국소성과 불연속성과 함께 뒤엉킨 계층구조는 신의 하향적 인과관계의 부정할 수 없는 또 다른 양자 특징이다.

따라서 뒤엉킨 계층구조적인 양자 측정이라는 아이디어는 수십 년 동안 물리학자들을 당혹스럽게 만들었던 양자 측정 문제에 대한 모순으로부터 완전히 자유로운 해결책을 우리에게 제공하는 최후의 수단이다. 이와 함께 바로 이 아이디어는 우리가 실재reality에 관한 여러 가지 매우 커다란 수수께끼들을 푸는 데 도움을 주고 있다.

1980년대에 나는 칠레의 물리학자와 '양자 가능성 파동을 붕괴시키는 의식consciousness'이라는 아이디어에 관해 이야기를 하고 있었다. 그는 즉각적으로 다음과 같은 의문을 제기했다. "우주가 대폭발hot big bang을 통해 창조된 순간에는 분명히 그 주변에 의식을 가지고 있는 관찰자들이 존재하지 않았습니다. 그렇다면 어떻게 우주가 실재actuality로 붕괴되었는지 어디 한번 말씀해 보시지요." 내가 미소를 지으면서 그에게 그 해법(제7장 참조)을 보여 주었을 때, 그의 의구심은 진정됐다.

심지어 오늘날에 있어서조차 생물학자들을 괴롭히고 있는 생명의 기원 origin of life이라는 문제도 존재한다. 양자 측정 이론의 교훈을 그 문제에 적용시켜 보라, 그리하면 해법은 저절로 솟아난다. (제7, 8장 참조.)

무의식the unconscious이라는 개념은 지그문트 프로이트Sigmund Freud에 의해 심리학에서 소개됐다. 그 이래 그 아이디어는 실험적으로 입증됐다. 인지 심리학이 거둔 최근의 모든 성공들에도 불구하고, 이들 인지 심리학자들이 무의식이라는 것과 의식이라는 것을 어떻게 구별하는지 그리고 의식적인 지각conscious awareness이라는 주체-대상 분리가 어떻게 나타나는지를 설명할 수 없다는 것은 하나의 사실이다. 이러한 문제들도 역시 뒤엉킨 계층구조적 양자 측정이라는 아이디어를 활용하여 해결된다. (제6장 참조.) 그리고 몇 가지 가장 심각한 과학적 연구 문제들에 대한 이러한 모든 해결책들 속에서 우리는 논의의 여지가 없는 증거와 '양자 신의 가설' quantum God hypothesis에 대한 지지를 발견하게 된다.

Chapter 6

심리학에 있어서의 하향적 인과관계 : 의식과 무의식의 차이점

Downward Causation in Psychology : The Distinction between Conscious and Unconscious

어떻게 보더라도 지그문트 프로이트는 무신론자였다. 그는 큰 바다와도 같은 정신적 경험들spiritual oceanic experiences을 유아적인 무력함의 예들이라고 조롱했다. 그는 가장 촉망받던 자신의 제자인 칼 융Carl Jung과의 관계를 끊었다. 왜냐하면 융이 종교를 진지하게 다루는 성향을 나타냈기 때문이다. 프로이트가 창시했던 이론인 정신분석학이 노벨상 수상자이자 유물론자였던 물리학자 리차드 파인만에게 조롱을 받았던 이유가 바로 이것이었다. 파인만은 다음과 같이 말했다(1962).

정신분석학은 과학이 아니다. 그것은 기껏해야 의학적 처리이며, 아마 주술사들의 일과 비슷할 것이다. 그것은 질병의 원인 – 무수한 다른 '정령' spirits 등에 관한 이론을 가지고 있다.

이처럼 파인만은 정신분석학이 무의식과 같은, 주술사의 '정령'과 같은 느낌이 많이 드는 개념들을 가지고 있다고 말하는 것처럼 보인다. 유물론자들은 무의식이라는 것을 좋아하지 않는다. 왜냐하면 유물론을 통해서는 의식이라는 것과 무의식이라는 것의 차이점을 구별하는 것이 아주 불가능하기 때문이다. 1962년 파인만이 위에서 본 논평을 썼을 때, 그는 이렇게도 말했다. "정신분석학은 실험에 의해 꼼꼼하게 체크되지 않았다." 그러나 이제 정신분석학의 가장 중요한 개념인 무의식은 아주 다른 몇 가지 관점에서 철저하게 입증되었다. 이에 따라 무의식은 유물론자들에게는 답변이 불가능한 또 다른 의문을 던져 주고 있다.

그렇다면 신의 가설과 하향적 인과관계는 무의식이라는 것과 의식이라는 것의 차이점을 구별하는 데 도움이 되는가? 그렇다!

뇌 안의 양자 측정과 무의식-의식 차이점
Quantum Measurement in the Brain and the Unconscious - Conscious Distinction

어떻게 우리는 측정 중인 하나의 자극을 지각하는가? 우리는 그것을 어떻게 측정하는가? 여기서 가장 중요한 포인트는 모든 지각 행위event of perception와 그것의 양자 측정에 있어서 우리는 단지 우리가 지각하는 대상object만을 측정하는 것이 아니라 뇌의 상태도 측정한다는 사실을 인정하는 것이다. 우리가 측정하기 전에, 대상은 하나의 가능성의 파동이다. 그러나 뇌가 하나의 가능성, 하나의 가능성 있는 자극으로부터 받아들이는 자극 역시 하나의 가능성의 파동이다. 그리고 그러한 자극을 받아들임으로써 뇌 역시 하나의 가능성의 파동, 여러 가지 가능한 상태가 된다. 우리가 지각하는 대상을 현실화하는 상태를 우리가 선택할 때, 가능한 뇌 상태들 가운데에서 하나를 우리는 또한 선택해야만 한다.

제대로 살펴보라. 여기에는 하나의 모순이 존재한다. 뇌(그리고 대상/자극)는 그것의 가능한 상태들 중에서 하나의 선택이 이루어지기 전까지는 가능성 안에 머무르고 있다. 그러나 뇌가 없다면, 우리는 그 선택을 하고 있는 주체인 '나'라는 관찰자(비록 통합적인 의식 안에 있지만)가 존재한다고 말할 수 없다. 이러한 상황이 바로 내가 이전 장에서 소개했던 개념인 *뒤엉킨 계층구조*라고 부르는 순환성이다.

단순한 계층구조는 하나의 계층구조의 한 차원이 인과적으로 다른 차원(들)을 통제하고 있을 때 나타난다. [그림 1–1]은 하나의 단순한 계층구조를 묘사하고 있는 것이다. *뒤엉킨 계층구조*를 이해하고 싶다면, 에셔Escher의 그림 '그리는 손' Drawing Hands을 살펴보라. 그 그림은 뒤엉킨 계층구조이다. 왜냐하면 오른손이 왼손을 그리고 있는 것과 마찬가지로 왼손도 오른손을 그리고 있기 때문이다. (이것은 '닭이 먼저냐, 달걀이 먼저냐'라는 오래된 의문의 또 다른 버전이다.) 그 뒤엉킴은 분명한 것으로 보여질 수 있으며, '그 체계로부터 뛰쳐나옴'으로써, 그 틀 밖에서 생각함으로써, 그 어떤 손도 다른 손을 그리지 않고 있다는 사실, 에셔가 그들 모두를 그리고 있다는 사실을 깨달음으로써 그 뒤엉킴은 풀어질 수 있다. 만약 우리가 무한하게 진동하는 시스템 안에 머무른다면, 우리는 뒤엉킨 계층구조를 볼 수 없다. 그 대신, 우리는 그것에 사로잡히게 되며, 우리 자신을 *세상의 다른 나머지 부분으로부터 분리된 것처럼* 생각하게 된다. 이러한 방식으로 뒤엉킨 계층구조는 '자기참조' self-reference라는 현상을 나타나게 하고 있다(호프스타터, 1980).

이렇듯이, 뇌와 관련된 양자 측정은 뒤엉킨 계층구조적 성격을 가지고 있다. 뒤엉킨 계층구조의 대가는 우리 인간이 '자기참조'를 위한 능력, 우리 자신을 우리와는 분리된 세상을 경험하는 하나의 '자신' self으로 보는 능력을 얻게 된다는 것이다. 뒤엉킨 계층구조가 가져다주는 바람직하지 않은 점은 우리가 세상과 분리되어 있다는 생각이 양자 측정, 양자 붕괴에서 생기는 뒤엉킨 계층구조로부터 나타나는 환상이라는 사실을 알지 못하게 한다는 것이다. 뇌 안의 양자 측정은 특별하다. 왜냐하면 이 뒤엉킨 계층구조가 외부 자극이 지각되는 신경생리학적 프로세스 안에서 미시적인 것 micro으로부터 거시적인 것 macro으로의 이행에 연루되어 있기 때문이다.

신경생리학자들은 자극이 작용되는 단계들을 해독하려 하지만 실패하고 있다. 시각적 자극을 예로 들어보자. 대상으로부터 나온 광자 photon는 눈의 망막에 도달한다. 그런 후 하나의 전기적 자극으로 신경을 따라 뇌의 중심부 등으로 전해진다. 믿을 만하게도 신경생리학자들은 그 일부를 분석을 할 수 있지만, 그 후 모든 것은 뒤범벅이 되어버린다. 뇌가 너무나도 복잡하기 때문이다.

그렇지만 우리는 마지막 단계에 무엇이 연루되어 있는지를 알아차릴 수 있다. 뇌 안에서 벌어진 양자 측정을 위해서는 자극을 미시적인 크기에서 거시적인 크기로 만들기 위해 자극을 처리하고 증폭시키는 일련의 장치들이 존재해야만 한다. 미시적 차원에서 거시적 차원으로 이행하는 이 과정 중 어딘가에서 뒤엉킨 계층구조가 만들어진다. 왜냐하면 해독하거나 단계들로 세분화할 수 없는 무한한 '환류 고리' feedback loop가 존재하기 때문이다. 우리는 그 단계들을 논리적으로 따라갈 수 없다. 그러나 우리는 [그림 6-1]에서와 같이 맨 마지막 결과인 '자기참조'를 해독할 수는 있다. 마지막으로 우리가 지각하는 것은 자극을 보낸 대상이다. 우리는 뇌 상태, 대상이 뇌에서 어떻게 표현되는지는 지각하지 못한다. 그 대신, '통합 의식' unitive consciousness[의식, 잠재의식, 무의식 등 인간 의식의 다양한 층들이 포함된 총체적 의식. 역자주]은 드러나고(붕괴되고), 기억된 뇌 상태를 식별하며, 그것 자체를 붕괴된 대상의 주체로서 경험하고 있다.

양자 측정 상황에 그러한 뒤엉킨 계층구조가 존재할 때는 언제나, '자기참조'라는 것이 존재한다. 즉, 지각(감지)하는 주체와 지각(감지)

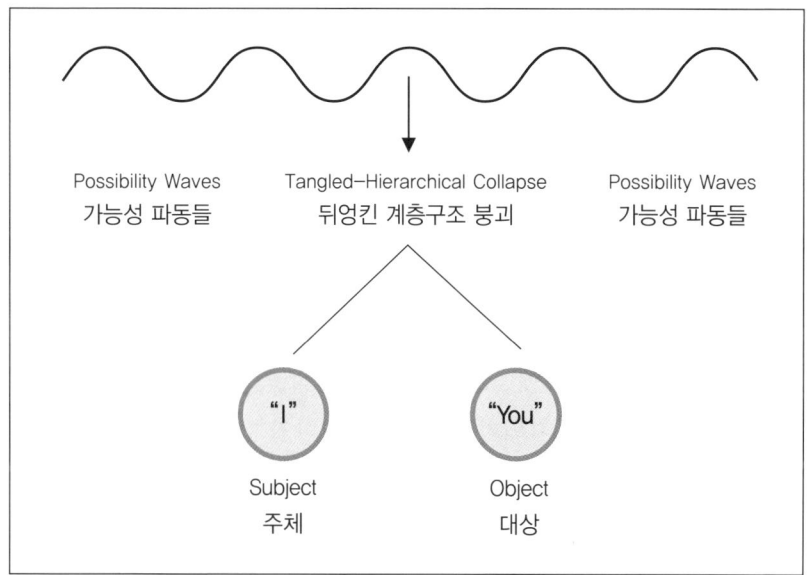

[그림 6-1] 뇌 안에서의 대상/자극의 뒤엉킨 계층구조적 양자 측정은 대상이라는 경험을 만들어 낼 뿐만 아니라 우리 의식 안에 주체subject라는 경험도 만들어 낸다.

되는 대상은 상호의존적으로 나타난다.

그렇다면 무의식과 의식의 차이점은 무엇일까? 무의식은 지각 과정은 있으나 경험으로 드러나지(붕괴되지) 않을 때 존재한다. 가능성의 대상들은 가능성 안에서 확대되면서 무의식 안에서 다른 가능성의 대상들과 상호작용한다. 이 작용에는 의식이라는 것과 지각[유기체가 감각기관을 통해 외부의 사물이나 자극을 의식하는 작용. 역자주] 과정은 존재하지만 자각awareness[외부의 사물이나 자극을 식별하고, 기억, 사고하는 작용. 역자주]은 존재하지 않는다. 우리는 이것을 무의식적 지각 과정이라고 부른다. 즉, 경험으로 드러남(붕괴됨)이 없는 지각 과정, 주체-대상이라는 자각이 없는 지각과정이 바로 무의식the unconscious이다. 그런 후 경험으로 드러날(붕괴될) 때, 주체-대상 분리 자각이 존재할 때 의식the conscious이라는 것이 존재한다.

우리는 의미meaning라는 정신적 대상mental object에 대한 동일한 분석도 똑같이 검토할 수 있다. 우리는 정신적 대상이 스스로 나타날(붕괴할) 수 없다는 것을 알고 있다. 왜냐하면 마음 속에는 미시-거시의 분할, 뒤엉킨 계층구조 측정을 지원하는 장치가 없기 때문이다. 그러나 정신적 의미는 신체적 대상과 서로 관련이 있을 수 있다. 신체적 대상이 드러날(붕괴될) 때, 관련된 정신적 의미가 드러난다(붕괴된다). 이런 방식으로 특정한 드러남의 현상에서 초래되는 뇌 기억은 신체적 대상에 관한 기억일 뿐만 아니라, 그에 의해 연상된 정신적 의미에 관한 기억이기도 하다. 그런 경우 우리는 뇌가 그 정신적 의미의 한 표상을 만들었다고 말할 수 있다.

프로이트와 무의식이라는 그의 개념으로 다시 돌아가 보자. 프로이트는 자신의 언어를 사용하는 데 있어서 약간의 혼란을 빚어냈다. 그가 '무의식적' unconscious이라고 칭했던 것을 그는 '알지 못하는' unaware이라고 칭했어야만 했다. 의식은 무엇보다 앞선다primary는 사실을 우리가 인정한다면, 우리는 또한 의식은 항상 현존하는present 것이라는 사실도 깨닫는다. 의식은 모든 존재의 근본이다. 그렇다면 만약 무의식이라는 것이 존재한다면, 의식은 어디로 가야 하는가?

무의식이라는 프로이트의 개념은 실제로 양자 물리학이 암시하는 것보다 훨씬 협소하다. 우리가 이전에 한번도 마주치지 않았던 하나의 최초의 자극, - 정신적 이거나 아니면 물리적이거나 - 하나의 대상을 드러내는(붕괴시키는) 양자 의식은 대상의 완전하게 창조적이고 절대적인 찬란함glory 속에서 경험된다. 그러한 '드러남(붕괴)의 현상' collapse event 보다 먼저 일어나는 무의식적 지각 과정도 역시 조건 형성으로부터 제한을 받지 않으며 자유롭다. 그것은 융이 심리학에서 소개했던 집합적 무의식이라는 개념에 좀 더 가깝다. (이 개념은, 융은 그것을 나중에 *객관적 정신*objective psyche이라는 명칭을 붙였지만, 모든 인간 존재가 태어날 때부터 가지고 있는 것처럼 보이는 느낌feeling, 생각thought, 인상expression, 기억memory 이라는 전형적인 양상의 집합이다.) 이와는 대조적으로 프로이트가 원래 '무의식적'이라는 말로 의미하고자 했던 것은 우리의 *개인적 무의식* personal unconscious이라고 불릴 수 있다.

이제 그 차이점을 보다 분명하게 살펴보기로 하자. 우리가 자극들을 경험하고 그것들에 관해 학습을 하면, 기억들은 뇌 속에 축적된다. 이에 따라 점점 더, 우리의 무의식이 기억들을 처리함으로써, 이전의 자극들에 대한 경험들을 통해 우리가 기억하는 것이라는 관점에서 모든 자극을 처리하는 경향성이 나타난다. 곧, 우리는 우리 정신mind을 우리의 경험들에 의미를 부여하는 데 사용하는 하나의 습관 패턴, 우리가 우리의 *성격*character이라고 부르는 패턴을 만들어 낸다. 우리의 기억/과거의 일의 축적과 함께 성격이라는 것은 심리학자들이 말하는 *개인적 자신* personal self 혹은 *자아*ego의 양자 물리학 버전이다. 자아라는 것도 역시 1차적 경험들의 뒤엉킨 계층구조를 자아가 자신이 학습한 '프로그램들'의 문맥 안에서 선택하는 (한 차원이 다른 차원을 인과적으로 지배하는) 단순한 계층구조로 무너뜨려 버린다.

이제 프로이트의 개인적 무의식이라는 개념을 살펴보자. 우리 인간의 어떤 경험들은 잊을 수 없을 정도로 큰 정신적 충격을 주기도 한다. 그 충격은 너무나도 커서 우리는 그 경험들을 결코 다시 경험하기를 극도로 꺼려한다. 그렇지만 그 경험들은 우리의 기억에 의해 습득된다. 모든 경험들과 마찬가지로 말이다. 그래서 우리는 그러한 기억들을 가져오는 데 대해 극단적인 저항을 나타낸다. 심지어 우리는 조건 형성된 우리 자아 속에 '의도라는 힘' power of intention, 즉 하나의 가능성을 현실로 드러내는(붕괴시키는) 것을 거부하는 힘을 가지고 있다. 이렇게 해서 우리가 경험하지 말았으면 하는 가능성들을 우리는 종종 피할 수 있다. 불행하게도, 우리가 이처럼 억누르고 있는 것에 대한 무의식적 처리

processing는 우리의 통제 없이도 계속된다. 그래서 억압된 기억은 때때로 비정상적인, 비이성적인, 혹은 정신병적 신경과민 행동이라는 것을 일으키는 반작용들을 만들어 내면서 새로운 가능성들에 대한 전반적인 작용에 영향을 미친다. 프로이트의 설명은 이보다 단순하지만 아주 핵심을 찌르고 있었다. 즉, 무의식적 이드id[개인의 무의식 속에 생득적으로 가지고 있는 본능적 에너지의 원천을 말한다. 역자주]는 인간의 행동에 대한 의식의 흐름 분석을 통해 우리가 설명할 수 없는 방식으로 우리가 행동하도록 만드는 힘으로 작용한다. 그 때문에 인간의 행동은 비이성적으로 되었다.

유물론자들의 사고방식에서는 모든 것이 상향적 인과관계라는 힘들에 의해 이루어진다. 따라서 그들의 사고방식 안에는 무의식적 이드라는 힘이 발 디딜 틈이 없다. 무의식적 이드는 행동주의 심리학behavioral psychology, 조건 형성된 행동의 심리학이라는 분야에 대혼란을 야기시킬 것이다. 따라서 프로이트의 심리분석학은 유물론자에게는 증오의 대상이며 사술적인 심리학이다.

비록 프로이트는 무신론자였지만, 이제는 '*깊이*' *심리학*depth psychology이라고 불리는 그의 무의식의 심리학은 우리에게 하향적 인과관계 혹은 하향적 인과관계의 행동주체인 신에 대한 부정할 수 없는 증거를 제공하고 있다. 무의식적 이드라는 '원인으로 작용하는 힘'causal power은 비록 제한적인 의미에서이기는 하지만, 우리가 가지고 있는, 심지어 우리 인간의 조건 형성된 자아 안에도 가지고 있는 하향적 인과관계라는 '신의 힘' divine power으로부터 비롯된다.

집합적 무의식
The Collective Unconscious

프로이트가 발견한 개인적 무의식은 하향적 인과관계라는 잠재적인 힘을 실개천 정도로 인정했던 반면, 융이 개념화한 집합적 무의식 안에서 하향적 인과관계라는 잠재적 힘은 강력한 급류로 변했다. 집합적 무의식은 우리 인간의 집합적인 비국소적 기억을 가지고 있다고 융은 말했다. 인간이 자각하지 못하는 집합적 무의식의 움직임들은 창조성과 '큰' 꿈들 안에서의 원형적 경험들archetypal experiences이라는 형태로 우리 자각 속에서 분출한다. (융은 '큰 꿈' big dream이라는 표현을 보편적인 의미를 담고 있는 하나의 꿈에 관해 말하기 위해 사용했다. 융의 이 말은 그 꿈의 형상의 보편성universality, 원형archetype[인간개체 속에 동일하게 존재하는 하나의 정신을 표상하는 집합적 무의식collective unconsciousness의 구조를 구성하는 것. 역자주] 때문에 중요하다.) 그 큰 꿈들은 또한 집합적 무의식의 원형들이 그들의 '사이코이드' psychoid[융은 인간이 집합적 무의식과 원형을 직접적으로 지각할 수 없다는 측면에서 그것을 '자율적인 본성을 가진 정신 같은 것'이라는 의미에서 사이코이드pstchoid라고 불렀다. 역자주] 본질을 보여 주는 현상들events의 '의미 있는 우연의 일치' 즉, 공시성 synchronicity[한 환자와 고대 이집트의 장수풍뎅이에 관해 대화를 나누고 있었을 때 마침 창 밖에서 투구벌레 한 마리가 날아 들어온 것을 본 융은 이러한 신기한 우연의 일치 현상이 발생한 직후부터 잘 낫지 않던 그 환자의 치료가 진척을 보이기 시작하자, 이 현상에 대해 연구를 시작했으며, 우리가 살면서 마주치는 이해하기 힘든 현상을 단순히 우연의 일치로 보지 않고 그것을 다른 미지의 연관으로 맺어진 '심리적 평행 현상'이라고 생각했으며 이를 공시성으로 개념화했다. 역자주]을 촉진시킨다. 즉, 원형들은 정신psyche 안의 현상들뿐만 아니라 정신 밖의 현상들, 물리적 실재 그 자체 안에도 역시 인과적 영향을 미친다.

공시성이라는 개념은 적어도 물질과 정신 사이를 중개하는 의식의 하향적 인과관계(신)의 힘을 암시하고 있다. 누군가가 융에게 "당신은 신에 대해 어떻게 생각하십니까?"하고 물었을 때, 그는 즉시 "저는 생각하지 않습니다. 저는 알고 있습니다."라고 대답했다는 것은 놀라운 일이 아니다. 그는 또 "조만간 핵[양자] 물리학과 무의식의 심리학은 양쪽에서 모두 함께 보다 가까워질 것이다. 서로 독립적으로 그리고 서로 반대편에서부터, 초월적인 영역을 향해 나갈 것이다. 하나는 원자 atom라는 개념을 가지고, 다른 하나는 원형 archetype이라는 개념을 가지고 말이다."라고 말했다(아이온 Aion, 1951).

여기서 약간의 용어 설명이 필요하다. 융이 '집합적 무의식'이라고 불렀던 것은 우리가 '발현되지(드러나지) 않은 의식' unmanifested consciousness 으로서 알고 있는 것이며, 그것의 대부분은 초정신적 supramental 영역에 속한다. 융이 말하는 원형들이라는 것은 플라톤의 원형들(삼라만상이 그에 따라 형성되는 초정신적 형태들 혹은 아이디어들 혹은 패턴들. 이것들은 통찰력에 의하거나 감각들을 통한 지각에 의해서라기보다 회상 recollection에 의해서 이해된다)이라는 정신적 표상들 representations과 같은 것이다. 플라톤의 원형들은 초정신적 영역 안의 운동을 정의하는 개념이다. 선사시대로부터 인간 존재들은 이러한 원형들을 직감적으로 알고 있었으며 그것들을 문자나 기호 등으로 표현했고, 또 이름을 붙였다. 바로 그것들이 우리가 알고 있는 신화 속에 등장하는 신들과 여신들이다.

프로이트가 말하는 하향적 인과관계는 근시안적인 반면 — 프로이트는 단지 병리적 측면에서만 다루고 있다 — 융은 그보다 훨씬 멀리 나아가고 있다. 융이 생각하고 있던 하향적 인과관계는 발현되지 않은 것을 발현시키는 인간의 잠재력 human potential과 관계가 있다. 융에 따르면 인간의 잠재력은 '무의식을 의식으로 만드는' 힘이기 때문이다. 융에게 있어서 인간의 잠재력은 우리가 우리의 무의식의 모든 원형들을 표시하고 통합시키며 우리 자신 Self을 현실화시킬 때 정점에 달한다. 그때가 되어야 비로소 우리는 '개체화된다' individuated.

새로운 과학은 융의 견해에 동의하며, 그것에 맞춰서 개체화 individuation[융에 따르면 사람들은 특정한 상황에 부딪히면 지금까지 작동해 오던 과거의 행동양식으로 극복할 수 없는 한계를 느끼게 되며, 무의식을 일상생활에 편입시켜 새롭게 행동함으로써 그 한계를 극복해 나간다. 이렇듯 무의식을 자극을 받아들여 마침내 완전한 정신에 이르는 것을 융은 개체화 과정이라고 말하고 있다. 복잡한 분화과정을 거쳐 더 이상 나눌 수 없는 통일된 인격을 의미하기도 한다. 역자주]를 향해 노력하는 인간을 위한 진화적 행로에 대해 설명한다.

무의식적 처리에 관한 직접적인 증거
Direct Evidence for Unconscious Processing

무의식과 무의식적 처리processing에 관한 직접적인 증거들은 이제 많이 존재한다. 그 첫 번째 증거는 *맹시*blindsight(험프리Humphrey, 1972)라고 불리는 놀라운 현상이다. (뇌의 시각 피질 이상으로 인해 시각 손상을 경험하는) 뇌피질성 맹인인 사람들이 있다. 그러나 그들은 전적으로 무의식적으로 작동하는 후뇌hindbrain 안에서 시각 작용을 하고 있다. (후뇌는 기본적으로 척추의 연장이다. 후뇌는 유입되는 메시지들을 최초로 받아들이며 호흡, 혈압, 그리고 심박수와 같은 자율신경계의 기능들을 통제한다.) 다른 말로 하자면, 맹시인 사람은 후뇌를 통해 (무의식적으로) '볼' 수 있으며, 그에 따라서 행동할 수 있다. 그러나 이 사람은 시각 피질로 (의식적으로) 보고 있는 것이 아니기 때문에 그는 그것을 부정할 것이다. 한 전형적인 실험에서 겉보기에는 맹인인 이러한 사람들에게 장애물을 포함하고 있는 직선을 걸어보라고 요청했다. 실험 결과치는 피험자들이 항상 장애물을 돌아서 지나간다는 사실을 보여 주고 있다. 그러나 실험자들이 피험자들에게 어째서 직선 경로에서 벗어났느냐고 물었을 때, 그들은 당황스러워했으며 "모르겠다"고 말한다. 명백하게 그들은 그 장애물들에 대해 작용했거나 혹은 '보고' 있었지만 그 장애물들을 자각하지 못했다.

후뇌에 의한 작용처럼 우측 대뇌 반구 피질cortical hemisphere(우뇌)도 역시 전적으로 무의식적으로 작동하고 있다. 감정들과 느낌들의 작용에 관련된 후뇌 중추 내의 교차연결을 제외하고 우뇌와 좌뇌가 외과적으로 단절된(즉, 주요한 연결부인 뇌들보[좌우의 대뇌 반구 사이를 연결하고 있는 넓은 띠 모양의 신경 섬유 다발. 역자주]가 절단된) 분할뇌split-brain 환자들에 대한 실험들이 실시됐다. 한 실험에서 실험자는 여성 피험자의 우뇌 반구 안에 일련의 기하학적 패턴들을 투사하는 중간에 남성 누드 모델의 사진을 삽입했다. 피험자는 얼굴이 붉어졌다. 그러나 그 이유를 물었을 때, 그녀는 설명할 수 없었다. 누드 사진을 보는 것과 부끄러움이라는 느낌은 무의식적으로 처리되었음에 틀림없다.

이 저자의 의견으로는 무의식적 작용에 대한 가장 얻기 쉬운 실험결과치는 임사 체험near-death experience과 관련된 것으로부터 수집된다. 몇몇 사람들이 심장 정지 후, 임상적으로 사망한 후(뇌전도가 변동 없음으로 판독됨) 얼마 지나지 않아 현대의학의 기적을 통해 다시 살아나는 경우가 있었다(사봄Sabom, 1981). 이러한 임사 체험자들 가운데 몇몇 사람들은 마치 자신들이 수술대 위를 떠다니고 있는 것 같은 상태에서 자기 자신의 수술을 지켜봤다는 경험을 보고하고 있다. 그들은 불가사의하게 자신들의 수술의 특별한 세부사항들까지 말함으로써 그들이 진실을 말하고 있다는 사실에는 의심의 여지가 있을 수 없었다. 그러나 그들의 임사 체험 상태에서의 '자기환시' autoscopic vision를 합리적으로 설명하는 것은 어렵다. 그렇다면, 그들은 자신의 국소적인 눈들을 통해서, 신호들을 통해서 '보고 있는' 것은 아니다. 이 사실은 아주 분명하다. 사실 맹인들조차도 죽음 직전의 혼수 상태에 있던 동안 그러한 자기환시를 경험한다는 보고도 있다(링, 쿠퍼Ring and Cooper, 1995). 이러한 환자들은 의사들과 간호원들 등 수술에 관여한 다른 사람들의 눈을 이용하는 자신의 비국소적, 원격 투시distant-viewing 능력으로 '보고 있는' 것이다(고스와미, 1993). 그러나 이것은 단지 실험결과치들이 보여 주고 있는 놀라운 사건들의 절반에 불과하다.

그들이 '죽은', 의식이 없는, 그리고 가능성의 파동들을 붕괴시키는 것이 아주 불가능한 상태에 있는 동안 어떻게 그들이 심지어 비국소적으로 '볼' 수 있는지를 이해하려고 해보라. 물론 그것은 무의식적 작용을 통해서 가능하다. 무의식적 작용은 맹시인 사람들이 하는 것과 같다. 그것을 제외하면, 맹시인 사람들이 작용하는 것과는 다르게, 임사 체험자들은 무의식 상태였던 동안 그들이 작용했던 것에 관한 기억들을 가지고 있다(반 롬멜과 공동저자, 2001). 일련의 붕괴되지 않은 가능성들은 시간적으로 소급되어 붕괴될 수 있다. 이것은 '지연된 선택 실험' delayed choice experiment[존 휠러가 실시한 실험으로 광선 분리기를 통과할 때 파동처럼 행동하던 광자가 스크린 근처에 광자감지기 스위치가 켜진 것을 알면 놀랍게도 파동처럼 행동하던 광자는 갑자기 입자처럼 행동한다. 즉 스크린을 향해 날아오는 광자의 길목에 광자감지기를 설치해 놓으면, 우리가 인식하는 광자의 과거는 이중 슬릿 중 하나의 경로를 지나온 과거로 명확하게 결정된다. 그리고 이렇게 '단 하나의 과거'로 축약된 후에야 우리는 비로소 광자의 과거를 직간접적으로 확인할 수 있다. 역자주]을 통해 실험실에서 입증되었다(제7장 참조). 임사 체험자의 경우 '지연된 붕괴' delayed collapse는 뇌 기능이 되돌아오는 순간 발생한다. 그것은 시간적으로 과거로 향하는 붕괴들의 전체 흐름을 갑자기 생기게 하면서 뇌파도에 나타난다.

임사 데이터는 가장 인상적인 것이지만, 무의식 작용의 가장 중요한 증거는 창조성creativity이라는 현상에서 나타난다.

창조적 과정에 있어서 무의식적 처리
Unconscious Processing in the Creative Process

우리는 앞서 창조성이라는 불연속적 양자도약에 관해 논의한 바 있다. 창조성의 불연속성은 하나의 고립된 사건이 아니라는 것을 인식하는 것이 중요하다. 만약 그것이 하나의 고립된 사건이라면, 창조성에 관한 과학적 연구는 전체적인 통제 부족 때문에 상대적으로 결실이 없었을 것이다. 다행스럽게도 상황은 그렇지 않다.

창조 과정은 네 개의 다른 단계들로 이루어진다는 사실은 이제 잘 입증되어 있다(월러스Wallace, 1926). 준비preparation, 무의식적 처리unconscious processing, 통찰insight, 그리고 발현manifestation이 그것이다. 첫 번째 단계와 마지막 단계는 분명하다. 그러나 준비 단계는 이미 알려진 것을 연구하며 정통하게 되는 단계이다. 발현은 통찰로 얻어진 새로운 아이디어를 산출물로 만들어 냄으로써 이용하는 것이다. 이러한 단계들은 모두 다소간 연속적인 방식으로, 많은 통제를 통해 이루어진다. 그러나 중간에 있는 두 가지 작용들은 다른 것들보다 더 모호하다. 그것들은 양자역학의 두 단계, 즉 가능성 파동이 펼쳐지는 것과 불연속적 붕괴 단계와 유사하다.

이미 논의했던 것처럼, 무의식적 작용이라는 것은 우리가 의식하고 있으나 자각하지 못하는 동안 이루어지는 작용이다. 창조성에 있어서 무의식적 처리Unconscious Processing는 생각thought의 모호함이 확산되는 것을 담당한다. 이는 양자 측정들 사이에 양자 가능성이 확산되는 것과 유사하다. 물론 창조적인 통찰은 갑작스러우며 불연속적으로 나타난다. 제5장에서 논의했던 것처럼, 이것은 전자가 사이에 있는 공간을 통과하지 않은 채 한 궤도에서 다른 궤도도 이동하는 양자도약과 유사한 것이다. 통찰이라는 것은 중간 단계를 거치는 사고과정 없이 하나의 생각에서 별개의 생각으로 넘어가는 불연속적 양자도약이다. 무의식적 처리는 무수한 가능성들을 만들어 낸다. 통찰은 이러한 가능성들 가운데 하나의 형태(새로운 가치의 가능성)가 실상actuality으로 나타난(붕괴한) 것이다. (이와 관한 자세한 것은 제17장을 참조할 것.)

이처럼 창조적 작용은 연속성과 불연속성이 분명히 뒤섞여 있다. 불연속성은 우리가 통제할 수 없지만 연속성은 통제할 수 있다. 바로 이 때문에 창조성은 과학적으로 다룰 수 있는 현상이 된다.

새로운 과학을 안내하는 규칙들
The Guiding Rules of the New Science

말이 나온 김에 나는 한 가지 중요한 지적을 하고자 한다. 과학의 모든 새로운 패러다임은 기존의 측정 기준들을 약간 수정시킨다. 물리학이 극미소submicroscopic 대상들에 대한 연구에 몰두하기 전, 관측의 기준은 엄격하게 '보는 것이 믿는 것' 혹은 '나에게 입증을 해보라' 라는 것이었다. 그러나 전자들electrons과 같이 극미소 대상들은 육안을 통해, 기존의 감각 안에서는 보여질 수가 없다. 따라서 우리는 보는 것seeing에 해당하는 감각에 증폭 장치를 통해 보는 것도 포함시키도록 수정해야만 했다. 이러한 가운데 쿼크들quarks이라는 것이 나타났다. [쿼크는 물질을 이루는 가장 기본이 되는 입자를 말하며, 원자핵을 구성하는 양성자와 중성자, 그리고 중성자가 양성자로 바뀌면서 전자와 중성미자가 방출되며 그 분열과정에서 작용하는 매개체가 존재하는 것으로 밝혀지고 있다. 이러한 물질을 이루는 수많은 소립자들을 구성하는 가장 작은 단위의 물질이 바로 이 쿼크이다. 미국의 물리학자 머레이 겔만Murray Gell-Mann은 1964년 물리적 기본입자로 쿼크라는 개념을 처음 제안했다. 쿼크라는 명칭은 겔만이 제임스조이스의 소설 "피네건의 경야"Finnegan's Wake라는 작품 중에 나오는 의미 없는 문장 "three quarks for Muster Mark"에서 따온 것으로 알려지고 있다. 역자주] 쿼크는 자연광daylight 안에는 존재하지조차 않으며, 단지 '갇혀' 있다. [쿼크 속박, 쿼크 갇힘quark confinement 현상이라는 것은 원자핵을 이루는 가장 작은 입자로 알려진 쿼크가 반쿼크와 결합되어 있어 서로 강한 상호 작용을 하는 소립자들의 통칭인 강입자hadron 내부로부터 빠져나올 수 없게 갇혀 있는 현상을 말한다. 역자주] 따라서 이제 물리학에서 '본다' 는 개념은 양자 대상들의 간접적인 결과들을 본다는 의미로까지 더욱 넓혀졌다.

창조성의 경우, 창조자creator(통찰을 선택하는 사람)는 객관적인 양자

의식이다. 그러나 그 통찰의 정신적 표상representation은 주관적인 자아 안에서 만들어지며, 이 주관성subjectivity을 통해 머리에 떠오른다. 이러한 사실은 우리가 창조적 통찰들을 과학적으로 연구할 수 없다는 것을 의미하는 것일까? 아니다. 그러나 우리는 '강한 객관성'strong objectivity이라는 준거를 적용할 수 없다. 여기서 강한 객관성이란 나타나는 사건 또는 사태들은 관찰자들로부터 독립적 혹은 주체들로부터 독립적이어야만 한다는 것을 뜻한다. 그 대신 우리는 '약한 객관성'weak objectivity이라는 것을 사용해야만 한다. 약한 객관성이란 나타나는 사건 또는 사태들이 관찰자에 따라 달라지지 않아야 하며, 대략 서로 다른 주제들에 있어서는 동일하지만 특정 주제로부터는 독립적이어야만 하는 것을 의미한다. 물리학자 베르나르 데스파냐Bernard D'Espagnat(1983)가 지적했던 것처럼 양자 물리학은 약한 객관성을 이미 우리에게 강요하고 있다. 그리고 인지/행동 심리학의 실험들조차 강한 객관성이라는 것을 엄격하게 유지할 수 없는 상황이다. 이로써 우리는 새로운 과학의 규약protocol이 완화된 것을 하나 더 발견하고 있는 것이다. 기존 과학의 경우 우리는 완전한 통제와 완전한 예측력을 요구한다.

새로운 과학의 경우 우리는 부분적인 통제만으로도 행복하며 따라서 단지 제한적인 예측력만으로도 충분하다. 그러나 이러한 새로운 규약들만 가지고도 과학은 우리를 적절하게 안내할 수 있다. 그리고 그 안내는 과학 고유의 가치이다.

Chapter 7

신은 우주와 우주 안의 생명을 어떻게 창조하는가

How God Creates the Universe and the Life in It

　빅뱅에 관해서는 누구나 한번쯤은 들어보았을 것이다. 현대 우주론에 따르면 우주는 빅뱅이라 불리는 폭발로 시작됐다. 약 150억 년 전에 그러한 폭발적인 시작이 있었다는 훌륭한 실증적인 증거가 '화석' 파편의 형태로, 우주에 널리 퍼져 있는 '마이크로파 배경복사' microwave background radiation의 형태로 존재한다. [빅뱅이론의 창시자인 러시아 출신 미국 천체물리학자 조지 가모브George Gamov는 빅뱅이 엄청난 고온상태에서 진행되었을 경우 그 열에너지의 여파가 지금도 우주공간을 배회하고 있을 것이라는 사실에 관심을 갖고 있었다. 폭발의 잔해가 오늘날까지 복사에너지radiant energy의 형태로 남아 있을 것이라는 믿음 아래 가모브는 1946년 빅뱅이 초고온상태에서 응축되어 있는 중성자로부터 시작되었을 것으로 가정하고 연구를 계속했다. 가모브는 1948년에 빅뱅 때 생성된 복사에너지가 흑체복사black body radiation와 같은 성질을 갖는다는 주장을 펼친 최초의 논문을 발표했다. 그는 우주의 기원이라 할 수 있는 초고온 응축물을 '흑체' black body로 보고 여기에 흑체복사이론을 적용해 매우 성공적인 결과를 얻었다. 흑체라는 것은 빛에너지를 가장 잘 흡수하는 물체로 모든 종류의 빛을 가리지 않고 흡수했다가 독특한 형태로 복사radiation하는 것으로 알려져 있다. 가모브는 빅뱅 후 38만 년이 지난 뒤 우주의 온도는 3,000K까지 떨어졌으며, 이보다 낮은 온도에서는 원자들이 서로 충돌해도 낱개의 입자로 분해되지 않기 때문에 이 무렵부터 안정적인 원자들이 형성되었으며, 빛은 아무런 방해도 받지 않고 우주를 여행할 수 있게 되었다고 하였다. 이때 방출되어 현재에도 우주전역을 떠돌고 있는 것으로 확인된 복사파를 마이크로파 배경복사라고 부른다. 역자주] 더 나아가, 빅뱅 이론은 우주가 지금도 팽창하고 있다는 사실과도 아주 잘 들어맞는다. 우주가 팽창한다는 사실은 아인슈타인의 일반 상대성 이론에 의해 예측됐으며 천문학자 에드윈 허블Edwin Hubble에 의해 관측된 바 있다.

우리가 빅뱅 이론을 아인슈타인이 제시했던 우주라는 거대한 스케일의 구조에 관한 이론적 틀인 일반 상대성 이론general relativity에 비추어 볼 경우, 빅뱅은 하나의 특이한 사건singular event인 것처럼 보인다. 1960년대에 그런 설명은 신학자들과 천문학자들로부터 똑같이 즉각적인 반응을 일으켰다. 빅뱅은 그 특이점singularity[천체물리학에서는 우주의 모든 물질이 하나의 점인 '원시 원자'로 모인 시간과 공간이 존재하지 않는 시점이 있었으며, 매우 높은 에너지를 가진 작은 공간을 우주의 기원이라고 보고 있으며 이를 특이점이라고 부른다. 역자주] 때문에 신의 특성, 신의 창조물divine creation의 표시임에 틀림없다. 그렇지만 그것은 그렇게 간단한 문제가 아니다.

양자 우주론
Quantum Cosmology

우주의 기원을 하나의 창조 사건creation event으로 생각하는 것은 전적으로 만족스러운 것은 아니다. 신이 어떻게 하늘, 땅 그리고 삼라만상을 창조했는가에 대한 성 어거스틴St. Augustine의 설교에 관한 일화가 있다. 그가 그 설교를 한 후 어느 날, 교회의 평의원들 중의 한 사람이 다음과 같은 당돌한 질문으로 그를 애먹였다. "여보쇼, 어거스틴, 당신은 항상 우리에게 신이 어떻게 하늘과 땅을 창조했는지 말하고 있잖소. 그렇다면 어디 한번 말해 보쇼. 신은 하늘과 땅을 창조하기 전에 무엇을 하고 있었는지 말요." 어거스틴은 잠시 당황했지만, 그는 냉정을 잘 되찾아 다음과 같이 놀리듯 대답했던 것으로 전해진다. "신은 그런 질문들을 하는 사람들을 위한 지옥을 만들고 있었소."

단일한 기원과 관련해서조차 우리는 항상 "그 특이점 이전에 무엇이 존재했는가?"라고 의문을 던질 수 있다는 것은 사실이다. 또한, 그 특이점이라는 것은 일반 상대성 이론에 있어서의 특별히 바람직스러운 측면이 아니기도 하다. 그 이유는 특이점에 가까워짐에 따라 우주의 에너지 밀도와 같은 가설 내의 수량들이 무한대로 커지는 경향을 나타내기 때문이다. 이러한 경향은 이론 그 자체가 그러한 극한 조건들 하에서 의문의 여지를 가지게 됨을 의미하는 것이다.

몇몇 천체물리학자들은 무엇이 빅뱅 우주 창조보다 선행했는가라는 이슈를 해결했다. 그들의 아이디어는 '우주 팽창' cosmic inflation과 같은 많은 감각이 뛰어난 개념들로 이어졌다. 이들 이론들 가운데, 스테판 호킹Stephen Hawking(1990)의 아이디어는 특히 뛰어나다. 태초의 우주는 양자 가능성으로 이루어져야만 한다는 것이 그의 생각이다. 우주는 많은 가능성을 가진 '베이비 우주들' baby universes의 중첩superposition이어야만 했다고 그는 보고 있다.

호킹이 이러한 양자 우주론을 제안한 이유는 시간에 있어서 단일한 기원의 문제를 피하기 위해서였다. 시작은 없다. 오직 가능성만이 존재한다는 것이 그의 생각이다. 그러나 이제 우리는 다음과 같은 질문을 던져야만 한다. "가능성들의 중첩은 어떻게 우리가 살고 있는 실제의 우주로 되는가?"

그리고 가능성들로 이루어져 있는 우주와 그 가능성들이 어떻게 하나의 실제적인 사건인 드러난 우주로 나타날(붕괴될) 수 있는가라는 문제는 하나의 모순을 가지고 있다. 우리는 가능성들이 실제 우주로 나타나기(붕괴되기) 위해서는 양자 가능성들을 붕괴시키는 '지각 있는 관찰자'sentient observer를 통해서 작동하는 양자 의식이 필요하다는 사실을 알고 있다. 엄청난 고열의 우주 초기에 의식 있는 관찰자들이 존재했다고 상상하는 것은 불가능하다! 그렇다면 어떻게 된 것인가?

우리 인간이 우주 빅뱅 창조가 이루어진 때에 그것을 맞이하기 위해 존재하지조차도 않았을 때, 우주는 우리 인간 때문에 여기에 존재할 수 있는가? 우리는 본말을 전도시킬 수 있을까? 우리가 우주 때문에 여기에 존재하고 있다는 것이 맞는 말인가?

우연과 필연? 혹은 우리는 우주 때문에 여기에 존재하는가?
Chance and Necessity? Or Are We Here Because of the Universe?

많은 유물론자들은 우리 인간이 완전한 우연, 일종의 우주적인 우연한 사고 때문에 여기에 존재하고 있다고 생각한다. 유물론자들의 사고방식에는 우리 인간을 포함하여 우주 안 어느 곳이든 그 어떤 의미도 존재하지 않는다. "우주가 이해할 수 있는 것처럼 보이면 보일수록, 우주는 그만큼 더 무의미한 것처럼 보인다"라고 노벨 물리학상 수상자 스티븐 와인버그Steven Weinberg(1993)는 말했다.

유물론자들의 우주의 진화에 관한 모델은 다음과 같다. 빅뱅 후 약 십억 년이 지난 후, 통계상의 우연한 원인에 의한 변동들statistical chance fluctuations이 은하들을 응축시킨다. 은하들 또한 최초의 구형 가스 구름들로부터 많은 나선형 테들을 가진 좀 더 디스크 형태로 진화한다. 그런 후 별들은 응축하기 시작하지만, 이러한 1세대 별들은 우리가 알고 있는 것처럼 생명을 만드는 데 필요한 모든 요소들을 가지고 있지는 못하다. 수십억 년 동안 이러한 1세대 별들은 좀 더 무거운 요소들로 만들어지는 폭발인, 초신성supernova[보통 별보다 1만 배 이상의 빛을 내며 질량이 큰 별이 진화하는 마지막 단계로 급격한 폭발 이후 엄청나게 밝아진 후 점점 사라지는 별. 역자주]으로 변한다. 새로운 2세대 별들은 행성들과 함께 초신성 파편들의 부스러기로부터 응축된다. 이러한 행성의 일부(지구와 같은)는 단단한 핵을 가지고 있으며 생명의 진화에 필요한 것과 같은, 적절한 대기를 만들어 낸다.

우연의 작동은 계속되고 있다고 유물론자들은 주장하고 있다. 완전히 우연하게 함께 작용하는 통계적 변동들과 대기의 에너지가 아미노산(단백질의 재료) 혹은 뉴클레오티드nucleotide[핵산을 구성하는 단위체로 생체 내의 에너지 대사에 중요한 역할을 한다. 역자주] 분자(DNA와 다른 핵산 분자의 재료)를 만들어 낸다. 잘 알려져 있듯이 단백질과 DNA는 어떤 의미에서는 '살아 있는' 분자들이다. 그것들은 살아 있는 세포의 기본적인 구성요소이며 자신들의 형태를 유지하면서 살아남는 성향을 가지고 있다. 유물론적 생물학자들에 따르면, 이제 새로운 구성요소가 추가된다. 생존의 필연성necessity이 바로 그것이다. 처음에 지구와 같은 행성에는 생명의 진화를 촉진하는 우연만이 있었다. 그러나 이제 그것은 다윈의 이론에서와 같이 우연과 필연이다. 그 밖에 나머지는 역사가 기록하고 있는 것과 같다.

이러한 양상은 처음에는 1953년에 이루어진 유명한 유리−밀러Urey-Miller실험에 의해 지지를 받았다. 그 실험에서 스탠리 밀러와 해롤드 유리는 초기 지구의 가상적인 환경을 실험실에서 만들고 화학적 진화의 증거를 테스트했다. 그 실험은 만약 초기 지구의 대기의 에너지가 적절하게 가상으로 설정되었다면, 아미노산 분자들이 기본 원자들(탄소, 수소, 질소, 산소)의 수용액 안에서 자연적으로 형성될 수 있다는 사실을 입증했다. 그 후, 생물학자 솔 슈피겔만Sol Spiegelman은 실험실에서 RNA(리보핵산)와 같은 '살아 있는' 고분자들이 화학반응을 하는 동안 보통의 분자들에서는 볼 수 없는 자신의 형태를 유지하는 경향을 나타낸다는 사실을 입증했다.

그러나 문제들이 남아 있었다. 초기 아미노산과 '살아 있는' 단백질 고분자 사이의 커다란 생성 간극은 결코 메워지지 않았다. 그리고 이론적 계산들을 통해 볼 때 기본 구성요소인 아미노산으로부터 단백질과 같은 고분자를 우연히 조합해서 만들 수 있다는 아이디어는 쉽게 이의 제기를 받을 수 있다. 아미노산에서 단백질이 우연하게 조합될 확률은 우주의 수명보다 더 오래 걸릴 수 있다고 할 정도로 낮다(샤피로Shapiro, 1986). 게다가 그 확률은 그 등식에 생존 필연성을 포함시킬 경우 훨씬 더 나아질 것으로 기대될 수 없다.

만약 진화가 우연과 필연에 의한 것이 아니라면, 그렇다면 그것은 설계design에 의한 것인가? 우주는 어떤 목적이 있으며, 필연적으로 유정성sentience[지각력과 의식을 함께 뜻하는 말로 고통과 쾌락을 느끼는 감수 능력을 말한다. 역자주]을 진화시켜야 하는 것과 같은 방식으로 만들어진 것일까? 놀랍게도, 오늘날 많은 천문학자들과 천체물리학자들은 그러한 아이디어를 제안하고 있다. 그것이 바로 '인류 원리' anthropic principle[인간이라는 지적 생명체의 존재 자체가 어떤 물리계의 특성을 설명한다는 원리로 브랜든 카터Brandon Carter가 1973년에 처음으로 제안했다. 역자주]라는 개념이다.

인류 원리
The Anthropic Principle

인류 원리의 약한 버전에서는(배로Barrow, 티플러Tiple, 1986), 모든 물리적이고 우주론적인 양量, quantities의 관측된 값들이 똑같은 확률로 나타나지 않는다고 말하고 있다. 그 대신, 그 양들은 탄소를 바탕으로 하는 생명이 진화할 수 있는 장소들이 존재해야만 한다는 필요조건에 의해 제약되며, 우주가 생명을 위해 이미 오래 전에 나타났었을 정도로 충분히 오래됐다는 필요조건에 의해 제약되는 값들을 나타낸다.

인류 원리의 강한 버전은 우주와 우주 안에 있는 생명 사이에 연관성이 존재한다고 할 정도로 더욱더 강력하게 주장한다. 배로와 티플러는 다음과 같이 언급하고 있다.

> 우주는 우주 역사의 어떤 단계에서 우주 안에서 생명을 만들어 낼 수 있는 속성들properties을 가지고 있어야만 한다.

인류 원리는 단순한 철학일까? 아니다. 그것은 뒷받침하는 많은 증거들을 가지고 있다. 그것은 많은 기묘한 우연의 일치를 설명한다. 몇 가지 예를 제시하자면 다음과 같다.

우주가 시간에 따라 팽창한다는 사실을 당신은 알고 있을 것이다. 만약 중력이 아주 약간만 더 강했더라면, 팽창은 급속하게 쇠퇴로 변할 것이며, 따라서 생명이 진화하기 위해 충분한 시간은 결코 존재하지 않을 것이다. 만약 중력이 약간 더 약했다면, 우주는 계속해서 팽창했을 것이지만 생명에 적합한 환경을 만드는 그 어떤 은하, 별들 혹은 행성들은 없었을 것이다. 문제는 이러한 것들 말고도 더 많다. 만약 전자들electrons 사이의 전기력electrical force이 약간만이라도 달랐다면, 우리가 아는 생명의 탄생은 불가능했을 것이다.

정교하게 조화를 이룬 우주에 관한 사례들은 수없이 많다. 내가 좋아하는 사례는 원자핵에 관한 물리학과 관련된 것이다. 즉, 어떻게 3개의 헬륨 원자핵들이 융합되어 탄소를 기반으로 하는 생명을 위한 가장 중요한 요소인 탄소 핵 하나를 만드는지 말이다. 핵융합 반응에 관한 지금까지의 지혜는 우리에게 그러한 반응의 확률은 아주 낮으며, 우주 안에서 많은 탄소들을 효과적으로 생성하지 못할 정도로 낮은 것이 분명하다는 것을 말해 주고 있다. 그렇다면 어떻게 된 것일까? 지금까지의 지혜가 잘못된 것이다. 헬륨 원자핵들이 융합될 때 진동하는 그들의 주파수는 진동하는 탄소 핵의 자연 주파수들의 하나와 정확하게 일치한다. 그러한 주파수 정합의 효과는 공진resonance이라고 불리며 그것은 반응 과정을 엄청나게 증폭시킨다. 다리 위에서 발을 맞춰 행진하는 군인들이 다리를 파괴시키는 것처럼 말이다.

3개의 헬륨 핵들은 탄소 핵들의 6개의 광자들과 6개의 중성자들이 펼치는 선택된 소수의 양자 춤들 가운데 하나를 추는 법(핵융합 반응)을 어떻게 아는가? 만약 두 그룹 모두를 디자인하고, 그러한 공진을 일어나게 만드는 전체 핵 물리학 법칙을 디자인한 디자이너가 존재한다면, 그것은 가능하다.

'약한 인류 원리' 와 '강한 인류 원리' [인류 원리란 우주의 진화나 존재가 지적 생명체를 위해 맞춰졌다는 것으로, 우주가 인간중심적으로 생성됐다는 주장이다. '약한 인류 원리' 란 공간이나 시간의 제약 등 특정한 조건만 갖춰진다면 지적 생명체가 존재할 수 있다는 견해이며, '강한 인류 원리' 란 지적 생명체의 존재가 물리법칙에 따라 크게 좌우되기 때문에 지적 생명체가 존재할 확률은 수많은 우주 중에서 극히 낮다고 보는 견해. 역자주]는 모두 다 우주가 목적 지향적이며purposive, 생명 창조라는 목적을 지닌 디자이너에 의해 만들어졌다는 사실을 아주 강력하게 제안하고 있다. 생명이 여기에 존재한다. 그리고 함축적으로 말하자면 우리는 우주 때문에 여기에 존재한다. 그러나 양자 물리학의 한 실험은 우주는 관찰자인, 우리 인간 때문에 여기에 존재한다는 사실을 이와 똑같이 강력하게 제안하고 있다.

이와 관련해서 아이디어를 하나 더, 그리고 몇 가지 의견들을 추가하고자 한다. 유물론자들의 인류 원리에 대한 답변은 '다우주 이론'

*multiverse theory*이다. 다우주 이론은 우리의 우주는 유일하지 않으며 그저 다수의 우주들 가운데 하나이라고 추측한다. 그 아이디어는 만약 아주 많은 우주들이 존재한다면, 그 우주들 가운데 하나의 우주가 생명을 생성하기에 충분할 정도로 잘 조화를 이룰 확률이 높아진다는 아이디어이다. 그렇지만, 이 주장은 두 가지 이유 때문에 설득력을 갖지 못한다.

첫째, 그것은 단지 이론에 불과하다. 우주론 학자들조차도 그것이 아주 사변적이라는 사실을 인정하고 있다. 몇 가지 검증을 해보도록 하자. 말할 것도 없이, 지금까지 그 누구도 다른 우주들의 존재를 입증하는 방법조차 알지 못하고 있다!

둘째, 진지한 지적 설계 이론가들(베히Behe, 1996)에 의해 제기된 주장에 따르면 생명은 우연에 의해 물질로부터 생명이 형성되는 것을 불가능하게 하는 '환원 불가능한 복잡성' irreducible complexity을 가지고 있다는 것이다. 양자 물리학을 활용하여 나는 이 주장을 검증했다. 곧 보게 될 것처럼 말이다.

지연된 선택 실험
The Delayed-Choice Experiment

물리학자 존 휠러는 의식적인 선택이 '현실로 드러난 실재' manifest reality를 형성하는 데 있어서 중요하다는 것을 입증하는 실험을 제안했다. 이 실험은 '지연된 선택 실험'이라고 불리며 실험실 안에서 정식으로 입증됐다(헬무쓰와 공동저자Hellmuth et al., 1986).

지연된 선택 실험에서 우리는 하나의 빛을 반 은도금된 거울half-silvered mirror M1을 이용하여 동등한 강도를 가진 두 개의 광선 – 반사된 광선과 전송된 광선 – 으로 분리한다(그림 7-1). (광선 분리기라고도 알려진 반 은도금된 거울은 한 광선의 50퍼센트는 반사하며, 나머지 50퍼센트는 투과시

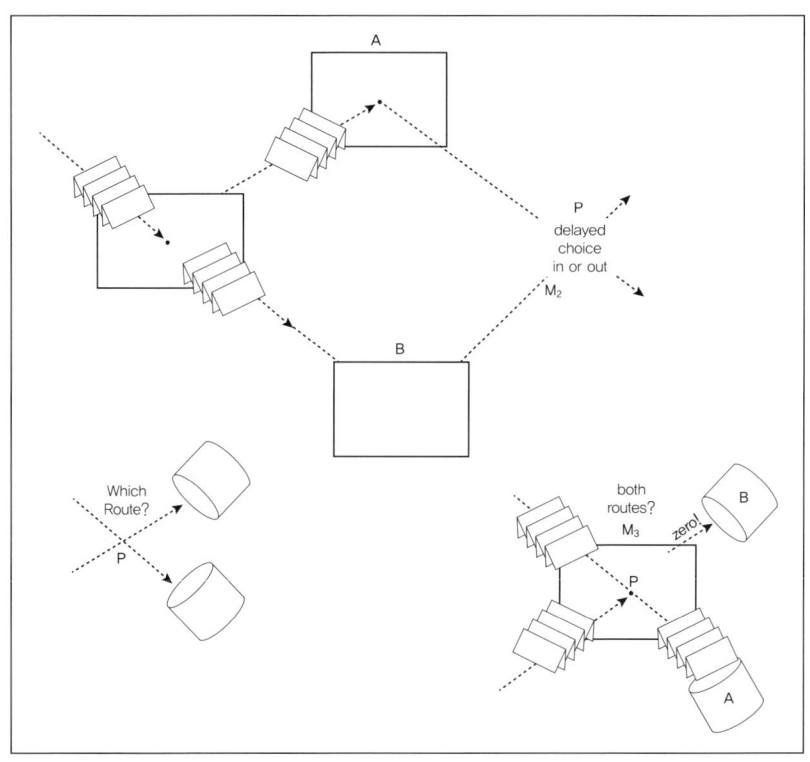

[그림 7-1] 지연된 선택 실험

킨다.) 하나의 빛에서 나온 두 개의 광선은 그런 후 [그림 7-1]에서 보이는 것처럼 두 개의 전반사 거울을 이용하여 교차점 P로 모아진다.

만약 우리가 그림 왼쪽 아래에서 보이는 것처럼 감지기들을 이 교차점을 지난 곳에 둔다면, 각 감지기는 정해진 시간의 절반 동안 하나의 광자(광양자)를 감지할 것이다. 각각의 감지기들의 감지 행위는 감지된 광자의 국소화된(실제로 나타난) 경로를 한정한다. 이런 경우 광자는 입자 속성을 나타낸다. 왜냐하면 광자의 경로가 실험 장치에 의해 결정되었기 때문이다.

그러나 우리가 두 번째 반 은도금된 거울 M2를 오른쪽 아래 그림처럼 교차점 P에 설치한다고 가정해 보자. 이 경우는 어떤 현상이 나타날까? 두 개의 광선들의 각각을 또다시 동일한 강도를 갖는 하나의 반사된 광선과 하나의 투과된 광선으로 분리함으로써 두 번째 반 은도금된 거울은 하나가 아니라 두 개의 광선을 교차점 P의 옆에서 각각 작동하도록 만든다. 그러면 함께 작동하는 두 개의 광선은 파동처럼 서로서로 간섭을 일으킨다. 이 때문에 당신은 광자의 파동 속성을 확인하는 기회를 얻게 된다. 우리는 두 개의 파동이 한 측면(A)에 있는 감지기 부분에서 보강간섭을 하는 방식으로 감지기들을 설치할 수 있다. 이 지점에서 감지기는 분명히 가동될 것이다. 그러나 교차점 P의 다른 측면에 있는 감지기 장소에서 두 개의 파동들은 서로 상쇄간섭을 한다. 왜냐하면 그 광선들은 위상을 벗어나 하나로 되기 때문이다(B). 이 경우 감지기는 아무것도 감지하지 않으며 결코 가동되지 않는다! 이 같은 현상이 어떻게 일어날 수 있는가? 이 실험을 이해하기 위해 우리는 광자들은 더 이상 이전처럼 국소화된 경로로 이동하지 않는다고 단언해야만 한다. 그 광자들은 감지되기 전까지 두 개의 경로를 지나고 있는 것이다. 가능성으로, 가능성의 파동들로서 말이다.

   당신이 지켜본 것은 빛(그리고 실제로 모든 양자 대상들)은 파동들임과 동시에 입자들이라는 사실을 입증하는 실험이다. 파동으로서 모든 양자 대상들은 가능성의 초월적인 파동들이다. 입자들로서 양자 대상들은 실재성actuality이 내재된 관측대상들events이다.

   그러나 이 실험 안에 있는 또 다른 꼬임twist을 소개해 보자. 빛을 몇 나노세컨드nanosenconds(1나노세컨드는 10억분의 1초) 동안 M1에서 M2로 보낸다. 빛이 이미 첫 번째 거울에서 분리되는 사이에 두 번째 반 은도금된 거울을 교차점 P에 끼워 넣는다고 치자. 그럴 경우 어떤 일이 벌어질까? 광자들이 이미 정해진 경로 상에서 움직이기 시작했기 때문에 입자 속성을 계속해서 나타낼 것이라고 생각한다면, 다시 한번 생각해 보라. 광자들은 P지점에 두 번째 반 은도금된 거울을 설치하는 우리의 '지연된' 선택에 대해서조차 반응을 나타내, 파동처럼 움직여서 두 가지 경로를 모두 통과한다.

만약 파동 감지 실험이 이루어지고 있는 중이며, 이미 거울 M1과 M2가 각각의 위치에 놓여 있는 상황에서 마지막 나노세컨드에 P지점에 있는 거울을 제거하는 지연된 선택을 했다면, 어떤 일이 벌어질까? 또다시 광자들은 지연된 선택에 대해서조차 반응을 하여 두 개의 경로 가운데 한 경로로만 통과한다.

명심하라. 빛은 관측되기 전까지는 가능성의 파동이라고 우리가 말하는 것이 의미하는 바가 바로 이것이라는 사실을 당신 머리 속에서 인정하자마자 여기에는 그 어떤 모순도 존재하지 않는다! 관측이 그것을 소급적으로 시간을 거슬러 가서 나타나게 하기 전까지 대상object의 전체 경로는 가능성 안에 머무른다는 말이다.

당신은 어쩌면 세 명의 야구 심판들이 투수의 공에 대한 판정법을 비교하여 어느 쪽이 더 나은지에 관해 이야기한 것을 들어본 적이 있을 것이다. 첫 번째 심판은 뉴턴 학설을 신봉하는 과학자가 말한 것처럼 "나는 있는 그대로 판정한다"고 말한다. 두 번째 심판은 약간 덜 독선적인 사람이며, 그는 어쩌면 전체론자일지도 모른다. "나는 내가 본대로 판정한다"고 말한다. 그러나 세 번째 심판은 마음 속으로는 '양자 심판' quantum umpire이다. 그는 "내가 판정하기 전까지 그 어떤 판정도 없다"고 말한다.

우주에 있어서도 마찬가지다. 아무것도 없다. 드러난 그 어떤 우주도 없다. 단지 가능성들만이 존재한다. 우리 인간이 그 가능성을 붕괴시키기 전까지는 말이다. 가능성 있는 분기점들 가운데 하나에서 어떤 한 지각 있는 존재sentient being가 가능성 속에 나타나서, 계층구조를 뒤엉키도록 관찰하기 전까지는 말이다. 그런 후 우주는 나타난다.

매크로 세계에서의 지연된 선택 실험
The Delayed-Choice Experiment in the Macroworld

'지연된 선택 실험'에 대해 많은 과학자들이 아주 깊은 인상을 받았다. 지연된 선택 실험은 관찰자 효과observer effect와 인류 원리anthropic principle의 의미에 대한 그들의 태도를 변화시키는 데 도움이 됐다. 그러나 여전히 그 실험의 메시지를 받아들이기를 꺼리는 일부 완고한 과학자들도 존재한다. 왜냐하면 그 실험이 사물의 마이크로 세계microworld에 적용되기 때문이다. "우리가 살고 있는 매크로 세계 안에서 지연된 선택을 입증하면 우리는 관찰자의 힘potency을 믿을 것이다. 그 전까지는 믿지 못하겠다." 그렇지만, 물리학자이자 초심리학자인 헬무트 슈미트Helmut Schmidt와 공동연구자들에 의해 매크로 세계에서 지연된 선택 실험이 실시됐으며, 그 실험은 성공적이었다(1993).

원래, 슈미트는 의식적인 의도들을 통해 물질을 움직이는 염력행위psychokinesis를 오랫동안 연구해 오고 있었으며 어느 정도 성공을 거두었다. 이러한 실험들의 일부에서는 앞서 언급했던 난수발생기들random number generators을 관련시켰다. 이 실험에서 난수발생기들은 무작위 방사능 붕괴 생성물들random radioactive decay products을 이용하며, 0과 1들로 이루어진 일련의 연속적인 난수들을 생성시키는 데 사용됐다.

1993년에 실시된 그의 실험은 혁명적인 것이었다. 왜냐하면, 놀랍도록 기발하게도, 슈미트가 자신의 염력행위에 관한 실험에서 난수발생기들과 지연된 선택 실험이라는 아이디어를 결합시킬 수 있었기 때문이다. 이 실험에서 방사능 붕괴는 전자식 계수기에 의해 감지됐으며 컴퓨터로 생성된 난수열들random number sequences은 플로피 디스크에 저장됐다. 그 과정은 모두 인간의 눈에 의해서 관측되지 않은 채 실시됐으며, 초능력자들이 실험에 투입되기 몇 달 앞서서 이루어졌다. 그 실험 결과는 컴퓨터로만 출력됐으며, 그 어떤 관측자도 그것을 보지 못하도록 할 정도로 철저하게 이루어졌다. 그 출력물은 봉해져서 그 실험과 관계 없던 독립 연구자에게 보내졌으며, 봉함을 제거하지 않은 채 그대로 놓아 두었다.

몇 개월 후 그 연구자는 생성된 난수열들을 초능력자들에게 특정한 방향으로, 0이란 숫자들이 더 많이 만들어지거나 1이란 숫자들이 더 많이 만들어지도록, 영향을 미치게 해보라고 지시했다. 초능력자들은 그 연구자에 의해 제안된 지시에 따라 난수열들에 영향을 미치려고 시도했다. 그들이 이 단계를 마친 후에야 비로소 그 독립 연구자는 지시했던 방향으로 편차가 있었는지를 확인하기 위해 출력물이 담긴 봉함된 봉투를 열었다.

통계학적으로 유의미한 결과가 발견됐다. 어찌됐던 간에 초능력자들은 통상적인 지혜에 따라 몇 개월 전에 수집된 데이터의 매크로적인 출력물에 대해서조차 영향을 미칠 수 있었다. 이 실험의 결론은 피할 수 없는 사실이다. 즉, 한 관찰자가 보기 전까지는 그 어떤 것도 존재하지 않는다. 다시 말하자면, 의식이 가능성들로부터 선택을 함으로써 붕괴라는 하나의 사건이 발생하기 전까지 모든 대상들은 그저 가능성에 머무른다. 거시세상에 있는 대상들일지라도 말이다. 선택하면 그것은 모두 현실로 나타난다. 소급적으로 선택할지라도 말이다.

양자 붕괴의 뒤엉킨 계층구조에 대한 재고찰
Back to the Tangled Hierarchy of Quantum Collapse

'지연된 선택 실험'의 교훈은 심오하다. 빅뱅 창조라는 가혹한 환경이 모든 관찰자들을 명백하게 배제시키고 있는 상황에서 가능성의 파동으로 여겨지는 우주는 과연 어떻게 나타날 수 있는가라는 양자 우주론의 측정 문제는 이제 해결될 수 있다. 우주는 하나의 가능성의 파동이며, 우주들의 중첩superposition이다. 우주는 그것의 가능성 있는 분기점들 가운데 하나 안에서 [지각력과 의식을 함께 가지고 있는 상태 혹은 존재를 의미하는] 유정성sentience이 진화하기 전까지 가능성으로 머무른다. 최초로 진화된 유정성 존재가 관찰을 하면, 그때 우주는 지연된 선택의 실험에서처럼 소급적으로 나타난다. 붕괴의 순간으로부터 시간상으로 거슬러 올라가서 말이다.

따라서 우리 인간이 우주와 우주의 목적지향성을 가진 설계 때문에 여기에 존재한다는 것은 참이다. 그러나 우주는 우리 인간 때문에 여기에 존재한다는 사실도 또한 참이다. 이 같은 사실에는 순환성circularity이 존재한다. 순환성은 논리의 와해이며, 논리의 와해는 중대한 사건이다. 양자 붕괴quantum collapse는 관찰된 것뿐만 아니라 관찰자도 역시 붕괴시켜 존재를 드러나게 만든다. 이러한 의존적인 동시발현co-arising은 결정적으로 논리 사슬logical chain의 순환성에 의해 결정된다(아래 참조).

"관찰자는 무엇이 만드는가?"라는 의문도 또한 중요하다. 우리는 흔히 우리 자신들, 인간 존재들을 관찰자로 생각하곤 한다. 가능성들인 우주는 과연 인간 관찰자가 그 현장에 등장할 때까지 내내 불확실한 상태로 기다리고 있는 것일까? 이 의문은 신이 내재하는 우주를 약 6천 년 전에 창조했다는 성경적 아이디어가 사실임을 확인해 줄지도 모른다.

그렇지만, 이 아이디어는 화석 증거와 상충한다. 그러나 화석들이 소급적으로 창조될 수 있었던 것은 아닐까? 아담(그의 '신 의식' 안에서)이 최초로 관찰했을 때, 6천 년 전 붕괴의 시점으로부터 거슬러 올라가서 말이다. 성경 마니아에게는 불행하게도, 이러한 의문 역시 화석 데이터와 모순된다. 화석들의 소급적 현현은 인간의 혈통 속에 있는 화석들만 설명할 수 있을 뿐이다. 화석 데이터는 동물계 이외에 많은 다른 혈통들, 다른 계와 족 그리고 인간들이 속하는 척색동물문도 포함하고 있다.

양자 우주론, 인류 원리, 지연된 선택 그리고 화석 데이터의 결합된 교훈들은 명백하기를 바란다. 생명 그 자체가, 최초의 살아 있는 세포라는 형태로, 바로 최초의 관찰자이다.

생명이란 무엇인가?
What Is Life?

생물학자들은 생명에 대한 그 어떤 간단한 정의도 가지고 있지 않다. 교과서에서 그들은 생명 시스템들living systems이 공통으로 가지고 있는 특질들이 담긴 긴 리스트를 학생들에게 제시함으로써 생명을 그럴싸하게 설명하고 있다. 양자 물리학은 생물학자들이 연구하고 있는 것의 기초를 간단하게 정의할 수 없기 때문에 빠져 있는 특유의 곤경에서 그들을 구할 수 있다. 만약 '생명 시스템은 관찰할 수 있는 능력을 가지고 있다'라고 한다면, 생물학자들의 실망은 끝난다.

사실, 칠레 생물학자인 움베르토 마투라나Humberto Maturana(1970)는 우리에게 앞에서 말한 생명에 대한 정의를 거의 정확하게 제공할 뻔했다. 그는 인지cognition능력이라는 것을 통해 생명을 특징지었다. 약간만 생각해 보면, 인지는 인지하는 주체가, 사고thinking는 생각하는 주체, 지각perception은 지각하는 주체를 필요로 한다는 것은 분명하다. 또다시 관찰자observer가 등장한다.

관찰자와 순환성
The Observer and Circularity

자, 보시라. 양자 측정에 있어서의 관찰자의 역할은 분명하게 순환적이다. 주체subject인 관찰자는 붕괴된 대상(들)의 드러난 상태를 선택한다.

그러나 관찰자도 역시 포함하는 드러난 붕괴된 대상들이 없다면, 주체의 경험이라는 것도 존재하지 않는다. 주체와 대상의 의존적 공동발현이라는 순환적 논리는 *뒤엉킨 계층구조*라고 불린다.

앞서 언급한 것처럼 뒤엉킨 계층구조라는 아이디어와 그것이 어떻게 자기참조 혹은 주체–대상 분리로 이어지는가는 인공지능 연구자인 더글러스 호프슈타터Doug Hofstadter에 의해 명백하게 되었다(1980).

그렇다면 '자기참조'라는 것은 살아 있는 세포 안에서 어떻게 나타나는 것일까? 그것은 뒤엉킨 계층구조적인 양자 측정을 통해서 나타난다. 살아 있는 세포 안에는 그러한 양자 측정 도구가 내재하는 것일까? 그렇다. 그리고 바로 이것이 다음 장의 주제이다.

Chapter 8

설계, 설계자 그리고 설계를 위한 청사진들
The Design, the Designer, and the Blueprints for Design

기득권을 가지고 있던 생물학자는 충격을 받고 있으며 설계design라는 말에 대해 단지 한 가지 방식으로 대응하고 있다. 설계라는 것은 생물학자에게 성경 창세기에 나오는 것처럼 창조자 신이라는 망령specter을 떠올리게 한다. 이처럼 설계에 대한 논의는 생물학자에게는 정치적으로 옳지 않다.

그러나 결코 걱정하지 말라! 양자 물리학을 생명의 기원이라는 상황에 적용하면 신과 창조의 창세기적 모델은 틀린 것이라는 사실이 쉽게 드러난다. 왜냐하면 그것은 너무나도 단순하며 직선적이다. 현재 진행 중인 창조론-진화론 논쟁에 있어서, 그 어떤 과학적 배경을 가지고 있지 않는 저널리스트들조차 "창조자는 누가 창조했는가?"라고 질문함으로써 창조론자들을 좌절시키고 있다. 그러나 양자 신quantum God의 생명과 우주의 창조는 일거에 이루어졌다. 물질적 우주 전체는 최초의 생명이 직감되기 전까지 그리고 자기참조적 양자 측정 순환circuit이 완성되기 전까지 가능성 안에서 기다리고 있다. (물리학자 존 휠러는 이것을 '의미 순환' meaning circuit의 완성이라고 불렀다. 휠러의 그러한 견해가 여기서 탐구되고 있는 아이디어들과 아주 근접하고 있다는 것은 놀라운 일이다.) 인과적 순환성은 "창조자는 누가 창조했는가?"라는 질문으로부터 우리를 영원히 자유롭게 해준다.

따라서 여기에는 문자 그대로의 성경적 창조론자들의 아이디어에 굴복할 위험이 존재하지 않는다. 지적 설계가 존재한다. 그렇다. 진화론이 존재한다. 그렇다. 창조론이 존재한다. 아니다. 그렇다면 우리는 안심할 수 있다.

지난 장에서 나는 유리-밀러의 실험을 언급한 바 있다. 그 실험을 통해 기본 원자적 성분들로부터 아미노산을 만들어 내는 데 성공하자, 이에 고취되어 많은 생물학자들이 실험실에서 생명을 제조할 수 있다는 희망을 가지고 많은 시간들을 허비했다. 그 아이디어는 점점 더 복잡한 분자들, 최종적으로는 살아 있는 세포로 끝나는 단계적인 화학 반응들을 통해 생명을 생성해 낸다는 것이었다. 그러나 그것은 실현되지 않았다. 그리고 그것은 앞으로도 실현되지 않을 것이다. 그래서 이제 생물학자들은 그러한 단계적 과정이 어떻게 이루어질 수 있는지 이론화하는 것에 만족하고 있다. 그러나 이러한 이론들의 그 어떤 것도 설득력을 지니지 못하고 있으며 그 어떤 의견 일치도 찾아볼 수 없다.

이러한 상황은 우리가 하향적 인과관계를 생명의 방정식 – 신의 창조성 속으로 가져올 때 극적으로 변한다. 생명의 양자 창조quantum creation를 위해 신은 인간이 구상한 단계적 과정을 따를 필요가 없다는 것은 참이다. 이러한 시나리오는 연속성 너머를 볼 수 없는 뉴턴식 정신으로부터 나온 구상이다. 신은 양자 의식quantum consciousness이다. 신은 창조적으로 작동하고 있기 때문이다. 신의 작동법은 불연속적 양자도약

discontinuous quantum leap이다. "생명이 있으라 하시니, 생명이 있었다."Let there be life. and there was life ["빛이 있으라 하시니 빛이 있었다"라는 성경 창세기 1장 3절을 빗대어 쓴 말. 역자주]

그렇지만 우리가 재발견한 양자 의식, 즉 신은 우리가 개념화를 하는 데 있어서 어느 정도 합법적이다. 신의 창조적 행위들조차 창조성 연구자들이 성문화한 유효한 절차를 따라야만 한다. 그리고 창조자 신, 양자 의식조차도 개연성probability이라는 문제를 해결해야만 한다. 많은 생물학자들에 의해 지적되었듯이, 생명의 창조는 아주 개연성(확률)이 낮은 사건이라는 것은 사실이다. 우리 인간 자신의 창조적 경험들로 판단해 보아도, 적은 개연성을 다루는 방법은 설계도blueprint가 주는 이점을 활용하는 것이다.

설계자는 설계도를 필요로 한다 : 형태형성의 장
A Designer Needs a Blueprint : Morphogenetic Fields

창세기에서는 신이 자신의 형상image에 따라 인간을 창조했다고 나와 있다. 그것은 우리 인간이 우리 자신을 실험함으로써 신의 창조력의 일부를 추론할 수 있다는 것을 의미한다. 창조성을 생각해 보면, 그것은 좀 더 쉽다. 창조성에 있어서 우리는 신의 창조력, 우리 인간 자신의 하향적 인과관계의 창조적 행위주체인 신을 사용하고 있다. 그렇다면 *우리*는 어떻게 창조를 하는가?

집을 건축하는 건축가를 생각해 보자. 그는 어떤 한 아이디어를 가지고 시작할 것이다. 두 번째 단계에서 그 건축가는 그 아이디어의 설계도를 만들 것이다. 그런 후에야 비로소 그는 물질적인 집을 창조하는데, 즉 물질적인 구성요소들을 가지고 시작하는 데 실제적으로 착수할 것이다.

'양자 의식'인 신은 생명을 창조하는 데 있어서 동일한 절차를 따른다. 신은 초정신적supramental 영역에 속하는 아이디어의 가능성을 가지고 시작한다. 생명의 설계도들은 *생기체*vital energy body라고 불리는 가능성들이 들어 있는 칸compartment에 속해 있다. 부수적으로 신은 생명의 가능성들을 물질적으로 나타내기 위해 물질적 가능성들을 처리하기(물론, 무의식적으로) 시작한다(그림 8-1).

19세기와 20세기 초까지도 생기체는 생물학적 사고의 핵심적인 부분으로 여겨졌다. 예를 들면, 철학자 앙리 베르그송Henri Bergson은 생명을 인간의 내부에서 느껴지는 특별한 생명의 느낌인 '생의 약동, 엘랑 비탈' elan vital[엘랑이란 약동 도약을 의미하며 비탈은 생명을 의미한다. 엘랑 비탈이란

초정신적 법칙체 Supramentalbody of laws
육체 기능들, 특히 유지, 재생 등에 관련되는 생기체vital body의 목적 지향적 법칙들 포함

생기체Vital body
생물학적 기능들을 위한 형태를 만들기 위한 설계도들

육체Physical body
육체적인 기능들을 수행하기 위해 생기체 설계도들과 프로그램들을 드러나게 만듦

[그림 8-1] 생명의 초정신적 상황이 생기체 설계도의 중개를 통해 어떻게 육체 안에 표현되는가를 보여 주는 형태형성의 장morphogenetic field.

베르그송이 "창조적 진화"라는 책에서 소개한 개념으로 생명을 물질로부터 구분하고, 주어진 여건 아래서 스스로를 능동적으로 변화시키기 위해 본래부터 가지고 있는 에너지를 의미한다. 역자주] 혹은 생명의 핵심(에너지?)으로 보았다. 베르그송의 철학은 생물학자들 사이에서 아주 인기가 있었다. 그러나 1950년대 분자 생물학이 발견된 후에 상황은 급격하게 달라졌다. 복제를 위한 DNA와 여러 가지 대사 기능들을 위한 단백질들을 포함하고 있는 세포의 모습은 생물학적 기능성을 설명하는 모든 성분들을 가지고 있는 것처럼 보인다. 분자 생물학과 다윈의 진화론은 네오 다윈주의로 새롭게 통합되어 생물학의 새로운 패러다임이 됐다. 생명 에너지vital energy라는 개념은 초과 수하물로 여겨졌으며 포기되었다. 그것은 어쨌든 그 어떤 과학자들도 좋아하지 않는 이원론적인 경향을 가지고 있었다. 생물학자들은 '잘 갔지 뭐야!' 라는 생각으로 베르그송의 철학을 보내버렸다.

그러나 1960년까지 콘라드 워딩턴Conrad Waddington(1957)과 같은 생물학자들은 이미 지평선 위에 떠 있는 한 구름을 가리키고 있었다. 생물학적 형태 생성의 문제 혹은 공식적으로는 유기체의 기관과 같은 형태가 어떻게 단세포 배아로부터 창조되는가라는 *형태형성*morphogenesis[살아 있는 유기체의 특유한 형태가 생성되는 과정. 역자주] 문제가 그것이었다. 하나의 세포는 세포분열을 통해 완전히 동일한 DNA를 가진 정확한 복제품을 만들어 내면서 증식을 한다. 그러나 그렇다면 어째서 성인의 간 세포는 뇌 세포와 아주 다르게 작동하는가? 다른 기관에 속하는 세포들은 어떻게 구별되는가?

분명하게, 다른 기관 속에 있는 세포들은 다른 세트의 유전자들을 활성화시킴으로써 다른 단백질들을 만들어 내야만 한다. 이 작용은 *세포분화*cell differentiation라고 불린다. 다른 프로그램들은 다른 기관들에 속해 있는 세포들의 유전자들을 활성화시킨다. 이러한 프로그램의 소스는 *형태형성의 장*이라고 불리거나 혹은 그렇다고 추측되고 있다.

그러나 이러한 형태형성 장들은 어디에 존재하는가? 1980년대까지 이러한 프로그램들의 유전자적 기원 혹은 유전자 이외의 분야를 의미하는 후생학적 기원조차도 설득력을 가지고 있는 것처럼 보이지 않았다. 이러한 상황은 오늘날까지도 똑같은 상황으로 남아 있다. 하버드대학의 생물학자 리차드 르원틴Richard Lewontin(2000)은 형태형성의 유전학적 모델에 관해 다음과 같이 말하고 있다.

> 분화되지 않은 한 세포가 하나의 성숙하고 분화된 형태로 분화되는 과정들은 잘 이해되지 않고 있다. 이것이 생물학적 설명에 있어서 심오한 문제인 이유는 세포 분화가 [배아로부터 성숙된 형태의] 모든 발달의 기본이 되기 때문이다……. 특정한 유전자들은 특정한 다른 유전자들의 전사transcription[특정 유전자가 가지고 있는 정보가 세포의 나머지 부분으로 전해지기 위해 전달자 역할을 하는 RNA로 전달되는 것을 전사라고 한다. 역자주]의 영향 하에서 특정 세포들로 전사된다고 말해질 수 있다. 그러나 형태 생성의 진짜 의문은 세포가 배아 안에서 그것이 어디인가를 어떻게 '아는가' 라는 것이다.

나는 여기서 당신이 비국소성의 작용play of nonlocality을 볼 수 있기를 바란다. 적어도 루퍼트 쉘드레이크Rupert Sheldrake와 같은 생물학자는 이미 1980년대 초에 이것을 보았다. 영국 캠브리지대학의 생물학자 쉘드레이크는 *새로운 생명과학*A New Science of Life이라는 책을 펴냈다(1981). 이 책에서 그는 소스들, 세포분화라는 유전자적 프로그램의 설계도들, 그리고 '형태형성의 장'은 비국소적이며, 그 때문에 그것들은 단지 비물질적일 수밖에 없다고 제안했다.

쉘드레이크는 이러한 형태형성 장들은 무선 송신기와 수신기가 작동하는 것처럼 그들의 지시들을 전달하기 위해 국소적 전자기파 없이 주파수를 맞추는 일종의 공명을 통해서 세포에 전달했다고 유추해 냈다.

쉘드레이크는 이러한 메커니즘을 형태공명morphic resonance, 즉 형태의 공명적 생성이라고 불렀다.

쉘드레이크의 구상은 말할 것도 없이 이원론적이다. 비록 그것이 비국소적일지라도 형태형성 장은 양쪽과 연관성을 가지고 있는 중개자 없이는 물질적 세포와 상호작용 혹은 '공명'할 수 없다는 점에서 그렇다. 그 당시 쉘드레이크는 형태라는 프로그램들을 그림 속으로 전사하는 설계도를 사용하는 프로그래머(설계자)라는 개념을 소개하기 꺼려했다.

양자 사고quantum thinking는 그것을 이원론 없이도 할 수 있다. 설계도들(형태형성 장들), 프로그램 작동이 가능한 유전자들, 그리고 유전자들이 만들어 내는 형태는 신 – 양자 의식 – 이 중매를 하고(공명의 경우처럼), 실재actuality로 붕괴시키기(드러내기) 전까지 가능태potentia로 남아 있는다(고스와미, 1997b).

자 이제 우리는 확실하게 이 실재라는 것이 무엇인지 볼 수 있다. 신체적 실재는 형태, 기관organ이다. 이것은 생물학자들이 인정하는 것이며 모든 사람들이 입증할 수 있는 것이다. 그러나 모든 살아 있는 존재들의 정신을 의미하는 '프시케'psyche 내에서 자각으로 나타나는 형태형성 장도 존재한다. 이러한 내적 자각은 베르그송이 *엘랑 비탈*이라고 불렀던 살아 있다는 느낌이다.

그렇다면 이것을 오래된 용어에 연결시켜 보자. 그러면 형태형성 장들의 저수지reservoir로서 *생기체vital body*라는 용어가 자연스럽게 되살아난다. 생기체의 움직임은 자연스럽게 *생명의 에너지, 생기vital energy*라고 불린다. 생기란 우리 인간이 기능하고 있는 생물학적 기관과 그 프로그램을 활성화시킬 때면 언제나 우리가 느끼는 것이다.

형태, 기관은 처음에 '신 의식' 안에서 만들어졌다는 것 역시 기억하라. 그러나 형태 생성 혹은 창조가 끝나고, 우리 인간이 형태들 혹은 기관들을 사용하기 시작할 때, 살아 있다는 느낌feeling이라는 인간의 경험은 더욱더 조건 형성, 조건화된 연속성continuity의 효과를 반영한다.

신의 생명 창조방식에 관한 재고찰
Back to How God Creates Life

생명의 기원으로 되돌아가 보자. 아미노산들과 뉴클레오티드들 각각으로부터 살아 있는 세포의 기본 구성요소들인 단백질과 DNA가 개별적으로 합성될 개연성은 매우 작다(사피로, 1987). 거기에는 순환성도 존재한다. DNA의 구성요소들인 유전자들은 아미노산들을 단백질들로 조립하기 위한 암호를 가지고 있다. 그러나 단백질들은 DNA를 만드는 것이 필요하다. 우리는 또한 생물학자들이 지금까지 DNA, 단백질 등이 어떻게 하나의 세포 안에서 함께 조립되는지에 관한 적절한 이론을 발견해 내지 못하고 있다는 사실도 알고 있다. 그러한 이론이 분명히 개발될 것이며 합의에 다다를 것이라는 사실 또한 아주 현실성이 없다.

그러나 우리에게는 시작부터 최종 산물까지 연속적인 프로세스가 필요하다. 최초의 살아 있는 세포 안에서 뒤엉킨 계층구조적 양자 측정을 완성시키기 위해 창조성이라는 불연속성을 적용시켜 보도록 하자. 양자 의식, 신God인 설계자는 비록 개연성은 적지만, 단백질-DNA 조합의 가능성을 알고 있다. 왜냐하면 설계자는 자기 복제self reproduction와 자기 유지self maintenance라는 목표를 알고 있기 때문이다. 신은 참고할 수 있는 살아 있는 세포의 가능성 설계도를 가지고 있다. 그 설계도에는 자기 지시적인 살아 있는 세포를 만들기 위한 복제 시스템DNA, 유지 관리자(단백질), DNA와 단백질RNA 사이의 전달자, 이동을 위한 세포질, 그리고 세포질을 가두기 위한 세포벽이 필요하다는 지식이 체계적으로 정리되어 있다.

그러나 마이크로(가능성)로부터 매크로(가능성), 그리고 매크로(실재)로 이행에 있어서 (아미노산, 뉴클레오티드, 지방질 등) 미시적인 구성요소들의 양자 가능성들로부터 살아 있는 세포라는 실제적인 육체적 생성에는 불연속성이 존재하며 반드시 존재해야만 한다. 불연속성은 다음과 같은 요인으로부터 나타난다. 즉, 활성화된 살아 있는 세포의 결손 때문에 그 어떤 미시적인 구성요소들의 중간적인 거시적 상태도 뒤엉킨 계층구조의 요구조건들을 만족시키지 못한다. 앞서 논의된 바와 같이 뒤엉킨 계층구조와 불연속성은 자기참조 혹은 주체-대상 분리를 위해 필수불가결한 대가이다. 그리고 오직 신의 창조성만이 이 모순을 해결할 수 있다. 이것은 조합이라는 기계적인 방법들이 가지고 있는 일반적인 연속성이 양자도약할 수 있는 높은 수준의 창조성과 관련이 있다. 이를 위해서는 지적 설계자intelligent designer의 존재가 요구된다.

신은 인간을 자기 자신의 형상에 따라in His own image 만든다. 수학자 존 폰 노이만(1966)은 프란시스 크릭Francis Crick과 제임스 왓슨James Watson [분자생물학자로 DNA 이중나선 구조를 발견해 1962년 노벨상을 수상했음. 역자주]이 실험실에서 복제자의 역할들을 발견하기 전에 *세포자동자*cellular automata(약간의 프로그램된 재료)[폰 노이만은 한 실험에서 바둑판 모양의 주위 환경을 설정한 뒤, 각각의 사각형을 세포로 생각하고 그들의 모음으로 유기체를 구성했다. 각 세포는 자신을 둘러싼 주위 세포의 상태에 따라 자신의 상태를 바꾸게 되는데, 이 결과 전체 유기체는 매우 복잡한 패턴이나 행동으로 발전했다. 추상적인 기하학적 공간에서 자신의 제조에 관한 정보를 자신의 생산물에게 전달할 수 있었던 것은 세포자동자가 존재하기 때문이라는 것. 컴퓨터공학에서는 가장 가까운 이웃과 소통하는 컴퓨팅 요소의 배열을 세포자동자라 부른다. 역자주]라는 것을 연구하는 중에 '복제자'replicator의 역할과 정확히 재생산해 내는 시스템 속에서 유지 시스템들을 이론적으로 알아냈다.

그러나 폰 노이만은 생명의 '자기참조'self-reference를 생각하지 못했으며, 그 때문에 그의 모델은 유물론과 다를 바가 없다. 그는 생명이 최초로 생성되는 데 있어서 효력을 발휘하는 신과 양자도약의 필연성을 알지 못했다. 우리는 자기참조의 중요성을 알고 있기 때문에 신이 최초의 생명을 어떻게 창조했어야만 했는지, 그리고 오직 '신 의식'과 불연속적 양자도약이 실제로 비생명nonlife에서 생명을 창조할 수 있다는 사실을 알고 있다!

움베르토 마투라나와 프란시스코 바렐라Francisco Varela와 같은 전체론적 생물학자들은 유물론자들의 고충을 이해하고 '전체는 그 부분들보다 더 크다'라는 입장에서 생명은 그 부분들로 환원될 수 없는 살아 있는 세포라는 창발적 특성emergent property을 가진다는 전체론을 제안하고 있다. (우리는 분자들이 원자들과 원자들의 상호작용들로 축소될 수 있다는 사실을 알기 때문에) 그 어떤 환원불가능성irreducibility 없이도 원자들이 분자들을 구성하는 것처럼, 어떻게 단순한 시스템이 복잡한 시스템을 형성하는지에 관해 우리가 알고 있다는 관점에서 보면, 전체론자의 주장은 터무니없는 소리처럼 들린다.

생물학자 마이클 베히Michael Behe(1996)는 '환원 불가능한 복잡성' irreducible complexity[마이클 베히는 그의 저서 "다윈의 블랙박스"에서 여러 개의 부품으로 구성된 시스템에서 어느 하나라도 없다면 그 기능을 상실하는 경우 그 시스템이 환원 불가능한 복잡성을 가지고 있다고 생각했다. 그는 박테리아의 섬모/편모, 혈액 응고 메커니즘, 세포 내 운송 시스템, 항원 항체 반응 등 생화학 시스템에서도 환원 불가능한 복잡성이 나타난다고 설명하고 있다. 역자주]이라는 개념을 도입하면서 생물체의 특징은 너무나도 복잡하기 때문에 오직 '지적인 초설계자'intelligent superdesigner, 즉 신God만이 그것들을 설계할 수 있다는 전체론자와 아주 똑같은 생각을 직관적으로 알고 있다. 그 용어는 더 세련됐으며, 더 그럴듯하게 들린다.

그러나 이제 우리는 전체론자들과 베히가 말하려고 하는 것을 이해한다. 그것은 생명 설계의 환원 불가능한 뒤엉킨 계층구조이다. 그것이 바로 환원 불가능한 복잡성이다.

생명의 마법magic은 다음 세 가지로부터 나타난다. 1) 신의 창조적 하향적 인과관계, 2) 세포 안에서 우리 인간에게 자기참조적 양자붕괴를 일으키는 살아 있는 세포라는 조직에 있어서의 뒤엉킨 계층구조의 창조, 3) 세포가 물리적 표현을 만들어 내는 생명의 설계도vital blueprint의 도움. 생명 창조에 있어서의 마법은 창조성이라는 양자도약이다. 그것은 수학, 역학적 계산처리에 의해, 혹은 실험실에서 이루어지는 생화학적 반응들에 의해 결코 합성될 수 없을 뿐만 아니라 조금씩 계속되는 진화로 환원될 수도 없다.

사람들은 생명은 하나의 기적이라고 말한다. 이것은 상투적인 말이 아니다. 생명은 말 그대로 신이 우리에게 주는 창조적인 기적의 선물이다.

백문이 불여일견
The Proof of the Pudding Is in the Eating

요점은 이렇다. 생명의 기원에 관한 창조성 이론으로부터 우리가 얻게 되는, 눈으로 확인할 수 있는, 입증할 수 있는 산물은 과연 존재하는가? 요리가 끝나서(이론화되어) 내놓은 푸딩이 있을 경우 우리는 그것을 먹을 수 있으며, 그 요리의 진위에 관한 우리의 의심은 사라질 것이다. 마찬가지로, 우리에게는 이론의 타당성을 입증하는 실험적인 데이터가 필요하다. 그렇지 않으면 그것은 모두 간교한 말장난, 사이비 과학에 불과하다.

유물론적 모델은 뻔뻔하게도 목적을 가지고 있지 않다. 그 모델은 "생명에는 목적이 없다, 생명의 기원은 그 어떤 목적도 가지고 있지 않다, 그리고 진화에는 목적이 없다"고 주장한다. 참으로 생물학자들은 목적론teleology[존재하는 것은 모두 목적을 가지고 있다는 세계관. 역자주] — 합목적성 purposiveness — 을 목적론적 법칙teleonomy[생물에 있어서 구조와 기능의 존재는 그것이 진화에 있어서 살아남는 가치를 지니고 있었다는 것. 역자주] – 합목적성의 드러남 appearance – 으로 대체시키기까지 했다.

이러한 종류의 사고에는 한 가지 풀리지 않는 수수께끼가 존재한다. 즉, 어째서 진화는 생물체의 시스템들을 더욱더 복잡한 것으로 몰고 가는가? 생물학적 연구기관에 따르면 진화는 우연적 변이chance variation와 자연도태natural selection라는 다윈의 메커니즘들을 통해 진행된다. 우연은 분명히 복잡성을 향하거나 단순성을 향하거나 양쪽 모두로 작용할 수 있다. 그리고 자연도태는 복잡성이 아니라 자손을 많이 생산하는 능력인 '다산성' fecundity을 선호한다.

그러나 만약 신이 생명을 창조해서 진화시켰다면, 신은 하나의 목적, 즉 자신의 가능성들이 물질적으로 나타난 것들을 통해서 드러나는 것을 보려는 목적을 위해서 그렇게 했다. 이러한 구도에서는 생명의 진화라는 것은 신의 생기체vital body 안에 들어 있던 생명의 설계도들이 더 많이 그리고 복잡하게 나타난 것들로의 진화이며, 그 결과 생기체가 가지고 있는 가능성들이 훨씬 더 훌륭하게 표현되는 것들을 발견할 수 있게 된다.

간혹 우리는 복잡성이 증가하는 방향으로 진화하는 생명의 이러한 경향을 *생물학적 시간의 화살*biological arrow of time이라고 부른다. 그리고 우리는 그것을 오로지 신이 최초의 생명의 창조자이며 생명의 진화 배후에서 작용하는(그리고 그 다음의 양자도약들에 의한) 인과적인 동인causal driver이라는 이론으로서만 설명할 수 있다(제9장 참조).

우연하게도, 다윈의 우연과 필연성은 우리에게 종의 적응species adaptation(종이 변화하는 환경에 어떻게 적응하는지)이라는 이론을 제공하고 있다. 그러나 (한 종이 다른 종으로 진화하는 방법인) 진화 이론은 아니며, 특히 (형태상의 특색이 크게 바뀌는 것과 관련된 진화인) 거시적 진화macro evolution 이론은 우리에게 제공하지 못하고 있다. 유명한 종 계통들 사이의 화석 간극은 잘 알려져 있다. 만약 – 느리고 지속적인 – 다윈의 메커니즘이 모든 진화에 적용됐다면, 그 어떤 화석 간극들도 존재하지 않았을 것이다.

베히(1996)는 다윈의 우연과 필연성을 통해 진화의 다양한 '작은 단계들' little steps의 생화학 작용을 고려함으로써 네오 다윈이즘 진화 모델의 부적합성에 관해 동일한 지적을 하고 있다. 그리고 베히는 동일한 결론에 도달하고 있다. 다윈의 우연과 필연성은 과연 진화의 모든 단계들을 설명할 수 있는가? 그렇지 않다. 생명의 진화는 또한 목적 지향적인 디자이너의 산물인가? 그렇다.

우리는 다음과 같은 내용을 또 추가한다. 신은 창조적인 양자도약을 통해 진화를 이끄는 창조적인 디자이너이다. 화석 간극들은 이러한 양자도약들이라는 불연속성의 증거이다. 나는 다른 곳에서 이 모든 아이디어에 관해 상세히 밝힌 바 있다(고스와미, 2008). 다음 장에서 나는 그 내용을 간략히 소개하고자 한다.

Chapter 9

화석 간극들은 무엇을 증명하는가?
What Do Those Fossil Gaps Prove?

누구나 화석 간극들에 관해 알고 있을 것이다. 그것은 보다 뚜렷하게 높은 단계의 다른 생물 형태들 사이에 있는 변이들transitions에 관한 지질학적 증거가 분명히 부족하다는 것이다. 다윈 이래 엄청나게 많은 생물학자들의 기대들과는 대조적으로, 화석 간극들은 여전히 수없이 예견된 중간 생물 형태들로 채워지지 못했다. 방대한 수의 간극들이 실제로 존재한다. 그렇다면 그것들은 무엇을 의미하는 것일까? 그것들은 무엇을 증명하고 있는 것인가?

네오다윈주의자들과 - 그리고 이런 범주에 속해 있는 많은 생물학자들은 여전히 간극들은 아무것도 의미하지 않는다고 주장하고 있다. 그들은 *지급보증 진화주의*promissory evolutionism - 결국 그 간극들은 채워질 것이라는 생각 - 에 열중하고 있다.

이 같은 견해에 대한 가장 목소리 큰 대중적 반대론자들은 창세기에 쓰여져 있는 그대로 신이 생명을 한꺼번에 창조했다는 성경 창세기의 창조 혹은 천지창조론creationism의 추종자들이다. 화석들은 중요하지 않으며, 화석 간극들은 화석의 살아 있는(아니면 '죽은'이라고 말해야만 할까?) 증거이다.

창조론에 따르면, 그 어떤 형태들이건 간에 중간자들은 존재하지 않는다. 그래서 오늘날 생물학자들은 다윈론과 진화의 증거로서 화석 데이터에서 간극들을 채워 넣기 위해 발견된 소수의 중간자들을 과장해서 선전하고 있다. 이것은 오해하게 할 소지가 아주 높다. 두 가지 화석 계통들(파충류와 조류처럼) 사이의 중간자들의 존재는 창조론을 부정하며 진화론을 입증한다는 것이 사실이다. 그러나 진화론과 다윈주의는 동의어가 아니다. 다윈주의는 그것을 검증하기 위해 그러한 중간자들이 엄청나게 많이 필요하다.

앞서 언급했던 두 개 그룹들 각각보다 약간 더 과격한 그룹은 지적 설계intelligent design라는 철학을 지지하고 있다. 창조론자들처럼, 그들(적어도 그들 대부분)은 화석 간극들이 진화가 아니라는 것을 의미한다고 (필요 이상으로) 믿는다. 그들에 따르면, 종은 많이 변하지 않으며 지적 설계자가 그들을 한꺼번에 창조했다고 한다. 암암리에, 지적 설계자는 신으로 상정되고 있다. 그러나 성경에 관하여서는 아무런 논급이 없다.

창조론자들과 지적 설계론자들을 비판하기는 쉽다. 세상과 세상 안의 생명 창조에 관한 성경적 설명은, 만약 성경이 말하는 그대로 받아들인다면, 명백하게 틀린 것이다. 지구의 나이에 대한 지질학적 그리고 방사성 연대측정 증거는 그것과 완전히 반대로 나타난다. 지적 설계 지지자들도 역시 부분적으로 틀린다. 종들이 보다 이전의 종들로부터 진화한다는 많은 증거가 존재한다. 우리 인간은 원숭이들과 많은 공통점을 가지고 있다. 원숭이들은 진화 사다리에 있어서 보다 낮은 단계의 포유동물들 등과 많은 공통점들을 가지고 있다. '고등' 종의 배아 발달 초기를 살펴보면, 발달 단계들이 보다 이전 시기의 하급 생물의 배아 발달 단계와 비슷하다는 것을 발견할 것이다. 다윈주의자들은 이점에서는 옳다! 보다 최근에 나타난 종은 이전의 조상들로부터 진화한다. 이것은 의심할 여지가 없다.

그러나 네오다윈주의자들이 진화에는 아무런 의미meaning와 목적이 없으며, 생명의 설계와 생명이 어떻게 진화하는지에 있어서 지성intelligence이라는 것은 그 어떤 역할도 하지 않고, '하등' 생명체와 '고등' 생명체가 존재하지 않는다고 말할 때 그들은 완전히 틀렸다. 진화가 '전적인 우연'과 적자생존이라는 물질적 프로세스라는 그들의 고집은 근시안적이다. 심리학자 에이브러햄 매슬로Abraham Maslow가 "가지고 있는 것이 망치밖에 없는 사람은 세상 모든 것을 못으로 본다"고 말했던 것처럼, 네오다윈주의자들은 유물론자들이다. 그들이 가지고 있는 망치는 삼라만상은 상향적 인과관계를 통해 만들어진 물질이며 모든 생명은 대를 이어 전해지는 정보를 가지고 있는 유전자들의 유희play라는 생각이다. 그러한 철학은 의미, 목적성 혹은 지적 설계에 관해 말할 여지가 없다. 종의 생존에 관해 이러한 생각들이 가지고 있을지도 모르는 어떤 가치를 빼놓고는 말이다.

의미meaning라는 것에 대해 생각해 보자. '적응할 수 있는 생존 가치'adaptive survival value로 진화한다는 의미를 위해서, 물질은 의미라는 것을 처리할 수 있어야만 한다. 그러나 문법에 따르면, 계통적 배열syntax과 의미 사이에는 범주적 차이점이 존재한다. 컴퓨터라는 형태에 있어서 물질에 의한 상징 처리는 계통적 배열을 처리하는 것과 비슷하다. 따라서 물질에 의한 의미 처리라는 생각은 언제나 의심을 받아 왔다(설Searl, 1980, 1994). 최근의 연구(펜로즈Penrose, 1989)는 컴퓨터들, 그리고 따라서 물질은 결코 의미라는 것을 처리할 수 없다는 사실을 입증했다. (제12장 참조.) 어떻게 자연은 물질을 처리할 수 없는 특성을 물질로부터 선택할 수 있는가?

"과학적 법칙들을 발견하는 인간의 능력은 어떻게 생기는가?"라는 의문을 던져보면, 지적인 특성들이 진화론적 적응이라고 하는 설명이 가지고 있는 이러한 결점은 보다 더 명백해진다. 그러한 발견은 생존 가치를 가진다. 그러나 그것은 여기서 문제가 아니다. 문제는 "과학적 법칙들이라는 지식이 방법이야 어찌되었든 간에 물질 속에 암호화될 수 있는가? 과학적 법칙들은 어찌되었든 간에 물질의 무작위적인 움직임으로부터 생길 수 있는가?"라는 것이다. 이것이 그러한 경우라는 것을 증명하기 위한 시도들은 결코 성공하지 못했다.

의식consciousness이 물질 속에서 어떻게 진화할 수 있는가라는 문제는 딱 들어맞는 또 다른 경우이다. "물질이 의식을 암호화할 수 있는가?"는 어려운 문제이다. 상호작용을 하고 있는 대상들이 어떻게 주체-대상이 분리된 자각awareness을 만들어 낼 수 있을까? 만약 물질적 상호작용들이 의식이라는 것을 절대로 만들어 낼 수 없다면, 의식을 하나의 적응력이 있는 진화된 가치라고 생각하는 것은 전혀 이치에 맞지 않는다.

그렇다면 지적 설계의 팬들은 이치에 맞았을까?

꼭 그렇지만은 않다. 신의 창조에는 목적이 있다는 것에 대한 결정적인 과학적 입증은 생물학적 시간의 화살이 존재한다는 사실이다. 화석 데이터를 살펴봄으로써 당신은 시간의 방향을 확인할 수 있다. 그 시간은 과거로부터, 단지 상대적으로 단순한 생명 형태들만을 보여 주는 때로부터, 더 최근의 시점으로, 더욱더 복잡한 생명 형태들을 보여 주는 시점으로 흘러갔다. 그리고 오로지 가장 최근의 화석 데이터는 우리에게 가장 복잡한 생명체들인 인간들을 보여 주고 있다. 따라서 진화의 목적은 복잡성을 창조하는 것이며, 시간의 생물학적 화살은 살아 있는 유기체들의 단순성으로부터 복잡성으로 움직인다.

모든 창조론자들과 대부분의 지적 설계 이론가들은 진화를 부정한다. 뿐만 아니라 그들은 복잡성 속의 진화는 엔트로피entropy[열역학상으로 내부 운동의 복잡성을 나타내는 척도. 역자주] 시간의 화살에 반하며, 엔트로피는 항상 증가한다는 엔트로피의 법칙에 위배되는 것처럼 보인다는 이유로 자신들의 부정을 정당화하고 있다. 이러한 이론가들은 진화를 부정함으로써 신의 존재에 대한 가장 훌륭한 증거의 예들 가운데 하나를 간과하고 있다. 물론 진화론자들은 생명 안에 있는 목적성과 설계도를 놓치고 있다.

그렇다면 화석 간극들은 무엇을 의미하는 것일까? 다윈이 제안했던 그리고 네오다윈주의자들이 동의하고 있는 '더딘 속도의 진화'와는 별개로, '빠른 속도의 진화'도 존재하고 있다. 화석들이 형성될 시간조차 없을 정도로 빠른 진화 말이다. 이 빠른 속도가 화석 간극들을 만들어 내고 있는 것이다. 다른 말로 하자면, 진화는 중단된 산문과 같다. 그렇지 않았을 경우 계속됐을 그 산문 속에는 갑작스러운 그리고 불연속적 마침표들이 존재한다(엘드리지Eldredge와 굴드Gould, 1972). 이러한 생각의 지지자들은 *단속적 진화론자들*punctuationists이라고 불린다.

발생생물학자developmental biologists(혹은 유기체의 역할을 강조하는 유기체 이론가들)라고 불리는 일군의 생물학자들은 '제2의 속도'second tempo라는 이 생각에 대해 사실상의 지지 입장을 내놓았다. 그 이유는 그들이 거시적 차원에서 중요한 진화는 새로운 기관organ의 발생과 관련되어야만 한다고 믿고 있기 때문이다. 그러나 복잡한 기관은 서서히 진화할 수 없다. 눈의 작은 부분은 보는 작용에 도움이 되지 않는다. 그래서 그러한 '거시적 진화'macroevolution는 반드시 빠른 속도를 필요로 하면서도 불연속적이어야만 한다. 그러나 빠른 속도를 위한 메커니즘에 대한 그럴듯한 제안이 없었기 때문에 이 생각은 생물학계에서 일반적으로 수용되지 않았다. 과학자들은 '설명 공백'explanatory vacuum 상황을 견디지 못한다. 만약 빠른 속도의 이론theory of fast tempo이 가능하지 않다면, 다윈의 이론이 모든 진화를 커버하며, 화석 간극들을 설명해 버린다고 선언하라!

불연속성도 암시하는 또 다른 중요한 데이터를 지적하는 생물학자들도 있다. 거시적 진화라는 모든 위대한 창조적 진화 시대들 이전에는, 생물학적 종들이 대량으로 멸종하게 되는 어떤 종류의 대참사가 항상 발생한다(에이저 Ager, 1981). 이러한 대참사들은 종들의 새로운 진화를 위해 생물학적 상황을 말끔히 정리한다. 그래서 새롭게 진화된 종들은 생존을 위해 투쟁할 필요가 없기 때문에, 다윈의 진화론의 또 다른 총애 받는 아이디어 pet idea 는 헛수고로 돌아간다.

나의 직관은 다음과 같다. 화석 데이터는 신의 존재와 신의 창조성의 존재에 대한 가장 훌륭한 증거의 일부이다. 창조성은 시간과 상관없이 양자도약들을 통해 나타난다. 나는 여기에 빠른 속도의 진화를 위한 새로운 메커니즘이 존재한다는 의견을 제시한다! 나는 이 이론이 모든 사람들의 생각을 통합한다는 것을 입증할 것이다. 이 이론은 지적 설계 이론가들의 생각을 통합한다. 왜냐하면 창조성을 통해 얻어진 설계는 분명히 지적이기 때문이며, 또한 설계자는 신이기 때문이다. 그리고 이 이론은 발생생물학자들의 생각을 통합한다. 왜냐하면 새로운 기관을 만들기 위한 모든 적절한 가능성들을 보고 난 후, 새로운 기관을 만들기 위해서는 창조성, 하나의 거대한 도약 giant leap 이 반드시 필요하기 때문이다. 이 이론은 대참사를 주장하는 사람들의 생각을 만족시킨다. 왜냐하면 죽음은 창조성의 일부, 창조 이전의 파괴이기 때문이다. 파괴는 새로운 창조들이 펼쳐질 토대를 열기 위해서도 요구된다. 창조성이라는 측면에서 신에 대한 적절한 비유는 힌두교에서 '시바의 춤' Siva's dance 이라고 불리는 것이다. 춤의 왕, 시바라는 이 특별한 측면에 있어서 신은 최초에는 파괴자이며 그 다음에는 창조자이다. 창조적 진화라는 생각은 소수의 열린 마음을 가지고 있는 다윈주의자들조차 환대할 것이다. 다윈의 느린 진화 메커니즘은 어떤 조건에 제약된 신의 창조적 하향적 인과관계이다. *상황적 창의성* situational creativity 이 바로 그것이다.

무의식적 처리
Unconscious Processing

생물체의 거시적 진화의 가장 큰 문제는 그러한 거대한 조치가 유전자적 차원에서 수많은 변화들과 수많은 돌연변이들 혹은 변종들을 필요로 한다는 것이다! 예를 들자면, 아무것도 없는 것으로부터 눈^{eye}이 발생하기 위해서는 말 그대로 수천만 가지 새로운 유전자들이 필요하다. 그러나 네오다위니즘에 따르면 각각의 돌연변이 혹은 변종은 개별적으로 선택된다. 개별적으로 도움이 될 가능성(어떤 적응성이 있는 거시적 차원의 기능이 유기체에 기여할)은 매우 적다. 사실, 유전자 변형들은 종종 이와는 반대로 나타난다. 유기체의 생존에 철저히 해가 되는 방향으로 말이다. 개별적인 선택이 대부분의 유전자 변형들을 지워버릴 정도로 변화들은 크다. 이러한 점들을 고려하면, 거시적 진화에 필요한 많은 유익한 유전자 변형들을 축적하는 것은 아주 오랜 시간, 진화가 발생하는 데 필요한 지질학적 시간보다 훨씬 더 오랜 시간이 걸릴 것이라는 사실을 확인하는 것은 쉬운 일이다.

그렇지만 생물체의 거시적 진화라는 이 상황은 창조 과정의 핵심적인 부분인 *무의식적 처리*$^{unconscious\ processing}$라는 아이디어에 의해 보호를 받는다. *의식적*^{conscious} 처리는 시행착오를 통해 안내를 받기 때문에 너무 많은 시간이 걸린다. 그러나 양자 사고방식에 있어서 유전자 변형들은 어떻든 양자 가능성들이다(엘사서^{Elsasser}, 1981). 고전적인 사고방식을 활용하고 있는 생물학자들은 양자 유전자 변형들은 의식이라는 것으로부터 어떠한 도움 없이 나타날 것이라고 가정하고 있다. 그러나 우리는 더 잘 알고 있다. 즉, 양자 붕괴는 의식과 하향적 인과관계라는 의도의 힘을 필요로 한다. 그리고 육안으로 보이는 특성을 창조하는 데 있어서 표현되지 않는 어떤 유전자는 드러나지 않은 채 남아 있다. 한 세대로부터 다음 세대에 이르기까지 말이다. 의식은 표현되지 않은 유전적 변이들 - 모든 양자 가능성들 - 을 유전적 변이들의 전체 형태가 표현되어 새로운 기관을 만들기 전까지 붕괴시키지 않는다. 의식은 적절한 순간을 기다리고 있다. 마치 우리가 우리 자신의 창조적인 과정에서 그렇듯이 말이다.

중요한 것은 의식이 처리해야 할 것에 대한 대략의 가이드라인을 무의식적으로 제공하는 기관의 생기적 설계도vital blueprint를 가지고 있다는 사실이다. 루퍼트 쉘드레이크가 형태공명morphic resonance[형태를 기억하는 에너지 장, 즉 형태장(morphic field)이 생물체를 둘러싸고 성장과 발달에 지속적인 영향을 미친다는 주장으로 어떤 종의 한 개체가 습득한 행동양식은 형태장을 통해 같은 종에 속하는 다른 개체에게도 전파된다는 현상을 형태공명이라고 불렀다. 역자주]이라고 부른 어떠한 상황match이 있을 경우, 양자도약은 갑자기 발생하며 의식은 붕괴되지 않은 모든 필요한 유전자들을 즉시 나타냄으로써 형태형성 설계도의 물질적 표상(기관organ)을 만들어 낸다(고스와미, 1997a, 1997b). *중간 단계들에는 그 어떤 화석 기록도 존재하지 않는다. 왜냐하면 그 어떤 중간 단계들도 없기 때문이다!*

이러한 방식에서 당신은 화석 간극들이 생물학적 창조성의 증거, 진화에 있어서 양자도약의 증거라는 사실을 확실하게 목격한다. 그리고 그와 같이 화석 간극들은 우리에게 (양자 의식으로서의) 신과 신의 창조성에 대한 가장 극적인 증거를 제공하고 있다.

자연 속에서 나타나는 우발적인 매개물은 어떠한가? 형태형성 설계도들은 원형적인 기능들의 '생기적vital 표상들' 이다. 때때로 창조적 발견의 과정에는 두 가지 원형들이 관련되며 그들의 물질적 표상들은 동시에 하나의 매개물을 만들어 낸다.

한 가지 의문은 여전히 해결될 필요가 있다. 인간의 창조성은 창조적인 양자 붕괴를 가능하게 함으로써 신(양자 의식)을 향한 한 개인의 독창적인 양자도약으로 이루어진다. 분명하게, 한 개인은 해야 할 역할을 가지고 있다. 생물학적 창조성에 있어서 개개의 유기체의 역할은 무엇일까? 이 질문에 관해서는 나중에 다시 살펴보기로 하자.

공시성
Synchronicity

약 6천 5백만 년 전 공룡의 멸종은 엄청난 유성우meteor shower[지구가 유성군 속을 통과할 때, 많은 유성이 소나기처럼 떨어지는 현상. 역자주]에 의해 이루어졌다는 데 대해 의견이 일치하고 있다. 공룡의 멸종은 포유동물들의 매우 중요한, 폭발적인 진화를 위한 여지를 만들었다. 포유동물들은 이미 등장했지만 중요한 역할을 맡고 있지는 않았다. 그 여지는 최종적으로 인간이란 존재의 진화를 초래했다.

그렇다면 지구상에서 인간들의 진화는 완전히 의미 없는 우연chance을 통해 발생했던 것인가? 만약 그렇다면, 분명히 신의 합목적성purposiveness이 우연한 사건의 도움을 필요로 했다면, 어떻게 우리는 생물학적 진화의 합목적성을 지지할 수 있는가?

생물학적 창조성과 합목적성이라는 시나리오에는 그 어떤 모순도 존재하지 않는다. 우발 사건들chance contingencies은 종종 창조적 행위의 역사에서 매우 중요하다. 우리가 우발 사건들을 동시발생적 사건들의 요소들로 간주할 경우를 제외하고는 말이다.

예를 들어 알렉산더 플레밍Alexander Fleming의 페니실린 발견 사례를 생각해 보자. 플레밍이 휴가를 가 있었을 동안, 그의 실험실 아래층에 있던 한 균학자가 대기 속에서 위층에 있던 플레밍의 실험실 안에 있는 미생물 배양용 유리 접시로 가는 통로를 발견했던 강한 변종 페니실린 곰팡이를 우연히 분리했다. 그해 그 시점의 이상 한파는 박테리아가

자라는 것을 억제한 반면 곰팡이 포자들이 성장하는 데는 도움을 주었다. 그리고 그 후 기온이 올라가자 박테리아는 미생물 배양용 유리 접시를 제외하고 모든 곳에서 즉시 자라났다. 그리고 나서 양자도약이 플레밍의 마음 속에서 다음과 같은 의문을 일으켰다. 미생물 배양용 유리 접시 안에서 박테리아가 자라는 것을 억제하고 있는 것은 무엇일까?

이와 비슷하게, 물질 영역에서(유성우) 한 사건은 밖에서, 그리고 다른 사건은 생물학적 영역(생물학적 창조성) 안에서 동시에 벌어졌으며 의미와 목적이 많은 새로운 포유동물들의 진화 안에서 나타났다. 이런 종류의 사건들의 동시 발생은 심리학자 칼 융(1971)이 공시성 synchronicity이라고 부른 것이다.

사실, 대참사 이론가들이 지적하고 있는 것처럼, 동시성이라는 이러한 사건들은 새롭게 창조된 거시적인 유기체를 위한 진화 지형을 열고 있기 때문에 중요하다. 그 사건들은 또한 대참사에서 살아남은 유기체들 안에 진화를 위한 생존 절박성이라는 감각을 만들어 낸다. 환경의 급작스런 변화는 그와 똑같이 급작스런 진화 도약jump을 요구한다. 그런 경우에는 적응하기 위한 다윈의 점진적인 진화를 기다릴 시간이 없다.

유기체의 역할
The Role of the Organism

이제 우리는 생물학적 진화의 빠른 속도를 책임지고 있는 생물학적 창조성에 있어서 유기체의 역할을 볼 수 있다. 네오다위니즘에서 유기체는 그 어떤 역할도 하지 않는다. 이것은 유기체 생물학자들에 의해 격렬하게 반박됐다. 유기체 생물학자들은 유기체의 발생은, 실제로 유기체 그 자체는 반드시 역할을 가지고 있다고 주장하고 있다.

양자도약이 어떻게 나타나는가를 보여 주고 있는 앞에서 제시된 시나리오에서 (한 기관의) 발생은 중요한 역할을 하고 있다는 사실은 분명하다. 우리는 '양자 진화' quantum evolution에 앞서 이루어지는 대참사를 설명할 때도 역시 유기체의 역할을 밝힐 수 있다.

모든 창조적인 사람들은 인간의 창조성에는 동기와 절박한 필요성, 흔히 화급한 문제가 요구된다는 사실을 알고 있다. 전체적인 양자 의식 혹은 신이라는 관점에서 보면, 합목적적 진화라는 동기가 존재한다(이에 관해서는 후에 살펴보겠다). 환경적인 대참사가 발생하면, 이러한 진화적 동기는 개별적인 유기체들로 빠르게 스며든다. 왜냐하면 그것은 생존 필요성과 일치하기 때문이다.

더 나아가 생물학적 유기체들은 바이탈 영역, 형태형성의 장들 morphogenetic fields을 통해 비국소적으로 연결된다고 나는 믿는다. 인간의 정신mind이 지배력을 행사하고 있기 때문에 이 '생기의 비국소성'vital nonlocality이라는 것은 어쨌든 우리 인간들에게는 잘 알려져 있지 않다. 그러나 나머지 생물학적 세계는, 비정신적 혹은 최소한 대체적으로 그렇기 때문에, 그런 방식으로 제한되어 있지 않다. 따라서 생기체vital body를 통한 이 비국소적 연결은 '종 의식' species consciousness(일반화된 종의 에고ego)으로서 작용한다. 급격한 환경 변화에 대응하여 진화에 나서려고 하는 것은 바로 이 종 의식이며 그리고 양자 의식/신은 이러한 진화적인 요청에 응답한다고 생각한다.

네오다위니즘과의 연관성
Connection with Neo-Darwinism

급속진화라는 양자도약들 사이에서는 무엇이 벌어지고 있을까? 다윈의 점진적 메커니즘은 이제 느린 환경적 변화들에 대처하기에 충분하다는 것을 쉽게 알 수 있다. 점차적으로 그것은 전체 종을 위해 이미 환경적으로 적응한 유전자들로 이루어진 유전자 풀pool을 형성한다. 그 유전자 풀은 이제 새로운 유전자들을 발생시키지 않고도 종종 일어나는 환경적 변화들에 적응할 필요들을 충족시킬 수 있다.

다음과 같은 사실도 주목하라. 창조적 도약들은 새로운 유전자들의 전체 영역을 겉으로 나타낸다. 어떤 결합을 통해 이러한 유전자들은 특별한 기관들organs을 만들어 낸다. 그러나 하나의 유전자는 사용될 수 있으며, 한 가지 결합 이상, 그리고 한 가지 맥락 이상에서 사용되고 있다. 이러한 방식으로 진화의 창조적 도약은 또한 유전자 풀의 누적 형성에도 기여하고 있다는 사실을 쉽게 알 수 있을 것이다.

인간의 창조성에 있어서 기존 아이디어들의 새로운 결합들을 발명함으로써 사회적 필요에 적응하는 능력은 상황적 창조성situational creativity이라고 불린다. 이것은 발견이라는 근본적 창조성과는 반대이다(고스와미, 1999). 따라서 다윈의 진화 방식evolution mode은 상황적 창조성과 관련된 창조적 진화의 특별한 경우로서 이해될 수 있다.

19세기 중반 대기오염 때문에 갈색 반점에서 검은색으로 변한, 영국 런던, 미국 버밍햄과 다른 공업중심지들의 회색가지나방의 경우가 그 좋은 예이다. '검은 색 유전자'는 이미 유전자 풀 안에 있었던 것이다. 이 '검은 색 유전자'를 가지고 태어난 개개의 나방들은 회색가지나방보다 유리했다. 왜냐하면 그들의 색깔은 그을음에 의해 검은 색으로 변한 나무들에서 훨씬 더 잘 그들을 위장시켜 주었기 때문이다. 이 때문에 더 많은 검은 나방들이 포식자 새들을 피해 살아남았으나 갈색 반점 나방들은 그러지 못했다. 따라서 자연 도태natural selection는 이전에는 수적으로 지배적이었던 갈색 반점 나방들을 급속하게 없애 버렸으며 검은 나방들을 선호했다.

마침내, 스테판 굴드Stephen Gould와 다른 학자들이(지적 설계 이론가들도 포함하여) 주목했던 것처럼, 화석 데이터는 또한 모든 종의 진화적 역사

안에서 사실상 정체 상태였던 방대한 시기들을 보여 주고 있다. 이것은 그 어떤 창조성, 상황적 혹은 본질적 창조성이 필요로 하지 않았던 때 '조건화된 존재'conditioned existence의 한계와 일치한다.

생물학적 시간의 화살과 진화의 미래
The Biological Arrow of Time and the Future of Evolution

앞에서 언급했던 것처럼, '생물학적 시간의 화살'은 분명히 존재한다. 생물학적 유기체들은 단순성에서 복잡성complexity으로 진화한다. '복잡성'으로 정의되는 것 역시 창조적 진화에 관한 우리의 설명을 통해 분명히 밝혀져야만 한다. 복잡성은 새로운 기관들organs로 이루어진다. 새로운 기관들은 먼저 드러난 생물학적 기능들이 보다 더 복잡하게 표현된 것이거나 이전에는 신체 안에서 나타나지 않았던 완전히 새로운 기능들이 나타난 것들이다.

네오다위니즘은 시간의 화살을 설명할 수 없다. 우연 변동chance variation과 자연도태라는 네오다위니즘의 단계들은 둘 다 단순성을 넘어선 복잡성보다 복잡성을 넘어선 단순성을 더 선호할 가능성은 없다. 물론 우연chance이라는 것은 무작위random라는 말의 다른 말이다. 따라서 우연 변동은 보다 단순한 설계들 혹은 보다 복잡한 설계들로 이어질 수 있다. 자연도태 역시, 복잡성이 아니라 단지 후손을 보다 많이 생산하는 능력인, 다산성에 따라서 최종적으로 선택한다.

이와는 대조적으로 창조적 진화는 새로운 복잡한 기관들을 생성하는 내재적 성향을 가지고 있다. 창조적 진화는 진화가 점점 더 많은 생물학적 기능들의 점점 더 복잡한 표현들을 만드는 방향으로 나아간다는 생물학적 시간의 화살의 문제를 해결한다.

우리는 여전히 다음과 같이 질문을 던질 수 있다. 진화의 궁극적인 목적은 무엇인가? 진화는 어디를 향해 가고 있는 중인가? 혹은 보다 기본적인 질문까지 던질 수 있다. 만약 진화가 신의 창조력이라면, 진화에 있어서 신의 목적은 무엇인가? 어째서 보다 더 복잡한 유기체들을 창조하는 것인가? 경이로움으로 가득 찬 채 진화하고 있는 이 생물학적 우주의 의미는 무엇인가?

당신도 알고 있는 것처럼, 기독교 신학자들은 보통 반진화론자들이다. 그러나 이러한 일반적인 규칙의 분명한 예외는 삐에르 테이야르드 샤르댕Pierre Teilhard de Chardin(1961)이라는 20세기의 예수회 수사이다. 그는 진화를 지지했을 뿐만 아니라 처음에 *생물권biosphere*을 창조하고 그런 후 *인지권noosphere*[지구상에 존재하고 있는 모든 의식 있는 생명체들이 생태계를 이루듯이 인지권을 구성한다는 샤르댕의 주장. 역자주] - 진화하는 정신evolving mind의 영역을 창조함으로써 증가하는 복잡성과 질서를 창조하기 위해 진화가 엔트로피의 진행을 거슬러서 나타나고 있다는 것을 분명하게 알고 있었다. 그런 후 그는 진화의 미래는 신의 정신godliness이 지배하는 시점인 *오메가 포인트Omega point*에 있다고 제안했다. 오메가 포인트는 *재림Second Coming*이라는 생각과 유사한 것으로 보면 이해하기 쉽다.

창조적 생각들의 역사에 있어서 하나의 공통점은 진짜 창조적인 생각은 한 사람 이상의 선지자들visionary을 통해 비국소적으로 나타난다는 것이다. 테이야르드 샤르댕보다 앞서 이러한 사고방식을 직감한 선지자는 20세기 전반기에 힌두교의 신비주의 철학자인 스리 오로빈도Sri Aurobindo (1996)였다.

힌두교는 진화에 관한 관점에 있어서 기독교와 아주 다르다. 아바타라avataras[힌두교에서 세상의 특정한 죄악을 물리치기 위해 신이 인간이나 동물의 형상으로 나타나는 것을 말한다. 역자주]의 신화 - 생물학적 형태 안으로의 신의 강림 - 에서 힌두교의 프라나puranas(우주의 역사에 대해 알려주는 성전들)는 이미 진화를 자세하게 묘사하고 있는 것처럼 보여질 수 있다. 프라나에 따르면,

신의 첫 번째 아바타라는 한 마리의 커다란 물고기(마트시아)의 형태이다. 두 번째는 커다란 거북이(쿠르마), 세 번째는 멧돼지(바라하), 네 번째는 반인-반사자man-lion(나라싱하), 다섯 번째는 난쟁이(바마나)이다. 여섯 번째부터 아홉 번째 *아바타라*들은 인간 존재의 진화를 묘사하고 있다. 즉, 원시의 아주 감정적인 정신mind으로부터 정신적 성숙과 감정적 평정equanimity을 가지고 있는 사람인 부처Buddha까지 말이다. 열 번째 *아바타라*는 아직 나타나지 않고 있는데, 이것은 또다시 기독교에 말하고 있는 재림과 같은 무엇인가를 암시한다(힌두교인들이 그것을 열 번째 강림이라고 말하는 것만 다를 뿐이다).

물론, 힌두교의 다른 측면에서는 드러난 세상이라는 것을 그것이 진화하든 말든 간에 환상이며 덧없고 사람이 창조적으로 관심을 기울일 만한 가치가 없는 것으로 일반적으로 폄하한다. 영구적인 것의 실현, 존재의 바탕인 의식consciousness이 밖으로 나타나는 것 속에 있는 불변하는 실재reality만이 헌신할 만한 인생의 가장 높은 목표이다.

오로빈도의 철학은 이러한 배경을 가지고 발전됐다. 그렇지만 그의 철학이 참신한 이유는 의식이라는 것이 처음에는 *역행*involution[주관적인 생명이 물질 속으로 말려들어가는 것을 말한다. 역자주]한 후, *진화*evolution[주관적인 생명이 그 형태를 사용하는 것으로, 점진적으로 완성시켜 가서 결국에는 물질에 갇힌 생명을 해방시키는 과정을 말한다. 역자주]한다는 오로빈도의 생각으로, 인도인들의 사고방식의 두 가지 세력들을 통합했기 때문이다. 켄 윌버(1981)는 오로빈도의 철학적 작업의 뼈대에 살을 더 붙였으며, 나 역시 그렇게 했다(고스와미, 2001). [그림 9-1]은 그것의 진화된 버전을 보여 주고 있다.

왜 *역행*involution인가? 오로빈도는 이원론적이 아닌, 존재의 근원으로서 의식을 생각하기 시작하면서 '의식 안의 과학'이라는 개념에서 진화를 살펴볼 필요성을 예견했다. 과거, 현재, 그리고 미래 - 모든 가능성들이 의식에 존재한다. 따라서 의식에는 시간이라는 것이 존재하지

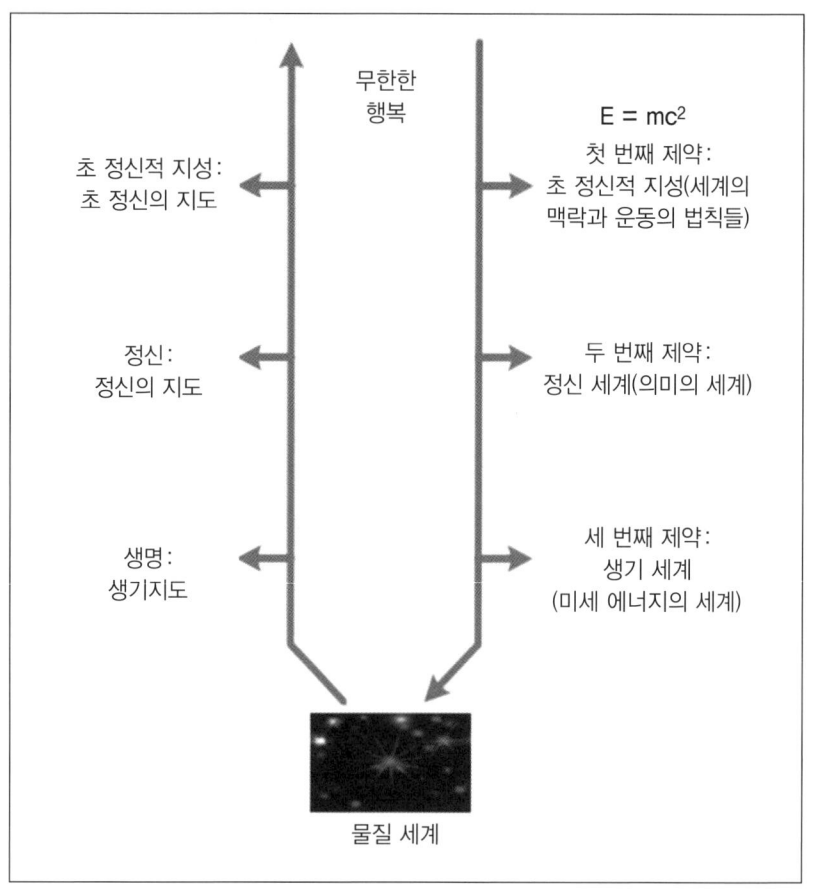

[그림 9-1] 의식의 역행involution과 진화evolution

않는다. 즉, 의식이라는 것은 진짜 영원히 변화하지 않는 실재reality이며, 아무 일도 벌어지지 않는다. 무엇인가 벌어지기 위해서는 어떤 제약limitations이 존재해야만 한다. 그러므로 역행involution이란 일련의 제약이 점진적으로 가해지는 것이다.

이러한 게임game은 놀이play, 정해진 목적을 구현해 내기 위한 놀이, 표현해 내는 놀이, 표현해 낼 수 있는 모든 것을 표현해 내는 놀이,

'무의식을 의식으로 만드는' 놀이이다. 당신이 어떤 게임을 할 경우, 처음에 하는 일은 규칙들을 정하는 것이다. 규칙 없는 게임은 난장판이 된다. 신은 사람을 자기 자신의 형상image대로 만들고 있다. 하늘에서처럼 땅에서도As above, so below.

첫 번째 역행은 규칙들의 제약과 맥락 그리고 앞으로 이루어질 모든 움직임들과 변화들을 위한 원형들archetypes을 창조하는 것이다. 여기에는 양자 물리학의 규칙들도 포함된다. 즉, 지금부터 허용된 모든 가능성들은 양자 가능성들이다. 따라서 우리 인간은 이제 양자 가능성들이라는 *초정신적 세계supramental world*를 가지고 있다.

역행의 다음 단계에서는 의미성meaningfulness이라는 추가적인 제약이 가해진다. 모든 양자 가능성들 중에서 의미 있는 가능성들로 제한해 보자. 이럴 경우 의미meaning라는 *정신 세계mental world*가 우리에게 주어진다.

역행의 다음 차원은 *생기 세계vital world*라는 가능성들을 만들어 냈다. 생기 세계라는 것은 어떤 역할을 하게 하는 특별한 생물학적 형태들을 만들어 내는 데 도움을 주는 형태형성의 장들morphogenetic fields을 말한다. 신비체the subtle는 스스로 붕괴될 수 없다. 왜냐하면 붕괴에는 오직 미시적인 것이 거시적인 것으로 만들어질 때만 나타나는 뒤엉킨 계층질서적인 양자 측정 장치들이 필요하기 때문이다.

역행의 마지막 제약은 따라서 물질체the physical이다. 물질체인 육체는 처음에는 양자 가능성들을 실제로 존재하는 것들actualities로서 나타나게 하는 것을 돕는다. 그런 후 앞서 지나가버린 미세한 생기subtle vital, 정신mental, 그리고 초정신supramental 세계들의 소프트웨어 표상software representation을 만들어 내는 미시적인 것과 거시적인 것의 특별한 설계를 통해 이루어진다.

진화는 첫 번째, 살아 있는 세포의 창조로부터 시작된다. 그 세포는 보다 복잡하고 더욱 체계적인 방향성directionality을 가지고 있는 다양한 단계를 거치게 된다. 이러한 단계를 거치는 목적은 더욱더 많은 생물학적 기능들을 정교하게 드러나게 하기 위한 것이다. 이런 과정을 거치는 것은 바로 형태형성의 장morphogenetic fields이라는 설계도 때문이다. 이것이 생명의 진화evolution of life이다.

최종적으로 뇌의 신피질neocortex은 생물학적 존재 안에서 진화하며, 그렇게 되면 이제 정신mind이라는 것이 자리잡을 수 있다. 진화는 정신적 의미mental meaning를 나타내는 진화가 된다. 이 진화의 스토리는 인류학, 사회학, 그리고 심리학이라는 과학적 연구 속에서 언급되고 있다. 그리고 분명히 이 모든 원리들 속에는 진화의 표시들signs, 실제적인 단계들이 존재하고 있다.

그렇다면 이러한 구조에서 진화의 미래는 무엇인가? 이제 당신은 그것을 아주 분명하게 볼 수 있다. 정신적 진화의 최고점은 융Jung이 *개체화*individuation라고 부른 것이다. 인간 존재들이 모든 초정신적 원형들supramental archetypes을 정신적으로 표현하고, 자신들의 행위 안에 통합시키는 것을 집단적으로en masse 알게 되는 바로 그러한 때 말이다. 그 상태는 느낌들feelings과 의미들meanings, 느낌과 의미 모두의 원형적 맥락들에 주의를 기울이는 것을 통합하고 있다. 오로빈도는 이 단계를 *오버마인드*Overmind라고 불렀다[스리 오로빈도는 '인류의 영원한 진리로의 진화'라는 진화사상에 기초하여 통합사상을 창시했다. 프로이트가 무의식의 발견으로 업적을 남겼다면 오로빈도는 영성적 마음의 발견자로서 업적을 남겼다고 할 것이다. 오로빈도가 주장하는 신성한 삶은 곧 마음의 완성을 지향하는 것인데 그는 마음을 5개 영역의 9개 수준으로 체계화했다. 5개 영역은 신체, 생명, 정신적 마음, 심령적 마음, 슈퍼마인드로 나눌 수 있다. 여기서 특히 심령적 마음은 '높은 마음Higher Mind – 조명하는 마음Illumined Mind – 직관의 마음Intuitive Mind – 상위 마음Over Mind'의 4개의 수준으로 구분했다. 출처: '스리 오로빈도Sri Aurobindo의 마음구조와 그 교육적 과제'. 정혜정, 한국교육사학, 제35권 제1호(2013. 3) – 역자주]. 다음 단계는 상상할 수 없을 정도로 장엄하다. 그 단계는 정신적 사고mental thinking의 초정신적 원형들의 모든 가능성들을 우리 육체 안에서 나타내는 능력을 발전시키는 것으로 이루어져 있다. 초정신적 원형이란 사랑love, 아름다움beauty, 도의justice, 그리고 우리가 신성godliness이라고 부르는 모든 것이다. 오로빈도는 이 단계를 신the divine을 인간 세상 차원으로 모셔 오는 슈퍼마인드Supermind라고 시적으로 표현했다.

그 다음은 무엇인가?
Now What?

드러난 초정신적인 것을 탐구하기 위해서 우리는 지금 우리 자신의 상태에서 '그곳'으로 어떻게 가야 하는가? 우리가 할 수 있는 것은 그저 추측하는 것뿐이다. 나는 다른 연구(고스와미, 2001, 2004)를 통해서 그러한 추측을 해본 적이 있다. 이 책에서 나는 그 연구와는 다른 방식을 취하고자 한다. 즉, 진화의 진행을 촉진시키기 위해 지금 당장 우리가 할 수 있는 것을 실험하고자 한다. 한 마디로 말하자면, 나는 지금 양자 행동주의quantum activism라는 것을 제안하고 있는 것이다. 당신은 이 아이디어를 제1장에서 이미 언뜻 보았을 것이다. 이 아이디어는 제5장에서 좀 더 구체적으로 전개된 바 있다.

정신적 표상mental representation을 이루어 내는 진화는 지연되고 있다. 그 증거는 모든 곳에서 나타난다. 정치, 경제, 비즈니스, 교육, 그리고 종교에서, 물체인 육체가 정신적 작용인 '의미'meaning를 처리한다는 것이 어떻게 가능한가에 대한 연구가 더 이상 촉진되지 않고 있다. 이 같은 일시적인 후퇴의 이유는 아마도 여러 가지가 있을 것이다. 그러나 그 중에서 두 가지 이유가 두드러진다. 하나는 의미의 처리라는 것에 대한 통합된 느낌들을 우리가 가지고 있지 않다는 것이다. 또 다른 이유는 현재의 일반적 추세인 유물론적 패러다임이다. 바로 이 유물론적 패러다임이 '의미'라는 것을 말살하고 있다.

따라서 모든 사려 깊은 사람들은 우리들의 패러다임과 삶에 있어서 신과 영성spirituality을 재발견하기 위해 이 책에서 제시되고 있는 이론과 데이터를 반드시 살펴보아야만 한다. 나는 그것이 이미 설득력을 가지고 있다고 기대하고 있다. 그러나 우리가 신비체subtle bodies와 보다 많은 양자 특징quantum signatures에 대한 증거를 그러한 맥락에서 토론한다면 밝혀질 것이 훨씬 더 많다. 이것이 바로 제3부와 제4부의 주제이다.

이 장을 마치기 전에 한 마디 추가하자면, 신의 창조를 진화적으로 보는 견해는 '어째서 선하신 신good God은 악evil이 출현하는 것을 허용하는가'라는 많은 사람들이 괴롭히는 문제를 해결한다. 진화는 신성godliness의 아주 원시적이고 불완전하지만 점점 나아지는 표상들representations로부터 시작된다. 따라서 처음에 창조creation라는 것에서 벌어지는 일들은 불완전하고, 심지어 사악하게 보이지만, 때가 되면 표상들은 점점 나아지며, 선한 것이 더욱더 악한 것을 능가하게 된다. 역사를 통해 인간성의 진화를 편견 없이 살펴보면, 이렇게 말하는 것이 진실이라는 것을 당신도 알게 될 것이다. 오랜 시간에 걸쳐 인간 세계에서 폭력은 줄어들었으며, 사랑은 커져 왔다. 분명히 우리는 더 나아져야만 한다. 그러나 오늘날까지 존재하는 불완전함이 그 누구라도 신을 인정하는 것을 낙담하도록 해서는 안 될 것이다.

Part 3
신비체에 대한 증거
The Evidence for the Subtle Bodies

1994년 어느 날 밤 나는 꿈을 꾸고 있었다. 꿈에서 나는 무엇인가를 들었다. 그것은 나에게 이야기를 하고 있는 한 목소리였다. 그 목소리는 점점 더 커졌다. 이윽고 그것은 훈계처럼 들렸다. "*티베트 사자의 서*The Tibetan Book of Dead는 옳다. 그것을 입증하는 것이 너의 임무다."라는 소리를 나는 분명하게 들을 수 있었다. 그 훈계는 나를 잠에서 깨어나게 할 정도로 크게 들렸다.

그래서 나는 그 꿈을 아주 심각하게 여겼다. 그러나 나에게 주어진 임무를 입증하는 것은 매우 어려웠다. 죽음과 부활death and rebirth 사이의 의식의 경험을 안내하는 *티베트 사자의 서*는 죽음 후의 존속survival에 관한 것이었다. [티베트 사자의 서는 서기 8세기경 인도 불교대학 교수이며 탄트라의 대가였던 파드마 삼바바에 의해 쓰여진, 인간을 궁극의 깨우침으로 인도하는 비밀에 관한 책이다. 히말라야 지역 동굴에 숨겨져 있던 이 책은 1919년 한 사원에서 발견된 후 영국 옥스퍼드대학의 종교학 교수였던 에반스 웬츠에게 입수되었으며, 그가 주석과 해설을 달아 1927년 옥스퍼드대학 출판부에서 "티베트 사자의 서"라는 제목으로 출간했다. 이 책의 메시지는 죽음이 삶을 완성시켜 주며, 한 인간의 죽음 후의 세계는 어떤 방식으로 죽음을 맞이하는가에 달려 있고, 죽음의 순간에 갖는 마지막 생각이 그 다음 환생의 성격을 결정짓는다고 말하고 있다. 역자주] 인간이 죽은 후 존속한다고 말해지는 것은 '신비체'subtle bodies이다. 그러나 그것은 과연 무엇인가?

우파니사드(힌두교 경전)와 *카발라*Kabbalah[고대 유대교의 신비주의 설명서. 신, 인간, 세계의 속성 및 그들의 관계에 대해 설명하는 사상적 체계에 대한 해설서. 역자주]는 그 신비체가 생기체vital energy body, 정신mind, 그리고 원형적 테마archetypal theme[고대 신화에 등장하는 요소들이나 내용들을 중심으로 하는 주제. 역자주]의 초정신체supramental body로 이루어져 있다고 말하고 있다. 그러나 *티베트 사자의 서*가 시사했던 것처럼 만약 이러한 체들bodies이 비물질적이라면 그것

들이 물질적 총체gross physical body, 즉 인간의 육체와 어떻게 상호작용을 할 수 있는지 아무도 알지 못할 것이다.

한 가지 사실이 나에게는 큰 힘이 되었다. 그 당시 나는 과학에 대한 유물론적 접근 방식의 불완전성들을 지적한 과학적 연구 결과를 열심히 읽고 있었다. 그리고 컴퓨터는 의미meaning를 처리할 수 없다는 사실을 우리에게 입증하는 존 설John Searle과 로저 펜로즈Roger Penrose의 저술을 우연히 읽게 됐다. 그들의 견해에는 어쨌거나 비물질적 정신nonmaterial mind을 위한 여지가 있었다. 나는 또한 루퍼트 쉘드레이크의 형태형성의 장morpho-genentic fields에 관한 연구도 알고 있었다. 그것들을 통해 나는 고대로부터 전해져 오는 생기체vital body라는 것이 단지 형태형성 장의 저장소reservoir일 뿐이라는 사실을 분명히 깨닫게 되었다.

따라서 비물질적인 정신이 의미meaning라는 것을 처리한다는 것과 우리가 그 움직임을 느끼고 있는 비물질적인 생기체vital body가 생물학적 형태form의 창조를 안내하고 있다는 사실이 분명해졌다. 그러나 이러한 체들은 이원론dualism이라는, 생각만 해도 끔찍한 그 말과 상관없이 물질과 어떻게 상호작용을 했을까?

어느 날, 나는 남자 친구를 잃은 대학원생과 이야기를 하고 있었다. 그녀에게 나는 남자친구의 신비체 – 정신, 생기, 그리고 모든 본질적인 것 – 가 그가 죽었음에도 불구하고 존속할 것이라며 위안의 말을 하려고 하고 있었다. 어쩌면 죽음이란 것은 우리가 유물론적 과학의 최면술에 걸려 통상적으로 생각하고 있는 것과 같은 최후가 아닐지도 모른다. 갑자기 이런 생각이 퍼뜩 떠올랐다. 정신과 생기체의 본질은 가능성들, 양자 가능성들로 이루어진 것은 아닐까? 그런 생각이 이원론의 문제뿐만 아니라 사후 존속이라는 문제도 해결할 수 있지 않을까? 나는 갑자기 기운이 솟아났다.

Chapter 10

프시케의 내향성
The Interiority of the Psyche

오늘날도 여전히 지속되고 있는 모든 과학적 설명과 속임수를 통해 물질 세계를 살펴보면 '신의 가설'God hypothesis은 필요치 않다는 생각이 들게 된다. 그렇지 않을 경우 기껏해야 신은 자신이 창조한 동산의 자비로운 정원사처럼 처신하고 있어야만 한다는 결론을 내리는 경향이 있다(*자연신론deism*이라는 철학). [자연신론이라는 것은 이신론理神論이라고도 불리며, 신은 태초에 세계를 움직이도록 설정하고, 그 이후로 자연질서에 직접적으로 관여하지 않는다고 주장하는, 17세기 중엽부터 18세기 중엽까지 주로 영국에서 주창되었던 합리주의적 신학사상. 역자주] 그러나 당신이 자신의 '프시케'psyche[의식적, 무의식적 정신의 통칭. 역자주] 내부를 들여다보자마자, 유물론적 행동/인지심리학behavioral/cognitive psychology에도 불구하고 신을 믿는 것이 훨씬 더 쉬울 것이다.

그 첫째 이유로는, 프시케 안에서 우리는 '감정을 느끼는 컴퓨터' feeling computer와 같은 기계적 모델mechanical model을 통해 그 누구도 결코 설명하지 못했던 느낌들feelings이라는 것을 경험한다. 우리는 '감정을 느끼는 컴퓨터'를 시작하는 방법조차 알지 못하고 있다. '프시케'라는 우리의 '내적' 경험의 다른 측면들은 우리가 '사고'thinking와 '직관' intuition이라고 부르는 것이다. 비록 직관이라는 것에 대한 많은 오해가 있기는 하지만 말이다. 인간의 느낌, 사고, 그리고 직관적 능력들을 이해하는 데 신의 가설이 필요할까? '느낌', '사고', '직관'이라는 것들은 유물론적으로 접근하는 것이 정말 불가능한 문제들일까?

오늘날 '인공생명' artificial life이라는 범주에서 사용 가능한 컴퓨터 프로그램들이 존재한다. 그 프로그램들은 '자아 유지' self-maintenance와 '자기재생' self-reproduction이라는 잘 알려진 생명의 기능들을 수행할 수 있다. 그것이 비록 아주 초보적인 진화일지라도 말이다. 어떤 생명의 성분이 당신에게 이러한 프로그램으로 설계된 생명들을 부여할 수 있을까?

당신이 한 레스토랑에 들어가서, 갑자기 아름다운 실내 식물과 마주친 경우, 당신은 그것이 진짜인지 아니면 모조artificial인지를 어떻게 판단하는가? 아마도 당신은 그 식물을 느낌으로써, 그것을 만져봄으로써 판단을 하려고 할 것이다. 만약 당신이 '생명의 에너지' 즉 생기vital energy에 민감하다면, 당신은 그것을 만져볼 필요조차도 없을 것이다. 만약 그 식물이 살아 있다면, 당신은 멀리 떨어져 있을지라도 그 식물의 '느낌' feel으로 분별할 수 있다. 그것은 어떻게 가능한가? 바로 살아 있는 식물의 '생명의 에너지'라는 비국소적 의식nonlocal consciousness을 통해서 말이다.

그 어떤 인공생명 연구자도 결코 인공생명 메커니즘이 당신에게 그러한 느낌을 부여할 수 있다고 주장할 수 없다. 뿐만 아니라 그 어떤 유물론적 생물학자도 당신이 경험하는 느낌들이라는 것의 기원origin과 본질nature을 결코 설명할 수 없다. 당신의 느낌들이라는 것이 '진화적 적응가치'가 있기 때문에 진화했을지도 모를 가능성에 관해 확실하지 않은 사실을 혼자 중얼거리는 것을 제외하고는 말이다.

또 '사고'thinking라는 것은 단지 컴퓨터 작업computing일 뿐이며, 컴퓨터 프로그램들은 사고를 흉내 내도록 만들어질 수 있다고 주장하는 인공지능artificial intelligence 연구자들도 있다. 얼핏 듣기에 이런 주장에는 어떤 실체substance가 있는 것처럼 보인다. 그러나 결국 그것은 실체와는 거리가 먼 것이다. 생각thought – 특히 의미meaning – 에는 유물론자들이 지금까지 놓치고 있었던 핵심적 측면이 존재한다. '의미'라는 것은 유물론자들에게는 불가능한 문제이다. 앞으로 살펴보겠지만, '의미'라는 것이 우리 인간의 경험적 세계의 존재experiential being라는 방정식에 포함되기 위해서는 '신의 가설'이 필요하다.

앞에서 우리가 살펴본 것처럼, '직관'intuition이라는 것은 때로 잘못 이해되고 있지만, 밑에서 껍질을 제거할 경우 남는 것은 플라톤이 원형archetype이라고 불렀던 사랑love과 같은 개념처럼 느낌feeling과 사고thinking의 맥락context들과 연결시키는 직관의 능력이다. 느낌과 의미라는 것의 원형적 맥락archetypal context들에 대해 우리의 직관은 이러한 경험들을 소중하게 여긴다.

원형적 경험들에 관한 유물론자들의 모델은 아주 형편없다. 예를 들면 *이기적 유전자*The Selfish Gene(도킨스Dawkins, 1976)라는 책이 있다. 이 책의 저자는 이타적 행위altruism라는 것은 한 사람이 타인과 공유하고 있는 유전적인 물질genetic material의 양에 달려 있다는 생물학적 이론을 수립하려고 하고 있다. 만약 저자가 이 '일'concern이 이타적 행위의 전부라고 주장하지 않았다면, 이 이론은 그렇게 설득력이 없지는 않았을 것이다. 무엇인가 더 말할 필요가 있는가? 때때로 유물론자들은 컴퓨터 프로그램들처럼 말한다.

다른 한편으로, '사랑'love이라는 것과 같은 우리가 직감으로 아는 느낌들feelings은 항상 신적인 특성들divine qualities로서 인식되어 왔다. 진짜 그런가? 이 주제에 대해서는 뒤에서 살펴볼 예정이다.

우리의 생기가 넘치는 느낌vital feeling, 정신적 의미mental meaning, 그리고 느낌과 의미의 원형적인 맥락들archetypal contexts에 관해 놀랄 만한 사실은 이러한 것들이 때때로 모든 의심이 사라질 정도로 그렇게 깊고 직접적으로 생겨난다는 사실이다. 이러한 것들이 생겨나는 순간 우리는 신이 존재한다는 사실뿐만 아니라 우리가 신이라는 사실도 알게 된다. 나는 사실 지금 우리에게 우리 안에 있는 신을 보라고 말하는 신비주의자mystics를 생각하게 하는 신비스러운 경험들에 관해 말하고 있는 것이다. 예수는 "하나님의 나라kingdom of God는 너희 안에 있느니라"[누가 복음 17장 21절. 역자주]라고 말했다. [기독교에 있어서 신비주의는 일반적으로 (1) 하나님과의 직접적인 접촉을 직접 경험하는 것과, (2) 절대적인 실체Absolute Reality, 즉 하나님과 인간 영혼의 가능한 연합에 대한 신학적-형이상학적 이론을 모두 포괄하여 의미하는 것으로 사용되어 왔다. '신비주의'는 인간의 영혼과 궁극적인 실체Ultimate Reality와의 관계나 잠정적인 연합에 관한 역사적인 '이론'을 의미하며, '신비스러운 경험'이라는 말은 하나님과의 직접적인 접촉이라는 의미로 사용되고 있다. 역자주] 신비주의자들은 이러한 경험들이 우리 자신의 '참 자아' true self에 속하며, 우리가 이러한 '내적 자아' inner self 안에 있게 되면, 우리는 우리가 '신의 자녀' children of God임을 바로 느낄 수 있다고 주장하고 있다.

우리가 새로운 과학 – '의식 안의 과학' science within consciousness – 이라는 개념적 렌즈를 통해 느낌, 의미, 그리고 느낌과 의미의 원형적 배경들이라는 우리 인간의 경험을 바라보면, 이러한 경험들은 물질적 육체physical body로부터 생겨나지 않는다는 충분한 실험적 증거가 존재한다는 사실을 알게 된다. 이러한 경험들은 육체와 연계되어 생겨난다. 그러나 그 경험들은 물질적 육체에 속하지 않는다. 그 대신 그 경험들은 신God, 혹은 보다 정확하게 말하자면 신성Godhead으로부터 유래한다. 즉, 우리는 그 경험들을 우리 자신에게 있는 '신의 가능태' God potentia로부터 선택한다. 다시 말하자면, 그 어떤 신비주의자도 신이 우리 인간의 '아버지'

라고 말하지 않는다. 우리 모두는 그러한 직감intuition을 이미 가지고 있다. 새로운 과학은 바로 그 직감을 실증하고 있는 중이다.

유물론적 패러다임에 있어서 또 하나의 불가능한 문제는 내적 자각awareness과 외적 자각을 절대로 구별하지 못한다는 것이다. 이 패러다임이 말하는 실재reality라는 것은 전적으로 외부 세상에서 우리 인간이 경험하는 물질 세계를 토대로 하고 있다. 이러한 세계관에서는 모든 내적 경험은 뇌brain라는 물질의 의미 없는 부수현상epiphenomena일 뿐이다. 그래야만 한다. 그렇지 않다면 그것은 모순을 일으킨다. 따라서 유물론자들은 내적 경험들을 주관적인 것, 신뢰할 가치가 없는 것, 인과적 귀결이 없는 것으로 경시한다. 비록 그들도 그러한 경험들이 자연 도태를 통해 진화할 수 있을 정도로 약간의 '적응적 가치'adaptive value가 반드시 존재하고 있다는 사실을 인정하고 있지만 말이다.

우리의 경험들은 내부에 있지만, 우리의 어떤 경험들은 외부에 존재하는 이유를 우리가 이해할 수 있도록 신을 과학 안으로 다시 도입할 수 있을까? 할 수 있다. 인간의 프시케psyche, 인간의 내적 경험들에 관한 과학인 심리학psychology은 인지/행동cognitive/behavioral[인간의 주관적인 자각에 따라 상황을 인지하고, 그 인지한 바에 따라 행동하는 과정에 대해 연구하는 심리학 분야. 역자주] 영역이라는 협소한 영역의 심리학만을 용인하는 유물론자들의 신념들에 의해 소외되었다. 문자 그대로, 신을 과학적으로 재조명하기 위해서는 '내부의 심리학' interior psychology을 되찾고, 그것에 완전한 학문으로서의 위상을 다시 부여하는 것이 필요하다.

내적 경험과 외적 경험의 판별
The Distinction of Inner and Outer

이제 우리는 이 장의 본질적인 문제에 다다랐다. 인간의 자각awareness

이 어떻게 '내적 경험'과 '외적 경험'을 판별하는지에 관한 문제 말이다. 유물론자들은 내적 경험에 대해 설명을 할 수 없다. 그래서 그들은 그저 그것이 설명을 필요치 않는 주관적인 부수현상들로 없어져 버리기를 바라고 있다. 그러나 내적 경험을 중시하는 관념 철학자들idealist philosophers 역시 이 문제를 아주 잘 정리하지 못하고 있다. 그들은 "프시케가 작동하는 방식은 원래 그렇다"며 프시케의 내적 본질을 그저 형이상학적 진실metaphysical truth의 문제로 만들고 있다. 그러나 관념 철학에 있어서 의식consciousness은 존재의 근원ground of being이다. 즉, 삼라만상은 물질matter과 프시케psyche로서 인간의 의식 내부에 있다. 따라서, 그렇다면 어째서 우리는 하나는 외적인 것으로 그리고 다른 하나는 내적인 것으로 경험하는가?

정신mind, 생기체vital body, 그리고 초정신supramental의 총칭인 프시케를 구성하는 요소의 양자 본질quantum nature을 가지고 있는 것은 이러한 경험들이 내적인 경험들이기 때문이다. 양자 대상들quantum objects은 가능성의 파동들waves of possibility이다. 그 파동들은 우리가 그것들을 붕괴시키지 않을 경우는 언제나 가능태potential 안에서 확장되고 있는 중이다. 우리가 정신적 의미 파동mental meaning wave을 붕괴시키면, 하나의 특별한 의미meaning가 선택되며, 하나의 생각thought이 생겨난다. 그러나 내가 생각하는 것을 멈추자 말자, 그 가능성의 파동은 또다시 계속 확장된다. 따라서 나의 생각과 당신의 생각 사이에서 '의미'의 파동은 당신이 나와 똑같은 생각을 붕괴시키는 것이 거의 불가능할 정도로 그렇게 아주 많이 확장되며, 아주 많은 가능성들이 된다. (우리가 정신적 텔레파시 속에서처럼 서로 연관되어 있을 때는 예외이다. 때때로 또 다른 예외는 비슷하게 조건 형성된 두 사람이 대화를 할 때 나타난다.) 따라서 일반적으로 말하자면, 생각들이라는 것은 개인적인private 것으로서 경험되며, 따라서 내적인inner 것이다.

이제 이러한 상황을 물질적 대상들material objects과 비교해 보자. 신비체subtle bodies와 '겉으로 드러난 물질적 총체' gross material body 사이에는 근본적인 차이가 존재한다. 그 때문에 우리가 그것들을 각각 다른 명칭으로 부르고 있는 것이다. 생기vital, 정신mental, 초정신supramental이라는 신비체들subtle bodies은 모두 하나one thing이다. 그것들은 분리될 수 없는 것이다. 그러나 데카르트가 깨달았던 것처럼, 물질matter이라는 것은 신비체들의 연장된 실체extended body, 연장되는 실체res extensa이다. [데카르트는 정신적인 실체의 본성은 사유하는 것res cogiton이며 물질적인 실체의 본성은 연장된 것res extensa으로 보았다. 먼저 정신은 연장적인 특징이 없고 불가분적이므로, 연장을 지니고 있는 물질과는 판명하게 구분된다. 데카르트는 육체 없이도 존재하는 나를 상상할 수 있다고 하면서, 정신을 물질과는 분리되어 생각할 수 있는 또 하나의 실체로 본 것이다. 역자주] 물질은 작게 분리될 수 있다. 물질적 영역에서, 마이크로 물질은 매크로 물질의 집합체를 만들어 낸다.

따라서 양자 물리학은 마이크로micro와 매크로macro라는 물질의 두 가지 영역들을 지배하지만, 우리가 매크로 물질은 마이크로 물질의 대규모 집합체들massive conglomerates이라고 생각할 때 나타나는 하나의 극적인 차이점이 존재한다. 대규모 매크로 실체의 가능성 파동wave of possibility은 아주 느려진다는 것이 그것이다.

당신이 당신의 친구와 하나의 의자를 바라보고 있다고 가정해 보자. 만약 당신이 그것을 바라보기 위해 의자의 가능성 파동을 붕괴시킨다면, 좋다. 당신은 그 가능성의 파동을 붕괴시켰다. 그래서 당신은 창문 옆에 있는 의자를 보게 된다. 곧이어 당신의 친구도 그 의자를 바라본다. 당신이 붕괴시키는 행위와 당신의 친구가 붕괴시키는 행위 사이에서 그 의자의 가능성 파동은 분명히 확장된다. 그러나 아주 조금만 그렇게 된다. 그 결과, 당신의 친구가 그 가능성의 파동을 붕괴시킬 때, 그 의자의 새로운 위치는 당신이 그것을 관찰한 곳으로부터 아주 조금만 다를 뿐이다. 레이저 측정 장치의 도움 없이는 감지될 수 없을 정도로 미세하게 다르다. 그 결과, 당신과 당신 친구 두 사람은 동일한 장소에 있는 그 의자를 보고 있는 중이라고 생각한다. 당신들은 하나의 공유된 경험을 가지고 있으며, 따라서 그 의자는 당신들 모두의 외부에outside 존재하는 것이 틀림없다.

매크로 물질 세계는 이러한 방식으로 형성된다. 그리고 그 방식은 유용하다. 만약 그렇지 않다면 우리는 그것을 하나의 참조점reference point 으로 사용할 수 없기 때문이다. 만약 당신의 물질적 육체가 항상 양자운동quantum movement의 불확정성들을 표현해 내고 있는 중이라면, 당신은 누가 될 것인가?

또한 만약 매크로 물질의 양자본질quantum nature이 억제되지 않는다면, 어떻게 우리는 표상representation을 만들기 위해 물질을 이용할 수 있다는 말인가? 화이트 보드에 매직펜으로 당신의 생각들을 쓴다고 상상해 보라. 그 경우 보드에 표시된 것들이 표시된 후 벌어지는 붕괴 사건들subsequent collapsed events 속으로 사라져 버리는 것을 볼 수 있을 뿐이다. 이같은 상황이 벌어지면 우리가 표상representation을 만들어 내는 능력은 어떻게 될 것인가?

그래서 환원 불가능한 복잡성irreducible complexity, 즉 불연속성discontinuity을 포함하고 있는 프로세스, 마이크로에서 매크로로 확대되는 프로세스가 이루어지는 '뒤엉킨 위계질서적 양자 측정'tangled hierarchical quantum measurement이 가능하기 위해서 물질matter이라는 것은 마이크로와 매크로로 분리되어야만 한다(제6~8장 참조).

따라서, 물질과 정신은 모두 우리 인간 내부에 존재한다. 그러나 물질 세계를 마이크로와 매크로로 분리하는 것은 물질의 양자 특질을 감춘다. 우리가 직접 볼 수 있는 모든 것인 물질의 매크로 세계는 객관적인 것objectivity이라는 환상illusion, 공유된 실재shared reality라는 환상을 우리에게 가지게 하는, 뉴턴 물리학자들이 말하는 물체object와 아주 비슷하게 움직인다. 유물론적 과학은 바로 이 환상으로부터 성장했다. 그러나 그것은 치명적인 단점이다. 따라서 유물론적 과학의 이점이 더욱 중요하다. 우리는 프시케의 표상representations of the psyche을 만들기 위해 물질을 이용할 수 있다.

현대 심리학은 프시케에 관한 연구로 시작됐다. 우선, 내적 경험과 자기 성찰introspection이 심리학을 구성했던 것이었다. 의식적 경험을 이루는 의식적 자각conscious awareness과 자아self와 같은 내적 경험들을 이해하는 것이 목표였다. 또한 심리학은 시작부터, 주로 정신 건강 문제를 가지고 있는 사람들을 돕기 위한 임상 치료에 적용됐다. 단지 20세기에 존 왓슨John B. Watson과 스키너B. F. Skinner가 인간의 행동 연구behavioral study를 지지하는 유물론적 철학의 보호 아래 내적 경험에 대해 집중적인 연구를 시작했다. 뇌는 이러한 초기 연구들에 있어서 블랙박스였으며 프시케와 내적 경험들은 제2의 부수현상들epiphenomena로 분류됐다. 나중에 신경생리학neurophysiology, 인지 과학cognitive science, 그리고 인공지능 연구가 연구 주제를 더욱 흥미롭게 만들면서 행동 연구에 추가됐다. 불행하게도, 이러한 방식으로 심리학이 새로운 형태를 띠게 됨으로써 사람들의 고통을 경감시키는 데 있어서 가장 중요한 내적 경험의 이해라는 자기 본연의 학문적 목표로부터 이 과학은 점점 더 멀어졌다.

새로운 과학을 통해 분석해 보면, 행동-인지 과학과 신경생리학은 [내적 경험들이 실체로 드러나는] 표상을 만드는 기관apparatus과 표상들에 대한 연구를 추구함으로써 심리학의 본래의 목표에 대한 보완적인 목표를 추구하고 있는 것으로 보인다. 이러한 연구들은 분명히 중요하다. 그러나 정신적 질환에서처럼 표상들이 잘못될 경우에만 제한적으로 이용되고 있다. 표상들은 또한 우리가 환경적 부담에 의해서 혹은 그 자신을 보다 완전하게 표현하기를 원하는 신the divine의 창조적 열망들

creative urges에 의해서 이루어진, 새로운 창조적 표상들을 만들 필요가 있을 경우에도 제한적으로 이용된다.

다행스럽게도, 심리학에는 원래의 목표를 계속해서 추구하는 또 다른 세력들도 존재한다. 그러한 두 가지 흐름은 다음과 같은 것일 수 있다. 프로이트가 무의식the unconscious이라는 것을 발견함으로써 시작된 '깊이 심리학' depth psychology, 그리고 '인간 잠재력 운동' human potential movement과 함께 시작된 인본주의/초개인humanistic/transpersonal 논지가 그것이다. [인본주의 심리학은 유기체로서의 인간의 행동을 과학적으로 연구, 분석하는 행동주의 심리학과 인간의 초기 경험과 추동이 행동을 일으킨다는 정신분석학의 결정론적 관점에 반대하여 인간 개인이 자신의 삶과 행동에 책임을 지며, 인식과 의지를 통해서 자신의 태도와 행동을 창조적으로 변화시킬 수 있는 존재라는 관점에서 인간의 자각을 연구하고 전체적인 인간의 잠재력을 개발하기 위한 연구를 한 심리학 분야이다. 초개인 심리학의 주창자로 알려진 켄 윌버는 개인적인 것 이상, 즉 평범하고 일상적인 것을 넘어선 보다 깊고 높은 측면의 인간경험을 개인적 심리학에 추가한 심리학 분야를 초개인 심리학, 자아초월 심리학이라고 설명하고 있다. 초개인적 경험을 통한 우주와의 합일, 진정으로 건강한 정신, 마음의 평화 등을 연구 대상으로 하고 있다. 역자주] 다음 장들에서, 우리는 심리학의 이러한 분야들이 새로운 도전들, 실재reality에 대한 유물론적 견해에서는 불가능한 새로운 문제들을 제기하고 있는 것을 살펴볼 것이다. 그리고 양자 렌즈quantum lens를 통해 바라봄으로써 우리가 이러한 문제들을 해결한다면, 우리는 신에 대한 증거를 더 많이 발견할 것이다.

내적 경험은 외적 경험에 대해 종속적인 것인가?
Is Inner Experience Secondary To Outer Experience?

유물론자들은 내적 경험이라는 것은 중요하지 않으며 외적 경험에 종속적인 것에 불과하다고 말하고 있다. 첫 번째 이유는 내적 경험은 우리 인간의 외적 경험을 중심으로 전개되고 있다는 것이다. 이것은 옳은 지적이다. 정말로, 만약 당신이 하루 동안 당신의 생각들thoughts과 느낌들feelings을 모니터링한다면, 당신은 내적으로 경험하는 것의 얼마나 많은 부분이 단지 외부 세계를 생각해 보지 않고 그대로 반복하는 것인지 또는 외부 세계에 대한 반응인지 알고 놀라게 될 것이다.

그러나 내적 경험이라는 것이 외적 경험에 종속적인 것에 불과하다는 주장에 속지 말라. 바로 그 내적 반응reaction은 외적 경험에 의미를 부여하고 그것을 너무 심각하게 여기는 당신의 습관 때문에 시작된다. 그러나 그것이 내적 경험이라는 것의 전부는 아니다.

꿈에 대해서 생각해 보자. 우리는 밤의 생활nightlife의 많은 부분을 꿈 속의 세상 속에서 살고 있다. 꿈 속의 세상은 우리가 '의식 내부의 세계' internal world에서의 삶에 다가갈 수 있는 가장 가까운 것이다. 만약 내적 경험들이 중요하다면, 그 중요성은 꿈 속에서 나타나야만 한다.

여기에는 또한, 어떤 사람들은 외적 경험이 인간의 꿈조차 지배한다는 것을 입증하기도 했다. 우리의 꿈 가운데 많은 부분은 '주간잔재몽' 晝間殘滓夢, day-residue dreams이라고 불린다. 왜냐하면 그 꿈은 우리가 깨어 있는 주간시간 동안 계속 경험했던 것에 대한 리뷰일 뿐이기 때문이다. 이러한 견해에 모든 철학자들이 꿈들의 치명적인 결함으로 알고 있는 것, 즉 꿈들은 연속성continuity을 가지고 있지 않은 것처럼 보인다는 점을 추가해 보자. 만약 꿈들에는 연속성이 결여되어 있다면, 꿈들, 우리의 꿈 속의 삶이라는 것이 어떻게 중요할 수 있다는 말인가?

다시 한번, '의미'meaning라는 관점에서 생각해 보자. 꿈들이라는 것은 의미에 관한 것이다. '꿈 속의 삶' dream life은 그 중요성significance과 연속성이 의미 처리processing meaning로부터 나타난다는 점에서 우리의 깨어 있는 삶waking life과는 구별된다. 만약 당신이 그 의미를 기억한다면 당신의 꿈 속에서 잠시 그것이 해결될 때, 연속성이 있다는 것을 당신 자신에게 쉽게 입증할 수 있다. 사실, 꿈이라는 것은 의미 차원meaning level 에서 우리 삶이 어떻게 펼쳐지고 있는 중인가에 대한 연속적인 설명 commentary이다. 당신은 어쩌면 당신의 꿈의 의미를 분석하기 위해 그것이 사용하고 있는 많은 상징들의 의미를 꿰뚫어보아야만 할지도 모른다. 그것은 그럴 만한 가치가 있다. 그렇게 할 경우 당신은 꿈 안에 단지 외부 세계의 잔재reside라기보다는 훨씬 더 많은 것이 존재한다는 것을 발견하게 될 것이다. 생기적vital, 정신적mental, 초정신적supramental 꿈들도 역시 존재한다. 그 모든 영역은 육체만이 아니라 우리의 내적 경험에도 영향을 미치고 있다.

내적 경험은 어떻게 신의 존재를 입증하는가
How Inner Experience Proves the Existence of God

앞의 내용을 요약하기 위하여, 신의 존재가 우리의 내적 경험으로부터 확립되는 다음과 같은 논리적 단계들logical steps을 주목하기 바란다.

우리에게 느낌feeling이라는 것이 생기게 하는 생기체vital body, 의미meaning라는 것을 일으키게 하는 마음mind, 그리고 우리에게 가치들values을 가져다주는 초정신체supramental body가 없다면, 그 어떤 것에 대한 그 어떤 느낌, 의미, 가치도 존재하지 않을 것이다. 심지어 과학적 연구나 유물론에 대해서도 말이다. 느낌, 의미, 그리고 가치라는 것은 인간의 내적 경험의 필수적인 측면들이기 때문에, 이러한 생기체vital body, 멘탈체mental body 그리고 초정신체supra body라는 것들의 중요성은 결코 부인될 수 없다.

만약 인간의 생존 필요성survival necessity 때문에 느낌, 의미, 그리고 가치라는 것이 물질matter로부터 진화한다고 말한다면, 이러한 경험들의 특성들은 물질의 장식적인 부수현상들일 것이다. 그러나 그것들은 그렇지 않다. 두 가지 준거에서 그렇다. 첫째, 물질은 그 경험들을 처리process조차 할 수 없다. 둘째, 우리는 창조성과 영성spirituality 그리고 꿈, 질병과 치유, 사랑, 그리고 의미 있는 우연의 일치인 공시성sychronicity에서 느낌, 의미, 그리고 가치를 직관하는 '인과적 효과성' causal efficacy[이유를 명확하게 이해할 수 없는, 가장 근원적인 차원의, 명료하지 않지만 느낌을 갖는 차원, 의식상에 명확하게 떠오르기 이전의 무의식 중에 기반을 두고 있는 감각적 느낌을 경험하는 것을 화이트헤트는 '인과적 효과성'으로서의 자각상태인 '생경한crude 지각'이라고 불렀다. 역자주]에 대한 증거를 확인하고 있다(제11-19장 참조). 따라서 느낌, 의미, 그리고 가치라는 것은 다윈의 블랙박스 - 진화적 적응evolutionary adaptation의 산물들이 아니다.

내적 삶inner life은 우리가 통상적으로 선택한 외적 삶outer life과 똑같이 우리 삶의 중심focus of living일 수 있다는 사실을 인식해야만 한다. 호주의 원주민들과 전 세계 모든 신비주의자들은 이러한 점을 실증적으로 입증하고 있다.

만약 인간의 내적 경험이 인과적으로 효과가 있으며 외적 삶과 같이 강한 영향력을 가지고 있다면, 우리는 그것에 대한 과학적 설명을 찾아내야만 한다. 그렇지 않으면 과학은 과학 자체의 타당성을 상실할 뿐이다.

인간의 외적 경험과 내적 경험 간의 차이에 대해 그 어떤 유물론적 설명도 제시될 수 없다.

내적 경험과 외적 경험은 서로 별개의 실재들separate realities이라는 이원론적 설명은 '에너지 보존의 법칙'을 입증하는 실험적 데이터 때문에 지지를 받을 수 없다.

만약 우리가 두 가지 경험이 모두 의식consciousness(혹은 신성Godhead) 안에서 (양자 의식quantum consciousness 혹은 신God에 의한) 양자 가능성들quantum possibilities의 붕괴collapse로부터 생겨난다고 가정한다면, 자각awareness을 내적인 것과 외적인 것으로 분리하는 비이원론적 설명은 가능할 수 있다. 이에 대한 하나의 멋진 실증적 증거는 공시성synchronicity이다. 공시성은 누구라도 입증할 수 있다(제12장 참조). 입증 완료!

데카르트적 구분의 최후?
An End to the Cartesian Split?

르네 데카르트가 실재reality를 정신과 물질이라는 내적/외적 이원론으로서 재정리한 이래, 서양 철학은 이 구분에 안주해 왔다. 임마뉴엘 칸트Immanuel Kant와 켄 윌버Ken Wilber와 같은 위대한 사색가들은 이러한 '철학적 테두리' philosophical box로부터 뛰쳐나올 수 없는 것처럼 보인다.

윌버는 의식 연구의 미래에 대해 오늘날 많은 영향력을 미치고 있다. 그렇다면 그의 연구 내용을 좀 더 세부적으로 살펴보기로 하자.

윌버는 철학자로서 자신의 활동을 시작했다. 그는 '영원의 철학' perennial philosophy[헉슬리Aldous Huxley가 그의 동명의 저서에서 유명하게 만든 말이지만, 원래 라이프니츠Leibnitz가 최초로 사용한 용어로, 동서양의 위대한 전통종교나 철학의 전통지혜와 초월적 신비사상의 요체에 대해 밝힌 것이다. 영원의 철학은 존재와 의식을 최하위의 가장 조밀한 그리고 가장 단편적인 영역으로부터 최상위의 가장 '신비하고' subtle 가장 '통일된' 영역에 이르기까지 여러 상이한 차원적 수준을 '계층' hierarchy으로 설명한다. 역자주](이것은 일원론적 관념론monistic idealism이라고도 불린다)을 지지했다. 또한 그는 우리 시대에 맞는 초개인 심리학transpersonal psychology을 발전시키는 데 '영원의 철학'의 메시지를 매우 솜씨 좋게 번역하고 이해하기 쉽게 만들었다. 몇몇 사람들이 현대 심리학의 아인슈타인이라고 선언했을 정도로 윌버의 초기 논문들은 매우 인상적이었다.

그렇지만 윌버가 자신의 연구 방향을 하나의 '통합적인 심리학' integral psychology을 발전시키는 데 집중시켰을 때, 그는 데카르트의 내부성

interiority/외부성exteriority이라는 이분법을 자신의 출발점으로 삼았다. 인지심리학cognitive psychology, 행동주의behaviorism, 그리고 신경생리학neurophysiology으로 이루어진 심리학에 대한 유물론적 접근법은 객관적인 것이며, '그것'it과 '그것의' its이라는 제3인칭thirdperson으로서의 의식consciousness을 연구하는 것이다. '영원의 철학'에 토대를 둔 윌버의 초기 초개인적 접근법은 자아의 본질nature of self(나)을 발견하는 것에 방향이 설정되어 있었다. 그래서 그것은 주로 제1인칭 안에 있는 의식consciousness에 대한 연구였으며, 의식의 비국소성nonlocality of consciousness이 공인되자, 제2인칭 안에 있는 의식(나/너 그리고 우리)에 대한 연구로 발전했다. '그것'과 '그것의'에 대한 객관적인 연구는 우리의 외부 의식 안에서 행해졌다. 반면에 제1인칭과 제2인칭 안에 있는 의식은 우세한 내부적 관점interior vantage point에서만 연구될 수 있다. 그것이 바로 유명한 윌버의 의식의 4상한 모델four quadrant model of consciousness에 대한 연구이다(그림 3-1).

그러나 아직 어떠한 통합integration도 존재하지 않는다. 내부성interiority에 중점을 둔 관점에서 이루어지는 의식에 대한 연구에는 정신mind과 육체body가 존재한다. 그러나 이 경우 육체는 정신의 부수적 현상이 되어버리는 것과 관련이 있다. 이와 마찬가지로 외부성exteriority에 중점이 두어진 관점에서도 정신과 육체가 역시 존재한다. 그러나 이 경우 정신은 육체의 부수적 현상으로 간주된다. 어느 쪽에 중점이 두어진 관점이건 간에 정신과 육체 모두가 언제나 동등하게 다루어질 수 있는 것은 아닌 것처럼 보인다.

그렇다면 윌버의 해법은 무엇인가? 윌버(2000)는 정신-육체 이원론을 해결하기 위해서 우리는 '비일상적인 상태들'nonordinary states을 경험하는 능력을 키울 수 있도록 우리 의식을 발달시켜야만 한다고 말하고 있다. "만약 당신이 당신 자신의 의식의 전체 차원full dimension을 알기를 원한다면, 당신은 그것을 더 한층 발달시켜야만 한다." 오직 의식의 비일상적인 '보다 높은' 상태라는 비이성적nonrational 관점에서만 정신-육체 이원론은 해결될 수 있다. 윌버는 정신-육체 문제에 대한 이성적 해결은 존재하지 않는다고 단호하게 선언하고 있다. "이 해법은······ 합리주의자rationalist(이원론자dualist이건 물리주의자physicalist[과학기술과 인지심리학을 절대적 학문이라고 굳게 믿는 사람들. 역자주]이건 간에)에게 만족스럽지 못하다."

나는 단지 양자/일원론적 관념론quantum/monistic idealism 접근법이 정신-육체 문제와 이 문제를 영속시키는 내부성/외부성 이분법에 대한 합리적인 해결책을 제시한다는 것은 뛰어난 생각이라는 점을 지적하기 위해 윌버의 이론을 언급하고 있다. 뉴턴 물리학이 주장하는 거시물리학적 실재macrophysical reality와 조건화된 에고ego의 행동 본질behavioral nature의 불변성처럼, 양자 물리학은 우리에게 내부성/외부성 이분법이라는 것도 역시 단지 위장camouflage에 불과하다는 사실을 알게 해주고 있다. 우리가 그 위장을 뚫고 들어가면, 우리는 과학을 우리의 주관적, 내부의 경험들로까지 확장시킬 수 있다. 이제 그것이 이루어질 때이다.

Chapter 11

신의 생기체에 관한 증거
The Evidence for the Vital Body of God

우리 인간은 정말 생물학적 형태형성form-making의 설계도들blueprints의 저장소인 생기체vital body를 가지고 있는가? 다른 말로 하자면, 제8장과 제9장에서 제시됐던 것처럼 생물학적 창조성biological creativity 안에서 작동하는 기능 이외에 생기체에 관한 어떤 독립적인 증거가 존재하는가? 그 답은 존재한다는 것이다. '형태형성의 장' morphogenetic field은 우리에게 느낌feeling이라는 것에 대한 심오한 설명을 제시해 주고 있다. 즉, 우리가 느끼는 것, 우리가 느끼는 방식, 또 우리가 느끼는 곳에 대한 설명 말이다. 물론, 이것은 경험에 의한 것이다. 그러나 생기체에 관한 두 번째 그리고 보다 객관적인 증거는 대체 의학alternative medicine이 강조하고 있는 생기체의 중요성에서 나타난다. 세 번째 증거는 아주 잘 기록된 그리고 매우 실용적인 다우징dowsing[L자 모양의 금속 추를 이용하여 보이지 않는 수맥이나 광맥을 찾는 것. 고대 역사가 헤로도토스도 다우징을 이용해 수맥을 찾았다고 전해지고 있다. 역자주]의 이용이다. 우리는 이 모든 것을 이 장에서 논의할 것이다.

때때로, 느낌feelings과 감정emotions이라는 것은 '대뇌 변연계' limbic brain[대뇌 반구의 안쪽과 밑면에 해당하는 부위로 희로애락, 본능적 욕구 등과 직접 관계가 있고, 학습 및 기억과정에도 관여하는 것으로 알려져 있으며 '감정뇌' 라고도 불린다. 역자주]의 신경화학neurochemistry의 영역이라고 가정되고 있다. 이를 위하여, 캔데이스 퍼트Candace Pert라는 연구자의 '감정의 분자들' molecules of emotion (엔도르핀이 그 예이다)에 관한 실험들(퍼트Pert, 1997)은 중요하다. 분명하게 그러한 분자들은 우리에게 무엇인가를 말해 주고 있다. 그러나 분자들이 느낌들의 원인cause이라기보다는 느낌들의 물질적 상관물들correlates 이라는 사실은 명백해야만 한다. 단지 두 가지 일들이 함께 발생한다는 것이 하나가 다른 하나의 원인이라는 사실을 보장하지 않기 때문이다.

다행스럽게도, 동양의 심리학에서 느낌feelings이라는 것은 생리적인 기관들physiological organs과 연관되어 있다고 인식되고 있으며, 감정들 emotions이라는 것은 분명하게 정신과 육체적 생리기능에 관한 느낌들의 결과들effects로서 여겨지고 있다. 동양의 형이상학metaphysics에 따르면, 육체에는 *차크라*chakra라는 7개의 주요 에너지 센터가 존재한다. 바로 그곳에서 우리는 우리의 느낌들을 느낀다. 그러나 수세기에 걸쳐, 비록 '차크라' 라는 아이디어는 영적인 수련들spiritual disciplines에서는 아주 실증적인 유효성empirical validation을 발견했지만, 이론적 이해는 그만큼 많이 이루어지지 않았다. 이제 마침내, 쉘드레이크의 '형태형성의 장' morphogenetic field(여러 가지 기관들organs에 속하는 세포들의 유전자들이 세포 안에서 분화하도록 활성화시키는 프로그램들의 원천source of the programs)이라는 아이디어를 통해 우리는 느낌들feelings이라는 것이 최초로 생겨나는 곳인 '차크라' 들에 관해 설명할 수 있다.

게다가 이 주제는 신의 존재에 관한 증거가 된다. 왜냐하면 '신의 가설' God hypothesis과 '하향적 인과관계'가 없다면 우리는 '형태형성의 장' 이란 것을 내재적 이원론implicit dualism을 배제하지 못하기 때문에 과학

안으로 받아들일 수 없기 때문이다.

형태형성의 장과 차크라
Morphogenetic Fields and the Chakras

나는 나의 다른 논문에서 이 주제를 약간 상세하게 살펴본 적이 있다 (고스와미, 2004). 그래서 나는 여기서는 간략하게 다룰 예정이다. 당신 자신의 약간의 '양자 사고'quantum thinking가 우리에게 그것에 관해 과학적으로 이론화하는 것을 어떻게 가능하게 해주는가를 발견할 수 있다. 첫째, 주요한 '차크라'(그림 11-1)를 살펴보면, 각각의 '차크라'가 생물

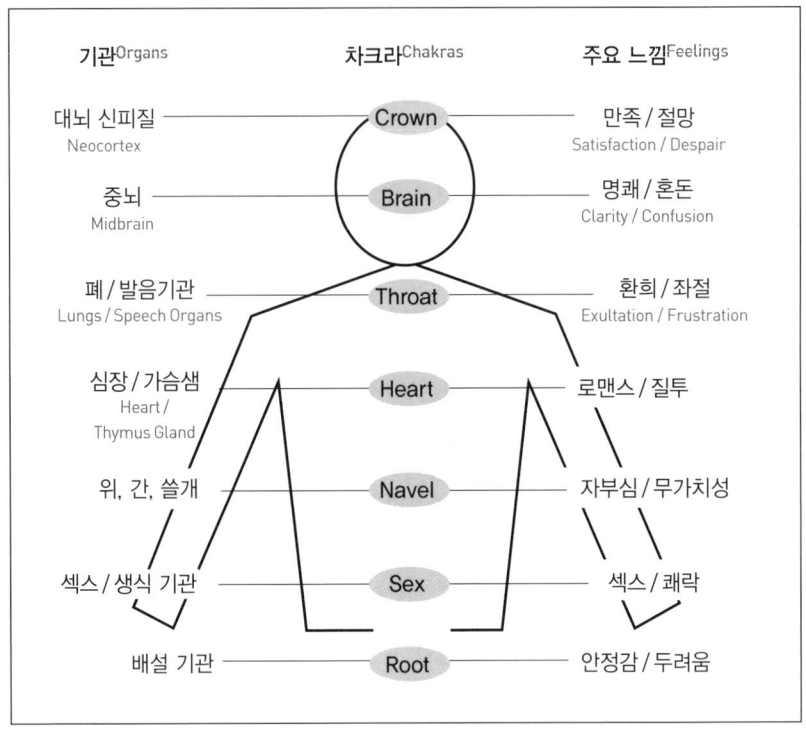

[그림 11-1] 주요 차크라들과 그와 연관 있는 기관들 및 주요 느낌들

학적 기능상 중요한 신체 기관들body organs 가까이에 자리잡고 있다는 사실을 알 수 있다. 둘째, 각각의 '차크라'에 의식을 집중시켰을 때 당신이 경험하는 느낌들에 관해 기록을 해보라. 과거에 느꼈던 느낌들에 대한 당신의 기억을 이용해도 좋다. 셋째, 느낌들은 '차크라'의 생기vital energy – 당신의 형태형성의 장의 움직임movements에 대한 당신의 경험들이다. 그 움직임은 그 기관들organs의 설계도/원천blueprint/source과 서로 연관되어 있다. 이렇게 할 경우 당신은 불가피한 결론에 도달하게 된다. '차크라'들이란 의식consciousness이 '차크라'를 나타내는 육체 기관들과 더불어 중요한 '형태형성의 장'의 움직임을 동시에 붕괴시키는 [발현시키는] 물질적 육체상의 지점들이다. 이게 그렇게 어려운 것이었는가?

산스크리트어 '차크라'의 사전적 의미를 살펴보는 것은 흥미로울지도 모른다. 그 의미는 '바퀴'wheel, '원형'circularity이다. 그것은 뒤엉킨 계층구조적 양자 붕괴가 각각의 '차크라' 포인트에서 '자기참조'self-reference를 환기시키게 한다는 사실을 함축적으로 상기시켜 준다. 우리의 새로운 과학은 고대의 직관적 지혜를 입증하고 있는 것이다.

유물론자들은 이 모든 것을 반대로 말하고 있다. 우리 인간은 뇌 안에서 감정들을 느낀다고 그들은 생각한다. 즉, 감정들이란 뇌의 부수현상이며, 소위 '감정의 분자들'molecules of emotion과 신경 시스템을 통해 육체로 나타난다고 생각하고 있다. 그러나 실제로 그것은 정반대이다. 우리 인간은 차크라에서 먼저 느낌들을 느끼며, 그런 후 그에 대한 통제권control은 신경 시스템과 '감정의 분자들'을 통해 통합되기 위해 중뇌midbrain로 넘겨진다. 그리고 인간의 마음mind이 그 느낌들에게 의미meaning를 부여할 때 최종적으로 대뇌 신피질이 관여하게 된다.

그러나 이 모든 것에 대한 객관적인 실험결과치는 어디에 존재하는가? 당신은 어쩌면 차크라들이라는 것은 경험해 보니 재미있는 것이라고 말할지 모른다. 그러나 차크라의 중요성과 따라서 '생기'vital energy의 움직임의 중요성을 입증하는 확실한 실험적 결과치가 존재할까? 그 실험 결과치는 확실히 존재한다. 그것이 바로 차크라 의학chakra medicine의 대상이다.

차크라 의학
Chakra Medicine

　차크라 의학의 기본적인 아이디어는 다음과 같다. 건강하기 위해서 사람들은 '생명의 에너지'를 그것이 들어오고 나가는 데 있어서 균형 잡힌 방식으로 경험해야만 한다. 어떤 차크라에서도 '생명의 에너지'는 과하거나 또는 부족함이 지속되지 않아야 한다. 만약 어떤 한 차크라에서 '생명의 에너지'의 움직임이 불균형적이거나 막힐(억제될) 경우, 그 차크라와 연관 있는 기관 또는 기관들은 제대로 작동하지 않게 되며, 그 결과 우리 인간은 병에 걸리게 된다. 차크라 치유healing는 해당 차크라의 에너지 흐름에 균형을 회복시키는 것이다. 차크라 의학에 종사하며 상당히 많은 성공적 치유 사례를 축적한 크리스틴 페이지Christine Page (2000)와 같은 의사들 덕분에 오늘날 이것을 입증하는 많은 실험결과치가 존재한다.

　차크라의 불균형은 흔히 마음mind의 간섭 때문에 나타난다는 사실 또한 흥미롭다. 예를 들면, 특히 미국 성인 남성의 경우 '심장 차크라 에너지'heart chakra energy에 대한 전반적인 정신적 억압mental suppression이 면역 체계를 제대로 기능하지 못하게 만들어 암을 유발하는 것으로 알려지고 있다. '정신적 처리'mental processing라는 것이 관련되어 있기 때문에 우리는 이에 관한 연구를 다음 장에서 좀 더 논의할 것이다. (고스와미, 2004도 참조할 것.)

생기체 의학 : 유물론자를 위한 해결 불가능한 문제에 대한 두 가지 놀라운 사례
Vital Body Medicine : Two Spectacular Examples of Impossible Problems for the Materialist

1971년 리차드 닉슨 대통령이 중국을 방문했을 때, 그 방문은 중국과의 무역 재개뿐만 아니라 중국의 전통적인 의학, 특히 경혈acupuncture points이라고 불리는 신체의 다양한 부분에 날카로운 침들을 피부 외부로부터 찔러 넣어 치료를 하는 침술acupuncture에 관한 관심을 새롭게 불러일으켰다. 중국의 침술에 의한 치료법은 실재reality에 대한 유물론적 접근법을 바탕으로 하고 있던 서양의 대증요법적 의학allopathic medicine에 큰 논란을 일으켰다.

대증요법적 의학 연구자들은 유물론적 사고방식에 따라 침술을 설명하려 하고 있다. 예를 들면, 침술이 어떻게 통증을 완화하는가에 대해서 한 가지 이론은 다음과 같이 설명하고 있다. 꽂혀진 침들은 신경체계라는 커뮤니케이션 채널들을 방해함으로써 주요한 통증의 근원에 대해 인간이 주의력을 집중시키지 않도록 하기 위해서 참을 만한 경미한 통증을 유발시킨다.

그렇지만 중국의 전통 의학은 이미 이에 관한 적절한 설명을 가지고 있었던 것으로 밝혀지고 있다(류Liu, 비안Vian, 에크먼Eckman, 1988). 그것은 생기체vital body에 있어서 '생명의 에너지' vital energy의 움직임과 같은 기氣 chi라고 불리는 신비한 에너지의 움직임에 관한 것이다. 우리는 물론 정신물리적 병행론psychophysical parallelism이라는 양자 의학quantum medicine을 통해 생기체와 기에 대한 (이원론dualism이라고 부르는) 대증요법의 반감을 치유할 수 있게 해야만 한다(그림 1-5).

중국인의 관점에서 '기' 라는 것은 두 가지 양태를 가지고 있다. 양과

음이 그것이다. 당신은 이러한 관점이 '양자 사고'quantum thinking와 유사하다는 것을 확인할 수 있다. '양'이란 '기'의 파동 상태wave mode와 같은 것이며 '음'이란 입자 상태particle mode와 유사하다. 이와 마찬가지로 각각의 기관organ, 그리고 심지어 전체 유기체organism는 '기'가 처리되는 양태들에 따라 분류된다. 즉, 창조성creativity을 필연적으로 포함하고 있는 '양'의 양태, 그리고 조건화conditioning를 수반하는 '음'의 양태로 나뉜다.

이제 우리는 침술이 어떻게 통증을 완화시키는가를 이해할 수 있다. 기관들이 건강한 육체의 경우 적절한 지점에 침을 놓는 것은 생기체vital body의 해당 부분에 자극을 주는 것이다. 이 시뮬레이션은 경락meridians이라고 불리는 '생기 통로'vital pathways를 통해 중요한 신체 기관들의 '생기 설계도들'vital blueprints로 향한 창조적인 '양기'의 흐름을 만들어 낸다. 이것은 생기체 안의 '양기'의 전반적인 수준을 증가시킨다. 특히 뇌 자체의 마취성 통증 완화제인 엔도르핀endorphins을 만들어 내는 뇌의 생기체에 해당하는 부위의 양기 수준을 증가시킨다. 다른 말로 하자면, 생기 차원에서 '기라는 생명력'vitality of chi이 엔도르핀들 때문에 뇌의 상태들에 나타난다.

마취 작용을 차단하는 마취성 길항제antagonist narcotic와 같은 엔도르핀 차단제를 주사해 보면 이러한 설명이 옳다는 것을 확인할 수 있다. 실제로, 이것은 침술 치료의 통증 완화 효과를 상쇄시킨다. (보다 자세한 내용은 고스와미, 2004를 참조할 것.)

만약 침술이 유물론적 대증요법 의학에 있어서 비교적 최근의 걱정거리라면, 동종요법homeopathy[18세기 독일 라이프치히 출신 의사였던 사무엘 하네만Samuel Hahnemann에 의해 발견된 '유사한 것으로써 유사한 것을 치유한다'like cures like는 유사성의 원리에 기초하고 있는 치유법. 환자의 병적 상태와 비슷한 상태를 만들어 주면 치유가 일어난다는 원리에 착안, 질병과 동일한 증상을 일으키게 될 약물이나 치료제를 환자에게 처방하는 치료법으로 약 2천 년 전 힌두교 아유르베다 의사들과 히포크라테스 의학에서도 언급되고 있을 정도로 유래가 깊다. 역자주]은 오래된 손톱 밑의 가시이다. 동종요법의 주된 미스터리는 '적을수록 더 풍부하다' Less is more[1855년 시인 로버트 브라우닝이 르네상스 시대의 완벽한 화가로 불리는 안드레아 델 사르토 Andrea del Sarto에 대한 시에서 처음 쓴 표현으로, 근대 건축의 개척자 루드비히 미스 반 데어 로에에 의해 인용되면서 유명해진 말. 역자주]는 철학이다. 동종요법에서는 의학적 물질의 분자 하나조차도 없다고 말할 수 있을 정도로 알코올 수용액으로 극소의 비율까지 희석하여 만든 조제약이 환자에게 투여된다. 만약 그 어떤 약제도 투여되지 않는다면, 동종요법은 어떻게 이상 증상을 치유를 하는가?

대증요법적 의학은 동종요법의 효과성을 직접적으로 반박하는 많은 임상 실험들을 실시함으로써 그 문제를 공격했다. 그러나 실험들은 지체 없이 동종요법이 효과가 있다는 사실을 공식적으로 인정하는 결과를 내놓았다. 그리고 그것이 플라시보 효과 때문이 아니라는 것도 확증했다. 동종요법의 효과가 단지 암시 suggestion와 믿음belief의 힘만을 근거로 나타나지 않는다고 말이다.

동종요법은 어떻게 작동하는가? 첫째, 우리는 동종요법에서 사용되는 의학적 물질들이 물질적 실체physical bodies뿐만 아니라 생기체vital bodies도 가지고 있다는 점에서 생명을 가지며, 생명력을 갖추고 있는 유기적organic 물질이라는 사실을 인식해야만 한다. 의학적 물질들의 물질적 실체 부분은 희석되어 없어지지만 (이 부분은 일반적으로 인간의 육체에 독성으로 작용하기 때문에 없어지는 것이 좋다) 그 생기체는 보존된다.

그 생기체는 어떻게 희석 과정에서 최후로 남은 약제 속에 보존되는가? 이 미스터리를 풀기 위해서 우리는 동종요법적 약제가 어떻게 만들어지는가에 대한 세부적인 내용을 살펴볼 필요가 있다(비툴카스Vithoulkas, 1980). [게오르그 비툴카스는 1932년 그리스에서 태어난 의학박사로 1996년 동종요법을 성공적으로 전파한 공로로 대안 노벨상을 수상했다. 역자주] 의학적 물질 한 단위를 알코올 수용액 아홉 단위에 섞어 희석한다. 그런 후 이 희석 용액의 한 단위를 취해서 또다시 알코올 수용액 아홉 단위에 섞어 희석한다. 이러한 과정을 30회, 100회, 심지어 1,000회 거치면 보다 효능이 높은 동종요법적 약제를 얻을 수 있다.

우리가 무엇인가 중요한 것을 놓쳤다는 사실을 깨닫기 전까지 이러한 절차는 지루하기만 한 것처럼 보인다. 희석하는 각 단계에서 혼합액은 철저하게 흔들린다. 뇌 속의 혈관이 터질 정도로 심하게 흔들린 것을 뇌진탕이라고 하는데, 어떤 물체가 몹시 흔들리면서 움직이는 것을 의미하는 *진탕* succuss이란 단어가 바로 이 희석과정에서 혼합액이 흔들리는 상태에 딱 맞는 말이다. 바로 이것이 미스터리이다. '진탕'이라는 것은 동종요법적 약제를 견고한 표면에 강하게 두드리는 과정을 말한다. '진탕'은 조제하는 사람의 의도 intention를 통해 의학적 물질의 생기들 vital energies을 알코올 수용액 중의 물에 옮긴다. 이에 따라 알코올 수용액은 의학적 물질의 생기와 관련성을 갖게 된다. 그 결과, 우리가 동종요법적 약제를 취할 때마다, 비록 우리가 그 약제의 어떤 물질적 부분을 취하지 않지만, 우리는 물을 통해 그 약제의 생기 부분을 받아들이는 것이다.

따라서 생기의 불균형으로 인해 질병이 생기체적 차원에 존재한다면, 동종요법은 대중요법적 약제보다 더 나은 효과를 나타낼 것이다. 그 이유는 동종요법이 조제된 약제의 생기를 적용하여 생기의 불균형을 직접적으로 해결하기 때문이다. 그것은 바로 '유사한 것으로써 유사한 것을 치료한다' like cures like는 동종요법의 두 번째 원리에 의해 선택된 것이다. 만약 의학적 물질이 건강하지 않은 육체에 나타나는 증상들과 똑같은 증상들을 건강한 육체에 유발시킨다면, 그것은 의학적 물질의 생기 운동 vital energy movements과 육체의 그와 관련된 (균형이 깨진) 생기 운동이 서로 '공진' resonance 상태에 있다는 것을 의미해야만 한다. 이 경우, 의학적 물질의 생기는 건강하지 않은 사람의 생기의 불균형을 바로잡을 것이다.

이러한 동종요법의 중요한 원리들과 그와 관련된 세부적인 사항들은 생기체 과학vital body science을 활용함으로써 이해될 수 있다. (고와스미, 2004 참조.)

생기체와 다우징의 의미
The Vital Body and the Explanation of Dowsing

'다우징' dowsing은 많은 사람들이 지하수를 찾는 데 사용했던, 매우 잘 알려진 실제적인 현상이다. 그것은 당신이 우물을 파려고 하지만, 뒷마당 전체를 망치고 싶지 않을 때 도움이 된다. 다우징을 하는 사람들은 dowsers 자신의 손 안에 있는 *수맥 탐사봉*divining rod으로 하여금 수원지를 찾도록 하게 하는 재주가 있는 사람들을 말한다.

유물론자들은 다우징을 완전한 우연이라고 매도할 수밖에 없다고 느낄 정도로 다우징과 관련해서 극복할 수 없는 것처럼 보이는 많은 문제들을 가지고 있다. 그들은 '수맥을 찾는 사람'은 일종의 '운 좋은 사기꾼'이라고 주장할지도 모른다. 그러나 만약 '수맥을 찾는 사람들'이 단순한 우연에 의거해 작업을 하고 있다면, 그들이 어떻게 그토록 성공적일 수 있는가는 아주 놀라운 일이 아닐 수 없다.

생기 현상과 생기의 작동방식을 이해할 경우, 다우징을 설명하는 이론을 공식화할 수 있다. 반대로, 우리가 이론을 구축할 경우, '다우징' 이라는 것은 생기의 잠재적 능력에 대한 매우 설득력 있는 증거라고 주장하는 것이 가능하다. 또한 다우징은 '하향적 인과관계' downward causation 와 새로운 과학적 사고방식의 또 다른 결실을 이용하는 새로운 길들을 우리에게 제시할지도 모른다.

다우징에 있어서 결정적으로 중요한 것은 그것을 통해 수맥을 찾으려는 의도intend이다. 그 의도는 지하수와 상관관계가 있는 생기에 연결된 생기의 느낌feelings을 통해 작동하고 있다.

내 개인적으로는, 물이 생기 상관관계를 기억할 수 있다는 아이디어는 내가 다우징을 이해하지 못하게 했던 방해물이었다. 그러나 내가 동종요법이 '진탕' 프로세스를 통해 어떻게 작동하는가를 깨닫게 되자, 그것에 대한 이해가 되기 시작했다. 물은 우리 인간과 함께한 오랜 역사를 가지고 있다. 그리고 지하수는 여러 가지 방법을 통해 생기와 쉽게 심하게 흔들릴 수 있다. 그것이 어떻게 이루어지는가는 중요하지 않다. 만약 '수맥을 찾는 사람'이 선의를 가지고 있다면, 지하수의 생기는 그 사람의 생기와 연관성을 가지려고 한다. 이것이 바로 첫 번째 단계이다.

그러나 여전히 결정적으로 중요한 부분이 빠져 있다. 어째서 '수맥을 찾는 사람'은 '수맥 탐지봉'을 사용하는가? 자신의 손을 이용하는 것이 보다 더 사리에 맞는 것이 아닌가? 아마도 '수맥 탐지봉'은 그저 '수맥을 찾는 사람'이 자신의 의도를 목표에 집중하는 것을 도와주며, 그 의도에 방향성을 제시하는 것은 아닐까?

이러한 미스터리는 엔지니어이자 저술가인 윌리엄 틸러William Tiller와 그의 동료들에 의해 실시된 의도intention에 관한 중요한 연구에 의해 명확하게 설명됐다(틸러Tiller, 디블Dibble, 코한Kohane, 2001). 수년간에 걸친 실험들 끝에, 틸러는 인간의 의도의 인과적 효력causal potency이 물질적 대상들로 전해질 수 있다는 사실을 아주 납득할 만하게 증명했다.

'수맥을 찾는 사람'은 물을 찾으려는 의도를 수맥 탐지봉에 전하며, 그럴 경우 수맥 탐지봉은 '의도'의 매개물이 되어 그 의도가 실현되는 것을 촉진시킨다. 이렇게 다우징이라는 현상은 이해되고 설명된다.

당신도 한번 다음과 같이 다우징을 실제로 적용해 보라. 만약 당신이 건강식품가게를 자주 찾는다면, 얼토당토않은 효능 표시가 붙은 온갖 종류의 약초 '에너지 상품'herbal energy items 중에서 무엇을 선택해야 할지 고민에 빠질 것이다. 당신에게 필요한 것을 영리하게 선택하는 방법은 없을까? 다우징을 사용하면, 생기가 아주 많은 상품을 매우 쉽게 발견할 수 있을지도 모른다. 수맥 탐지봉은 당신 자신만의 형태로 만들 수 있다. 쇠막대 두 개를 자유롭게 회전할 수 있도록 받침대에 느슨하게 달면 된다. 자 이제 당신의 '점치는 막대기'를 느슨하게 잡아보라. 우선, 탐지봉을 비생명체에 가까이 댈 경우 아무런 일도 벌어지지 않는지를 확인하라. 이 경우 탐지봉들은 서로 분리되지 않는다. 이제 탐지봉을 약초 혼합물들에 한번에 하나씩 맞춰보라. 그런 후 그 실험을 반복해 보라. 약초 혼합물들 가운데 몇몇은 당신이 아무런 노력을 하지 않아도 탐지봉들을 서로 분리시킨다는 것을 발견하게 될 것이다. 당연하게 당신은 그러한 반응이 나타나는 약초 혼합물들 중에서 하나를 선택해야만 한다. 단, 그 실험을 하는 데 있어서 '의도'의 중요성을 잊지 말아야 한다.

지나가는 말로 마지막으로 한 마디 하자면, 틸러의 연구가 '하향적 인과관계'에 바탕을 둔 미래 기술에 있어서 얼마나 중요한 것인지를 알게 될 것이다. 이 연구를 되풀이하는 것은 다른 연구자들에게 매우 중요하다.

다시 생각해 보자. 이 모든 것에서 신에 관한 증거는 무엇인가?
To Recap : What Is the Evidence for God in All This?

풀기 어려운 문제는 불가능한 해결책을 필요로 한다. 우리는 실재reality의 디자이너인 신God이 생명을 디자인하는 데 사용하고 있는 설계도인

'형태형성의 장'에 대한 논의로 이 장을 시작했다. 형태형성morphogenesis이라는 것은 그 처리과정에 관련되어 있는 비국소성nonlocality 때문에 유물론자들에게는 믿기 어려운 문제이다. 그리고 우리가 형태형성의 장의 움직임과 그 장이 발달하도록 돕는 기관들organs을 인간의 '느낌'feeling이라는 것과 연결시킬 수 있을 때, 우리는 유물론자들에게는 여전히 믿기 어려운 또 하나의 문제인 '느낌'이라는 것에 대한 설명을 찾아냈다.

따라서 '느낌'이라는 것을 우리의 경험의 한 부분으로 받아들이기 위해서는 '신의 가설'God hypothesis이 필요하다는 것이 이 장에서 우리가 얻은 성과이다. 느낌을 우선시하는feeling-oriented 문화 속에서 사는 사람들은 (선이건 악이건) 신을 믿는 사람들이 되는 반면에, 합리주의rationalism가 문화를 지배할 경우 '신의 가설'로부터 멀어지는 경향을 나타낸다는 사실을 알게 될 것이다. 이러한 경향은 우연의 일치가 아니다.

유물론적 과학은 오늘날 그것이 우리에게 자연환경environment에 대한 통제권을 제공하는 것처럼 보이기 때문에 아주 활기 있게 실행되고 있다. 그러나 '느낌'이라는 것은 우리가 통제할 수 없는 어떤 것이다. 만약 우리가 느낌을 통제하려고 한다면, 그것은 우리 목숨이 걸린 문제이다. 우리가 느낌이라는 것을 억압할 때 우리가 발현시키는 모든 질병들이 그것을 입증한다.

Chapter 12

신의 정신에 관한 탐구
Exploring the Mind of God

정신mind이란 뇌brain의 정신인가, 아니면 신(또는 지고의 실재)God or Godhead의 정신인가? 이제 우리는 이 문제를 좀 더 자세히 논의할 수 있게 됐다.

흔히 정신의 소재지site of the mind로 여겨지고 있는 뇌의 신피질neocortical 부분은 일종의 컴퓨터이다. 따라서 유물론자들은 다음과 같은 질문을 던진다. "우리는 정신을 가지고 있는 컴퓨터를 만들 수 있을까?" 만약 만들 수 있다면, 정신을 가지고 있는 컴퓨터는 정신이 뇌에 속한다는 사실을 증명할 것이다.

컴퓨터가 정신적 지능mental intelligence을 흉내 낼 수 있을까? 이 질문은 인공지능artificial intelligence이라는 연구 분야 전체에서 생겨났다. 수학자 앨런 튜링Alan Turing[현대 컴퓨터과학의 아버지로 불리는 영국출신 수학자. 앨런 튜링은 제2차 세계대전 중 연합군의 암호해독센터인 브레칠리 파크에서 일하면서 '튜링 봄브'라는 현대 컴퓨터의 전신을 만들어 나치의 암호를 풀어냈다. 역자주]은 다음과 같은 정리

theorem를 만들어 냈다. 만약 컴퓨터 처리를 하는 기계가 어떤 사람으로 하여금 다른 인간 존재와 이야기하고 있는 중이라고 생각하도록 속이기에 충분한 지적인 대화를 흉내 낼 수 있다면, 우리는 컴퓨터의 정신적 지능을 부정할 수 없다.

1980년대에 캐나다에는 캘리포니아 정신과 의사의 컴퓨터 시뮬레이션과 대화하기 위해 전화를 걸 수 있었던 전화번호가 있었다. 많은 사람들은 이 컴퓨터와 이야기를 했으며 나중에야 자신들이 속았다는 것을 인정했을 정도로 그 기계는 신체 접촉을 하면서 동정심을 나타내는 듯한 어투로 그날의 심리요법 전문용어를 섞어 말을 하는 진짜 의사 같았다.

그렇다면 컴퓨터들은 튜링 테스트Turning test[튜링 테스트는 기계가 인간과 얼마나 비슷하게 대화할 수 있는지를 기준으로 기계에 지능이 있는지를 판별하고자 하는 테스트로 앨런 튜링이 1950년 철학저널 '마인드'Mind에 발표한 '컴퓨팅 기계와 지능'Computing Machinery and Intelligence이라는 논문에서 처음 제안했다. 그는 컴퓨터로부터의 반응을 인간과 구별할 수 없다면 컴퓨터는 생각할 수 있는 것이라고 주장했다. 만약 지성 있는 사람이 주도하여 기계가 진짜 인간처럼 보이게 하는 데 성공한다면 확실히 그것은 지능적이라고 간주해야 한다고 주장했다. 역자주]를 통과했을까? 한 컴퓨터가 체스 게임에서 세계 챔피언을 물리쳤다. 그렇다면 그 컴퓨터는 인간 존재보다 훨씬 더 지능적일지도 모른다. 어쨌든 우리는 정신을 가지고 있는 컴퓨터를 만들었을 뿐만 아니라, 인간 가운데 가장 뛰어난 사람보다 더 좋은 정신을 가지고 있는 컴퓨터를 만들었다.

"잠깐 기다려!" 존 설John Searle이라는 철학자는 우리가 이렇게 말하는 것을 막았다. 1980년대에 설은 이른바 '지능형 컴퓨터'intelligent computer에 반대하는 주장을 하기 위해 '중국어 방'Chinese Room이라는 퍼즐을 만들었다.

당신이 어떤 방 안에 있다고 상상하라. 틀림없이 당신은 한 장의 카드가 슬롯머신으로부터 나올 때 무엇을 해야 할지 의아스럽게 여기게 될 것이다. 그 카드를 집어보니 거기에는 당신이 생각하기에 중국어처럼 보이는 글이 휘갈겨 써 있다. 그러나 당신은 중국어를 모른다. 따라서 그 카드에 쓰여진 글의 의미를 당신은 이해하지 못한다. 주변을 둘러보자 영어사전을 참고하라고 당신에게 이야기해 주는 영어로 쓰여진 간판이 있음을 알게 된다. 거기에는 한 벌의 카드로부터 대답용 카드를 찾는 데 도움이 되는 지시가 쓰여 있다. 그 지시에 따라서 대답용 카드를 찾아서 지시대로 밖으로 나가는 슬롯머신에 집어넣는다.

여기까지는 그래도 좋다. 그러나 설은 당신에게 다음과 같이 질문한다. "당신은 중국어 방에 들어온 목적을 이해합니까?" 당신이 약간 당황스러웠다는 것을 인정할 때, 설은 다음과 같이 설명해 준다. "자 보세요. 당신은 그 방 안에서 컴퓨터가 한 것과 똑같이 상징symbols을 처리할 수 있었습니다. 그러나 그것이 당신이 카드에 쓰여진 글의 의미를 처리하는 데 도움이 되었습니까?"

따라서 바로 이것이 설이 주장하는 내용의 핵심이다. 컴퓨터는 상징처리symbol-processing 기계이다. 그것은 의미meaning를 처리할 수 없다. 만약 당신이 우리 인간이 그저 의미를 나타내기 위해 어떤 상징들을 저장해 둘 수 있다고 생각한다면, 다시 생각해 보라. 당신은 당신이 만들어 낸 '의미를 나타내는 상징들'meaning symbols의 의미를 당신에게 말해 주는 상징들을 더 많이 필요로 하게 될 것이다. 그리고 이러한 상황은 끝없이 계속될 것이다. 의미를 처리하기 위해서는 당신에게 무한대의 숫자의 상징들과 기계가 필요하다. 그것은 불가능하다!

설은 *정신의 재발견*The Rediscovery of the Mind이라는 책을 썼다. 그 책에서 그는 정신은 의미의 처리를 필요로 한다고 말했다. 뇌 단독으로는 의미를 처리할 수 없다. 그러나 뇌는 정신적 의미의 표상representation of mental meaning을 만들어 낼 수 있을 뿐이다.

나중에 물리학자이자 수학자인 로저 펜로즈Roger Penrose는 컴퓨터가

'의미'를 처리할 수 없다는 사실을 수학적으로 입증했다. *황제의 새로운 정신*The Emperor's New Mind이라는 그의 책의 제목은 도발적이다. 유명한 이야기 속에 나오는 황제의 새로운 복장들처럼, 엄청난 열광에도 불구하고 컴퓨터의 새로운 정신computer's new mind이라는 것은 상상에 불과한 것이다.

설과 펜로즈가 이루어 낸 것은 매우 훌륭한 과학이다. 왜냐하면 그들의 연구는 '의미'가 물질의 진화적 적응 속성evolutionarily adaptive quality of matter이라는 유물론적 생물학자들의 주장을 완벽하게 부정하고 있기 때문이다. 만약 물질이 실제로 의미를 처리할 수 없다면, 어떻게 물질은 자연 선택nature to select, 생존에 이득이 되는지 아닌지를 판단하기 위한 어떤 의미 처리meaning-processing 능력을 나타낼 수 있는가?

이와 같이 정신은 뇌에 속하지 않는다. 정신은 뇌와는 별개이며, 우리 인간의 경험들에 '의미'라는 것을 부여하는 어떤 것이다. 그러나 어떻게 '정신'이라는 것이 신God에 속하는 것이 된다는 말인가? 그 '정신'이라는 것은 '신의 정신' God's mind인가?

뇌와 정신이 함께 작동한다는 것은 의심의 여지가 없다. '기억들' memories이라는 것은 저장되어 있다. 그렇지 않은가? 그러나 만약 뇌와 정신이 완전히 서로 다른 것이라면, 물질적 실체matter substance로서의 뇌와 의미 실체meaning substance로서의 정신 이 두 가지는 어떻게 상호작용을 하는 것인가? 어떻게 그 두 실체는 함께 작동하는가? 그들에게는 중계자mediator가 필요하다.

따라서 '신'이라는 존재, '양자 신' quantum God, '양자 의식' quantum consciousness 으로서의 신이 필요하다. 만약 정신과 뇌가 모두 '의식의 양자 가능성들' quantum possibilities of consciousness, 즉 의미 가능태meaning-possibility 로서의 정신과 물질 가능태matter-possibility로서의 뇌로 구성되어 있다면, 신이 그들의 상호작용을 중재할 수 있다는 것을 당신은 깨달을 수 있는

초정신적 맥락Supramental Context 또는 의미의 원형Archetype of Meaning

정신적 표상Mental Representation 혹은 설계도Blueprint

뇌 기억Brian Memory 혹은 정신적 의미의 표상Representation of Mental Meaning

[그림 12-1] '의미'의 초정신적 맥락이 '정신의 설계도'의 중개를 통해 뇌 안에서 나타나는 방식

가? '신 의식'God-consciousness이 뇌와 정신의 '가능성 파동'possibility waves을 붕괴시켜 '정신적 의미'mental meaning를 경험하게 하며, 동시에 그것을 뇌의 기억brain memory으로 만드는 것이다(그림 12-1).

당신은 여전히 이것이 이론에 불과한 것이라고 주장할 수 있다. 그에 대한 실험은 어디에 있는가? 실험적 과학에서 부정적인 결과에 대한 예측은 흔히 긍정적인 결과에 대한 예측과 똑같이 유효한 것이다. 우리는 부정적인 실험적 결과치를 가지고 있다. 그것은 바로 컴퓨터들이 의미라는 것을 처리하지 못한다는 것이다. 지금까지 그 어떤 컴퓨터 과학자도 우리의 실험 가설을 반박하는 '의미를 처리하는' 컴퓨터를 만들 수 없었다는 것은 사실이다. 최소한, 이것은 결코 논박될 수 없는 그 이론에 대한 예측이다. 나는 그것을 장담한다.

의미에 관한 실제적인 무엇인가는 있는 것인가?
Is There Anything Practical About Meaning?

'의미'라는 것이 우리 인간에게 중요하며, 의미를 적절하게 처리하는 것이 유효하다는 증거를 제시하는 또 다른 현상들이 존재한다.

우리가 잘못된 정신적 의미wrong mental meaning를 우리 경험 탓으로 돌릴 때, 우리는 그것이 우리 몸을 아프게 만들 수 있을 정도로 분리된 느낌을 느낀다(도시Dossey, 1992). 예를 들면, 우리는 우리의 가슴(차크라) 안에서 사랑을 느낄지도 모른다. 그러나 우리는 그것을 표현하는 것은 부적절하다고 생각하거나 또는 그것을 적절하게 표현하는 방법을 모른다고 생각할지도 모른다. 우리가 의미를 부적절하게 지각한 결과, 우리는 우리의 느낌feeling을 억압한다. 가슴 차크라에서 이러한 의미가 발생시킨 느낌의 억압은 (가슴샘thymus gland의 작용을 통해) 면역 체계와 연관된 작동들까지 막힐 수 있을 정도로 그곳의 생기의 자유로운 흐름을 막을 수 있다. 그리고 이러한 작용은 암cancer로 이어지는 것으로 알려지고 있다. 우리가 적절한 정신적 의미를 부여함으로써 사랑을 배우고, 그것을 표현할 수 있을 때, 차단된 것들이 사라지며 우리는 치유된다. 이러한 사실 또한 기록으로 입증되어 있다. (예를 들면, 고스와미, 2004 및 제18장을 참조할 것). 따라서 이것은 의미meaning라는 것에 대한 일종의 실제적인 실험결과치이다.

이와 같이 '정신적인 의미' mental meaning라는 것은 단순히 이론만은 아니다. 의미와 의미의 처리meaning processing라는 것이 실제로 존재한다는 사실을 아주 확실하게 객관적으로 테스트할 수 있는 두 가지 또 다른 증거들이 존재한다. 창조성creativity과 사랑love이라는 현상이 바로 그것들이다. 그러나 이것들 또한 그 핵심적인 방식에 있어서 초정신체the supramental와 관련을 가지고 있다. 그래서 나는 그것들에 관해 별개의 장에서 논의를 할 것이다(제16장, 제17장).

잠들어 있는 시간 중 상당 부분은 우리가 꿈dreaming이라고 부르는 '의식의 변용상태' altered state of consciousness 안에서 보내게 된다. 이것은 뇌파들이 깨어 있음wakefulness, 숙면deep sleep, 꿈꾸는dreaming 상태로 변한다는 것을 보여줌으로써 객관적으로 기록된 사실이다. 꿈이라는 것은 비록 보통 주관적으로 경험되지만, 객관적으로 측정될 수 있는 객관적인 꿈들의 결말들consequences이 존재한다. 꿈에 대한 물질적(육체적) 설명들이 제안되기도 했지만, 그 설명들은 어째서 꿈이 사람들의 삶에서 어떤 명백한 측정할 수 있는 차이를 만들어 내야만 하는가를 설명할 수 없기 때문에 불충분하다. 나는 제14장에서 꿈이라는 주제를 다룰 것이다.

생각thoughts과 꿈dreams은 일반적으로 사적이며 주관적인 경험들로서 내적으로 경험되지만, 두 사람이 생각들, 심지어 꿈들까지 공유하는 경우가 있다. 이것은 텔레파시telepathy라는 주제이며, 공유되어 있으며, 따라서 남의 눈에 드러난, 완전하게 객관적인 실험을 할 수 있는 주제이다. (제16장 참조.)

공시성
Synchronicity

'의미'라는 것이 중심적 역할을 하는 또 다른 현상이 바로 공시성synchronicity(칼 융의 용어)이라는 것이다. 나는 앞에서 이미 공시성에 대해 언급한 바 있다. 그것은 하나의 외적 사건과 하나의 내적 사건의 비인과적acausal이지만 '의미 있는 우연의 일치'meaningful coincidence이다. 이 우연의 일치의 의미meaning of the coincidence는 그 어떤 실험적으로 입증할 수 있는 결과들이 없다는 이유 때문에 단순히 주관적인subjective 것이라고 할 것인가? 흔히 의미의 지각perception of the meaning은 지각하는 사람에 있어서 대체로 객관적인 증거로 이루어질 수 있는, 관측할 수 있는 삶의 변화들을 야기시킨다.

칼 융(1971)이 제시한 한 예는 '공시성'이라는 경험이 얼마나 특별할 수 있는지를 보여줄 것이다. 융은 한 젊은 여성 환자와 진료상담을 하고 있던 중이었다. 그녀는 '실재reality에 대해 완벽한 '기하학적' 생각을 가지고 있는 아주 세련된 데카르트적 합리주의Cartesian rationalism'로 무장하여 '심리학적으로 접근할 수 없는' psychologically inaccessible 사람이었다. 그래서인지 그녀는 '좀 더 인간적인 이해심으로 그녀의 합리주의를 온화하게 만들려는' 융의 계속된 시도들에 대해서 반응을 나타내지 않았다. 융은 그녀의 지적인 껍질intellectual shell을 깨는 데 도움이 될 '예상치 못한, 비이성적인 무엇인가가 나타나기를' 절실하게 바라고 있었다. 바로 그때 다음과 같은 '공시성적 사건' synchronistic event이 벌어졌다.

> 어느 날 나는 창문 쪽으로 등을 대고 그녀와 마주 앉아 있었다. 그녀는 전날 밤 놀라운 꿈을 꾸었다고 했다. 그 꿈에서 누군가가 그녀에게 황금풍뎅이golden scarab 모양의 아주 비싼 보석을 건네 주었다. 그녀가 나에게 그 꿈에 대해 이야기를 하고 있던 동안, 나는 내 등 뒤에서 무엇인가가 부드럽게 창문을 두드리는 소리를 들었다. 내가 등을 돌려서 보니 그것은 상당히 커다란 날벌레였다. [……] 나는 창문을 재빨리 열고, 날아 들어오는 그 날벌레를 낚아챘다. 그것은 풍뎅잇과의 딱정벌레 혹은 흔히 '로즈 차퍼' rose chafer(학명은 세토니아 오라타cetonia aurata)라고 불리는 장미, 포도 등에 붙어사는 장수 풍뎅잇과 곤충이었다. 그것의 황금 초록 빛깔은 황금풍뎅이의 빛깔과 거의 대부분 유사하다. "여기에 당신의 황금풍뎅이가 있습니다"라고 말하면서 나는 그녀에게 건네주었다.

이 환자의 내부 자각awareness 안에 있는 '꿈의 황금풍뎅이'와 그녀의 외부 자각 안에 있는 딱정벌레/풍뎅이라는 공시성적인 출현synchronistic appearance은 그 젊은 여성의 지적인 껍질을 깨트렸으며, 그녀의 치료사인 융에게 심리학적으로 접근할 수 있게 되었다.

이 같은 공시성적 사건들은 두서너 가지 맥락을 예로 들자면, 낭만 romance, 치료therapy, 창조성creativity과 관련하여 기존 관점에서 벗어날 필요성이 있는 사람들에게 흔히 나타난다.

이제 공시성의 가장 중요한 측면을 주목해 보도록 하자. 하나는 외부에서, 다른 하나는 내부에서, 그러나 아직 의미meaning를 통해 연결되지 않은 두 가지 우연의 일치와 같은 사건의 동시 발생은 단 한 가지를 의미할 수 있다. 그러한 사건들의 원인source은 외부와 내부 모두, 육체와 정신psyche 모두를 초월한 하나의 주체agency(융은 이것을 *집단적 무의식 collective unconscious*이라고 불렀다) 속에 놓여 있어야만 한다. 양자 관점에서 보자면, 이 주체는 의식consciousness 혹은 신성Godhead이다. 이는 물질matter과 정신psyche 모두가 양자 가능성들quantum possibilities이기 때문이다. 당신은 융이 아주 오래 전에 정신-육체 이원론mind-body dualism의 양자 해결quantum resolution을 예견했다는 사실을 알 수 있을 것이다.

좀 더 분명하게 말하자면, 플라톤이 *원형archetypes*[플라톤은 원형을 인간과 독립적으로 존재하는 본질, 이데아idea라고 불렀다. 이에 반해 융은 인간 각 개인의 심리와 무관하게 존재하는 것이 아니라 심리 안에 내재해 있는 역사이고 집합적인 기억의 본질을 원형이라고 불렀으며, 인간 심리의 본성을 규정하는 초인격적 인간 심리구조를 원형이라고 정의했다. 역자주]이라고 불렀던 '집단적인 무의식'의 대상들objects이 융의 '공시성적인 사건'이라는 생각 속에서 발견될 수 있다. 융은 '원형'이라는 것이 육체the physical를 통해 외부로 나타나고, 프시케the psyche를 통해 내부로 드러나는 '싸이코이드' 본성psychoid nature을 가지고 있다는 것을 깨달았다. ['싸이코이드'라는 것은 융의 집단 무의식(원형)의 다른 표현이며, 그 원형이란 그 자체로서는 표현 불가능한 것이며 무의식적이고, 인간에게 선천적으로 주어진 정신구조의 한 부분이라고 융은 말하고 있다. 융은 특히 원형이라는 것이 정신과 육체를 초월하고 있다는 점에서 '싸이코이드'라고 부르고 있다고 밝히고 있다. 심리학자들 사이에서는 '정신과 유사한 상태'라는 의미에서 '정신양精神樣이라고 번역되기도 한다. 역자주] 우리 인간의 '집단적 무의식'이라는 이러한 원형은 육체적 법칙들physical laws과 우리가 앞서 '초정신체'the supramental라고 불렀던 정신적인, 생기적인 움직임movement이 이루어지는 맥락contexts이다. 따라서 융의 집단적 무의식은 우리 인간 안의 초정신적 영역supramental domain과 연관성을 가지고 있다.

만약 당신이 당신의 삶 속으로 양자 의식quantum consciousness을 받아들이고 싶다면, 공시성은 실행 가능한 수단을 당신에게 제공할 것이다. 창의적인 사람들이 '공시성적 경험들'을 어떻게 활용하는지에 대해 몇 가지 예를 들어 설명하자면 다음과 같다.

사례 : 중국 선불교의 6대조인 휴이 넹Hui Neng은 저잣거리에서 누군가가 "마음을 그 어떤 것에도 집착하지 말고 자유롭게 흐르도록 하라"라는 불교 경전 금강경의 한 구절을 암송하는 것을 듣고 즉시 깨달음을 얻었다.

사례 : 모빌 조각의 창시자인 알렉산더 칼더Alexander Calder는 파리에서 추상화가인 피에 몬드리안Piet Mondrian의 화실을 방문했다. 그 순간 그는 자신의 움직이는 조각 안에 추상적인 조각들을 사용할 생각을 했다.

사례 : 알버트 아인슈타인이 다섯 살 때 몸이 아파 누워 있었을 때, 그의 아버지가 자석 나침반을 가져다주었다. 나침반 케이스를 어느 방향으로 돌려도 나침반의 바늘이 언제나 북쪽을 가리키는 것을 보고 아인슈타인은 그의 과학적 업적의 바탕이 되었던 경이감을 갖게 되었다.

사례 : 노벨 문학상을 수상한 시인 라빈드라나트 타고르Rabindranath Tagore는 나뭇잎에 빗방울이 떨어지는 것을 보았다. 그때 뱅골어 원어로 운을 맞춘 짧은 시구의 두 개의 문장이 떠올랐다. 그 시구는 이렇다. "비가 오네, 나뭇잎들이 떨리네." 후에 타고르(1931)는 이 경험을 다음과 같이 적었다.

> 비에 맞아 떨리는 나뭇잎의 리드미컬한 모습은 단순히 정보뿐만 아니라 나의 존재와의 조화를 이루는 세계를 내 마음 앞에 열어 주었다. 그 무의미한 단편들은 각각의 고립을 잃어버리고 나의 마음은 조화로운 환상 속에 기뻐 어쩔 줄 몰랐다. (p. 93)

Chapter 13

혼의 증거
Soul Evidence

 지나간 시대의 많은 과학자들은 정말 신앙심이 깊었으며, 신에 관해 아주 공개적으로 이야기를 했다. 아인슈타인은 그런 사람들 중의 하나였다. 그는 다음과 같은 말을 한 것으로 유명했다. "나는 그 유일한 것(신^{God}을 의미함)의 마음을 알고 싶다." 또는 "나는 신이 우주를 가지고 주사위 놀이를 하고 있다고 믿을 수 없다." 오늘날 사람들은 아인슈타인이 신에 관해 이러한 이야기를 한 까닭을 잘못 이해하고 있다. 어떤 과학자들은 그것은 그저 그 당시에 흔히 했던 형식적인 연설 매너일 뿐이라고 생각한다. 다른 과학자들은 과학자들이라는 종류의 인간들 $^{scientists\ of\ that\ ilk}$은 아직 자신의 미신을 버리지 못했다고 단호하게 선언한다. 그러나 아인슈타인과 그와 비슷한 다른 과학자들이 신을 믿었던 실제적 이유는 아주 심오하다.

 과학, 특히 물리학과 화학은 법칙들^{laws}을 토대로 하고 있다는 것은 하나의 사실^{fact}이다. 그러나 이러한 법칙들은 어떻게 만들어졌는가?

그리고 흔히 이러한 법칙들은 '수학의 언어'를 통해서 표현되고 있다. 수학의 기원origin은 무엇인가?

만약 삼라만상이 물질의 운동motion으로부터 생겨난다면, 물리학의 법칙들과 수학이라는 언어는 기본입자들elementary particles의 임의의 법칙 없는 운동random lawless motion에 따라야만 한다. 유물론자들의 본성이 원래 그렇듯이 수정rectification을 위한 몇몇 시도들이 이루어졌다. 불행하게도, 그 누구도 기본입자들의 무작위적 운동random movement으로부터 물리적 법칙들을 추론하는 데 성공하지 못했다. 그뿐만 아니라 제멋대로 움직이는 물질에서 시작되는 수학의 기원을 이해하기 위한 획기적인 해결책도 제시되지 못했다.

이 때문에 신을 공경했던 아인슈타인 류의 과학자들은 바보가 아니었던 것이다. 훌륭한 철학적 사색가들이었던 그들은 물리학의 법칙들과 수학적 언어가 신에 대한 결정적인 증거definitive proof for God를 나타낸다는 사실을 알아냈다. 분명히, 이들 과학자들은 뉴턴의 결정론Newtonian determinism [결정론이란 과거의 결과가 미래의 원인이 되며, 이 세상의 모든 사건은 이미 정해진 곳에서 정해진 때에 이루어지게 되어 있었다는 이론이다. 결정론에 따르면 우주에서 일어나는 모든 사건과 운동은 이미 그 전부터 결정되어 있으며, 어떤 법칙에 따라 합리적으로 움직인다. 만유인력의 법칙을 발견한 뉴턴과 라플라스 등은 결정론을 지지했다. 특히, 라플라스는 "우주의 모든 입자의 위치와 속도를 안다면 우주의 미래를 예측할 수 있다"고 주장했으며, 초기 결정론의 모태를 만들었다. 흔히 결정론은 라플라스주의라고도 한다. 출처: 위키백과. 역자주]도 믿고 있었다. 따라서 그들은 신이 (수학이라는 언어와 함께) 우주의 법칙들을 창조했으며, 우주를 작동하도록 했고, 그런 후 그 법칙들로 하여금 작동 코스를 좌우하도록 했다는 사실을 정말로 믿었다. 이것이 바로 아인슈타인이 "우리 인간이 경험할 수 있는 가장 아름답고 심오한 감정emotion은 신비로움이라는 느낌sensation이다. 그것이 바로 모든 참된 과학의 힘이다."라고 말한 이유이다.

이러한 과학자들에게 신은 세상의 자비로운 관리자caretaker, 간섭하는 것을 자제하는 부모parent였다. 분명히, 아인슈타인은 결코 양자 물리학의 전체 메시지를 이해하지 못했다. 비록 그 자신이 양자 물리학에 있어서 결정적으로 중요한 아이디어를 제공하기는 했지만 말이다. "나는 신이 우주를 가지고 주사위 놀이를 하고 있다고 믿을 수 없다"라는 그의 발언은 양자 물리학에 대한 소위 '통계학적 해석'을 추종하고 있던 대다수의 과학자들에 대한 아인슈타인의 철저한 분노로부터 나중에 나온 것이었다. 물리학자들은 양자 대상들quantum objects의 파동을 그 파동의 실체인 '가능성의 파동' waves of possibility이 아니라 '확률 파동' probability waves이라고 부름으로써 그들 자신에게 최면을 걸었다. 양자 대상을 '가능성의 파동'으로 생각하는 것은 곧 당신의 마음 속에 "누구의 가능성이지?"라는 의문을 떠올리게 할 것이다. 이러한 의문 대신, 물리학자들은 관찰자 효과observer effect를 무시했으며, 확률을 계산해 내는 데, 그리고 양자 물리학을 그들의 통계학적 계산결과들을 수많은 시스템과 사건들에 실제적으로 적용하기 위해 활용하는 데 만족해 하고 있었다.

만약 아인슈타인이 양자 물리학이 신을 재발견하는 것을 우리에게 가능하게 해줄 것이라는 사실과, '양자 신' quantum God은 자비롭지 않다는 사실을 알았다면, 그는 정말로 아주 행복했을 것이라고 나는 단호하게 생각한다.

원형의 영역 : 직관적 경험의 초정신적 맥락
The Realm of the Archetypes : The Supramental Contexts of Intuitive Experiences

물리적 법칙들physical laws은 어디로부터 생겼는가? 어떤 철학자들은 물리적 법칙을 물리적 대상들의 행위behavior에 대해 '정신이 만들어 낸

묘사' mind-made descriptions라고 생각하고 있다. 흔히 이러한 생각은 "뉴턴의 중력의 법칙law of gravity은 나무에서 나뭇잎을 떨어지게 만들 수 있는가?"라는 질문으로 요약된다. 물리학자 존 휠러John Wheeler는 다른 두 명의 물리학자들과의 논의에서 다음과 같은 방식으로 그 질문에 접근했다.

> 이 방을 양탄자로 덮고, 아주 큰 크기의 종이를 바닥에 내려놓은 다음, 그 종이를 1평방미터 크기로 구획을 짓는다고 상상해 봅시다. 그런 후 내가 바닥에 앉아서 그 종이의 한 구획에 우주에 관한 나의 가장 훌륭한 방정식들equations을 쓰고, 당신들도 바닥에 앉아서 당신들의 방정식들을 쓴다고 상상해 봅시다. 그런 후 우리가 가장 존경하는 사람들을 불러, 그 종이가 온통 방정식으로 꽉 찰 때까지 그들에게 그들의 방정식을 써달라고 요청하고, 그 방에서 나온다고 상상해 봅시다. 우리는 마법의 지팡이를 가지고 있으며, 바닥의 종이 위에 쓰여 있는 방정식들에게 날개를 달아서 날아가도록 명령을 내린다고 상상해 봅시다. 그 어떤 방정식도 날아가지 않을 것입니다. 그러나 우리의 우주 안에는 어떤 마술이 존재하기 때문에 그 마술은 새와 꽃 그리고 나무와 하늘을 날게 합니다. 어떤 강제력이 있는 기능compelling feature이 우주 배후에 있는 그 방정식들에 날개를 달아주어서 날게 만드는 것일까요? (피트Peat, 1987에서 인용.)

이 이야기의 핵심은 "그 법칙들을 나타내기 위해 우리가 정신적으로 작성한 그 방정식들은 날아가지 않지만, 그 방정식들 배후에 있는 '실제' 법칙들real laws, 방정식들이 '정신적 표상들' mental representations로 나타낸 법칙들, 우리가 직감을 통해서, 최선을 다해 방정식을 통해 정신적으로 드러낸 법칙들은 어떻습니까?"라는 것이다. 그것들은 반드시 날아가야만 한다. 왜냐하면 그것들은 그럴 능력이 있어야만 하기 때문이다. 우리의 방정식들은 시간에 따라 진화한다. 그 표상들은 점점 더 훌륭해진다. 그러나 우리의 정신적 표상들이 그것을 향해 진화해 가는 '실제'

법칙들은 불변의eternal 법칙들이다.

'중력의 법칙'이라는 것이 바위가 밑을 향해 끌려가도록 안내하는, 바위 조각 안에 암호화된 프로그램이 아니라는 것은 분명한 사실이다. 뿐만 아니라 그 바위가 떨어지는 운동은 그 바위 본체 안에 쓰여진 프로그램의 작동 결과도 아니다. 바위와 지구 사이에 끌어당김을 일으키는 힘을 나타내는 중력의 법칙 배후에는 (플라톤의 용어를 빌려 말하자면) 하나의 원형archetype이 존재해야만 한다. 그리고 이와 비슷하게 지구의 중력 때문에 바위가 떨어지는 운동 배후에는 또 다른 원형이 존재해야만 한다. 이러한 원형들은 의식consciousness 혹은 신Godhead으로 되는 가능성들의 가장 심원한 부분compartment, 초정신적supramental 부분을 구성해야만 한다.

수학mathematics은 어디에서 비롯되는가? 수학은 상태things, 보통 물질적인 상태들을 나타내는 상징들에게 부여된 하나의 의미meaning이다. 따라서 수학은 정신mind으로부터 나와야만 한다. 그리고 그런 후에야 '수학의 법칙' laws of mathemetics이라는 것이 존재한다. '아주 정교한 수학적 시스템은 불완전하거나 모순되지 않는다' 라는 쿠르트 괴델Kurt Goedel에 의해 증명된 유명한 '불완전성 정리' incompleteness theorem는 그 예이다. (이 정리는 또한 논리의 뒤엉킨 계층질서tangled hierarchies에도 활용됨으로써 유명하다.) [불완전성 정리는 1931년 오스트리아의 수학자이자 논리학자인 쿠르트 괴델이 증명한 두 개의 정리로, 수론을 포함하는 수학의 형식화가 가지고 있는 한계를 증명한 것이다. 괴델은 산술화된 형식체계에서는 참이지만, 증명할 수 없는 문장이 존재한다는 것을 증명했으며, 참인 수학적 진술이 영원히 증명도 반증도 되지 않을지도 모른다며 모순이 없는 공리계에서는 참이지만 증명될 수 없는 명제가 존재하며, 또한 그 공리계는 자신의 무모순성을 증명할 수 없는 것을 증명했다. 괴델의 제1 불완전성 정리 : 증명할 필요가 없는 자명한 진리나 원리인 '공리'와 공리들로부터 유도되는 '정리'들로 이론체계를 구성하는 방법인 공리적인 방법으로 구성해내어 산술적으로 참인 명제를 증명할 수 있는 임의의 무모순 이론에 대해, 참이지만 이론

내에서 증명할 수 없는 산술적 명제를 구성할 수 있다. 즉, 산술을 표현할 수 있는 이론은 무모순인 동시에 완전할 수 없다. **괴델의 제2 불완전성 정리**: 산술적인 참인 명제를 증명할 수 있는, 공리로부터 구성된 산술체계에 대하여 이 산술체계가 무모순이라면, 이 산술체계는 스스로의 모순성에 대한 진술을 포함할 수 없고, 그 역도 성립한다. 이는 실제로 공리로부터 출발한 산술체계가 무모순인지의 여부 자체에 대해 참, 거짓을 결정할 수 없음을 뜻한다. 괴델은 산술 전체가 들어 있는 포괄적인 체계의 무모순성은 초수학적으로 증명할 수 없다는 것을 증명했다. 역자주] 이러한 수학의 법칙들은 원형적 기원archetypal origin(초수학metamathematics[증명론이라고도 하며 수학에서의 증명 그 자체를 연구대상으로 하는 이론을 상위수학 또는 초수학이라고 한다. 역자주])을 가지고 있기도 하다.

생물학에는 소화waste, 배설elimination, 재생reproduction, 대사maintenance와 같은 생물학적 기능들이 존재한다. 그러한 기능들은 그 기능들의 '생명의 설계도들' vital blueprints이 그것을 향해 진화해 가는 '목적론적 전형' purposive ideals을 상징하고 있다. 이러한 '진화하는 설계도들' evolving blueprints이 육체 안에서 자신들의 표상을 발견하자마자, 생물학적 형태form는 의도적으로 보다 더 큰 복잡성complexity을 향해 진화한다.

우리는 '생명의 설계도'의 목적을 향한 운동을 이끄는 초정신체the supramental 안에 원형들이 존재해야만 한다는 사실을 알 수 있다. 우리가 이러한 법칙들을 정신적인 수학적 표상들mental mathematical representations로 만들어 내는 것이 가능할 수 있을까? 그래야만 한다. 이와 관련해서는 이미 몇 가지 진전이 이루어졌다고 할 수 있다(톰Thom, 1975). [프랑스 수학자이자 철학자인 르네 톰Rene Thom은 '파국 이론' catastrophe theory의 창시자로 수학의 노벨상으로 불리는 필즈상과 부루워상을 수상했다. 그는 "구조적 안정성과 형태형성Structural Stability and Morphogenesis"이라는 저서에서 '파국 이론'을 처음으로 소개했다. 파국 이론은 어떤 공간 안에 있는 임의의 점에서 다른 임의의 점으로 이동할 때 아무런 특별한 변화가 일어나지 않을 경우 이 공간은 일정한 '구조적 안정성'을 지니고 있는 것으로 간주하는 반면, 이동할 경우 어떤 작은 범위 내에서 급격한 변화가 일어난다면 이 공간은 불연속이 존재하는 공간이며 이 불연속의 점을 '파국의 점'이라고 불렀다. 르네 톰은 이 점이 하나의 형태가 다른 하나의 형태로 진화해 가는 '형태형성'을 구성한다고 주장하고 있다. 저자는 쉘드레이크의 '형태형성의 장' 이론을 수학적으로 설명하기 위해 "구조적 안정성과 형태형성"이라는 저서에서 르네 톰이 주장하고 있는 '파국 이론'을 거론한 것처럼 보인다. 역자주]. 이것은 새로운 연구를 필요로 하는 분야이다.

플라톤이 최초로 밝힌 사랑, 미, 정의 등과 같은 '의미'라는 정신적 움직임mental movement을 표상하는 원형들도 또한 존재한다. 이러한 원형들은 '정신적인 의미'를 하나의 목적으로 이끈다. 우리는 '정신적인 의미'의 운동 법칙의 수학적 표상을 발견해 낼 수 있을까? 수학 그 자체는 정신mind이 의미를 부여해 주는 상징들로 이루어져 있다. 의미 그 자체의 운동에 관한 원형들의 수학적 표상을 찾아내는 일은 난해한 시도이지만 가능한 일임에 틀림없다.

우리가 이미 알고 있는 한 가지 사실이 있다. 물리적 힘들과 그 힘들의 생기적vital, 정신적mental 상호작용의 원형들, 일반적으로 모든 운동 법칙들 배후에 존재하는 원형들은 오직 '의식의 가능성들'possibilities of consciousness의 운동만을 이끌어야만 한다. 다른 말로 하자면, 육체적, 생기적, 정신적인 모든 운동은 '양자 운동' quantum movement이다. 오직 의식만이 '의식적 선택' conscious choice이라는 '하향적 인과관계' downward causation의 행위를 통해 그 운동을 일으킬 수 있다.

생기적, 정신적 운동들 역시 양자라는 실험적 증거처럼 육체the physical가 양자 운동을 한다는 증거는 생기적, 정신적 운동 안에서 무엇을 찾아야 하는지를 말해 주고 있다. 양자 생기적, 정신적 영역의 특성들signatures은 불연속성discontinuity과 비국소성nonlocality으로 이루어져 있다. 이에 관한 증거들은 풍부하다.

궁극적으로 생각해 보면, 초정신적 원형들조차 의식이 그것으로부터 선택을 하는 양자 가능성들이라는 사실에 주목하라. 앞서 언급했던 것처럼, 그러한 선택의 경험은 우리가 직관적 통찰intuitions과 창조적 통찰insights이라고 부르고 있는 것이다.

원형들의 운동의 배후에는 '초원형들' super archetypes이라는 것이 존재할까? 우리는 알지 못한다. 그리고 우리는 우리 존재의 현재의 정신적 단계에서는 알 수가 없다.

이러한 의식의 원형적, 초정신적 차원에 대한 실험적 '증거'는 무엇일까? 우리는 이미 한 가지에 대해서는 논의한 바 있다. 즉, '물리학의 법칙'이라는 것의 존재existence와 그것에 대한 이론화 및 실험적 입증 말이다. 초정신체the supramental의 한 가지 특성은 이 차원의 원리들elements이 보편적universal이라는 것이다. '형태형성의 장' morphogenetic field의 작용이라는 생물학적 법칙의 보편성universality은 또 다른 증거일 것이다. 그러나 모든 지구상의 생명이 최초의 하나의 '살아 있는 세포'로부터 생겨났기 때문에, 생물학적 형태들이 지리학적으로 보편성을 띠고 있다는 것은 '형태형성의 장'의 보편성을 입증하지 못한다. 따라서 만약 외계의 생명이 발견된다면, 우리는 그 보편성을 입증할 수 있을 것이다. 다행스럽게도, 우리 인간의 정신mind은 하나의 공통적인 근원common origin으로부터 생겨나지 않았다. 따라서 정신적 원형들의 보편성은 우리가 알고 있는 몇 가지 '꿈의 기호학' dream symbology(융의 용어를 사용하자면, '큰 꿈' big dream과 같은 것. 융, 1971)의 보편성에 대한 실험적 증거이다.

창조성
Creativity

창조성이라는 것은 가치 있는 새로운 의미meaning의 발견이다(아마빌Amabile, 1990). 새로운 의미는 새로운 맥락context 안에서 발견될 수 있다. 이것이 근본적fundamental 창조성이다. 새로운 의미는 오래된, 이미 알려진 맥락 혹은 오래된 맥락의 조합 안에서 발명될 수 있다. 이것은 *상황적*situational 창조성이다. 피카소가 입체파 예술을 발견한 것은 근본적 창조성이며, 구글이 속도가 빠른 인터넷 프로세서를 발명한 것은 상황적 창의성의 대표적인 사례이다.

심오한 의미의 맥락들은 어디로부터 나타나는 것인가? 그 맥락들은 초정신적 영역, 원형들로부터 유래된다. 따라서 과학, 미술, 음악, 건축, 수학 등에 있어서 '근본적' 창조성의 많은 사례들은 원형들이라는 초정신적 영역에 대한 가장 결정적인 증거를 우리에게 제공하고 있다.

이뿐만 아니라 의미의 맥락 변화shift가 한 개인 고유의 자아와 관련되어 있는 '내적'inner 창조성 혹은 영적 깨달음spiritual enlightenment의 사례들도 많이 보고되고 있다. 이러한 경우 창조적 도약creative leap은 자아self, 양자 자아quantum self의 참 본질true nature, 혹은 융이 *자아 원형*Self archetype이라고 불렀을 것의 발견이다.

창조성이라는 것이 실재reality의 초정신적 영역과 '신의 양자 특징' quantum signature of the divine 두 가지 모두에 대한 중요한 증거를 제시하고 있기 때문에, 나는 제17장에서 보다 더 구체적인 내용을 제시할 것이다.

퀀텀 힐링
Quantum Healing

제12장에서 나는 '심신 질환'mind-body disease에 대해 언급한 바 있다. 감정적인 상황들 안에서 '잘못된 의미 처리'faulty meaning processing가 어떻게 스트레스를 유발시키며, 그 스트레스가 어떻게 질병으로 이어지는지에 대해서 말이다. 그러한 질병은 어떻게 치유할 수 있을까? 물론 우리는 육체적인 차원에서 먼저 대처할 수 있다. 그러나 만약 '잘못된 의미 처리'가 지속된다면, 그 질병은 재발한다는 것을 확인시켜 주는 수많은

증거들이 존재한다. 따라서 우리는 '심신 치유' mind-body healing라는 생각을 가지게 됐다. '심신 치유'는 병에 걸린 육체를 치유하기 위해 정신 mind의 '잘못된 의미 처리'를 바로잡는 것을 말한다.

그러나 우리는 그 '잘못된 의미 처리'를 어떻게 바로잡을 수 있을까? 사고thinking의 새로운 맥락을 찾아냄으로써 가능할까? 여기에는 '내적 창조성'과 유사성이 존재한다. 내적 창조성에서 우리는 인간의 내적 믿음 체계inner belief system 혹은 사고의 맥락contexts of thinking이라는 것이 독서 혹은 선생님과의 토론을 통해 지속적으로 이루어지는 방법으로는 바뀔 수 없다는 것을 알고 있다. 내적 창조성과 비슷하게, 의미의 맥락을 바꾸기 위해서 우리는 초정신적 차원의 존재the supramental of being로 퀀텀 점프를 해야만 한다. 의미의 처리를 위한 맥락의 변화가 효과적이기 위해서는 그 변화가 불연속적으로 나타나야만 한다. 다른 말로 하자면, 초정신체the supramental에 직접적으로 영향을 미치는 것이 가장 중요하다. 그리고 정신적 맥락의 변화의 불연속적 본성discontinuous nature이 의학적 개입 없이 이루어지는 '셀프 힐링' spontaneous healing에서보다 더 극적으로 나타나는 경우는 없다.

정말로, '셀프 힐링' 사례의 레퍼토리들은 다양하게 존재한다(오레건 O'Regan, 1987. 1997). 실제로 의학적 개입 없이 순간적으로 이루어지는 치유 사례들이 그렇다. 이런 사례들의 많은 경우는 암 종양들이 밤 사이에 사라지는 현상들과 연관이 되어 있었다.

디팩 초프라Deepak Chopra(1990)는 이러한 '셀프 힐링' 케이스를 처음으로 퀀텀 힐링quantum healing이라고 명명한 의사였다. 초프라에 따르면 '퀀텀 힐링'이라는 것은 자기 자신을 치유하기 위한 '퀀텀 도약' quantum leap 이다. '퀀텀 도약'이라는 것은 조건화된 맥락conditioned contexts 안에서 일반적인 '생각하는 정신' thinking mind이 의미 처리를 위한 새로운 맥락을 발견하기 위해 초정신적 영역으로 뛰어오르는 것이라고 규정함으로써 우리는 '퀀텀 힐링'의 뜻을 보다 더 분명하게 할 수 있다.

한 가지 사례(와일Weil, 1983)는 이러한 설명을 확실히 이해하게 해줄 것이다. 한 여성은 호지킨병Hodgkin's disease[림프선에 생기는 악성종양. 역자주]을 앓고 있었지만 방사선 치료 혹은 화학요법을 거부했다. 그녀가 임신 중이었기 때문이었다. 그녀의 담당의사는 '마약 가상 환각체험' LSD trip[영상이나 음악을 통해 마약을 복용했을 때와 비슷한 환각 상태를 체험하게 하는 것. 역자주]을 권했다. 담당의사가 인도를 하는 동안, 그녀는 그녀의 자궁 속에 있는 태아와 깊은 커뮤니케이션을 하기 위해 그것을 했다. 의사가 그녀에게 새로운 생명을 없앨 권리를 가지고 있는지를 물었을 때, 그녀는 태아와 커뮤니케이션을 하는 느낌을 느꼈다. 그 순간 그녀는 느닷없는 통찰력insight도 경험했다. 자신이 생사의 선택권을 가지고 있다는 생각이 바로 그것이었다. 그녀의 사고thinking 맥락 안에서 벌어진 이 변화가 그녀의 삶에서 현현되기까지는 시간이 걸렸다. 그러나 그녀는 치유됐다. 아직 태어나지 않은 그녀의 아이도 역시 살아남았다.

이 환자의 통찰력은 분명히 그녀의 깊숙한 곳에 있는 자아self – 양자자아quantum self의 억압된 원형suppressed archetype에 관한 것이었다. 이와 같은 방식으로 '퀀텀 힐링'은 우리에게 '초정신적 원형'에 관한 직접적인 증거를 제시하고 있다.

그러나 '양자 자아' 배후에 있는 진짜 치료자는 누구인가? 자신의 질병을 '치유하려는 의도'healing intention를 선택한 사람일까? 그것은 '양자 의식'quantum consciousness, 바로 신God이다. 따라서 '퀀텀 힐링'이라는 것은 '신의 하향적 인과관계' God's downward causation에 관한 직접적인 증거이기도 하다. 이에 관해서는 제19장에서 보다 더 상세하게 언급할 것이다.

한 의사(물론 동종요법 의사이다)가 천국heaven에 갔다. 거기서 '진주의 문' pearly gates[성서 요한계시록 21장 21절에 나오는 천국의 12문을 말한다. 역자주]에서 엄청나게 긴 줄을 발견했다. 미국 박사였던 그는 그 줄에서 기다리는 데 익숙하지 않았다. 그래서 그는 천국에 들어가는 것을 결정하는 책임을 맡고 있는 문지기인 성 베드로St.. Peter를 직접 찾아갔다. 그 의사의 불평을 듣고 나서 성 베드로는 머리를 흔들었다. "미안합니다, 의사선생. 천국에서는 의사선생들일지라도 입장하기 위해서는 줄을 서야만 합니다." 그러나 바로 그때, 청진기를 목에 걸고 흰 가운을 입은 의사 한 명이 그 줄은 아랑곳 하지 않은 채 달려서 천국 문을 통과했다.

"앗, 저 의사는 줄에서 기다리지 않고 들어가잖아요! 저건 어찌된 일이요?"라고 의사가 말했다.

"아, 네." 성 베드로가 낄낄거리며 웃었다. "저 분은 신God이십니다. 지금 막 '퀀텀 힐링 현장'quantum healing episode에서 돌아오고 있는 중이죠."

'깊이 심리학' 혹은 '높이 심리학'? 초정신체는 인간으로부터 "내려가는가" 아니면 "올라가는가"?
Depth Psychology or Height Psychology? Is the Supramental "Down" or "Up" from Us?

'초정신적 원형들'에 관한 많은 결정적인 증거는 '변형의 여정' transformational journey인 '내적 창조성'에 관한 실험결과치에서 나타난다. 그것은 최근 나타난 심리학의 두 가지 분야, 즉 '깊이 심리학과 높이 심리학'이라는 연구 분야이다. '높이 심리학'은 '초개인 심리학' transpersonal psychology이라고도 불린다. 사실, 초개인 심리학은 인도 요가 심리학과 같은 고대의 은밀한 전통의 지혜를 받아들이고 있다(크리쉬나뮤르티 Krishnamurthy, 2008).

그러나 심리학자들은 '깊이 심리학'의 토대인 프로이트와 융의 무의식 the unconscious의 개념화와 요가 및 초개인 심리학의 토대인 '초의식' the superconscious이라는 개념 사이에서 갈라서 있다.

'깊이 심리학'의 비전에서 우리가 보았던 것처럼, 인간의 창조적인 변형 여정의 원형들은 인간의 집단적 무의식collective unconscious을 믿고 있다. 우리는 이러한 원형들을 발견하기 위해서 깊이 탐구해야 하며, 무의식적인 처리unconscious processing가 일어나도록 해야 한다. 그리고 또 거기서 나타나는 것이 통합되는 것을 허용해야만 한다. 그렇게 하면 우리는 약속의 땅에 도달할 것이다.

요가와 초개인 심리학자들은 이것을 약간 다르게 생각한다. 그들 역시 인간 존재의 조건화된 행위conditioned behavior를 행동주의 심리학의 영역인 '자아의 활동'play of the ego으로 보고 있다. 그러나 그들은 '조건화된 자아'conditioned ego가 발달할 수 있기 때문에 인간의 행동이 거기서 멈춰야 할 필요는 없다고 주장하고 있다. 그 발달은 비슷한 발달과정을 활용함으로써, 그러나 이제 보다 많은 차원들의 인간 잠재력human potential을 탐구함으로써 자아를 넘어 계속될 수 있다. 의심할 것도 없이, 우리 인간에게는 '의식하고 있는 자아'conscious ego의 일상적인 상태들이라는 것이 존재한다. 우리는 그 상태에서 대부분의 시간을 살고 있다. 그러나 우리는 또한 순간적으로 비일상적 경험들인 의식의 '보다 높은' 상태들(직관intuition)도 가지고 있다. 이 심리학이 '높이' 심리학height psychology이라고도 불리는 한 가지 이유인 명상과 같은 다양한 의식적인 테크닉을 통해 우리는 이러한 '보다 높은 의식의 상태들'을 배양시킬 수 있다. 이를 통해 마침내 우리 인간은 '변형 효과'transformative effects를 나타내는 *사마디*Samadhi라는 초의식적 상태superconscious states가 된다. (사마디라는 것은 '근본적인 자각'primary awareness이라는 최고의 경험을 의미하는 산스크리트어이며, 한 주체의 의식은 *사마디* 안에서 경험된 대상과 하나가 되는 경향을 가지고 있다.) [사마디는 불교에서 말하는 삼매三昧와 같은 의미이다. 삼매는 어떠한 생각이나 감정도 마음의 평온을 깨트리지 않는 최고도의 집중 상태를 말하며, 이 상태에서는 인간의 오감을 통해 전해져 오는 모든 것은 아무런 의미를 갖지 못하는, 물질계와 일체의 집착에서 벗어난 상태를 말한다. 또 깊은 명상 속에서 참자아를 체험하거나 명상하는 대상에 몰입하여 흔들리지 않는 의식상태를 의미하기도 한다. 힌두교와 불교에서는 인간이 육체에 얽매어 있는 동안 도달할 수 있는 최고의 정신집중 상태를 삼매, 사마디라고 부르고 있다. 역자주] 우리가 이러한 초의식적 상태에 다다르면, 변형transformation에 이르는 영적인 깨달음spiritual enlightenment으로 향한 문이 열린다.

이러한 시각으로 보면, 인간의 발달development은 우리가 오르는 사다리처럼 여겨진다. 어린 아이의 전의식preconscious 상태로부터 '의식 있는 자아'의 조건화된 상태로, '깨달은 현자'enlightened sage의 초의식적 상태로 말이다. 바로 이것이 '높이' 심리학이다. 이 심리학은 난해한 영적 전승들spiritual traditions(요가 심리학에서와 같이)보다 용어와 개념적 틀의 활용에 있어서 더 많은 이점을 가지고 있다.

그렇다면 차이점은 무엇인가? 또 어느 한 진로가 다른 진로보다 더 나은가? 여기에는 모순들과 많은 혼돈이 존재하고 있다. 왜냐하면 지금까지 양쪽 진로 모두에는 역학적 토대dynamic foundation가 결여되었기 때문이다. 제6장에서 나는 '깊이' 심리학의 '양자 개념적 토대'quantum conceptual foundation의 요점을 말한 바 있다. '의식 안의 양자 과학'quantum science within consciousness을 이용하고 있는 초개인 심리학transpersonal psychology을 위한 유사한 토대는 존재할까?

초개인 심리학의 개념적 토대
Conceptual Foundation of Transpersonal Psychology

개념적 문제는 앞에서 제안된 인간의 발달의 사다리를 설명하는 것이다. 즉, 전자아pre-ego에서 자아ego로 그리고 그런 뒤 어떤 다른, 중간에 있는 항상성의 단계homeostatic stages를 거쳐 자아 너머beyond ego(초개인 자아 transpersonal self)로 가는 인간의 발달의 사다리를 설명하는 것이다.

철학자 켄 윌버Ken Wilber(비서Visser, 2003)는 육체, 마음mind, 혼soul 그리고 영spirit이라는 전통 깊은 '존재의 대사슬'great chain of being을 가지고 설명을 시작하고 있다. [켄 윌버는 인간의 의식이 신비적 차원subtle level과 동일시된 상태를 '혼'soul이라고 불렀으며, 그것은 전통적이고 세속적인 영역 너머의 대기에서 숨쉬기 시작하는 초인적 의미의 자아와 동일시되는 상태를 의미한다. 의식이 더욱 진화하여 비이원적 실재nondual reality와 동일시될 때 인간의 의식은 존재의 목표이자 근본인 '영'Spirit의 차원에 도달하게 된다고 주장하고 있다. 켄 윌버는 일반적으로 '영혼'이라고 표현되는 의식의 상태를 '혼'과 '영'으로 구분하여 설명하고 있다. 역자주] 그는 의식의 발달 단계들을 '대사슬'에 의해 정의된 사다리를 점진적으로 올라가는 것으로 보고 있다. 첫 번째가 전자아 차원이며, 이 단계에서 존재being는 완전히 물질적이다. 그런 후 존재는 정신적 자아mental ego의 발달을 받아들임으로써 다음 단계로 나아간다. 그러나 존재의 발달은 거기서 멈추지 않는다. 그것은 자연스럽게 존재의 혼soul 차원으로 발달하면서 초개인 단계로 계속 나아간다. 그 발달은 최고의 단계에서 끝난다. 최고의 단계에서 존재는 영spirit과 동일한 것이 된다. 각 단계에서 존재는 그 자체로서 완전하며, 어떤 다른, 보다 큰 전체의 부분을 의미하는 홀론holon[영국의 소설가 아더 케스틀러Artur Koestler가 처음 사용한 말로, 그리스어로 전체를 뜻하는 '홀로스'holos라는 단어와 부분을 뜻하는 '온'on을 합쳐서 만들어낸 조어이며, '부분이면서 동시에 전체'라는 의미로 쓰인다. 역자주]이라고 불린다. 각각의 홀론 단계는 이전 단계를 통합하며, 동시에 앞으로 나타낼 완전히 새로운 무엇인가를 가지고 있다.

만약 당신이 생기체vital energy body를 인정한다면, 위대한 존재의 사슬 안에서 다섯 가지 의식체bodies of consciousness를 볼 수 있을 것이다. 즉, 육체physical body, 생기체vital body, 정신mind, 혼soul 혹은 초정신체supramental body 그리고 영spirit(존재의 근원ground of being) 말이다. 양자 언어quantum terms로 그 사다리를 생각해 보자. 각각의 단계에서 의식은 나타내는(붕괴시키는) 것이 가능한 무엇인가와 하나가 된다. 따라서 육체적-생기적 단계에서는 동일성, 자기 인식identity은 육체와 생기체를 포함한다. 이 단계는 전자아적pre-ego(전정신적pre-mental) 단계이다. 그런 후 뇌 안에 정신mind을 나타내는 것이 상당부분 언어처리 능력에 의해 촉진되어, 정신적 자아와 하나가 되는 의식consciousness으로 끝나는 인지 발달cognitive development과 함께 시작된다. 다음 단계에서는 '혼 차원의 학습'soul-level learning이 탐구되며, 의식은 발달의 초개인적 단계가 된다. 켄 윌버는 이런 단계가 아주 드물다고 말하고 있다. 이러한 단계들은 초의식super-consciousness의 단계와 변형transformation[프린스턴 신학대학원 기독교교육철학 교수 제임스 로더James Loder의 변형이론에 따르면, 변형이란 의식하는 자아, 이성적 자아 단계를 넘어서, 초월적 존재에 기초한 자아로 다시 태어나는 것을 의미한다. 역자주]이라는 '최고의' 경험으로 특징지어진다.

당신은 원할 경우 의식의 각각의 단계를 '홀론'이라고 부를 수 있다. 그러나 우리가 나중에 보겠지만, 신비체subtleties라는 것들이 존재한다.

이러한 개념화는 당신이 다음과 같은 분명한 사항들을 깨닫기 전까지는 '깊이' 심리학과 아주 다른 것처럼 보인다. 즉, 전자아 수준에서 정신적 상태들은 (집단적) 무의식unconscious에 속하며, 자아 단계에서 혼의 상태들soul states은 무의식에 속한다. 따라서 각각의 단계에서 우리는 (의식하게 만들기 위해) 무의식을 탐구하는 중이며, 사다리를 오르는 대신 그것을 깊이 파헤치고 있는 중이라고 생각할 수 있다.

발달 심리학의 이러한 두 가지 노선 간의 강조점의 차이는 발달이 실제로 일어나는 과정을 고려해 보면 분명해진다. 장 피아제Jean Piaget(1997)와 같은 심리학자는 어린이의 발달 과정에서 다음 단계는 항상 창조적인 양자도약, 생존의 새로운 맥락의 불연속적 붕괴discontinuous collapse로 이루어지며, 그것은 생기체, 멘탈체, 혹은 초정신적 혼supramental soul이 된다. 그렇지만 창조성creativity이라는 것도 역시 준비, 무의식적 처리unconscious processing, 갑작스러운 통찰(양자도약), 그리고 발현manifestation(월레스Wallas,

1926)으로 이루어지는 프로세스와 연관되어 있다. '깊이' 심리학자들은 무의식적 처리를 강조하는 반면 (내적) 창조적 프로세스의 나머지 부분을 강조하지 않는다. 초개인 심리학자들은 준비와 통찰이라는 창조 프로세스의 의식적인 부분을 강조하는 반면 무의식적 처리는 언급하지 않는다. 그렇지만, 두 학파 모두의 궁극적인 목표 - 개체화individuation와 (변형transformation을 시사하는)깨달음enlightenment - 는 아주 유사하다.

그러나 물론 창조성의 모든 단계는 중요하다. 그 자체의 방식에 있어서 두 학파 간의 강조점의 차이는 학문 발전에 기여하는 바가 있었다. 초개인 심리학은 '신 의식'으로 향한 태곳적부터 전해 내려온 지혜를 합법화하는 데 도움을 주었으며, 반면에 '깊이' 심리학은 현대인을 위한 상대적으로 새로운 통로를 구체화mapping하는 데 도움을 주었다. 이들 심리학은 모두 인간 잠재성의 실현을 추구하는데 있어서 가치 있는 것으로 평가된다. 또한 마찬가지로 이들 심리학은 어려움에 처해 있는 사람들을 돕는 치료의 힘이 있는 가치를 지니고 있는 것으로 평가된다.

과학은 총체적인 물질 영역에 있어서는 획일적이고 자유가 없다. 그러나 우리는 그것이 일반적인 규칙이라고 선언하는 실수를 저지르지 말아야 한다. 그 대신 우리는 신비체the subtle를 위한 또 하나의 과학이 존재해야만 한다고 기대해야만 한다. 다른 논문에서(고스와미, 2004) 나는 '신비체 의학'subtle-body medicine에 대한 많은 접근법들을 지지한 바 있다. 의식의 보다 신비한 측면들을 연구하기 위해 문화인류학자들과 다양한 심리학들이 나서고 있는 것을 우리는 환영해야만 한다. 신은 우리 인간으로부터 '아주 깊은 곳' 혹은 '보다 높은 곳'에 존재하는 것일까? 우리가 어떤 통로를 따르거나 통로를 어떻게 그리는가는 중요하지 않다.

그러나 두 학파의 '인간 발달'human development에 대한 접근방식에는 지금까지 풀리지 않은 채 남아 있는 몇 가지 중요한 모순들이 존재한다. 우리는 이러한 의문들로 되돌아갈 것이며, 이 장의 후반부에서 양자 해법quantum resolution을 제시할 것이다.

또한, 유물론자들의 심리학 모델은 의식consciousness(주관적 경험들), 자유 의지free will 등과 같은 몇 가지 분명하게 나타나는 부수현상들 때문에 인간을 '의식이 있는 자아' conscious ego로서 생각하고 있는 기계machine라고 규정하는 사회심리적인 조건화psychosocial conditioning라는 관점에 멈춰서 있다는 사실을 우리는 인식해야만 한다. 이러한 모델에는 오직 기계적인 인지 발달cognitive development만이 존재한다. 이 경우 '발달' 이라는 것은 시간에 따라 이루어지는 컴퓨터 프로그래밍처럼 지식 혹은 정보의 양의 문제가 된다. 이 모델에는 인간의 창조성을 위한 그 어떤 여지도 없으며 가치와 지혜라는 혼 차원soul level을 발견하려는 그 어떤 관점도 존재하지 않는다. 다른 말로 하자면, 유물론자들은 내적 창조성을 부정하고 있다. 철학자 다니엘 데닛Daniel Dennett[미국의 생물철학자, 터프츠대학 인지연구소 소장으로 저서로는 "마음의 종류"kind of minds, "자유는 진화한다"freedom evolves, "설명된 의식"consciousness explained 등이 있다. 그는 마음은 오로지 두뇌의 작용과 관련해서만 설명할 수 있다는 유물론적 관점을 주장했다. 특히 그는 뇌 신경세포 간의 경쟁에서 이긴 세포가 영향력을 행사하는 것이 의식작용이라고 주장했다. 역자주]처럼 스스로 유물론자라고 표방하는 사람들은 정보를 수집하는 좀비zombies로 태어나고, 살아가야만 하며, 좀비로서 죽어야만 한다. 그리고 그들은 놀라운 정도까지 그들이 자처한 좀비로서 삶을 살고 있다. 역설적이게도 '의식' 이라는 보다 더 신비스러운 경험들이라는 것은 "없다"고 말함으로써 만들어진 그런 삶을 살고 있는 것이 바로 유물론자들의 슬픈 운명이다.

당신이 그것을 무엇이라고 부르든 간에 존재의 초개인 단계, 혹은 개체화, 혹은 우리가 흔히 (변형transformation을 시사하는) *깨달음*enlightenment이라는 아이디어는 실증적으로 타당한 것인가? 만약 타당하다면, 그것은 유물론적 세계관을 가진 사람들에게는 또 다른 불가능한 문제들 중의 하나일 것이다.

우리는 언젠가는 변형할까?
Do We Ever Transform?

이것은 백만 불짜리 질문이다. 신경생리학자들은 자신들의 엔도르핀이라는 행복^{happiness}의 분자들을 가지고 있다. 그러나 엔도르핀의 공급이 제한적이기 때문에 모든 불행의 현장들에 대한 생각을 막을 수 없다. 변형이라는 영적 개념^{spiritual concept}은 1백 퍼센트 행복한 사람에 관한 것이다. 즉, 항상 차분하고, 필요에 따라 창조적이며, 모든 사람들에게 무조건적으로 사랑을 베풀고, 기쁨에 끓어 넘치며, 당신이 옆에 잠시 동안 앉아 있을 경우 당신의 모든 불안이 진정될 정도로 아주 평화로워서 당신도 평안해지는 그런 사람 말이다. 인간이란 존재가 이렇게 될 수 있을까? 유물론자들은 불가능하다고 말한다. 전승주의자들^{traditionalists}은 아주 가능하다고 말한다. 그것은 인류 역사상 아주 드물게 나타났었다. 세상의 위대한 종교의 창시자들은 그런 사람들이었을 것이다. 그리고 여전히 그런 사람들은 존재한다고 전승주의자들은 주장하고 있다.

물론 신앙을 가진 사람들이 존재한다. 종교적인 근본주의자들은 여전히 숫자에 있어서 유물론자들을 훨씬 앞지른다. 그러나 만약 당신이 합리적인 사람이라면 그리고 만약 당신이 편견 없이 영적 현장^{spiritual scene}을 바라본다면, 당신의 마음에는 의심들이 생겨날 것이다.

첫째, 오직 말로만 하는 사람, 영감을 불어넣는 선생들을 발견하는 것은 쉽다. 물론 영감^{inspiration}은 중요하다. 그러나 당신은 의아스럽게 여길 것이다. 우리에게 그렇게 살라고 영감을 불어넣고 있는 선생은 과연 그렇게 살고 있을까? 뉴 에이지 운동의 메카인 캘리포니아에서조차도 그러한 의심은 "말한 것을 실천하라"^{Walk your talk}는 격언을 유명하게 만들었다.

둘째, 반복되어 발생하는 스캔들이 존재한다. 조만간, 공개적으로 영성spirituality을 가르치는 모든 선생들이 스캔들에 휘말릴 것처럼 보인다. 그들에게도 일상적인 사람들을 곤란에 빠뜨리는 모든 것들인 섹스, 권력, 돈의 오용과 관련된 스캔들들이 존재한다. 그러나 우리는 지금 깨달은 사람들에 관해 이야기하고 있는 중이 아닌가? 그들은 달라야만 한다. 그렇지 않은가? 이런 스캔들들에 대해 방어에 나선 사람들은 다음과 같은 슬로건을 내걸고 있다. "새들도 그것을 한다, 벌들도 그것을 한다. 따라서 스승들gurus도 역시 그것을 한다." 아마 우리는 '깨달아진 변형' enlightened transformation이 우리를 인간의 본능들로부터 자유롭게 하는 데 유용하다고 믿을 정도로 순진해서는 안 되는 모양이다!

중용middle ground의 필요성은 분명하다. 그러나 유물론적 과학에 있어서 풀기 어려운 문제는 여전히 큰 재앙이다. 한 사람이 80퍼센트 혹은 60퍼센트 정도라도 변형되는 것이 가능한가? 그것이 중요한가? 맞다. 그것은 중요하다. 사회는 대부분 행복하고, 창조적이며, 감동을 주는, 평화롭고, 현명하며, 긍정적이고 애정이 깊은 사람을 필요로 하고 있다. 이러한 사람들은 대부분 환경으로부터 독립적이며, 유머 감각을 가지고 있고, 자기 자신을 진지하게 대하지 않으며, 따라서 자신의 결점을 받아들인다. 한 사회가 그러한 사람을 많이 가지고 있을 때, 그 사회는 번성한다. 그러한 사람들이 결핍된 사회에는 반대 현상이 나타난다.

좋은 뉴스가 있다. 미국 초개인 심리학 운동의 창시자인 심리학자 에이브라함 매슬로(1968)는 사람들의 정신 건강 상태를 '정상적인' normal, '병적인' pathological, 그리고 '긍정적인' positive이라는 세 가지 범주로 분류할 수 있는 결정적인 실험결과치를 수집했다. 사람들 가운데 약 65퍼센트는 정상적이며, 30퍼센트는 병적인 정신 건강 상태인데 비해, 약 5퍼센트는 '긍정적인' 정신 건강 상태인 것으로 나타났다.

매슬로가 연구한 긍정적인 정신 건강 상태에 있는 사람들은 초정신적 상태로의 양자도약을 의미하는 [초정신적, 초개인적, 초이지적 차원을 살짝 들여다보는 것을 의미하는] '절정 체험'peak experiences을 자주 했다. 양자도약을 하는 사람들에 대한 매슬로의 실험결과치에 있어서의 놀라운 증거는 임사 체험near-death experiences에 관한 데이터로부터 나타났다. 심장 수술은 때때로 '임상적으로 사망한'clinically dead 사람들을 다시 살아나게 할 수 있다. 이러한 사람들 가운데 일부는 '임사 혼수 상태'near-death coma에 있었을 동안 했던 아주 놀라운 '절정' 체험들에 관해 이야기하고 있다. 심리학자 케네스 링Kenneth Ring(1984)은 이러한 사람들에 대한 철저한 연구를 했으며, 그 결과 그들 가운데 많은 사람들은 (부분적으로) 변형되어, 긍정적인 정신 건강 상태의 삶을 살고 있다는 것을 발견했다.

그렇다. 신은 존재한다. 왜냐하면 지구상에 있는 사람들 가운데 적어도 5퍼센트는 긍정적인 정신 건강을 가지고 있기 때문이다. 그들은 그들의 삶 대부분의 시간 동안 낙관적이며, 사랑을 베풀고, 주위 환경으로부터 영향을 받지 않으며, 창조적이고, 유머가 넘친다. 이러한 사람들은, 새로운 과학의 언어로 말하자면, 최소한 산발적일지라도 '신 의식'God-consciousness 안에서 살고 있는 것이다.

따라서 변형 또는 개체화의 단계로 나타나는 근본적인 자각primary awareness인 창조적 통찰력creative insights을 의미하는 '사마디(삼매)'라는 개념은 논리적으로 타당하다. '1백 퍼센트 변형'이라는 생각은 보다 더 신중하게 여겨져야만 한다는 사실은 제외하고서 말이다.

전/초 인지 오류
The Pre/Trans Fallacy

나는 심리학의 새로운 패러다임을 발달시키는 데 있어서 주요한 논란을 불러일으킨 한 사례인 *전/초 인지 오류*pre/trans fallacy[초개인 심리학을 주창한 켄 윌버는 인간의식의 발달과정을 주객미분 의식pre-subject/object consciousness의 단계, 주객이분 의식subject/object consciousness의 단계, 그리고 주객초월 의식trans-subject/object consciousness의 단계로 나누어 설명하고 있다. 아담과 하와가 선악의 이분법적 의식을 갖기 이전, '벌거벗었으나 부끄러워할 줄 모르던' 의식은 '주객미분의 단계'이며 켄 윌버는 이것이 우리가 바라는 목표가 아니라는 것을 분명히 하고 있다. 우리가 그 단계로 가려는 것은 전진이 아니라 퇴보라는 것이다. 주객이분 의식은 인간으로서의 삶을 가능하게 하고 우리에게 '자의식self-consciousness'을 갖게 한다. 이와는 달리 종교에서 가르치고 목표로 하는 인간의식의 상태는 주객미분과 주객이분의 단계를 모두 넘어서는 주객 '초월'의 단계라고 설명하고 있다. 켄 윌버는 이러한 인간의식의 미분과 초월을 구별하지 못하는 것을 '전/초 인지 오류'라고 불렀다. 역자주]라는 개념 논쟁에 해결책을 제시하고자 한다. 초개인주의자인 켄 윌버는 '깊이' 심리학자 칼 융의 인간 발달 개념에 동의하지 않는 것처럼 보인다. 융에 따르면, 유아early child는 원형적(양자) 자아archetypal(quantum) Self와 동일한 상태로 살고 있다. 신의 자녀child of the divine로서 말이다. [의식의 주체인] 에고ego가 발달함에 따라 [인간의 원형인] 자아Self는 억압된다. 그리고 그런 후 포스트 에고post-ego의 발달은 억압된 자아를 회복시키며, 그것을 가장 중요한 것으로 복원시킨다. 윌버의 경우, 유아는 물리적인 육체 정체성으로만 제한된다. 그리고 비록 윌버의 체계 안에서 어떤 발달 단계에 있는 한 사람은 자아self의 경험들을 또 다른 단계에서 초월적인 경험들transcendental experiences로 가질 수 있지만, 실제로 이 접근access은 아주 제한적이다. 윌버의 '홀론'이라는 개념은 어린 아이가 풍부한 원형적 내용을 가지고 있는 혼soul 혹은 초정신체와 같은, 추후 홀론 단계를 경험하는 것은 거의 불가능하다고 말하고 있다. 그것은 어린 아이는 그러한 경험을 나타낼 방법을 가지고 있지 않거나 그러한 경험을 처리할 방법을 가지고 있지 않기 때문이다. 그 경험은 에고ego를 필요로 한다.

윌버(2000)는 자신의 견해를 다음과 같이 표현했다.

전/초 인지 오류의 핵심은 그 자체가 매우 단순하다. 전이성적 상태prerational stages와 초이성적 상태transrational stages는 모두 다 그들 고유의 방식에 있어서는 비이성적nonrational이기 때문에 그것들은 비슷한 것처럼 보이거나 혹은 정식 교육을 받지 않은 사람이 볼 때는 동일한 것처럼 보이기조차 한다. 그리고 '전'pre과 '초'trans라는 단계들이 일단 혼동되면, 두 가지 오류 중에 하나가 발생한다.

처음에, 모든 보다 높은 그리고 초이성적 상태들은 보다 낮은 그리고 전이성적 상태들로 환원된다. 예를 들면 진짜 신비하거나 관조적인 경험들은 유아 상태들로의 퇴화regression 또는 역행throwback으로 보인다……. 이러한 환원주의적 판단account에 있어서 이성의 작용, 합리성rationality은 개인적, 집단적 발달의 위대하며 최종적인 오메가 포인트omega point, 모든 진화의 최고 수위선high water mark이다. 그 어떤 보다 깊거나, 보다 넓거나 혹은 보다 높은 맥락은 존재하지 않는 것으로 생각된다. 따라서, 인간의 삶life은 이성적이거나 아니면 신경증적으로neurotically 사는 두 가지 중의 하나가 된다……. 그 어떤 보다 높은 맥락도 실제라고 생각되지 않거나, 실제로 존재한다고 생각되지 않기 때문에, 어떤 순수하게 초이성적 계기occasion가 발생할 때는 언제나, 그것은 전이성적 구조들로의 퇴화로서 즉시 설명된다……. 초의식superconsciousness은 잠재의식subconscious으로 환원되고, 초개인transpersonal은 전개인prepersonal으로 붕괴되며, 보다 높은 차원의 출현은 보다 낮은 차원으로부터 갑작스럽게 나타나는 것으로 재해석된다…….

한편, 한 사람이 보다 높은 또는 신비로운 상태가 되지만 여전히 '전'pre과 '초'trans를 혼동한다면, 그 사람은 모든 전이성적 상태를 어떤 종류의 초이성적 절정glory으로 *상승시킬* 것이다…….

상승주의자elevationist 관점에서는 초개인적transpersonal이고 초이성적인 신비로운 합일union은 궁극적인 오메가 포인트로서 여겨지며, 에고의 이성의 작용egoic-rationality은 이러한 보다 높은 상태를 아주 부정하는 경향을 나타내며, 그런 후 에고의 이성의 작용은 인간의 가능성들의 하위 포인트low point로서, 타락debasement으로서, 죄sin와 분리separation, 그리고 소외alienation로서 나타난다.

프로이트는 환원주의자reductionist였으며, 융은 상승주의자였다. 이들은 전/초 인지 오류의 양 측면이었다. 그리고 문제의 핵심은 그들은 모두 반은 옳고 반은 틀리다는 것이다. 많은 정신 신경증neurosis은 바람직스럽지 않은 상태들인 전이성적 상태들로의 고착/퇴행fixation/regression이다. 다른 한편으로, 신비로운 상태들mystical states은 이성의 작용 너머(아래가 아니라)에 확실히 존재한다. 그리고 그러한 상태들은 환원되는 것이 아니다.

'전/초 인지 오류' 라는 것은 이와 같은 것이다. 혼soul 차원은 오직 에고 발달ego development 후에만 발달될 수 있다. 혼 차원의 발달은 유년기로의 퇴화가 아니다.

양자 방식을 생각해 보면 당신은 그 문제를 통해 다른 측면을 볼 수 있을 것이다. 프로이트파 학자들은 의심할 것 없이 틀렸다. 그러나 융학파 학자들을 틀리게 만들 필요는 없다. 각각의 단계에는 의식의 조건화된 정체성identity과 창조적 정체성 – 양자 자아quantum self, 성령 의식Holy Spirit-consciousness이 존재한다. 분명히 윌버는 옳다. 갓난 아이의 정체성은 일차적으로 물질적/생기적physical/vital 육체와 관련이 있다. 그러나 갓난 아이의 정신적인 무의식적 처리mental unconscious processing는 조건화됨 없이, 어떤 자아ego 없이도 이루어진다. 그것은 항상 '신 의식' God-consciousness 안에서 그것을 처리한다. 의식적인 선택이 이루어지면, 그 결과는 우리가 *양자 자아*quantum self 혹은 *성령 경험*Holy Spirit experience이라고 부르는 경험의 직접성immediacy of experience이다. 유아는 의식적인 깨어 있는 상태가 아니라 무의식적으로 신 의식 안에서 많은 시간을 살아간다고 말하는 것이 틀리지 않는 이유가 바로 이 때문이다. 힌두교를 믿는 사람들이 어린 아이들을 일곱 살이 되기 전까지 신God으로 간주하고 있는 것은 아주 옳다.

그러나 융 학파 학자들은 혼돈을 일으켰으며 그들 자신의 용어에도 발목을 잡혔다. '에고'가 발달함에 따라, '양자 자아'는 도달하기가 더욱더 힘들어진다. 왜냐하면 양자도약들을 하기가 더욱더 어렵기 때문이다. '양자 자아'는 사라지지는 않는다. '양자 자아'에는 퇴화가 없다. '에고'가 그것을 떠나보내지도 않는다. 우리가 많은 기억들을 가지고 있을 때 창의력creativity 발휘가 더 어려운 것은 그것이 조건화conditioning라는 것의 본질이기 때문이다. 그러나 윌버가 말하고 있는 것처럼, 기억들은 추후적인 발달에 해로운 것으로 간주되지는 말아야 한다. 어린 아이는 양자 자아 경험들에 쉽게 접근하지만 그 경험들의 정신적 표상들mental representations을 만들어 내는 것은 불가능하다. 우리 성인들의 에고가 방대하고 복잡한 물질을 가지고 있다는 바로 그 이유 때문에 우리는 그러한 정교함sophistication이 요구되는 창조적 통찰들의 표상들을 만들고, 발현시킬 수 있다. 그렇지 않다면, 우리는 헛된 일을 계속하고 있었을 것이다.

이타적인 행위
Altruistic Behavior

의심할 것도 없이 이타적인 행위라는 것이 존재한다. 모든 문화 속의 많은 사람들은 흔히 어떠한 대가를 요구하지 않고 곤경에 빠져 있는 다른 사람들에게 도움의 손길을 내민다. 이타적인, 이기적이지 않은 행위는 어디에서 생겨나는 것인가? 이타적인 행위를 우리 인간의 일반적인 규범으로 받아들이려는 개념도식conceptual schema을 우리는 윤리ethics라고 부른다. [개념도식이란 인간이 인지학습과정을 통해 획득한 지식이나 정보를 표상하는 개념들이 가지고 있는 속성들 간에 존재하는 상호 관계를 나타내는 일종의 망network으로 인간의 기억 속에 쌓인 지식의 구조를 말하며 인간의 지각과 대상과의 관계를 해석하는 데 사용된다. 역자주]

물론 영적 전승들spiritual traditions은 윤리를 단지 이타적인 행위의 연구를 위한 개념적 맥락보다 훨씬 더 복잡하게 만들고 있다. 예를 들면, 대부분의 영적 전승들에 있어서 윤리라는 것은 선과 악을 판별하는 것에 관한 것이다. 우리 인간은 양심, 도덕심conscience이라는 식별하는 기능discriminating function을 가지고 있다. 만약 우리가 선을 선택하는 데 실패하면, 우리는 양심의 가책을 느낀다. 따라서 요가 스승인 스와미 시바난다Swami Sivananda[1887년~1963년. 영국 캠브리지 의대 졸업 후 캘커타와 리시케시 등에서 의학적 지식을 바탕으로 복잡한 철학을 아주 쉽고 간결한 말로 요가를 가르친 인도 요가 명인 중의 한 사람으로 고대 인도의 요가 수행을 현대인들의 필요에 걸맞게 생활화, 현대화했다는 평가를 받고 있다. 역자주]는 (네 자신과 다른 사람들에게) "선하라, 선을 행하라"Be good, do good라는 영적 윤리spiritual ethics를 간결하게 말하고 있다. 유대인들의 스승인 라비 힐렐Hillel[BC 1세기 후반부터 AD 25년경에 활동한 유대교 현자로 성서 주석 및 유대교 전승 해석의 대가로 알려진 전설적인 인물. 성서 주석을 통해 그가 사용한 '힐렐의 7원칙'은 '탈무드'의 현자보다 더 많이 인용될 정도로 유명하다. 역자주]의 또 다른 가르침도 동일한 개념을 표현하고 있다.

> 만약 내가 내 자신을 위해 존재하지 않는다면, 나는 누구인가?
> 만약 내가 오직 내 자신만을 위해 존재한다면, 나는 무엇인가?

또 다른 가르침도 있다. 기독교에서 전해지는 가르침이다. "남에게 대접을 받고자 하는 대로 너희도 남을 대접하라."[개역개정 성경. 누가 복음 6장 31절. 역자주]

우리 인간이 선을 행할 수 있게 하는 것은 바로 이 식별하는 양심이다. 양심이라는 것은 어디에서 생겨나는가? 그것은 존재의 초정신적supramental 혹은 혼soul 차원의 명령bidding이다. 이러한 방식으로 우리 인간의 이타적인 행위는 초정신적 영역이 존재함existence과 실재reality를 입증하고 있다.

윤리는 영적 전승들spiritual traditions에 있어서 중요하다. 왜냐하면 '선함'being good이라는 것은 하나의 '신의 특성'godly quality이며, 하나의 덕목virtue이기 때문이다. [토마스 아퀴나스는 '덕목'virtue이라는 개념을 라틴어 vir(사람man) 및 vis(힘power)라는 어근에서 도출한 것으로 알려지고 있다. '덕목'이라는 개념은 굳셈strength 및 용기courage와 특성들을 가지고 있으며, 선함goodness 및 인간의 완성human perfection을 갖추게 된 상태를 의미하는 것으로 사용하고 있다. 이와 함께 아퀴나스는 사도 바울이 말한 믿음faith, 소망hope, 그리고 사랑love을 기독교의 가장 핵심적인 덕목으로 생각했으며, 우리 인간의 이성적 본성rational nature에 들어맞는 행위들을 기꺼이 할 마음이 내키게 하는 하나의 성향habit으로 보았다. 한편 아우구스티노스는 '덕목'을 '우리 인간의 본성과 조화하는 좋은 성향'이라고 말하고 있으며 본질적으로 악한 영향을 끼치는 성향인 악덕vice과 구별되는 '선한 영향을 끼치는 성향' 즉, 본질적으로 선한 영향을 끼치는 인간의 성향이 바로 '덕목'이라고 말하고 있다. 역자주] 만약 당신이 이것을 습득한다면, 그것은 당신을 신에게 보다 가깝게 인도한다. 만약 당신이 그것을 피하거나 악evil을 행한다면, 그 행위는 당신을 신으로부터 멀리 데려가 버린다.

대중적인 기독교와 같은 종교들은 그것을 다음과 같이 보다 더 단도직입적으로 말하고 있다. 만약 당신이 덕을 행하는 사람이라면, 죽은 후 천국heaven으로 갈 것이며, 만약 당신이 악을 행하는 사람이라면, 죽은 후 지옥hell에 갈 것이다. (영화 *사랑과 영혼*Ghost은 이러한 상황을 세련되지는 않지만 재미있게 묘사하고 있다.)

'악을 행하면 지옥에 간다'는 말은 일부 현대인들에게는 흥미를 끌지 못한다. 그러나 만약 그러한 종교들이 옳다면 어쩔 것인가? 윤리ethics는 우리 인간이 반드시 의무적으로 행해야 하는 것인가? 윤리가 하나의 과학이며, 과학적 법칙들처럼 반드시 지켜져야 하는 것이라고 가정해 보라. 그렇다면 어떤 일이 벌어질 것인가?

철학자 임마누엘 칸트는 종교 편을 들면서 윤리라는 것은 '정언 명령' categorical imperative[비판철학의 창시자인 이마누엘 칸트는 모든 행위자가 무조건 절대적으로 지켜야 하는 도덕률을 '정언 명령'이라고 말했다. 역자주]이라고 믿었다. 칸트는 도덕 형이상학을 위한 기초놓기 Grounding for the Metaphysics of Morals라는 책에서 '당신이 할 수 있고 동시에 함으로써 보편적 법칙 universal law이 되어야만 하는 행동원리 maxim에만 따르는 행위'가 바로 '윤리'라고 간단 명료하게 표현했다. 그것은 우리 인간 모두에게 있어서 내적 도덕률 inner moral law이며 반드시 지켜져야 하는 것이다. 그 '정언 명령'은 우리 인간이 이성적 추론을 통해 알아낼 수 있는 도덕적 의무감을 가지고 있기 때문에 생겨난다. 그리고, 아 그렇다, 칸트에 있어서 '내적 도덕률'이라는 것은 초정신 supramental의 다른 명칭인 불멸의 혼 immortal soul으로부터 유래했다. 따라서 칸트에게 있어서 '이타적인 행위'는 '정언 명령'이었으며, 그것은 우리 인간 존재의 혼 soul 혹은 초정신적 차원이 존재함을 입증했다.

그러나 만약 그것이 내적 도덕률이라면 분명하게 윤리적 법칙은 과학의 인과법칙이라는 동일한 의미에서 볼 때 반드시 지켜져야 하는 것은 아닐 수 있다. 만약 당신이 날기 위한 시도로써 중력의 법칙을 깨려고 한다면, 당신은 실패할 것이다. 이제 당신은 어떤 결과의 원인으로 작용한다. 만약 당신이 윤리를 기만하고 그것을 제거시킨다면, 실패는 어디에 존재하는가? 당신이 원인이 되어 만들어 낸 결과는 무엇인가? 당신이 '지옥'이라는 것을 심각하게 여기지 않는다면 그 어떤 것도 분명하지 않다. 그리고 그것은 나중 일이며, 바로 당장의 일은 아니다!

자, 당신은 양심의 가책을 느낀다고 생각할지도 모른다. 그러나 양심이라는 것은 모든 사람에게 있어서 실제로 존재하는 것인가? 표도르 도스토예프스키의 고전 소설 *카라마조프의 형제*들에서 이반과 알렉세이 두 형제는 옳고 그름, 선과 악 사이에서 심하게 괴로워하고 있다. 그러나 그 소설은 1880년에 출간됐으며 그때는 지금과는 또 다른 시대였다. 당신은 그들 형제와 비슷하게 선과 악, 옳고 그름이라는 개념들에 의해 혼돈스러워 하고 있는 우리 시대의 사람들을 상상할 수 있는가?

그러나 이타주의altruism는 실제로 존재하는, 실증적으로 입증된 행위이지만 모든 사람들이 반드시 지켜야 할 의무적인 것은 아니다. 상당수의 사람들이 다른 사람들을 이기적이지 않게 도움을 주고 있다. 따라서 이타주의적 행위는 무엇인가를 입증하는 것이어야만 한다. 그런데 그것은 무엇일까?

생물학자들은 '이기적 유전자'(도킨스Dawkins, 1976)라는 개념으로 이 질문에 답을 하려 시도했다. 이러한 사고방식에 따르면, 우리 인간은 유전자 기계장치gene machines이며, 인간은 유전자들이 번식시키고, 그들 자신을 영속시키는 수단에 불과하다. 이러한 목적과 일관되게, 인간의 유전자들은 인간이 자신의 유전자 일부를 공유하고 있는 사람들에 대해 이타적으로 행동하게 한다. 예를 들면, 우리는 우리 자신의 아이들 혹은 부모에게는 이타적인 경향을 나타낼 것이지만, 사촌들에게는 비례해서 덜 이타적인 경향을 나타낼 것이며, 조카들에게는 훨씬 덜 그럴 것이다.

이러한 개념은 흥미롭지만 그 어떤 대가도 기대하지 않은 채, 전혀 관계가 없는 사람들에게 이기적이지 않게 도움을 주는 성자 같은 사람들에 관한 엄청나게 많은 (일화적, 혹은 확실한) 데이터 때문에 쉽게 반박된다. 테레사 수녀는 그저 하나의 분명한 최근 사례일 뿐이다.

그렇다면, 다시 한번 묻자. 이타주의는 정말 무엇을 입증하는 것인가?

'의식 안의 과학'의 맥락에서 본 윤리
Ethics in the Context of Science within Consciousness

'비국소적 의식' nonlocal consciousness이라는 개념을 통해 윤리는 쉽게 입증되며 이타주의는 쉽게 설명된다. 만약 당신과 내가 서로 따로 떨어져 있지 않다면, 만약 우리 두 사람이 보다 깊은 차원에서 동일한 비국소적 의식에 속한다면, 확실히 나는 당신이 곤란에 처해 있을 때 당신에게 도움의 손길을 주어야 한다는 충동을 느낄 것이다. 이 반대의 경우도 마찬가지이다. 우리 인간은 그저 우리 자신들을 돕고 있는 것이다! 이타적인 행위, 그야말로 어떤 윤리적 행위는 인간의 비국소적 자기-원형self-archetype 혹은 오히려 (양심이라고 우리가 부르는) 그것의 정신적 표상이 그 행위를 하도록 촉구함으로써 나타난다. 그것은 존재의 초정신적 차원, 혼soul을 입증한다. [soul이라는 단어를 일반적으로 사용하는 '영혼'으로 번역하지 않고 '혼'으로 번역한 이유는 인간의 의식 단계에 관한 켄 윌버의 견해를 따르고 있기 때문이다. 윌버는 '존재'를 육체, 마음mind, 혼soul 그리고 영spirit의 사슬로 설명하면서, 혼soul과 영spirit을 구별하고 있다. 역자주]

그렇지만 우리는 인간의 양심을 지배하고 있는 생기적 요소vital component가 존재하며, 그것은 바로 '가슴'과 관련된 것heart thing이라는 사실을 반드시 주목해야만 한다. 생기vital energy에 대해 다른 사람들보다 민감한 사람들, 열린 가슴을 가지고 있는 사람들은 생기에 덜 민감한 사람들, 생각을 먼저 하는 마음가짐을 가진 사람들보다 훨씬 더 양심의 가책을 느낀다.

조기 조건화early conditioning는 양심에 대한 논의를 좀 더 복잡하게 만든다. 예를 들면, 종교적인 근본주의자들은 흔히 강한 윤리 및 도덕 의식을 가지고 있다. 그러나 그것은 대부분 조건화된 믿음으로 이루어진 것이다. 자기 자신의 '씨족'clan 너머에 있는 사람들에게로 도움을 확대하는 것과 같은, 올바른 행동을 위한 윤리적 선택을 하는 데 있어서 미묘한 복잡성이 있는 경우, 조건화된 양심은 윤리적 딜레마를 해소할 수 없을지도 모른다. 거기에 속해 있는 어떤 사람이 윤리적 행위에 관한 분명한 통찰을 얻기 위해서는 초정신으로의 양자도약을 하는 것이 필요할지도 모른다. 그러나 만약 그 조건화가 단단히 이루어져 있는 경우라면, 그러한 양자도약은 쉽게 이루어지지 않는다.

물론, 이타주의라는 것은 반드시 지켜져야 하는 것은 아니다. 만약 우리 인간이 생기를 민감하게 느끼지 않는다면, 상황이 양자택일처럼 단순하지 않다면, 특정한 조건 하에서만 작동하는 양심conditioned conscience은 대부분 윤리적 행위에 관한 자아-원형의 직관intuitions of the self-archetype에 귀 기울이지 않을 것이다.

당신이 알 수 있듯이, 새로운 과학은 우리에게 이타적인 행위의 모든 측면을 이해할 수 있는 적절한 맥락을 제공하고 있다. 그리고 그것은 혼soul이라고 하는 우리 인간이라는 존재의 초정신적 차원supramental level이 실제로 존재한다는 것을 입증하고 있다.

Chapter 14

꿈의 증거
Dream Evidence

　　1998년부터 2000년까지 나는 미국 샌프란시스코 베이 에어리어 소재 '정신과학연구소' Institute of Noetic Science(IONS)의 전임 학자였다. 그곳에서 나는 로리 심킨슨 Laurie Simpkinson이라는 매우 열정적인 연구 조교와 함께 했다. 그녀에게는 연구 프로젝트가 필요했다. 비록 나는 이론가이지만, 그곳에서 나는 좋은 기회를 가질 수 있었다. 나는 항상 꿈에 관해 흥미를 가지고 있었으며, 내 자신의 꿈에 관해 분석하는 연구를 많이 해왔다. 로리가 나와 비슷한 관심을 가지고 있다는 것을 알고 나서, 나는 꿈을 그녀의 연구 프로젝트로 선택했다. 데이터를 수집하기 위해 우리는 자연스럽게 그 연구소에 '꿈 그룹' dream group을 만들었다. 이 장에서 소개되는 내용의 대부분은 우리 두 사람의 공동 작업의 결과이다.

　　'꿈의 과학' science of dreams에 대한 우리 지식의 대부분은 두 가지 원천으로부터 나타난다. 신경생리학 neurophysiology과 심리학 말이다.
　　예를 들면, 신경생리학자들은 꿈이란 주로 특별한 뇌파 특성 brain-wave

signature을 가지고 있는 렘REM(빠른 안구 운동rapid eye movement) 수면을 하는 동안 나타난다고 말한다. 신경생리학자들은 또한 뇌의 전자기적 활동들이 생성하는 백색 소음white noise으로부터 인간의 꿈들을 로르샤흐Rorschach[스위스 태생 정신의학자. 정신질환을 진단하는 잉크의 얼룩에 의한 연상실험인 로르샤흐 테스트를 창안했다. 역자주]의 그림들과 비슷한 그림으로 만드는 훌륭한 케이스도 만들고 있다(홉슨Hobson, 1988). 그러나 신경생리학은 꿈의 의미meaning of dreams를 결코 파악할 수 없는 유물론적 존재론이다. 완전한 이론적인 틀의 부재 때문에 이원론의 유령이 신경생리학자들을 사로잡고 있다.

프로이트와 융으로부터 시작되는 심리학자들은 꿈 속에 묻혀 있는 풍부한 의미 때문에 환자들의 꿈 분석에서 엄청나게 많은 치료의 힘을 가진 가치를 발견했다. 융에 따르면, 꿈은 인간의 삶을 관통해서 흐르고 있는 위대한 신화들에 관해서 우리에게 말해 주고 있다. 다른 많은 사람들은 꿈이라는 것이 우리 인간이 만들어 내고, 우리 인간이 그것에 의해 살고 있는 '개인적 신화들' personal myths을 형성하고, 영속시키는 데 도움을 준다고 믿고 있다.

그러나 꿈은 어째서 그렇게 깊은 의미를 지니고 있어야만 하는 것인가? 많은 과학자들은 꿈이란 '터무니 없는 것' nonsense이며 '의미 없는 것' 이라고 주장하면서 공개적으로 회의를 나타내고 있다. 몇몇 과학자들은 이보다 훨씬 더 나아간다. 꿈의 분석은 인간의 정신 건강에 유해할지도 모른다고 주장하면서 말이다. 생물학자 프란시스 크리크Francis Crick와 그뢰메 미치슨Graeme Mitchison(1983)은 "우리 인간은 잊어버리기 위해 꿈을 꾼다"고 썼다. (후에 크리크와 미치슨(1986)은 자신들의 입장을 약간 수정했다. "우리 인간은 망상fantasy과 강박 관념obsession을 줄이기 위해 꿈을 꾼다." 꿈이란 인간의 삶을 방해할지도 모르는 일들things을 잊는 하나의 방법이다.) 그들은 "어떤 사람이 꿈을 기억하려고 시도하는 것은 아마도 바람직스럽지 않다. 왜냐하면 그러한 기억은 잊어버리는 것이 더 바람직스럽다는 생각의 패턴들이 남아 있도록 하는 데 도움을 줄 수도 있기 때문이다. 그러한 것들은 인체organism가 완화시키려고 시도하는 바로 그 패턴들이다."라고 설명하고 있다(1983). 그렇지만 꿈에 대한 인간의 집착은 여전하다. 왜냐하면 꿈에는 치료상 중요하다는 증거뿐만 아니라 창조성creativity에 있어서 중요하다는 증거도 있기 때문이다.

부정할 수 없는 사실은 여전히 남아 있다. 즉, 인간은 꿈을 꾼다는 사실 말이다. 그러나 왜 꿈을 꾸는 것인가? 꿈은 도대체 어떤 기능을 수행하는 것인가? 우리는 꿈을 이해하는 일을 어떻게 착수해야 하는가? 꿈이 우리에게 제공하고 있는 것은 무엇인가?

비록 꿈꾸는 것은 깨어 있음waking과 똑같이 하나의 의식의 상태state of consciousness라는 데는 의견이 일치하고 있지만, 꿈을 진지하게 여기는 것에는, 아니 적어도 인간의 깨어 있는 경험들과 똑같이 꿈을 진지하게 여기는 것에는 철학적인 문제들이 존재한다. 하나의 논란은 연속성continuity이라는 것이다. 우리는 깨어 있는 삶을 진지하게 여긴다. 왜냐하면 그것에는 계속되는 연속적 특징이 존재하기 때문이다. 동일한 대상들objects이 반복적으로 나타난다. 우리는 꿈에서 깨어나면, 잠자러 들어간 동일한 방의 동일한 침대 안에 있는 우리 자신을 발견한다. 또한, 인과적 연관성cause-effect connection은 인간이 깨어 있는 경험의 사건들 사이에서는 분명하다. 이와는 반대로, 꿈은 그 어떤 연속성도 가지고 있지 않는 것처럼 보인다. 당신은 꿈꾸고, 깨어나고, 잠자러 가고 꿈을 꾼다. 그러나 일상적으로 당신은 이전에 꾸었던 꿈의 장면으로 되돌아가지 못한다. 드물지만 어떤 사람은 꿈 속에서 나타난 장면들 간에 어떤 인과관계를 발견할 수도 있다. 그렇다면 우리는 어떻게 우리가 깨어 있는 삶waking life을 진짜라고 생각하는 것과 동일한 의미에서 꿈을 진짜라고 생각할 수 있을까?

이러한 사유 방식way of philosophizing과는 대조적으로, 세상의 신비주의자들은 정반대의 견해를 나타내고 있다. 그들은 꿈이 비현실적unreal이라는 데에는 동의한다. 그러나 그들은 인간의 깨어 있는 삶 역시 꿈이며, 어떤 의미에서는 진짜가 아니라고 주장한다. 꿈이란 '소아'小我, little me의 창조물이며, 깨어 있는 삶이라는 것은 '빅 드리머' big dreamer, 혹은 우리 인간 안에 있는 신God의 꿈이다. 신비주의자들은 '깨어 있음'과 '꿈꾸는 것'에는 차이가 없다는 것과 그러한 상태들이 그저 비슷한 가치들을 지니고 있는 다른 의식의 상태들이라는 사실을 깨닫는다면, '생'living에 대한 우리의 관점은 '신 의식'으로 바뀌며, 우리는 세속적인 한계들의 속박으로부터 자유롭게 된다고 말하고 있다.

신비주의자들의 주장의 핵심은 최근에 밝혀진 '자각몽' lucid dreams[꿈꾸고 있는 것을 자각하면서 꾸는 꿈. 역자주]이라는 것에 의해 최소한 어느 정도는 확증되고 있다(라베르지LaBerge, 1985). '루시드 드림'으로 불리는 자각몽에서 우리는 지금 꿈을 꾸고 있으며, '깨어 있는 삶'에 있는 문제들에 대한 해결책을 드러나 보이게 하기 위해 꿈을 움직일 수 있는 능력을 가지고 있다는 것을 알아차린다. 이럴 경우 다음과 같은 의문이 일어난다. 만약 우리가 꿈을 꾸고 있다는 사실을 알 정도로 충분히 우리가 자각한다면, 우리가 깨어 있는 동안 우리가 꿈을 꾸고 있는 중이라는 사실을 우리는 어째서 알 수 없는가?

게다가 우리의 꿈에 대한 사고방식을 더욱더 복잡하게 만드는 '텔레파시적 꿈' telepathic dreams[프로이트가 새로운 정신분석학에서 말한 꿈의 내용이 공간적으로 멀리 떨어져 있는 현실에서 나타나는 꿈을 말하며, 예지몽이라고도 한다. 역자주]과 태몽precognitive dreams에 관한 데이터들이 존재한다. 만약 꿈이 시, 공간적으로 멀리 떨어져 있는 '실제적인' real 물리적 사건들에 관해 우리에게 말해 줄 수 있다면, 어떻게 우리는 꿈을 진지하게 여기지 않을 수 있는가?

유물론인가? 아니면 신비체인가?
Materialism or Subtle Bodies?

앞서 언급했던 꿈에 관한 신경생리학적 이론 모델들은 단지 뇌의 활동을 측정함으로써 얻어진 물리적 실험결과치(뇌파도EEG 기록)와 관련된 의문들에만 답할 수 있다. 유물론자들에게 물리계의 물체physical matter는 모든 존재의 토대이기 때문에, 뇌파도에서 측정된 뇌의 활동은 결정적이며 유일한 실재reality이다. 유물론자들에게는 뇌의 상태와 연관된 꿈의 감각, 느낌feelings, 생각thoughts을 편안하게 경험하고 있는 사람은 그 경험들과 마찬가지로 물리적인 뇌의 상태보다 별로 중요하지 않다. 유물론에서 '의식'이라는 것은 물질(뇌)의 부수현상이거나 혹은 (함축적으로 말하자면) 이중 육체dual body이다. 만약 당신이 부수현상론epiphenomenalism에 찬성한다면, 모든 설명을 보다 깊은, '객관적인' 설명 영역에서 찾아야만 한다. 그러한 설명은 경험의 주체subject에 대한 질문을 '어려운 질문'으로 만든다(찰머스Chalmers, 1995).

뿐만 아니라 만약 부수현상론이 사실이라면, 의미라는 것은 설명될 수 없다. 왜냐하면 뇌와 같은 제한적인 물질적 상징 처리장치processors를 통해서 인간은 의미라는 것에 다다를 수 없기 때문이다. 누가 뇌의 잡음brain noise[뇌를 인간의 컴퓨터로 보았을 때, 뇌의 잡음이라는 프로그램에 오류를 일으키거나 내장 데이터를 흐트러뜨리는 무의미한 정보를 말한다. 역자주]로부터 의미 있는 이미지들을 만들어 내는가? 뇌 속에 앉아서 텔레비전 화면을 보고 있는 난쟁이homunculus는 없다. 의미라는 것을 확립하기 위해서는 무엇인가, 신비체subtle body — 즉, 정신mind — 가 물질 세계 외부에 위치해 있어야만 한다.

유물론적 모델은 또한 텔레파시적 꿈과 태몽에 대해 설명을 하지 못하고 있다. 왜냐하면 그러한 비국소적 특질들은 유물론적 과학에서는 설명될 수 없기 때문이다. 그곳에서는 국소성locality[자연의 물리적 특성은 특정 시공간의 한 점에 국한된다는 고전물리학자들, 특히 아인슈타인의 주장. 역자주]이 최고로 군림하고 있기 때문이다.

유물론자들의 관점에서는 꿈이라는 것들이 뇌의 부수현상이기 때문에, 꿈 속에는 그 어떤 인과적인 힘potency이 존재하지 않으며, 그 힘을 깨어 있는 상태와 마찬가지로 강력한 것으로 내버려둔다. 따라서 만약 우리가 꿈의 의미와 비국소성 그리고 인과적인 힘을 이해한다면, 우리는 유물론자들의 관점 이외의 부분을 보아야만 한다.

올바른 꿈의 과학을 소개하게 위해서 우리는 의식consciousness이라는 것을 다섯 가지 차원 혹은 존재의 세계들worlds of being, 즉 1) 물질적 육체, 2) 신비체, 3) 정신체, 4) 초정신체 그리고 5) 존재의 근원인 블리스bliss[미국의 신화종교학자, 비교신화학자이며 20세기 최고의 신화 이론가로 알려진 조셉 캠벨 Joseph Campbell이 자신의 저서 "신화의 힘"에서 블리스bliss를 우파니샤드에서 초월의식에 다다르는 영적 각성을 나타내는 말, '삿칫아난다'의 핵심이라고 말하고 있다. 그는 '삿'은 존재라는 뜻이며, '칫'은 의식을 가리키고, '아난다'는 더 없는 기쁨(지복), 즉 참 자아 또는 신과 합일되어 황홀한 기쁨, 대 환희심을 느끼는 상태이며 이 상태를 영어로 블리스bliss라고 표현했다. 한편 '아난다'는 BC 6세기경 타이티리야 우파니샤드Taittiriya Upanisad에서 브라만과 개아個我의 최상의 상태를 정의하는 데 사용되었으며, 신체의 속박을 벗어나 환희를 느끼는 의식의 상태를 의미한다. 역자주]로 이루어져 있는 모든 존재들의 근원ground of all beings으로서 여겨야 한다. 이 장의 가장 중요한 목적은 우리 인간이 꾸는 꿈에는 다섯 가지 유형이 있다는 사실의 진실성을 입증하는 것이다. 또 이에 의거해서 우리 인간 의식 안에 존재하는 '다섯 가지 체' five bodies 에 대한 타당성을 확증하는 것이다.

그렇다면 꿈은 우리에게 무엇을 입증하고 있는 것일까? 꿈은 우리 인간이 하나의 물질적 육체가 아니라 의식 내부에 있는 '다섯가지 체'라는 아주 결정적인 증거를 제시하고 있다.

누가 꿈을 꾸는가? 양자 물리학의 대답
Who dreams? The Answer from Quantum Physics

누가 꿈을 꾸는가? 이 질문은 유물론적 사고방식을 개념적으로 곤혹스럽게 만들고 있다. 왜냐하면 (꿈꾸는 사람의) 주관적 경험에 대한 객관적인 설명은 결코 풀 수 없는 모순이기 때문이다. 양자 물리학은 그 모순에서 빠져나올 수 있는 길을 우리에게 제공하고 있다.

누가 꿈을 꾸는가? 의식consciousness이 꿈꾼다. 의식은 가능성의 파동waves of possibility을 꿈이라는 실제적인 사건들actual events로 변형시키며, 그 자체를 두 개의 부분, 즉 '꿈의 대상들' dream objects로부터 자신을 분리시켜 보는 '꿈꾸는 주체' dreamer로 구분하는 과정을 통해 꿈을 꾼다.

여기서 한 가지 상기해야 할 것이 있다. 자아 정체성ego-individuality이라는 것은 어떻게 만들어지는가? 반복되는 것이지만, 그 답은 경험들이 기억을 만들어 내며, 그 기억의 피드백이 자극에 대해 우리 인간이 과거에 했던 반응들과 동일하게 양자 운동의 역학dynamic of quantum movement을 수정함으로써 이루어진다는 것이다. 다른 말로 하자면, 우리 인간은 우리가 천진난만할 때 가지고 있던 모든 자유를 계속 지니고 있기보다는 비록 사람마다 다른 방식일지라도, 어떤 한 방식으로 반응하도록 조건 형성이 되어 있다. 이러한 조건화된 패턴들이 기억 속에 수용되어 있는 내력story에 따라 우리 인간의 개별적인 자아individual ego를 만들어 내는 것이다.

따라서 오랜 시간에 걸친 하나의 의식 상태body의 계속성이라는 것이 실제 세계actual world로부터 나타난다고 가정하는 것은 틀린 것일지도 모른다. 오히려 실제 세계의 계속성이라는 것은 우리 인간이 그것을 경험하는 조건화된 방식에 의해 초래되는 하나의 결과effect이다.

의식의 상태들
The States of Consciousness

뇌파 데이터에 의해 확증된 인간의 경험은 우리에게 의식의 상태에 세 가지 타입이 있다는 것을 분명하게 말할 수 있게 해주고 있다.

1. 깨어있는 상태 waking state : 이 상태에서 우리 인간은 외적 그리고 내적 자각 awareness 을 모두 가지고 있다.
2. 꿈꾸고 있는 상태 dreaming state : 이 상태에는 오직 내적 자각 상태만이 존재한다.
3. 숙면 상태 deep sleep state 와 그 밖의 니르비칼파 상태들 nirvikalpa states : 이 상태에는 주체-대상에 대한 자각 subject-object awareness 이 존재하지 않으며, 가능성 파동들의 붕괴도 없다. 산스크리스어 니르비칼파 nirvikalpa 는 '구별 없음' no separateness 을 의미한다.

우리 인간이 깨어 있을 때 외적 및 내적 자각 모두를 가지고 있다는 이유만으로 우리는 깨어 있는 상태가 꿈 상태보다 더 실제적 real 이라고 말할 수 있는가? 우리는 너무 서두르지 말아야 할 것이다. 때때로 오히려 꿈 속에서 우리가 객관적인(따라서 외적인) 자각을 가진다는 사실을 시사하는 실험결과치들이 존재한다.

요가 심리학에서 의식이라는 것은 세 가지의 구분되는 측면들을 가지고 있다. 존재 existence , 자각 awareness , 그리고 지복 bliss 이 그것이다. 우리는 이러한 특성들이 깨어 있는 상태와 꿈의 상태 모두에서 똑같이 가능하다는 사실을 쉽게 알 수 있다. 존재와 자각이라는 상태는 명백하다. 그러나 지복의 상태 bliss 조차도 유효하다. 영적 수련과 양자도약을 통해서 우리 인간의 깨어 있는 삶의 수준을 지복의 상태로 끌어올릴 수 있는 것과 유사하게 우리는 또한 몽중 자각 수련practice of awareness while dreaming 인 꿈의 요가dream yoga라고 불리는 신비한 전승 속에서 개발된 방법들을 통해 인간의 꿈꾸는 시간dream time을 지복의 차원으로 끌어올릴 수 있다.

그러나 꿈은 그 어떤 인과 연속성cause-effect continuity을 가지고 있지 않으며, 결코 그 어떤 분명한 인과적 연속성 없이 한 장면episode에서 다른 장면으로 건너 뛰어다닌다는 철학자의 주장은 어떠한가? (다른 사람들과 커뮤니케이션을 하기 위한 참조점 때문에 필요한) 양자 불확실성이 감추어져 있는, 깨어 있는 자각의 분명한 고정성fixity과는 대조적으로 꿈은 훨씬 더 큰 범위에서 그것의 양자 본성을 유지하고 있다. 단지 조건 형성conditioning이라는 것 때문에 어느 정도는 뉴턴 물리학적 고정성을 따르고 있기는 하지만 말이다. 따라서 꿈 속에서 우리 인간은 조건화된 연속성을 가지고 있다. 이것이 특별한 꿈의 일화의 줄거리를 우리에게 가져다 준다. 그러나 일화가 바뀌면, 우리는 양자 붕괴quantum collapse에 따른 인과적 불연속성을 경험할 기회를 갖는다. 그렇지만 사실은, 장면의 변화들 속에는 포착하기 어려운 연속성이 매우 자주 존재한다. 그러나 그것을 발견하기 위해서 당신의 의미meaning라는 것을 주의 깊게 보아야만 한다.

그것은 우리에게 철학자들이 던지는 또 다른 의문을 가져다준다. 우리가 꿈에서 깨어날 때, 우리는 (아마도 쉽게 설명되는 사소한 변화를 가지고 있는) 동일한 '깨어 있는 현실' waking reality로 되돌아온다. 그러나 우리가 다시 꿈꾸는 것으로 되돌아가면, 우리는 드물게 [깨어나기 전과] 동일한 '꿈 속의 현실' dream reality과 마주친다. 그렇다면 꿈의 실재는 어떻게 진지하게 대해질 수 있을까? 이 의문에 대한 대답은 꿈은 프시케psyche, 곧 전체 정신에 관해 우리에게 말하고 있다는 것이다. 꿈에 있어서 중요한 것은 느낌feeling, 의미meaning, 그리고 의미의 맥락들contexts of meaning이다. 따라서 우리는 내용의 연속성이 아니라 의미와 느낌의 연속성을 주의 깊게 보아야만 한다. 그렇게 할 때, 우리는 대부분 자주, 특히 같은 날 밤, 우리가 의미 혹은 느낌이라는 관점에서 동일한 '꿈 속의 현실'로 되돌아간다. 내용과 이미지들은 바뀌지만, 그와 관련된 느낌들과 의미들은 여전히 동일한 상태이다.

꿈을 바라보는 이런 관점은 또한 사람들이 때때로 던지는 또 다른 의문을 해결할 수도 있다. 깨어 있는 상태에서 우리는 우리의 꿈에 관해 말할 수 있으며, 또 말하고 있다. 그렇다면 어째서 우리는 그와 비슷하게 꿈을 꾸는 동안 우리의 깨어 있는 삶에 관해서 말할 수 없는가? 하지만 우리는 말하고 있다! 단지 느낌, 의미, 그리고 (원형적 상징들인) 의미의 맥락들로 이루어져 있는 꿈의 언어로 하고 있다는 사실만이 다를 뿐이다. 이 언어는 이해하기가 약간 어렵다. 우리가 그 언어를 간파해 내면, 우리는 꿈 속에서 정말로 깨어 있는 삶의 문제들에 관해 우리가 말하고 있으며, 그 문제들을 이러저러한 방식으로 재현하고, 때로는 창의적인 해결책들을 찾아내기까지도 한다는 사실을 발견한다.

이 때문에 자신의 환자들에게 주로 의미의 차원에서 꿈의 내용을 만들어 내는 무의식의 과정dreamwork에 관여하라고 북돋는 심리치료사들은 도움이 된다. 프로이트(1953), 그 후 융(1871), 아들러(1938)를 필두로 한 다른 심리학자들 덕분에 꿈꾸는 사람이 자신의 꿈의 상징들 속에서 확인하는 의미가 가장 중요하다고 심리치료사들이 가정하게 하는 것은 반가운 일이다. 형태심리학자 프리츠 펄스Fritz Perls(1969)는 "꿈의 모든 다른 부분들은 당신 자신이며, 당신 자신의 투사projection of yourself이다"라고 말함으로써 이러한 사고 방식을 가장 잘 요약하고 있다.

꿈에 관한 새로운 양자 과학은 이와 일치한다. 꿈의 상징dream symbol은 느낌의 측면에 대해 적절하게 주의력을 집중함으로써 그것이 꿈의 전체적인 맥락에서 그 상징이 가지고 있다고 당신이 생각하는 개인적인 의미만을 나타내고 있다는 점에서 당신 자신의 투사projection이다. 당신의 꿈 속에 나타나는 다른 인물들human characters은 특별히 중요하다. 당신이 꿈에서 당신의 어머니를 보면, 그녀는 당신, 혹은 그녀에 대한 당신의 지각을 반영하는 당신의 일부이다. 물론, (융이 원형들이라고 불렀던) 보편적인 맥락의 상징들도 역시 존재한다. 그러한 것들은 우리 인간이 보편적으로 동일한 의미를 투사하는 꿈 속에서 나타나는 보편적 주제universal themes를 상징한다. 그러한 주제의 하나가 바로 '영웅의 여정' hero's journey[미국 신화종교학자인 조셉 캠벨이 세계 각지의 신화를 분석하여 공통적으로 발견된 것을 한데 묶어 일종의 공통적인 주제로 만든 공식. 영웅의 여정은 모두 12개 단계로 구성되어 있다. 1] 평범한 세계ordinary world, 2) 모험의 소명call to adventure, 3) 소명의 거부 refusal of the call, 4) 조력자와의 만남meeting with the mentor, 5) 관문의 통과crossing the threshold, 6-1) 시험, 협력, 적들tests, allies, enemies, 6-2) 여신과의 만남meeting with Goddess, 6-3) 아버지와의 화해atonement with the Father, 7) 동굴에의 접근approaching the cave, 8) 시련ordeal, 9) 보상reward, 10) 복귀road back, 11) 부활resurrection, 12) 불로불사의 영양과 귀환 returning with the elixir. 역자주]이다. 이 여정에서 영웅은 위대한 진리Truth를 찾으러 길을 떠난다. 그 영웅은 진리를 발견하여, 변형되며, 다른 사람들을 가르치기 위하여 되돌아오는 것으로 구성되어 있다.

따라서 꿈의 분석은 단지 과학일 뿐만 아니라 예술이기도 하다. 왜냐하면 상징이 나타나는 맥락 안에 있는 개인적인 의미를 찾아야 하기 때문이다. 일부 치료학 학파들은 꿈꾸는 사람을 꿈꾸는 동안 나타나는 경험들을 느끼게끔 하며, 꿈꾸는 사람에 의해 적절한 느낌들이 다시 경험될 때만 분석을 하도록 하고 있다. 이것은 좋은 전략이다.

삶의 의미 차원meaning level은 깨어 있는 사건들 속에서도 진행되기도 한다. 그러나 우리가 그런 의미들에 대해 어쩌다 주의를 기울일 정도로, 우리는 깨어 있는 삶 속에 고정된 상징들의 요란함 때문에 중요한 것을 놓치게 된다. 예를 들면, 어느 날 당신이 시내를 운전하고 있는 동안 전과 같이 않게 많은 빨간색 신호등들을 마주친다고 가정해 보자.

그럴 경우 당신은 차를 세우고, 이런 상황이 어떤 종류의 '의미 있는 우연의 일치', 공시성synchronicity일지도 모른다고 생각할까? 꿈은 당신에게 두 번째 기회를 제공한다. 같은 날 밤 당신은 차를 운전하고 있는 중에 또 다른 빨간색 신호들을 마주치는 꿈을 꿀지도 모른다. 꿈에서 깨어나서, 당신은 그 차가 당신의 에고ego를 상징하고 있으며, 빨간색 신호등은 당신의 자유분방한 이기주의egoism를 멈추게 하도록 당신의 관심을 끌고 있는 중이라는 사실을 쉽게 깨달을지도 모른다.

새로운 꿈의 분류
The New Classification of Dreams

꿈에 관해서는 많은 분류 체계가 존재한다. 그 하나는 그것을 가장 쉽게 설명하는 특별한 학파school of thought에 따라 꿈을 분류하는 것이다. 따라서 우리는 프로이트 학파의 꿈(예를 들면, 소원성취 꿈), (원형적인 상징들이 나타나는) 융 학파 꿈, (꿈꾸는 사람의 사적 신념체계, 논리, 편견 그리고 실수들이 드러나는) 아들러 학파의 꿈 등등의 분류체계를 가지고 있다. 그러나 이와 같은 분류는 아주 임의적이고 애매모호한 것처럼 보인다.

여기서 탐구되고 있는 새로운 '의식 안의 과학'은 꿈에 대한 명확한 분류체계를 만들어 낼 수 있는가? 답은 그렇다는 것이다. 대부분의 꿈은 보다 더 잘 분석될 수 있으며 육체physical body, 생기체vital energy body, 멘탈체mental body, 초정신체supramental theme body, 그리고 지복체bliss body라는 다섯 가지 체five bodies의 관점으로부터 보다 더 잘 이해될 수 있다.

1. **육체의 꿈**Physical body dreams : 이 꿈은 육체로부터 나타나는 소위 주간 잠재몽day-residue dreams[그날 있었던 상황에 대한 마음 한 구석에 남아 있던 생각, 감정이 나타나는 꿈. 역자주]이다. 이 꿈에서는 육체의 기억이 꿈 속에서

역할 수행을 한다.
2. **생기체의 꿈**Vital body dreams : 이것은 악몽들이다. 이 꿈에서 지배적인 특성은 두려움과 같은 강한 감정strong emotion이다.
3. **멘탈체의 꿈**Mental body dreams : 태몽pregnancy dreams과 비몽flying dreams처럼 전체적인 맥락이나 내용보다는 상징의 의미가 지배적인 꿈이다. 많이 되풀이하여 꾸는 꿈(악몽이 아닌)도 이 범주에 속한다. 이러한 꿈들은 우리에게 우리의 의미 있는 삶, 정신의 지속적인 무용담에 관하여 말해 주고 있다.
4. **초정신체의 꿈**Supramental dreams : 이러한 꿈들은 객관적인 보편적 상징, 융이 말한 원형들을 포함하고 있다. 그것들은 우리에게 계속되는 탐구와 우리 삶의 원형적 주제가 전개되고 있음을 말해 주고 있다.
5. **지복체의 꿈**Bliss body dreams : 이러한 꿈은 육체, 생기체, 멘탈체 그리고 지성체까지도 초월하는, 드물게 꾸는 꿈이다. 꿈꾸는 사람은 존재에 기초를 둔 깊은 지복감sense of bliss을 느끼면서 깨어난다. 이 상태에서 관련된 지배적인 체는 제한받지 않는 지복체bliss body, 우리 인간 안의 영원불변성the eternal이다.

그렇지만, 한 가지 주의할 것이 있다. 때때로 꿈은 한 가지 차원 이상에서 동시에 펼쳐진다는 것이다. 예를 들면, 성에 관한 꿈은 육체적 꿈의 유형typology일 뿐만 아니라 성 에너지sexual energy라는 생기체적 꿈의 표상이기도 하다. 창조적인 꿈은 육체적 삶(상징은 그들 실체를 대표한다)으로부터 문제를 취하며, 해결책을 제시하기 위해 원형적 이미지들을 불러 온다.

자, 이제 몇 가지 예로써 꿈에 대한 분류를 설명해 보도록 하자.

나의 꿈 연구 파트너, 심리학자 심킨슨Simpkinson은 그녀가 잠자리에 들었을 때, 그녀의 고양이가 카펫을 긁고 있는 꿈을 꾸었다. 고양이가 그렇게 하지 못하게 하기 위해 침대에서 막 일어나려고 했을 때, 그녀는 깨어났으며 그 고양이가 자신의 머리에 앉아서 담요를 긁어대고 있는 것을 발견했다. 이것은 육체의 꿈이며, 고양이가 카펫을 긁고 있는 꿈은 고양이가 긁어대는 것이 꿈꾸는 사람에게 영향을 미쳤기 때문에 나타난 것이었다. 육체의 꿈은 또한 낮에 있었던 활동들을 단순히 반복하거나, 특히 육체의 근육 속 기억에 흔적이 남겨진 꿈들도 포함하고 있다.

다음은 주로 생기체 꿈의 한 예이다. 정신과학연구소 꿈 그룹의 한 멤버인 '낸시'는 자신의 많은 꿈 속에서 되풀이하여 나타나는 주제에 대해 이야기를 했다. 한 예로, 그녀는 다음과 같은 꿈의 내용을 감정에 벅찬 채 그 그룹 멤버들과 공유했다.

> 나는 집으로 들어가는 진입로를 걷고 있었어요. 나의 여동생은 외출하려는 중이라고 말했지요. 그런 후 나는 집 안으로 들어갔는데, 아무도 없었습니다. 집안 구석구석을 다 살펴보았지만 아무도 없었어요. 우리 가족들 모두가 나만 남겨 두고 다 떠났습니다. 그때 무서웠어요. 왜냐하면 집안에 유령 혹은 무엇인가가 있는 것처럼 느껴졌기 때문이었지요.

이 꿈은 두려움이라는 감정에 의해 이끌어지고 있다. 혼자 남게 된다는 두려움과 유령에 대한 두려움 등 말이다. 이러한 관점에서 상징적 이미지들은 꿈꾸는 사람의 정신^{psyche}(집)의 이미지들이며, 그녀는 그곳에서 '유령들'과 함께 자기 혼자 남게 될 것이라는 사실에 두려움을 느끼고 있는 것이다. 이 두려움은 그녀의 깨어 있는 삶과도 역시 관련이 있었다. 왜냐하면 그녀의 라이프스타일은 결코 그녀 자신 혼자만이 시간을 보내는 것을 불가능하게 했기 때문이다.

이 꿈을 이야기한 후 낸시는 계속해서 그녀가 어렸을 때 자신의 집에서 그녀의 형제자매들과 놀고 있었던 때 겪었던 경험에 대해 말했다.

어떤 순간에 그녀는 옷을 재빨리 갈아입기 위해 집안으로 뛰어갔다. 그러자 그녀의 형제자매들은 그녀를 놀려대면서 숨어버려 그녀는 자기만 내버려 두고 그들이 떠났다고 생각해야만 했다. 그녀는 집 바깥을 둘러보면서 자신이 버려졌다고 생각했었다고 기억했다.

멘탈체mental body는 어렸을 적 이 경험을 낸시의 개인적인 원형으로 받아들였다. 그녀의 삶에서 소외감feeling of isolation이 들었을 때, 그 소외감은 이러한 익숙한 스토리와 함께 드러났다는 의미에서 그렇다. 따라서 이러한 주제와 관련되어 되풀이되는 꿈은 그녀의 감정적 삶에서 관심을 필요로 하는 소외감과 소통하고 있었던 것이다.

꿈의 기호학dream symbology 관점에서 볼 때, 그 집은 낸시의 프시케psyche을 의미한다고 간주할 수 있다. 유령들에 대한 두려움은 정신 안에서 홀로 있다는 그녀의 무서운 경험이다. 낸시는 많은 시간을 홀로 보냈다. 그러나 그 시간을 자세히 살펴보니 그녀는 보통 독서나 집안 청소처럼 무엇인가를 하고 있었던 것으로 드러났다. 여기서 문제는 아무 일도 하지 않는 – 그저 그녀 자신과 함께 있는 시간이 부족했다는 것이다. 그녀의 깨어 있는 삶과 이 꿈 속 모두에는 이러한 생각과 관련된 두려움이 존재했다. 이 악몽 같은 국면은 느낌feelings이라는 생기체vital body에 근거를 두고 있으며, 그 생기체는 관심받기를 원하고 있던 정신의 영역이기도 하다.

이 꿈은 외로움solitude과 고요함calm의 필요성을 드러내고 있었다. 이 꿈을 꾼 후 2주일이 지난 후, 낸시는 예상치 못한 새로운 생활 환경을 찾아야만 했으며, 혼자서 아파트로 이사를 했다. 그렇지만 그녀가 꿈 속의 이야기를 자신의 실제적인 상황으로 나타난 것과 연결시켜 생각할 수 있었던 것은 그 다음번 그룹 미팅에서 자신이 이사했다는 것을 말하기 전까지는 아니었다. 비록 외로운 장소로의 이사가 완전한 해결책은 아니었지만, 그녀가 여전히 자기 혼자 시간을 보내기 위해 그 장소를 사용하는 것이 필요했기 때문에 그것은 그녀의 정신 속에 홀로 있을 필요를 암시하는 또 다른 중요한 상징이었다. 그녀의 깨어 있는 삶과 꿈 속의 삶이 그녀의 개인적인 성장과 관련되어 있던 상징들을 어떻게 드러냈는지를 이해하는 것은 매우 중요한 것이다.

('줄리아'라는 또 다른 연구소 꿈의 그룹 멤버가 제공한) 다음의 꿈 이야기는 비록 불안한 감정이라는 생기체적 특징을 나타내고 있지만, 이 꿈은 상징들의 의미가 지배하고 있는 멘탈체의 꿈으로서 주로 이해될 수 있다.

> 나는 남편과 아들들과 함께 보트 안에 있었어요. 우리가 첫 번째 목적지에 도착한 후 그 보트는 물 속으로 가라앉기 시작했습니다. 나는 내 지갑이 물에 떠있던 보트 아래 층으로 가서 내 소지품들을 챙기려고 했지요. 나는 남편과 아들들이 나를 돕는 데 관심을 보이지 않았다는 데 화가 났습니다. 그때 그 보트가 카누로 돌변했어요. 나는 내 소지품들을 모으는 데 온 신경을 쏟고 있었습니다. 왜냐하면 우리 모두는 곧 출발할 비행기를 타야만 했기 때문이었죠. 나는 결국 그 비행기를 틀림없이 탈 수 없을 것이라는 사실을 깨달았습니다. 그러나 그 누구도 나를 돕거나 신경을 쓰지 않았다는 사실에 속이 뒤집어져 있었지요.

이 꿈을 분석하자, 줄리아의 프시케psyche는 그녀의 막내 아들이 학교를 졸업하여 집을 떠날 때 새롭게 느끼게 된 고독감에 적응하고 있었다는 것이 분명해졌다. 이 꿈은 그녀의 다른 자아 정체성들(그녀의 가족)은 그녀와 함께하는 데 관심이 없었던 그녀의 정신 속으로 들어가는 것(보트 안으로 내려가는 것)을 반영하고 있다. 거기서 그녀는 자신의 운전면허(문자 그대로 그녀의 신분증), 가족 사진(그녀가 자신을 확인하는 방법), 자신의 지갑(가치의 상징으로서의 돈) 등 그녀의 백에서 떨어진 그러한 물건들을 모으고 있었다. '그녀 자신'을 끌어 모으기 위해서 말이다. 자가 추진력을 가진 이동수단인 카누는 그녀의 정신이 이제 자기만의 보트에 타고 있기 때문에 공동의 여행으로부터 달라졌다는 사실을 보여 주는 것이었다. 그런 후 그녀가 '틀림없이 그 비행기를 탈 수 없게 되자', 그녀는 가족들이 계속해서 함께 할 수 없을 것이라는 사실을 깨닫는다.

이 꿈은 초정신체의 꿈의 한 예이다. 심킨슨은 비전 퀘스트vision quest[북미 인디어 부족에서 행해진 영계靈界와의 교류를 구하는 의식. 역자주]가 시작된 첫날 밤에 간단한 꿈을 꾸었다. 그녀는 자신과 몇몇 다른 사람들이 비전 퀘스트를 하고 있는 중이었던 황야 주변을 걷고 있는 꿈을 꾸었다. 그녀가 따뜻한 우애 속에서 그들과 만났을 때, 비가 오기 시작했다. 그 비는 소나기처럼 쏟아져 비전 퀘스트를 하고 있는 사람들이 머물고 있던 언덕 전체를 쓸고 내려갔다.

이 꿈은 그녀를 비전 퀘스트에 입문하게 하는 정화purification의 꿈이었다. 비 형태의 물은 무의식의 원형이다. 그것은 그녀가 비전 퀘스트를 하는 동안 배우기를 바라고 있는 무의식이었기 때문에, 중요한 축복blessing으로 나타났다. 비는 그녀를 깨끗하게 하는 것이었을 뿐만 아니라 무의식과 비전 퀘스트를 하는 사람이 서로 만날 수 있는 곳까지 내려와서 그녀의 마음을 움직이게 하는 것이기도 했다. 이러한 방법으로 무의식은 그 세계를 여는 데 동의를 하고 있는 것이었으며 그녀가 그 존재를 받아들일 수 있게 했다.

다음에 소개되는 꿈은 지복체의 꿈의 한 예이다. 이 꿈에서는 자각몽lucid dreaming[꿈꾸고 있는 것을 자각하면서 꾸는 꿈. 역자주]을 통해 지복체의 꿈에 이르게 됐다(질리스피Gillespie, 1986).

상황들이 나에게 오랫동안 집중하는 것을 [꿈 속에서 방해받지 않고] 허용한다면, 나는 서서히 육체적 자각body awareness을 잃어버리고 의식의 대상이 완전히 제거되는 상황으로 접근한다. 정신적인 활동은 멈춘다. 나는 순수 의식이라는 지점에 도달했지만 내가 알고 있는 사실을 계속 유지하지 못했다. 감각적 자각sense awareness과 정신적 활동이 멈췄으므로, 나는 나의 육체적 그리고 정신적 자아self를 초월했다.

마지막 현상은 빛의 충만이다…… 그것은 내가 보는 모든 것을 찬란한 빛으로 변하게 만드는 내 머리 위로 내려오는 태양처럼 보인다. 나는 신God의 임재presence를 알게 되고 자연히 일어나는 엄청난 환희joy를 느낀다. 내가 내 주의력을 그 빛으로 향하고 있는 한, 나는 서서히 나의 꿈꾸는 육체dreamed body에 대한 자각을 잃어버린다.

신의 생생한 임재 안에서 내 자신에 대한 자각과 꿈의 표상을 잃어버리는 것은 내 자신을 초월하는 것을 경험하는 것이다. 어떻게 설명하든 간에 그 경험은 이렇다. 빛의 충만, 신에 대한 자각, 내 자신에 대한 자각의 점차적인 소멸, (블리스bliss라고 흔히 말해지는) 환희, 그리고 통제 불가능한 헌신devotion은 신비주의 문헌에서 공통적으로 언급된 현상들이다.

이 사례는 빛 속으로의 나아감과 엄청난 환희가 사로잡음으로써 자아 정체성ego identity이 사라지는 것을 묘사하고 있다. 그것은 꿈에 관한 이전의 모든 분류들을 소멸시킨다. 왜냐하면 지복의 상태에는 그 어떤 상징적 의미의 구조물도 없기 때문이다. 거기에는 오직 순수한 지복pure bliss – 분리의 부재absence of separateness만이 존재하기 때문이다.

꿈과 심리치료에 관한 추가적 설명
More on Dreams and Psychotherapy

어째서 꿈은 심리치료에 유용한가? 프로이트가 인간의 무의식 속에서 지속되고 있는 정신적 프로세스가 있다고 깨달은 것은 옳았다. 그러나 우리 인간은 깨어 있는 삶에서 그 프로세스를 의식적으로 인지하지 못한다. 트라우마 기억들은 유사한 자극이 나타날 때는 언제나 되살아난다. 그러나 억압의 역학repression dynamics[고통, 창피스러움, 불안을 일으키는 충동, 기억, 경험 등을 의식으로부터 강력하게 밀어내는 정신의 작용. 역자주]은 우리에게 그러한 기억들이 되살아나, 현실로 나타나지 않도록 막는다. 따라서 이러한 기억들은 무의식적 처리를 통해 인간의 행동에 영향을 미치며, 어떠한 이성적인 설명도 할 수 없는 행동을 하도록 한다. 이러한 작용은 인간에게 신경과민을 일으키게 만든다. 꿈의 상태에서 에고ego의 육체적 구성요소, 육체의 정체성은 사라진다. 그것은 에고를 약화시키기 때문에 억압된 기억들을 억누르는 평소의 에고는 약해진다. 따라서 이러한 기억들은 꿈 속에서 다시 표면으로 떠오를 수 있다. 그리고 그것은 심리분석가들에게, 일반적으로 심리치료사들에게 좋은 기회가 된다.

꿈은 또한 인간의 정신적 그리고 감정적 에고에 관해서 깨어 있을 때 경험들보다 더욱더 직접적으로 알게 해준다. 꿈의 분석을 통해서 치료사들은 각 의뢰인들의 성격personality의 부분인 의미 구조meaning structure — 정신적 에고mental ego를 알게 된다. 그리고 정신화된 생기적 에고mentalized vital-energy ego[정신화mentalization라는 것은 심리학 용어로 드러난 행동을 근거로 자기 자신과 다른 사람들의 정신 상태를 이해하는 능력을 의미한다. 정신화란 자신이나 타인에 대한 일종의 능동적 상상 활동이며, 욕구, 희망, 느낌, 믿음, 목표의 측면에서 지각하고 해석하며 반성하는 능력이다. 쉽게 말하면, 아이의 상태나 의도를 알아차리는 엄마의 정신 능력이다. 우리는 자기 자신을 다른 사람 안에서도 본다. 마음을 열고 상대방의 걱정을 담아주기도 하고, 느낌을 공유하고, 오해를 이해하는 등 다른 사람을 마음에 지속적으로 담아두며, 무수히 낯선 자극들이 끊임없이 출현하는 외부세계를 안정된 '심리적 사실'로 질서화하는 능력을 말한다. 인간은 정신화를 통해 낯선 다른 사람들을 연속성을 지닌 인격체로 볼 수 있게 되고, 자신의 주관성도 변할 수 있는 것으로 볼 수 있게 된다. 역자주]인 감정 구조emotional structure에 대해서도 마찬가지다. 치료사가 하는 일은 보통 이러한 굳어버린 구조들을 해체시키는 것이며, 그 구조들에 관해 이해를 하는 것은 치료사에게 매우 귀중한 것임에 틀림없다. 그리고 이러한 지식은 생기체와 멘탈체 꿈에서 매우 도움이 된다.

꿈 속에서의 창조성
Creativity in Dreams

꿈에서 창조적인 돌파구를 찾은 일화적 증거는 아주 많다. 아마도 가장 유명한 것은 뱀들이 고리모양으로 서로 즐겁게 너울거리고 있는 꿈을 꾼 아우구스트 케쿨레August Kekule의 꿈이다. 그 꿈은 벤젠 분자 속 전자의 결합이 고리모양이라는, 근본적으로 새로운 개념에 대한 통찰력을 그에게 가져다주었다. [독일의 화학자 프리드리히 아우구스트 케쿨레는 1895년 벤젠 분자의 원자배열 문제로 고민을 하던 중 난롯가에서 낮잠을 자다가 꾼 꿈 속에서 꼬리를 물고 있는 신화 속의 뱀들의 모습을 보고 6각형 구조로 된 벤젠 분자구조를 밝혀내는 영감을 얻은 것으로 유명하다. 역자주] 그리고 닐스 보어Niels Bohr는 꿈에서 영감을 얻어 자신의 원자 모형automic model을 개발한 것으로 여겨지고 있다. [닐스 보어의 원자 모형은 원자의 구조를 양전하를 띤 원자핵 주위를 음전하를 띤 전자들이 원형궤도를 따라서 돌고 있다고 설명하는 이론이다. 닐스 보어는 꿈에서 본 진기한 태양계의 모습에서 영감을 얻어 이전의 원자 모형과는 달리 막스 플랑그의 에너지 양자가설(빛에너지는 불연속적이라는 주장)과 아인슈타인의 광양자설(빛을 에너지를 가진 입자라고 보는 설)을 바탕으로 원자 구조가 마치 태양계에서 태양을 중심으로 행성들이 궤도를 따라 돌고 있는 것과 같은 구조로 되어 있다고 주장했다. 닐스 보어의 원자 모델은 1914년 제임스 프랑크와 구스타프 헤르츠에 의해 실험적으로 입증되었다. 닐스 보어는 원자 모형에 관한 연구로 1922년 노벨물리학상을 수상했다. 역자주] 베르너 하이젠베르크Werner Heisenberg는 양자역학의 기본 방정식을 꿈에서 발견했다. [베르너 하이젠베르크는 닐스 보어의 원자 모형이 원자의 안전성이나 원자가 내보내는 스펙트럼을 부분적으로 설명하는 데는 성공했지만, 원자 내의 미시적 세계에 대해서 고전 역학과 고전 전자기역할을 전면적으로 적용시킬 수 없다는 문제점을 양자화

조건과 진동수 조건이라는 부가적 조건을 새로 도입하여 보완하여 닐스 보어 모형이 설명하지 못하는 양자역학을 설명하는 행렬역학 방정식을 제시했다. 즉, 원자 내의 전자에서 볼 수 있는 미시적 운동상태는 무한 차원의 복소벡터로 나타낼 수 있으며, 이 무한차원 복소벡터 공간 중에서 물리량을 벡터 사이의 변환을 나타내는 무한차원 행렬과 대응시키는 수학적 방정식에 의해 원자 상태의 전이를 합리적으로 설명하는 역학 방정식을 완성했다. 역자주] 꿈 속에서 아이디어를 얻은 것은 과학자들만은 아니다. 베토벤은 자신의 캐논곡 canons[하나의 가락을 바탕으로 하여 그 가락을 여러 모양으로 변형시키면서 되풀이 하는 작곡기법. 역자주] 중의 하나에 대한 아이디어를 한 꿈에서 얻었다. 다른 음악가, 미술가, 작가, 그리고 시인들에게 있어서 그런 사례는 많다(고스와미, 1999).

그렇다면 어째서 꿈은 창조성을 촉진시키는 것일까? 창조 프로세스는 네 가지 단계로 이루어져 있다. 즉, 준비preparation, 무의식적 처리unconscious processing, 통찰이라는 양자도약quantum leap of insight, 그리고 발현manifestation이 그것이다. 깨어 있는 상태에서 우리 인간은 깨어 있는 삶을 지배하고 있는 육체와 물리적 자극들과 동화된다. 꿈 속에서는 육체의 정체성은 상실되며, 우리 인간은 완전히 정신psyche과 동화된다. 그 결과 우리는 정상적으로는 깨어 있는 동안의 경험 안에서 이루어지는 무의식적 처리와 관련되어 있는 많은 것들에 대한 의식을 놓아 버리며, 꿈 속에서의 경험으로 나타나게(붕괴시킨) 한다. 우리는 물리적 사건을 촉발시킬 수 없다. 그러나 뇌 안에서 가능한 노이즈/로르샤흐noise/Rorschach [좌우 대칭으로 불규칙하게 번진 잉크 무늬를 보고 어떤 형상을 연상하느냐에 따라 그 사람의 정신 상태나 성격을 판단하는 검사법. 역자주]의 도움으로 우리는 느낌feeling과 의미meaning의 차원에서 우리의 아이디어를 이미지로 만드는 테스트를 할 수 있다. 때로는, 꿈의 탐색을 통해서, 깨어 있을 때 가지고 있는 의미의 맥락 안에서 양자도약이 일어날 때 우리는 보상을 받기도 한다.

영국의 낭만주의 시인 새뮤엘 코올리지Samuel Coleridge는 자신의 유명한

시 '쿠블라 칸' Kubla Khan[1797년 여름 어느 날 코울리지는, 13세기에 대제국을 통치한 원나라 황제 쿠빌라이 칸이 지었다는 전설적인 누각 재너두(Xanadu)에 관한 이야기를 읽다가 깜박 낮잠이 들었다. 그는 꿈속에서 찬란한 누각을 보고, 그 시각적 이미지가 시구로 옮겨지는 것을 느꼈다. 잠에서 깨어나자마자 그는 꿈속의 시를 기억나는 대로 옮겨 적기 시작했지만, 중간에 우체부가 들어오는 바람에 끊기고 만다. 이것이 지금도 남아 있는 코울리지의 미완성 시 '쿠블라 칸' Kubla Khan이다. 역자주]을 쓰는 데 도움을 받은 상징들을 통해 꿈의 여정을 다음과 같이 묘사했다. "만약 당신이 잠들었다면 어찌 되는가? 그리고 당신이 자면서 꿈을 꾸고 있다면 어찌되는가? 또 꿈 속에서 당신이 천국에 갔고, 그곳에서 신기하고 아름다운 꽃을 땄다면 어찌할 것인가? 그리고 당신이 잠에서 깨어났을 때, 당신의 손 안에 그 꽃이 들려져 있다면 어쩔 것인가?" 전적으로 옳은 말이다.

깨어 있는 의식 상태와 꿈꾸는 의식 상태의 동등성
The Equipotency of Waking and Dream States of Consciousness

이제 우리는 중요한 질문에 다다랐다. 꿈의 상태들은 깨어 있는 상태와 마찬가지로 강력한가? 인간의 꿈 속의 삶은 깨어 있는 삶과 똑같이 진지하게(혹은 신비주의자들이 하듯 똑같이 가볍게) 여겨져야 하는 것인가? 이에 동의하는 대답을 암시하는 현상들이 아주 드물지만 몇 가지 존재한다. 그 현상들은 오래되었거나 새로운 것이다. 꿈 텔레파시dream telepathy, 예지몽precognitive dreams, 교차몽crossover dreams, 공유몽shared dreams, 그리고 자각몽lucid dreaming 등이 이러한 현상들에 속한다.

이 장에서 시사하고 있는 것처럼, 꿈은 깨어 있는 세계의 상징들을 내용content이 아니라 느낌feeling, 의미, 그리고 의미의 맥락을 만들어 내기 위해 활용하고 있다. 그렇지만, 텔레파시적 꿈(인간의 비국소적 의식에 의해 공간을 뛰어넘어 관계가 있는 두 사람에게 유사한 경험들을 나타나게 하는 정보의 비국소적 전송), 예지몽(시간을 뛰어넘는 정보의 비국소적 전송), 그리고 교차몽은 그러한 일반적인 규칙의 예외들이다. 이러한 꿈에서는 깨어 있는 현실의 어떤 대상들은 문자 그대로 그러한 대상들을 표상하거나 의미한다. 텔레파시적 꿈이나 예지몽이 가까운 친척의 죽음을 이러한 방식으로 예고하는 것은 흔히 있는 일이다. 즉, 이런 경우들에 있어서 죽음이라는 것은 그 사람의 육체의 죽음을 의미하며, 다른 어떤 것에 대한 상징이 아니다. 그러므로 이러한 종류의 꿈에서 외적 물리적 세계와 정신psyche이라는 내적 세계는 동등한 것이 된다. 이 사실은 최소한 이러한 꿈들이 물리적 세계와 똑같이 '실제적'real이라는 것을 시사한다.

정신과 의사인 몬태규 울먼Montague Ullman, 초심리학자 스탠리 크리프너Stanley Krippner, 그리고 심령술사이며 심령술Psychic이란 저널의 편집자인 알랜 보건Alan Vaughan이 십 수 년에 걸쳐 미국 뉴욕 브루클린 소재 마이모니데스Maimonides 병원에서 실시한 연구는 텔레파시적 꿈이 분명히 존재한다는 것을 명확하게 보여 주고 있다. 보다 상세한 것은 제16장에서 밝힐 예정이다.

공유몽은 두 사람이 동일한 기본 꿈을 꾸거나 그 두 사람이 때때로 각각의 꿈에 나타나는 꿈(마갈론Magallon, 쇼어Shor, 1990)을 꾸는 것을 말한다. 꿈이란 일반적으로 내적인 것이지만 만약 두 사람이 하나의 꿈을 공유한다면, 그들은 비국소적 연관성을 통해 하나의 공통 현실consensus reality로 올라가는 것이 된다. 그렇다면 우리는 꿈 속의 현실은 깨어 있는 현실과 똑같은 수준에 있다는 사실을 어떻게 부정할 수 있는가?

이러한 꿈과 깨어 있는 삶의 동등성equipotency에 대한 가장 좋은 증거는 이 질문에 대한 대답을 발견하는 것일 것이다. 우리 인간은 깨어 있는 삶의 문제들을 풀기 위해 깨어 있는 삶에서 꿈을 활용한다. 꿈꾸는 동안, 우리는 꿈 속의 삶의 문제를 풀기 위해 깨어 있는 삶이라는 재료material를 그와 유사하게 활용할 수 있을까? 오늘날 제시된 이론은 할 수 있다고 예측하고 있다. 이 질문은 당신의 깨어 있는 삶 속에 '실제적' 대상으로서 꿈의 상징들을 관여하게 함으로써 실험적으로 조사되어야만 한다. 예를 들어, 만약 당신이 꿈 속에서 시계라는 상징들이 되풀이해서 나타나는 것을 본다면, 나는 물질적 시계들을 당신의 깨어 있는 삶에 관여시키고, 그것이 당신의 꿈에 어떻게 작용을 하는지를 보라고 권하고 싶다.

꿈을 꾸고 있는 동안 우리가 지금 꿈을 꾸고 있다는 것을 알고 있는 자각몽lucid dreams은 꿈과 깨어 있는 삶의 동등성을 조사하기 위한 또 다른 수단이다. 나는 꿈에서 나타나는 모든 인물들은 어떤 측면에서 꿈꾸는 사람 자신이라고 여기는 것은 훌륭한 가정이라고 앞서 언급한 바 있다. 오늘날 제시된 이론에 따르면 약간의 훈련을 하고, 창조성을 가지고 있다면, 꿈꾸는 사람이 꿈 속에 등장하는 모든 인물들의 '속사정'inside을 알고 있는 자각몽을 꾸고 있는 동안 그 꿈 안에서조차도 이 사실을 깨닫는 것이 가능해야만 한다. 이러한 깨달음은 의식의 동일성oneness of consciousness에 대한 신비로운 깨달음이다.

우리 인간은 꿈의 현실 속에 있는 모든 것이라는 사실을 우리가 깨달을 때, 그 깨달음은 깨어 있는 의식awareness으로도 역시 전해져야만 한다. 깨어 있는 현실 역시 우리 인간에 의해 만들어진 꿈이라는 사실을 우리는 알고 있으며, 깨어 있는 현실 속에 있는 모든 것 또한 우리라는 사실을 알고 있다. 이것은 "깨어 있는 현실은 정말로 꿈, 신God의 꿈인가?"라는 신비스러운 질문에 대해 확정적으로 답하고 있다. 따라서 이런 종류의 자각몽은 실험적 탐색이 필요한 원대한 주제임에 틀림없다.

이와 같이 꿈은 신비체subtle bodies에 대한 결정적인 과학적 증거를 제공할 뿐만 아니라 실재reality 전체의 본질nature을 우리에게 직접적으로 드러내 보이는 힘potency도 또한 가지고 있다.

Chapter 15

환생 : 혼soul과 신God에 관한 최고의 증거

Reincarnation : Some of the Best Evidence
for the Soul and God

나는 언젠가 달라이 라마Dalai Lama가 영성spirituality에 관한 그의 불교적 믿음을 포기하도록 했을지도 모르는 어떤 과학적 연구가 있었는지에 관한 질문을 받았다는 소리를 들은 적이 있다. 이에 대해 달라이 라마는 과학자들이 환생reincarnation이 결코 나타나지 않는다는 것을 한번이라도 입증할 수 있다면, 자신의 마음을 바꾸겠다고 답변했던 것으로 알려져 있다.

환생이란 무엇인가? 또 무엇이 환생을 영성에 관한 아주 최종적인 판단 지침으로 만드는 것일까?

환생이란 죽은 후에도 살아남아, 다른 육체로 다시 태어나는 우리 인간의 어떤 본질essence이 존재한다는 생각이다. 대중적인 어법으로 말하자면, 이 본질은 혼soul이라고 불린다. 그렇지만 여기서 '혼'이라는 단어의 의미는 제13장에서 쓰인 것보다 어느 정도 확장된 것이다. 환생과 관련된 맥락에서 혼은 생기적, 정신적, 그리고 초정신적 요소들로 이루어지는 '신비체'subtle body 전체를 나타낸다. 환생은 이 책에서 탐구되고 있는 확장된 자아 모델model of expanded selves 내에서 쉽게 이해될 수 있다. (보다 상세한 내용은 고스와미, 2001을 참조할 것.)

나는 누구인가? 나는 물리적인 육체를 가지고 있다. 이와 더불어 나는 내가 그것에 관여하는 특별한 방법인 생기적 습관 패턴vital habit patterns에 의해 규정되는 신비한 별개의 생기체subtle individual vital body를 가지고 있다. 제11장에서 나는 중국의 전통 의학과의 연관 속에서 생기체를 지배하는 음과 양에 대해 밝힌 바 있다. 음과 양의 상대적인 분량amounts은 나의 생기적 특성vital individuality을 규정하는 하나의 방법이다. 나는 또한 나의 정신적 습관 패턴에 의해 규정된 별개의 멘탈체mental body도 가지고 있다. 나의 생기체와 멘탈체의 부분으로서 나는 느낌과 의미가 발견되는 원형적 맥락들도 가지고 있다. 그리고 만약 내가 원형들의 이러한 생기적-멘탈체적 표상들vital-mental representaions로서 살고 있다면, 나는 그 원형들의 물질적 표상들physical representations까지도 가지고 있다.

당신은 물질체가 구조적인데 반해, 사람들의 별개의 생기체와 멘탈체는 기능적이라는 사실을 알 수 있을 것이다. 개별화된 생기체와 멘탈체의 집합체conglomerate는, 보편적인 초정신체와 함께 환생이라는 맥락에서는 '혼'이라고 불린다. 애매모호함을 피하기 위해 나는 이것을 *퀀텀 모나드quantum monad*[양자단자. 모나드monad라는 것은 독일의 철학자 라이프니츠(1646~1716)가 만년에 저작한 "모나드론"La Monadologie에서 분석한 핵심 개념으로, 원래 '1the one' 또는 '단위'를 뜻하는 그리스어 모나스monas에서 유래한 말이다. 모나드는 형이상학적으로 실재성의 측면에서 하나이고 자기 자신과 동일하며 부식하지 않는 이데아를 가리키기 위하여 플라톤에 의해 사용된 용어이지만, 라이프니츠에 의해 '무엇이 실체인가'라는 물음에 대한 해답으로 다시 활용된 개념이다. 모나드는 모든 존재의 기본 실체로서 단순하고 불가분不可分한 것이며, 원자와는 달리 비물질적인 실체로서 그 본질적인 작용은 표상表象이다.

연장延長을 갖는 원자atom와는 달리 비非연장적이고 정신적인 단순 실체로서의 모나드는 '하나'인 것, 진정한 개체로, 단자單子라고도 일컬러진다. 역자주]라고 부르고 있다(고스와미, 2001).

퀀텀 모나드는 기능적이기 때문에, 그것은 구조 속에 기록된 기억이 아니며, 동양철학자들이 영적 기억(아카사적 메모리)Akashic memory(산스크리스어 아카사akasha는 시공간을 초월한 비국소적인 것을 의미한다)[아카사적 메모리는 모든 생물에 관한 기록으로 과거부터 현재, 그리고 미래에 이르기까지의 모든 것을 담고 있는 기록이다. 세상 어딘가에 모든 생물에 관한 기록이 수납되어 있어, 이들 기록을 읽으면 모든 것을 이해할 수 있을 뿐만 아니라 미래의 일까지 예지할 수 있다고 전해지고 있다. 역자주]이라고 부르는 양자 기억quantum memory이다. 이것은 물리학 법칙들과 유사한 기억이다. 이것은 우리 인간에게 영향을 미치며, 초월적 영역에서 인간의 행위를 이끈다. 물리학 법칙들과 아카사적 비국소적 양자 기억의 차이점은 전자는 보편적이지만 후자는 개인적인 성향을 나타낸다는 것이다.

그러나 양자 기억은 오직 한 사람의 생애 동안만 개인적일 필요는 없다. 만약 많은 인간의 물질적 육체들이 여러 다른 시간과 장소에서

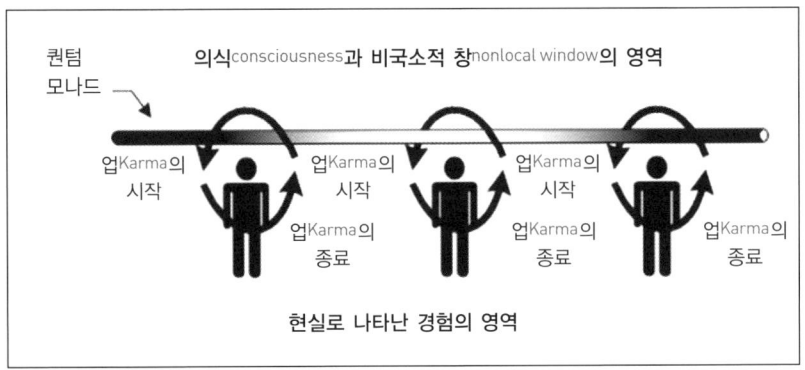

[그림 15-1] 환생의 모형. 퀀텀 모나드와 비국소적 창은 시공간에 걸쳐 우리 인간의 다양한 육체화incarnation를 연결시키는 실마리를 제공한다.

동일하게 발달하는 퀀텀 모나드, 동일한 양자 기억을 표현해 낸다면, 그러한 육체들은 하나의 독특한 퀀텀 모나드의 환생이라고 불린다(그림 15-1). 실증적으로, 이러한 인간의 모습으로 나타남incarnations과 인간의 전생past life은 비국소적으로 서로서로 연관성을 가지고 있으며, 특별한 조건 하에서 우리 인간은 두 가지 각각으로부터 기억들을 모을 수 있다는 사실이 확인됐다. 실제로 그러한 전생의 기억에 관한 실험결과치는 - 시공간을 초월하는 정신적 텔레파시와 유사한 - 비국소적인 의식noncal consciousness에 의한 하향적 인과관계에 대한 결정적인 증거를 제공하고 있다(스티븐슨Stevenson, 1973, 1977, 1983). [이안 스티븐슨Ian Stevenson. 미국 버지니아대학 초심리학 교수로 의학부 환생연구소 소장을 역임했으며, 600여 건이 넘는 전생기억 사례를 수집, 분석하여 "환생을 암시하는 스무 가지 사례"라는 책을 펴내기도 했다. 역자주]

이제 당신은 환생에 관한 달라이 라마의 언급을 이해할 수 있을 것이다. 그것의 가장 중요한 이유는 환생에 관한 실험결과치가 하향적 인과관계, 신비체, 그리고 초정신적 신성supramental godliness이라는 종교와 영적 전승들의 세 가지 핵심적인 측면 모두를 일거에 입증하고 있기 때문이다. 만약 물질이 존재의 근원이라면 환생은 불가능하다. 더욱이 실험결과치는 인간의 신비체가 그것들의 존재를 입증하며 재생되고 있다는 사실을 직접적으로 증명하고 있다. 그렇다면 왜 환생을 하는가? 오직 인간의 모습으로 나타남을 통해서만이 우리 인간은 (모든 초정신적 원형들을 배움으로써) 점차적으로 초정신적 신성을 자기 것으로 만들 수 있기 때문이다. 한 번의 생에서 그렇게 하는 것은 실제로 불가능하다.

환생에 관한 데이터는 총체적인gross 측면과 보다 미세한subtler 측면을 가지고 있다. 전생퇴행 치료사past-life therapist의 최면을 통해서 보면(웜바흐Wambach, 1978) 총체적 측면은 어린 아이뿐만 아니라(스티븐슨, 1973, 1977, 1983) 성인들까지 포함하여 사람들이 회상하는 모든 환생 기억들로 이루어져 있다. 환생 기억을 회상하도록 유도하는 것처럼 보이는 또 다른 테크닉은 정신과 의사인 스탠 그로프 Stan Grof(1998)에 의해 개발된 홀로트로픽 호흡법 holotropic breathing 이다. [홀로트로픽 holotropic 호흡법은 LSD를 포함한 향정신성 물질의 사용이 의학적인 임상 실험에서조차 법적으로 금지됨에 따라 체내에 충분한 산소를 공급하는 격렬한 호흡, 감정과 기억 따위를 환기시키는 음악, 신체조절접 등을 병행해 비일상적 의식 상태를 유도하는 요법이다. 이 요법에 의해 이르게 되는 의식 상태에서 참가자들은 경우에 따라 황홀경이나 천상의 지복감 등을 겪기도 하고 공포, 분노, 절망, 소모적 죄의식 등을 겪기도 한다. 이 의식 상태에서는 생물학적 탄생의 모든 단계, 즉 태내의 기억부터 수정란에 해당하는 세포 수준의 기억까지 놀랄 만큼 상세하게 체험할 수 있는 것으로 알려져 있다. 역자주]

이런 데이터들이 엄청나게 많은 이유는 양자 비국소성 quantum nonlocality 으로 설명 가능하며, 그것은 재순환하는 퀀텀 모나드들 recycling quantum monads 이라는 우리의 환생 모형을 쉽게 받아들여지게 하고 있다. (보다 상세한 것은 고스와미, 2001을 참조할 것.) 환생 데이터의 보다 미세한 측면은 천재 geniuses라는 현상들과 단순히 이생에서의 억압된 트라우마 때문이라고 설명될 수 없는 병적 공포증 phobias과 같은 심리적 질환들이다. 이와 함께 몇몇 다른 현상들도 존재한다. (이하 참조.) 우선 천재성을 지닌 사람들과 병적 공포증을 가지고 있는 사람들은 어째서 환생에 관한 아주 설득력 있는 증거인지에 대해 논의해 보자.

'천재'라는 현상
The Phenomenon of Genius

천재성과 재능에 관한 유물론자들의 설명은 대개 유전자와 관련되어 있다. 사람들에게는 '재능 유전자' talent genes가 있다는 것이 그들의 전제이다. 그와 관련된 모든 것은 프란시스 갤톤 Francis Galton이라는 19세기 과학자의 *유전적 천재* Hereditary Genius라는 저서(1869)로부터 시작됐다.

갤튼은 "한 사람의 타고난 재능natural abilities은 전체 생물 세계의 형태form와 물리적 특징physical features과 똑같이 동일한 제약 하에서 유전inheritance에 기원을 두고 있다"고 주장했다. 갤튼은 심지어 재능 있는 사람들의 인상적인 가계도 리스트를 제시하기도 했다. 예들 들면, 그가 연구한 56명의 시인들 가운데 40퍼센트가 '대단히 재능 있는 친척관계'eminently gifted relations를 가지고 있었다.

갤튼은 일반 사람들이 유전이라는 것이 어떻게 이루어지는지 알기 전에 이와 같은 연구를 했다. 유전자가 발견되었을 당시에 갤튼의 연구에 관해 많은 사람들이 흥분을 감추지 못했다. 그러나 더 많은 데이터가 축적되고 축적된 데이터를 통해 유전자에 대해 더 많이 이해하게 되자 그의 연구에 대한 호기심은 결국 식어버렸다. 불행하게도, 그때 이후로 지금까지 그 누구도 재능 혹은 창조성 유전자talent or creativity genes를 발견하지 못했다는 것은 사실이다. 뿐만 아니라, 이제 우리는 유전자들이 일반적으로 한 사람의 거시적 특성과 1대 1로 부합하는 방식으로 자신을 나타내지 않는다는 사실도 알고 있다. 개성personality의 특성에 있어서는 특히 그렇다. 개성이라는 것은 현생current life의 환경적 조건화에 의해 크게 좌우된다. 게다가 천재의 자식들은 천재적 수준에 거의 미치지 못한다는 확연한 사실은 창조성 혹은 천재의 유전적 대물림의 가능성을 배제시키고 있다.

따라서 다음과 같은 의문이 제기될 수 있다. "천재의 창조성에 기여하는 어떤 개성적 특성은 존재하는가?" 확실하게, 자기 훈련self-discipline과 확산적 사고divergent thinking(하나의 문제에 대해 다른 방식들로 생각하는 능력)와 같은 특징들은 천재의 창조성의 한 원인이 된다. 그러나 그러한 것들은 항상 보장되는 것은 아니다. 도널드 맥킨넌Donald MacKinnon(1962)은 1962년에 건축가들에 대한 설문조사를 실시했다. 그 조사에서 그는 창의적이지 않은 그룹의 사람들이 창의적인 그룹의 사람들이 가지고 있는 40가지

개성적 특징들 가운데 39가지를 가지고 있다는 사실을 발견했다.

만약 개성적 특징이 아니라면, 무엇이란 말인가? 천재들에 관한 역사는 천재성에 가장 기여하는 것은 강한 목적의식과 의미, 특히 의미의 원형적 맥락들을 탐구하는 심리적 추동력psychological drive이라는 사실을 보여 주고 있다. 동양 철학자들이 사트바sattva라고 부르는, 근원적인 창조성fundamental creativity을 위한 정신적 성향이 바로 이 추동력이다. 칼 융(1971)은 그것을 집단적 무의식collective unconscious으로부터 원형적인 이미지들을 끌어올리는 현대인들의 무의식적인 심리적 추동력unconscious psychological drive과 동일하게 생각했다.

현실에서 창의적인 사람들은 발명가들inventors이다. 그들은 자신의 정신을 동양 철학자들이 라자스rajas라고 부르는 상황적 창의성situational creativity을 위해 활용한다. 대부분의 사람들은 라자스나 사트바를 활용하지 않으며, 자신들의 정신을 단순히 동양 철학자들이 타마스tamas라고 부르는 성향인 조건화된 반응들conditioning responses에 관여하게 하고 있다는 사실을 잊지 않도록 하자. [기원전 7세기경 까벨라Kapila라는 인물에 의해 창시된 인도 요가 학파의 하나인 샹캬 요가 문헌인 샹캬 까리까Shankya-Karika에 기록된 바에 따르면, 심리적, 도덕적 성향에 있어서의 각 개인의 정신적 기질은 타마스Tamas(어두움/멈춤) 라자스Rajas(활동/움직임), 사트바Sattva(조화/평화) 세 가지로 이루어진다. 사트바Sattva라는 속성은 지성, 창조성, 도덕, 선함, 균형과 조화를 이루게 하고 안정성을 주는 맑고 투명한 성질을 가지고 있으며, 정신을 일깨우는 역할을 담당하는 기질을 의미한다. 라자스Rajas라는 속성은 쉽게 변하고 활동적이며, 격동하는 성질을 가지고 있으며, 행동의 동기를 부여하여, 힘을 가지게 하는 목표물을 찾고 분열과 분해를 유도하는 행동을 유발하는 성질을 의미한다. 타마스Tamas라는 속성은 무디고 어두우며 무기력한 성질로 정신적 활동을 방해하는 성질을 말한다. 역자주] 만약 천재들이 그 어떤 조건화나 흔한 상황적 창의성도 방해할 수 없을 정도로 상당히 많은 사트바라는 속성을 지니고 있다면, 사트바라는 것은 어디에서 유래하는 것인가? 나는 천재들에게 있어서 사트바가 지배적인 이유는 오직 환생reincarmation이라는 관점에서만 이해될 수 있다고 믿는다(고스와미, 1999). 사트바가 한 인간의 지배적인 개성personality이 되기 위해서는 *타마스*와 *라자스*라는 성향을 단련해야 하며, 많은 신적인 원형적 특성들godly archetypal qualities을 배양시켜야만 한다. 다른 말로 하자면, 천재는 오래된 혼old soul이다.

환생적 기억reincarnational memory에 관한 저명한 연구자인 스티븐슨은 자신의 데이터를 근거로 천재와 환생 사이에는 연관성이 있다고 믿고 있다. 어째서 모차르트는 세 살의 나이에 피아노를 그렇게 잘 연주할 수 있었는가? 어째서 인도의 수학자 라마누잔Ramanujan은 젊은 나이에 무한급수이론들infinite mathematical series을 추가할 수 있었던 것일까? 우리가 살펴보았던 특성들이라는 관점에서 보면 유전자들은 만족할 만한 대답이 될 수 없다. 환경적 조건형성은 어떤가? 세 살짜리 어린애에게 특별한 조건형성이 얼마나 많이 주입될 수 있다는 말인가? 라마누잔은 열 살이 될 때까지 그 어떤 공식적인 수학 공부도 하지 않았다. 게다가 그 나이 또래의 다른 아이들이 모든 종류의 *타마스*와 *라자스* 활동들에 관여되고 있는 동안, 이런 천재 아이들은 음악과 수학과 같은 *사트바* 활동에 심취해 있었을 가능성을 고려해 보라. 스티븐슨은 전생past-life에서 배웠던 성향이야말로 천재의 기원origins of genius이라는 문제에 대한 유일한 답이라는 것을 보여 주는 많은 사례연구들을 제공해 주고 있다.

공포증
Phobias

정신분석학적 용어인 공포증이라는 것은 어린 시절 트라우마 경험으로부터 조건형성된 회피avoidance로 이루어져 있다. 그러나 스티븐슨은 어린 시절 트라우마로부터 기인하는 공포증이 아닌 많은 사례를 발견했다. 따라서 스티븐슨(1974, 1987)은 이러한 사례의 공포증을 환생적 범주reincarnational catogory로 보고 있다. 더 많은 사례들은 이제 전생퇴행 past-life regression 치료사들로부터 보고되고 있다(울저Woolger, 1988). 이들의 작업이 설득력을 얻는 이유는 전생퇴행치료가 전생으로부터 얻어진 공포증을 고치는 데 효과적이기 때문이다.

또 다른 관련된 현상
Other Related Phenomena

이제 나는 전생의 인물이 유전되는 다른 몇 가지 사례에 대해 언급할 예정이다. 나는 이 장을 달라이 라마의 말을 인용하면서 시작했다. 달라이 라마의 종교적 지위는 군주제에서처럼 물려받은 것도, 민주주의에서처럼 선출된 것도 아니다. 티베트 사람들은 현재의 달라이 라마를 어떻게 선택하고 있을까? 그들은 승려lamas와 린포체rinpoches(*린포체*는 티베트 불교의 영적 지도자에 대한 존칭이다)는 그들의 문화 속에서 계속 이어지는 방식으로 환생하는 영적으로 완벽한 특별한 인격체들(퀀텀 모나드)이라고 믿고 있다. 티베트 사람들은 환생적 기억의 회상을 믿고 있으며, 심지어 승려와 린포체로서 현생에 육체로 탄생한 사람들을 찾기 위해서 경전을 읽고 암송하는 능력인 *사트바*의 출중함과 같은 환생한 인물의 특성을 더 많이 믿고 있다. 사실, 현재의 달라이 라마는 그러한 테스트를 통해 찾아졌다.

생기체 성향들vital body propensities이 환생하는 윤회transmigration의 사례는 설득력이 매우 크다. 나는 스티븐슨의 많은 기록들 가운데 한 인상적인 사례에 관해 말할 것이다. 이 사례의 주인공은 전생에서 제1차 세계대전에 영국군 장교로 참전하여 목 관통상으로 전사했다는 것을 기억하는 동인도 출신 남자였다. 스티븐슨은 그 남자의 전생에서 살았던 스코트

랜드 지방의 마을을 방문함으로써 이 남자의 전생 스토리의 많은 세부적 사항들을 확인할 수 있었다. 그 세부적인 사항들에 대해 이 사례의 주인공은 자신의 현생에서는 알 길이 없었다. 이 사례를 흥미롭게 만드는 것은 이 남자가 자신의 전생에 입은 총상과 아주 비슷한 한 쌍의 모반birthmarks을 목 부분에 가지고 있었다는 사실이다.

그것은 다음과 같이 설명될 수 있다. 이 남자의 육체를 죽였던 총탄은 특히 그부분의 피부와 연관이 있던 생기vital energy, 목 부분과 관련된 생기에게는 심각한 트라우마였다. 그의 물질적 육체가 죽었을 때, 생기체vital body의 트라우마는 그가 새로운 물질적 육체 속으로 환생했을 때 반점을 생기게 한 성향으로 변환됐다.

어린 아이들(때로는 성인들)이 억양 없이(혹은 과거의 억양으로) 현생에서 배우지 않았던 언어를 말할 수 있는 초자연적인 현상을 의미하는 *제노글로시*xenoglossy도 역시 생기체 성향이 변환된 것의 범주에 속한다. 외국어를 정확한 억양으로 말하기 위한 인간의 능력은 성인의 경우 심각하게 손상되어 있다. 왜냐하면 모음을 발음하기 위해서는 오직 어린 시절에만 발달할 수 있는 입술, 혀 등과 같은 발음관련 기관을 사용하는 데 있어서 어떤 유연성이 요구되기 때문이다. 만약 한 여성이 현생의 어린 시절 배우지 않았던 외국어를 적절한 억양으로 말한다면, 그것은 오직 한 가지만을 의미할 수 있다. 즉, 그녀는 전생에서 그에 적접한 형태형성의 장morphogenetic field을 유전으로 물려받았다는 것이다.

초자연적 현상과 채널링channeling의 특별한 사례는 환생 연구자들인 실비아 크랜스턴Sylvia Cranston과 캐리 윌리엄스Carey Williams(1984)에 의해 연구된 미국 필라델피아의 서른 일곱 살의 주부, "리디아 존슨Lydia Johnson"의 경우에서 발견됐다. 리디아는 처음에는 그녀의 남편이 실시했던 최면 실험의 대상이었다. 그러나 곧, 다른 최면술사의 도움으로 그녀는 17세기 스웨덴의 작은 마을에 살았던 남성인 젠슨 제이코비Jensen Jacoby

라는 이름의 개체entity와 채널링[채널링이란 보이지 않는 존재와 대화를 나누는 현상을 의미하며, 공간뿐만 아니라 시간과 차원을 초월하여 서로 통하는 현상을 말한다. 역자주] 하기 시작했다. 그녀는 그의 이름을 "엔센, 야아코비"Yensen Yahkobi라고 발음했으며, 그와 채널링을 하는 동안 자유롭게 스웨덴어를 말했다. 가장 뚜렷하게, 그녀는 그 남자의 특성을 띠었으며, 17세기 스웨덴의 물건들만을 알아봤고, 펜치와 같은 현대적 도구들의 사용법은 알지 못했다.

생존자료가 증명하는 인간의 신비체의 존재
Evidence of the Existence of Our Subtle Bodies from Survival Data

퀀텀 모나드들은 즉각적으로 부활할 필요는 없다. 육신화 사이에 퀀텀 모나드들의 존재에 대한 증거는 어떤 분명한 이유들 때문에 *생존자료*survival data라고 불린다. 이들 데이터는 또한 우리에게 인간의 신비체의 존재, 실제로는 '퀀텀 모나드'의 존재에 대한 직접적인 증거를 제공하고 있다.

채널링이란 한 사람이 육체가 없는 존재discarnate being로부터 연락을 받는 현상이다. 유명한 영화이기는 하지만, 퀀텀 모나드라는 아이디어를 이용하여 채널링 이론을 직접적인 방식으로 만들 수 있다. 비록 퀀텀 모나드(혼soul)은 물리적 육체가 결여되어 있을 때, 어떠한 방식으로도 양자 가능성들을 붕괴시킬 수 없지만, 만약 퀀텀 모나드가 일시적으로 상호(비국소적) 합의 하에 살아 있는 물리적 육체를 빌릴 수 있다면, 그것은 양자 가능성들을 붕괴시킬 수 있다는 사실을 깨닫기 바란다. 이것이 바로 채널링에서 벌어지는 일이다. 채널링을 하는 사람은 상호 비국소적 의도를 통해 육체가 없는 퀀텀 모나드와 연관된다. 그 후 상호간에 합의된 기간 동안, 퀀텀 모나드는 채널링을 하는 사람의 육체를 물리적 존재presence를 확보하기 위해 사용할 수 있다. 이 모형의 증거는 채널링을 하는 사람의 인격이 채널링을 하는 동안 급격한 변화를 겪는다는 것을 입증하고 있다.

채널링이라는 현상은 오랜, 파란만장한 역사를 가지고 있지만, 그것은 최종적으로 과학적으로 탐구 가능한 것이 되었다. 그 아이디어는 정상적인 상태에 있는 채널링을 하는 사람들의 특별하고 측정 가능한 신경생리학적 활동결과들을 채널링을 하고 있는 상태에서의 그러한 것들과 비교하는 것이다. 나는 세 가지 그러한 조사에 대해 말할 것이다.

초심리학자인 길타 모우라Gilda Moura와 노먼 돈Norman Don(1996)은 채널링을 하는 사람의 두 가지 상태에서의 뇌파를 비교했다. 브라질에 있는 몇몇 채널링을 하는 사람들이 개별적으로 채널링을 할 수 있었던 *닥터 프리츠*Dr. Fritz라는 유명한, 채널링을 통해 접할 수 있는 개체entity가 존재한다. 닥터 프리츠와 채널링을 통해 접속하고 있는 동안, 채널링을 하는 사람들은 아주 원시적인 도구들을 가지고 놀라운 외과수술 솜씨를 발휘한다. 채널링을 하는 사람들이 이전에 그 어떤 외과수술 훈련을 받은 적이 없다면, 도대체 이 놀라운 솜씨는 무엇을 입증하는 증거가 될 수 있단 말인가? 모우라와 돈은 보다 더 확신하게 하는 증거까지도 제시했다. 그들은 채널링을 하는 사람들이 깨어 있는 의식의 정상적인 상태에 있는 동안 여러 차례에 걸쳐 그들의 뇌파를 측정했다. 채널링하는 사람들은 보통 베타파의 경우 20에서 30헤르츠 주파수 범위를 나타냈으며, 40헤르츠는 결코 넘지 않았다. 그러나 그들이 외과수술을 하고 있는 동안, 그들의 뇌파는 갑자기 40헤르츠 이상으로 뛰어올랐다. 이 현상은 정상적인 상태에서는 결코 가능하지 않은 극도의 집중력을 보여주는 것이었다. 이 실험결과치는 채널링을 하는 사람들이 외과의사로부터 빌려온 비상한 성향을 활용하고 있다는 사실을 분명하게 입증하고 있다. 그러나 도대체 그것은 어디서 빌려온 것인가? 이와 관련해서 말이 되는 단 한 가지 설명은 그들이 강렬하게 집중하는 특성을 가지고 있었던, 한 외과 전문의의 육체가 없는 퀀텀 모나드와 채널링을 하고 있었다는 사실이다.

JZ 나이트Knight라는 채널링을 하는 사람도 여덟 가지 다른 정신생리학적 검사장치를 통해 이와 비슷하게 연구되었다. 연구자들은 모든 검사 장치에서 관측된 범위에서 그녀의 채널링을 하고 있는 상태와 정상적인 상태 간에 뚜렷한 차이를 발견했다(위크람세카라 등Wickramsekhara et al, 1997).

좀 더 최근에는 '신의 존' John of God이라고 불리는 브라질의 채널링을 하는 사람인 조앙 테세이라 데 파리아Joaeo Teixeira de Faria는 자신이 채널링하는 사랑의 에너지를 통해 치유을 한 많은 기록된 케이스 때문에 아주 유명해졌다(커밍Cumming, 레플러Leffler, 2006). 조앙은 결코 의학박사로 교육을 받은 적이 없으며, 외과의사 훈련조차도 받지 않았다. 그러나 그가 채널링을 하고 있을 때, 그는 사람이 완전히 달라지면서 능숙한 외과수술을 행한다. 채널링을 하고 있는 동안 그는 태도, 자세, 그리고 말까지도 달라진다.

나는 당신에게 이러한 놀라운 외과수술들 가운데 하나에 관해 이야기를 할 것이다. 매개자인 조앙은 자신의 육체의 한쪽을 가격해서 마비시켰다. 놀랍게도 그러나 이 시간 동안 조앙은 하나의 개체와 채널링을 통해 접속해서 '신의 존'이 되었을 때는 언제나 그 마비현상은 사라졌다. 정신생리학적 검사장치들은 이 변화에 대해 어떻게 반응했을까? 더욱더 놀랍게도, 조앙은 사랑의 에너지라는 개체들 가운데 하나와 채널링을 할 수 있었으며, 수술을 계속하면서 자신을 치유하는 것이 가능했다. (그는 여전히 건강한 상태를 유지하고 있다.) 보다 상세한 것은 커밍과 레플러 2006을 참조하기 바란다.

천사들과 영의 안내자
Angels and Spirit Guides

개인적인 삶에 있어서 천사들 혹은 *영의 안내자*spirit guides라고 불리는 것들에 의해 안내를 받는 사람들에 관한 일화적인 보고들은 많다. 유명한 시인 윌리엄 워즈워드William Wordsworth와 라빈드라나드 타고르Lanbindranth Tagore는 그들의 뮤즈Muse[고대 그리스 로마 신화에서 시, 음악 및 예술분야를 관장하는 아홉 여신들 중의 하나. 역자주] 혹은 영의 안내자에 관해 이야기를 했다. 그것은 그저 풍부한 창의적 경험들에 대한 은유적인 표현인가 아니면 그 언급들을 문자 그대로 받아들여야만 하는가?

나는 그것들을 문자 그대로 받아들여야 한다고 생각한다. 왜냐하면 퀀텀 모나드라는 현존하는 이론이 그렇게 하는 것을 허용하기 때문이다. 그 아이디어는 다음과 같다. 퀀텀 모나드는 모든 생에서 경험으로부터 배우면서 탄생-죽음-부활의 사이클로부터 개체화되고, 자유롭게 되기 전까지 많은 육체화된 생명들을 거친다. 그 다음은 무엇인가? 퀀텀 모나드는 정신적 존재mental being로서 더 이상 환생할 필요가 없다. 그러나 그것은 그것과 연관성이 있는 사람들에게는 누구에게나 비국소적으로 채널링하는 것이 가능할 수 있다.

업과 법
Karma and Dharma

환생에 관한 이론을 완벽하게 만들기 위해서는 환생 내용의 기억 reincarnational content memory과 두 개의 이질적인 육체화 사이에 있을지도 모르는 어떤 인과적 얽힘들cause-effect entanglements과도 씨름을 해야만 한다. 환생 기억은 쉽게 이해될 수 있다. 우리는 환생들 사이에 항상 열려 있는 비국소적 창이 존재한다고 가정한다. 보통 때 우리는 그것을 자각하지 못한다. 그러나 죽음의 순간, 자아 집착ego attachment이 극도로 보잘 것 없어졌을 때, 한 사람은 다양했던 삶의 시간을 거친 자신을 파노라마식으로 보는 이러한 비국소적 창이 열릴 수 있을 정도로 충분히 개방적이 될지 모른다. 이와 비슷하게, 출생의 순간에는 자아 집착이 아직 형성되지 않았기 때문에, 비국소적 창이 열려 있는 것은 육체화의 파노라마와 같은 경험이 갓난 아이의 기억 속에 저장되게 할지도 모른다.

이러한 이론을 지지하는 실험결과치들이 존재한다. 임사 체험near-death experiences에 있어서 많은 사람들은 자신들의 이생과 때때로 전생까지도 파노라마적으로 보는 것을 아주 분명하게 묘사하고 있다. 이와 비슷하게, 아주 어린 시절, 특히 탄생의 순간에 대한 기억들을 즉시 기억하는 사람은 없지만, 그러한 기억들은 특별한 테크닉을 통해 이끌어내지며, 전생을 파노라마적으로 보는 것과 일관성을 가지고 있는 것으로 밝혀지고 있다. 예를 들면, 그노프Grof는 출생 순간, 혹은 출생 이전으로까지로 회귀시키기 위해 홀로트로픽 호흡법을 이용하고 있다. 그의 많은 연구 대상자들은 환생적 데이터를 기억해 내고 있다. 나는 이미 전생퇴행 치료사들에 관해 언급을 한 바 있다. 그들도 역시 자신들의 치료 대상들이 전생의 기억들을 끌어내기 위해서는 아주 어린 시기까지 회귀시키는 것이 적절하다는 것을 발견하고 있다.

어떻게 인과적 얽힘cause-effect entanglement이 현생에서 내생으로 이어지는 두 사람 사이에서 발생하는가? 만약 두 사람이 양자 비국소성quantum nonlocality을 통해 서로 연관이 된다면, 그리고 그들 중 한 사람이 한 사건을 붕괴시켜 경험한다면, 정확한 시간이 특정될 필요가 없다는 사실을 예외로 하면, 연관된 상대방이 그 붕괴를 경험할 것이라는 사실은 확실한 것이 된다. 그 미래가 다음번 육체화 속에서 나타날지라도, 그것은 미래의 어떤 때에 발생할 수 있다. 양자 비국소성의 본질은 바로 이러하다.

이런 식으로 현생에서의 한 원인은 비국소적 결과nonlocal effect를 촉발시키기 위해 다음번 생으로 비국소적으로 퍼져나갈 수 있다. 신지학자theosophists[신지학이란 모든 종교, 사상, 철학, 과학, 예술 등의 근본적인 하나의 보편적인 진리를 추구하는 것을 목표로 하고 있는 밀교, 신비주의적인 사상 철학 체계이다. 역자주]들은 육체로 태어나는 것들 간의 비국소적 인과적 연관성들을 나타내기 위해 업, *카르마*karma[전생에 쌓은 원인의 결과가 현생에 나타나는 것. 일반적으로 인과응보라고 말해진다. 역자주]라는 산스크리스트어를 사용한다.

그러나 물론, 우리 인간이 한 생에서 또 다른 생으로 가지고 가는 결과들이기도 한 정신적, 생기적 성향들도 존재한다. 비록 *삼스카라스 samskaras*라는 산스크리스트어도 또한 이런 특별한 윤회transmigration를 위해 쓰여지고 있기는 하지만, 나는 나의 이전 연구작업(고스와미, 2001)에서 이러한 성향들은 *카르마*라고 불렀다.

카르마라는 단어에 부여될 수 있는 세 번째 함축적 의미가 존재한다. 그것은 인간이 살기 위해 배우는 초정신적 맥락들의 목록이다. 우리 인간은 그러한 맥락들을 한 생에서 다른 생으로 지니고 간다. 신지학자들이 인간의 *보다 높은 정신*higher mind이라고 부르는 것이 바로 그것이다. 그것은 또한 한 생에서 다른 생으로 전해지는 그 어떤 것이며, 그 때문에 *카르마*라고 불릴 수 있다.

이와 같이 정의를 내릴 경우, 카르마는 한 생에서 다음의 생들로 환생하는 모든 것을 가르킨다. 따라서 우리는 많은 생을 통해 축적된 카르마를 현생으로 가지고 올 수 있다. 그렇다면, 물론 미래의 카르마도 존재한다. 우리 인간이 현생에서 모은 카르마가 바로 그것이다.

그렇지만, 환생에 관한 동양의 문헌은 카르마와 관련해 또 한 가지 관념을 담고 있다. 인간이 현생에서 나타내는 주변 카르마ambient karma(산스크리스트어로는 *프라라브다prarabdha*)라는 것이 그것이다. *프라라브다*는 현생의 육체를 담당하는 전생의 카르마의 부분이다. [인과응보를 의미하는 카르마karma는 힌두교 대부분의 종파에서 세 가지로 분류되고 있다. 첫째, 과거의 여러 생에 걸쳐 축적되어 온 카르마를 의미하는 산치타 카르마Sanchita Karma, 둘째, 현생에서 받아야 하는 산치타 가르마의 일부로 '운명'이라는 것으로 알려진 프라라브다 카르마Prarabdha Karma, 셋째, 현생에서 새롭게 축적되어 다음 생으로 넘겨지는 카르마를 의미하는 아가미 카르마 Agami Karma. 역자주] 우리 인간은 우리가 살고 있는 현생에서 과거에 축적된 모든 카르마 성향들을 드러내지 않으며, 오직 몇몇 선택된 것만 현생으로 가지고 온다는 것이 카르마의 개념이다.

가장 놀라운 사실은 이런 개념이 데이비드 클리니스David Cliness라는 전생치료사의 연구를 통해서 실증적 실험결과치로 입증되었다는 것이다. 그는 다양한 전생들을 회상하는 실험 대상자들을 연구했다. 흥미롭게도, 그는 사람들이 이전에 배웠던 그들의 모든 맥락들과 성향들을 자신의 전생들로부터 현생으로 가지고 오지 않는다는 것을 발견했다. 그것은 마치 한 사람이 그것들을 가지고 포커 게임을 하는 것처럼 판에 있는 52장의 카드 가운데 다섯 장을 선택하는 것과 같았다.

그렇다면 우리는 이에 관한 이론을 세울 수 있을 것이다. 어째서 우리 인간은 주변 카르마라는 특별한 선택을 하는 것일까? 그것은 우리가 현생에서 하나의 특별한 학습 의제learning agenda에 집중하기를 원하고 있기 때문일까? 이 학습 의제는 *다르마dhama*(전체, 도Tao를 의미하는 대문자 D로 표기되는 다르마Dharma와 구별하기 위해 소문자 d로 쓰여지는)라는 또 다른 산스크리스트어 단어로 표기된다.

평생 학습 의제라는 것은 당신에게 *그라운드호그 데이Groundhog Day*라는 멋진 영화를 떠올리게 할지도 모른다. 그 영화에서 주인공은 한 생에서 다른 생으로 하나의 학습 의제를 가지고 환생한다. 그것은 인간에게 있어서 가장 중요한 것인 사랑love이다. [한국에서는 '사랑의 블랙홀'이라는 제목으로 개봉되었던 미국 코미디, 로맨스, 멜로, 판타지 영화 '그라운드호그 데이'는 피츠버그의 오만한 일기예보 담당자 필 코너스(빌 머레이 분)가 매년 열리는 그라운드호그 데이 축제 때 일기예보를 생중계하기 위해 펜실바니아주 펑츠토니라는 소읍에 파견되는 이야기다. 코너스는 징계를 받는 것만큼이나 그 일을 싫어한다. 그는 누가 보기에도 거드름을 부리며 일기예보를 진행한다. 제작팀에게 최대한 빨리 피츠버그로 돌아가자고 다그친다. 그러나 겨울 폭설이 그들을 붙잡는다. 코너스는 어쩔 수 없이 펑츠토니에서 하룻밤 더 지내게 된다. 그러나 이튿날 아침에 일어나 보니 날짜는 다시 2월 2일 그라운드호그 데이었다. 그는 어쩔 수 없이 그날을 다시 한번 산다. 다음 날도 똑같은 일이 벌어진다. 연일 계속이다. 아침마다 잠에서 깨보면 다시 2월 2일이다. 모든 장면이 전날과 똑같이 펼쳐진다. 모든 인물이 전날과 똑같이 남아 있다. 코너스는 시간의 쳇바퀴에 갇힌 것이다. 처음에 그는 그 경험을 마냥 좋아한다. 대가를 치르지 않고도 기분 내키는 대로 살 수 있게 된 것이다. 그래서 그는 실험에 들어간다. 쾌락에 탐닉한다. 그러나 머잖아 쾌락도 싫어지고 그 하루에서 벗어날 수 없다는 사실에 절망을 느낀다. 영원한 그라운드호그 데이의 삶은 그대로 지옥이다. 열 번도 넘게 자살도 하지만 다음날 아침에 깨어 보면 다시 2월 2일이고 상황은 전날과 똑같다. 결국 코너스는 터득한다. 비록 날짜는 바뀌지 않아도 그 하루를 사용해 자신을 바꿀 수 있다는 사실을 깨달은 것이다. 그는 더 나은 사람이 될 수 있다. 우선 그는 자신의 재능을 개발한다. 피아노 레슨을 받고, 얼음 조각을 숙달하고, 학교에 다니고, 시를 암송하고, 외국어를 배운다. 모두가 연일 반복되는 하루를 사용해서 한 일이다. 그러다 그는 또 다른 것을 깨닫는다. 자신이 다른 사람들을 도울 수 있다는 것이다. 그는 읍내를 돌아다니며 그라운드호그 데이에 일어난 다른 일들을 접하기 시작한다. 한 남자가 음식을 토하며 죽는다. 한 커플은 약혼을 파혼한다. 한 아이가 나무에서 떨어진다. 각 사건은 코너스의 개입으로 전개가 달라진다. 날마다 같은 시간에 그는 같은 장소에 나타나 위기에 처한 사람들을 돕는다. 그렇게 사람들을 수백 번도 더 구해준다. 그는 다른 사람들을 섬기는 역할을 즐기다 영원히 하루밖에 없는 그 소읍의 영웅 – 아니 성인 – 이 된다. 코너스가 살아갈 날은 오직 그 하루뿐이다. 그의 삶은 글자 그대로 현 순간에 갇혀 있다. 그 순간이 영원처럼 이어진다. 그러나 그는 그 하루를 잘 사는 법을 배운다. 이야기는 결국 어느 날 아침 코너스가 깨어 보니 2월 3일이 돼있는 것으로 끝난다. 그러나 그때는 이미 날짜만 바뀐 것이 아니다. 코너스도 바뀌어 있다. 그는 음악가, 조각가, 시인, 의사, 상담자, 돕는 사람, 만인의 친구 등

새 사람이 되어 있다. 모두가 그 하루에 된 일이다. 역자주]

다르마dharma에 관해 한 가지 더 말할 수 있는 것이 있다. 우리가 현생으로 가지고 온 학습 의제를 완수했을 때, 우리 생은 지복감bliss으로 충만하게 된다. 그리고 만약 우리가 우리 삶에서 지복감을 발견한다면, 우리는 우리의 다르마dharma를 따라야만 한다고 추론할 수 있다. 신비주의자 조셉 캠벨은 "당신의 지복감을 따르라"라고 말하곤 했다. 그는 그것을 알고 있었던 것이다.

환생과 윤리
Reincarnation and Ethics

앞서서 나는 윤리, 관념론적인 윤리라는 개념을 소개한 바 있다. 그러나 만약 우리 인간이 행위적으로 조건화된 존재들이라면, 어째서 우리는 윤리를 지켜야만 하는가? 그것이 관념론적 윤리이건 아니건 말이다. 오늘날의 사회적 환경에서 윤리적 지침들을 따른다는 것은 보통 개인적 희생을 의미한다. 그리고 윤리라는 것은 물리적 법칙과 같은 것은 아니다. 당신이 윤리를 따르지 않는다고 해도 아무런 처벌도 받지 않는다. 만약 당신이 중력의 법칙에 충실하면서 하늘을 날려고 한다면, 당신은 실패할 것이며 땅으로 떨어질 것이다. 이것은 그 법칙이 강제적이라는 것을 상기시켜 주는 것이다. 우리가 윤리적인 법을 위반할 때, 우리는 그와 비슷하게 땅으로 떨어지는가?

환생이라는 것이 우리의 과학 안에서 고려될 때, 우리는 윤리적인 법을 물리적 법칙처럼 강제적인 것compulsory으로 볼 수 있다. 인간의 비윤리적 행동들을 통해서 우리는 미래의 생에서 업보, 그것들의 복수를 유전시키는 비국소적 업보의 원인들을 형성한다. 카르마에 관한 한 공짜 점심은 결코 존재하지 않는다.

Part 4

하향적 인과관계에 대한 재고

Downward Causation Revisited

1976년 가을, 나는 새로운 동기를 발견했다. 그때까지 "왜 나는 이렇게 살고 있는가?"라는 질문은 밤을 새워도 풀리지 않은, 불확실한 것이 되기에 충분할 정도로 오랫동안 내 안에 머물러 있었다. 나는 연구 분야를 바꿔보려고 노력했을 뿐만 아니라 나의 라이프 스타일을 변화시키기 위해 많은 명상을 하기도 했다.

물론 명상하는 방법은 많이 있다. 그러나 그 당시 나에게 가장 적합한 명상법은 산스크리스트 말로 '반복적인 암송' repeated recitation이라는 의미의 *자파*japa라는 명상법이었다. 그것은 되도록이면 한 음절로 된 만트라mantra 경전 구절을 하나 선택하여, 마음 속으로 계속해서 반복하는 방법이다. 특히 나는 힌두교 문헌에서 발견한 한 선언적 문구claim에 관심을 가지고 있었다. 만약 당신이 할 수 있는 한 최선을 다해서 다른 일들을 하는 동안일지라도, 모든 깨어 있는 시간 동안 *자파* 안에 계속 머무른다면, *자파*는 내적으로 확립되며, 항상 무의식적으로 지속된다는 것이었다. 이러한 상태는 *아자파 자파*ajapa japa – *자파*가 없는 *자파*japa without japa라고 불린다. [요가의 명상 방법의 하나인 *자파*japa는 만트라의 지속적인 반복을 뜻하며 소리를 낸다거나 마음으로 만트라를 의식적으로 반복하는 것이라면 *아자파*ajapa는 만트라를 의도적으로 반복하지 않아도 저절로 일어나는 자발적인 만트라가 발생되는 것을 의미한다. *자파*가 만트라의 시작단계라면 *아자파*는 만트라 수행의 완성단계라고 여겨지고 있다. 역자주]

그해 11월에 나의 고집스러움은 기대했던 성공을 거뒀다. 일주일 동안 내내 나는 모든 순간 자파가 계속되고 있는 중이라고 생각했을 정도로 자파 속에 머무르고 있는 내 자신을 발견했다. 내가 나의 내부를 들여다볼 때마다, *자파*가 거기에 있다는 것을 알았다는 의미이다. "그래, 이거 흥미롭군."이라는 생각이 들었다. 그러나 이어서 나타난 것은 엄청나게 놀라운 일이었다.

7일째가 되던 날 맑은 아침에 나는 *자파*를 하면서 내 사무실에 있는 늘 앉던 의자에 조용히 앉아 있었다. 약 한 시간쯤 후에 걷고 싶은 생각이 들어서 밖으로 나갔다. 나는 사무실 밖으로 나와, 계단을 내려가는 동안 의도적으로 암송을 계속하면서 건물 밖으로 나와 길 건너편 풀로 덮인 초원으로 갔다. 그러자 우주가 내 앞에서 활짝 열렸다. 아주 잠깐 동안 나는 풀, 나무, 하늘, 그리고 우주 전체와 하나가 되었다. 그 일체감은 믿음을 뛰어넘을 정도로 강렬했다. 이와 함께 나는 내 의식 안의 모든 것을 삼켜버린 사랑을 느꼈다. 그 과정이 어떻게 이루어졌는지 알지 못했을 정도로 말이다. 이런 상태가 요기yogi들이 말한 *아난다*Ananda, 영적인 지복spiritual bliss이라는 것을 나는 알고 있었다. [아난다는 BC 6세기경 힌두교 경전인 우파니샤드에서 브라만과 개아個我의 최상의 상태를 가리키는 말로 사용되었다. 요가 수행자들에게 아난다는 자아가 신체의 속박을 벗어날 때 얻어지는 환희, 지복감과 동일한 것으로 여겨지고 있다. 역자주] 우주로 확장된 나의 자각awareness은 그저 아주 짧은 순간 동안만 지속됐다. 잠시 후, 윌리엄 워즈워드의 싯귀가 떠올랐다.

> 옛날 옛적, 풀밭과 숲과 시내와
> 대지와 온갖 일상적인 광경이
> 천상의 빛처럼 그리고 꿈처럼 찬란하고 생생하게
> 치장이라도 한 듯 여겨지던 때가 있었네.

> There was a time when meadow, grove, and stream
> The earth, and every common sight,
> To me did seem
> Apparelled in celestial light
> The glory and the freshness of a dream.

("영혼 불멸의 노래"Intimations of Immortality, 이 시의 전체는 토마스 후친슨Thomas Hutchinson 편집, 어네스 드 셀린코트Ernest De Senlincourt가 개정편으로 낸 시집, 1961, 460쪽 참조)

나는 오랫동안 우쭐함을 느꼈다. 그 지복감이라는 경험은 점차 희미해지기 전까지 이틀 동안이나 사그라들지 않은 채 계속됐다. 그 후 다음과 같은 의문이 떠올랐다. 나중에 내가 양자 자아 경험quatum self experience이라고 불렀던, 산스크리스어로 순수 자각pure awareness의 상태를 의미하는 *사마디*Samadhi 경지에 다달았던 것인가? 나는 '파탄잘리Patanjali *요가 경전*' [파탄잘리는 힌두교 사상가로 요가학파의 경전인 요가 수트라를 저술한 요기로 알려져 있다. 파탄잘리 요가 경전yoga sutra은 정신의 힘Psychic Power, 요가의 실제Practice of Yoga, 삼매三昧 Samadhi, 해방Kaivalya 4편으로 구성되어 있다. 역자주]을 살펴보았다. 최상의 지복을 의미하는 *사난다 사마디*Sananda Samadhi('아난다 상태의 사마디' Samadhi with Ananda)['아난다'는 더 없는 기쁨(지복), 즉 참 자아 또는 신과의 합일이 되어 황홀한 기쁨, 대환희심을 느끼는 상태이며, 이 상태를 영어로 블리스bliss라고 표현한다. '아난다'는 BC 6세기경 타이티리야 우파니샤드Taittiriya Upanisad에서 브라만과 개아個我의 최상의 상태를 정의하는 데 사용되었으며, 신체의 속박을 벗어나 환희를 느끼는 의식의 상태를 의미한다. 한편 사마디는 불교에서 말하는 삼매三昧와 같은 의미이다. 삼매는 어떠한 생각이나 감정도 마음의 평온을 깨트리지 않는 최고도의 집중 상태를 말하며, 이 상태에서는 인간의 오감을 통해 전해져 오는 모든 것은 아무런 의미를 갖지 못하는 물질계와 일체의 집착에서 벗어난 상태를 말한다. 또 깊은 명상 속에서 참자아를 체험하거나 명상하는 대상에 몰입하여 흔들리지 않는 의식상태를 의미하기도 한다. 힌두교와 불교에서는 인간이 육체에 얽매어 있는 동안 도달할 수 있는 최고의 정신집중 상태를 삼매, 사마디라고 부르고 있다. 역자주]라는 설명은 이러한 나의 경험과 딱 맞아떨어지는 것처럼 보였다.

몇 년이 지난 후, 나는 여전히 놀라움과 함께 그 경험을 회상했으며, 그것은 나의 연구작업을 계속하도록 나를 북돋아 주었다는 느낌이 들었다. 그러나 나는 또한 그 경험이 나를 변형시키지 못했다는 것도 알고 있었다. 창조성creativity에 대한 관심이 조금 더 늘어난 것을 제외하면, 나는 여전히 이전과 상당히 동일한 상태에 머물러 있었다.

Chapter 16

'초감각적 지각'ESP 은 무엇을 입증하는가?
What Does ESP Prove?

    과학에 대한 보다 많은 인간의 경험적 차원을 주장하고 있는 많은 전문가들은 오늘날 과학 패러다임의 유물론적 구속복sraitjacket이 어떻게 우리 인간에게 부여된 가능성들을 제약하고 있는지 분명하게 알고 있다. 그들이 동의하지 않는 것은 오늘날 확립되어 있는 유물론적 과학의 한계성들에 관해 일반 대중과 최종적으로는 과학자들을 설득시키는 가장 훌륭한 길이다.

    이러한 생각을 가지고 있는 많은 사람들은 새로운 과학적 패러다임에 이르도록 하게 하는 것이 우리 인간의 초자연적paranormal 경험들, 초감각적 지각extrasensory perception(ESP), 텔레파시 등에 대한 연구라고 믿고 있다. 자연스러운 일이지만, 유물론적 과학자들은 초자연적 현상에 대한 연구를 믿지 않으려고 필사적으로 반격을 해대고 있다. 그리고 그 때문에 오늘날 초자연적 현상에 대한 연구를 둘러싼 논란들이 발생하고 있다.

초감각적 지각은 실제적인 것인가? 아니면 그것은 모두 영리한 마술사들에 의해 교활하게 만들어진 사기인가? 초자연적 현상에 대한 연구 그 자체는 이러한 논란들 때문에 난항에 빠져 있다.

이 모든 논쟁들이 놓치고 있는 것은 우리가 오늘날 과학적 패러다임의 부적합성을 입증하기 위해 ESP를 필요로 하지 않는다는 사실이다. 내가 이 책에서 상세하게 입증한 것처럼 ESP는 신God이나 하향적 인과관계의 실제성 입증을 필요로 하지 않는다. 이제 우리는 편안하게 객관적으로 다음과 같은 질문을 던질 수 있다. ESP의 증거는 존재하는가? 만약 그렇다면, 그것은 무엇을 의미하는가?

초감각적 지각
Extrasensory Perception

일반적인 인식으로는 비국소적 양자 의식nonlocal quantum consciousness(신 God)의 역할은 약간 함축적으로 (앞서 논의한 바와 같이, 많은 분석 없이는 그 역할을 알아차리지 못한다) 보이는 데 비해서, ESP 현상에 있어서 비국소성nonlocality은 명백하다. 우리에게 필요한 단 한 가지 분석은 의식의 역할을 입증하는 것이다.

물리학자 러셀 타그Russell Targ와 해롤드 푸트호프Harold Puthoff(1974)에 의해 처음으로 시도됐고, 다른 연구자들에 의해 여러 차례 반복된 전형적인 원격 투시distant viewing 실험을 설명함으로써 그 전후 관계를 파악해 보도록 하자. 한 실험대상자는 이중 맹검법으로 선택된 스크린 혹은 한 대상을 바라보고 있다. 멀리 떨어진 곳에 있는 통제된 실험실에 앉아 있는 또 다른 실험대상자는 자신의 실험파트너가 관찰하고 있는 것을 그림으로 그리거나 구두로 설명을 하고 있다. 관찰된 것과 멀리 떨어진 곳에서 그것을 받아 서술한 것은 그 후에 서로 비교가 된다. 실험진행자는 무작위적으로 일치하는 확률과는 확연하게 다른 서로 일치하는matching 비율을 찾는다.

타그와 푸트호프는 한 사람의 정신mind에서 다른 사람의 정신으로 정보와 의미meaning가 비국소적으로 전해진다는 것을 성공적으로 입증하는 그런 실험 결과가 담긴 선구자적인 논문을 통해 새로운 역사를 썼다. 뒤이은 실험들도 다양한 방법으로 원격 투시의 효과성을 입증했다. 유명한 사례들 가운데 하나를 인용하자면 다음과 같다.

컴퓨터들을 통해서 그 일치가 객관적으로 이루어졌을 때조차 그 효과는 지속된다(잔Jahn, 1982).

가장 엄격한 조건이 적용된 실험은 간츠펠트 실험ganzfeld experiment이다. 간츠펠트(간츠펠트ganzfeld는 독일어로 모든 장whole field이라는 뜻이다)는 수신자를 감각적으로 고립시킴으로써 만들어졌다. 수신자는 방음 장치가 된 방에 들어가 있도록 했다. 수신자의 두 눈은 반으로 쪼갠 탁구공들로 가려졌으며, 일관되게 적색 광선을 투사함으로써 수신자의 시야를 일정하고 단조롭게 만들었다. 백색 소음white noise[백색 소음이란 모든 주파수 대역에서 동일한 에너지 분포를 갖는 소리를 의미하며, 소음 중화효과를 가진다. 역자주]이 이어폰을 통해 피험자의 귀에 들려졌다. 많은 간츠펠트 실험은 훌륭한 성공 비율을 나타냈다(슈리츠Schlitz, 호노톤Honorton, 1992; 벰Bem, 호노톤, 1994). [이 같은 조건으로 실시된 간츠펠트 실험은 1974년부터 2004년까지 세계 각지에서 88차례 실시됐으며, 방음 장치가 된 방에 있는 송신자가 텔레비전 앞에 앉아서 임의로 선택된 영상을 보면서 그 영상을 수신자에게 전달하는 시도를 총 3,245회를 한 결과 송신자와 수신자의 영상이 일치하는 사례는 1,008회로 32퍼센트의 일치 비율을 나타냈다. 역자주]

원격 투시는 영매psychic이거나 일반인, 훈련 여부와 상관없이 가능하다. (보다 상세한 내용은 타그, 카트라Katra, 1998 참조할 것.)

원격 투시는 거리가 국제적으로 떨어져 있어도 작동한다(슈리츠, 그루버Gruber, 1980).

원격 투시는 인간과 개 사이에서도, 심지어 인간과 앵무새들 간에도 작동한다(쉘드레이크, 1999).

텔레파시적 꿈
Telepathic Dreams

제14장에서 언급한 것처럼 몬태그 울먼, 스탠리 크리프너, 앨런 보건(1973)이 수십 년 간에 걸쳐 미국 뉴욕 브루클린 마이모니데스 병원에서 실시한 연구는 꿈 텔레파시dream telepathy의 유효성을 확립시켰다. 세심하게 통제된 그들의 많은 실험에서 피험자(수신자)는 자면서 꿈을 꾸도록 했으며, 꿈 상태는 급속안구운동을 의미하는 렘REM rapid eye movements에 대한 관찰과 뇌파도EEG electroencephalography로 모니터링되었다. 렘의 신호에서 연구자들은 두 번째 피험자(송신자)에게 어떤 선택된 그림을 의도적으로 보라고 환기시킨다. 꿈꾸는 시간이 끝날 때마다 수신자는 깨워지며, 자신이 꾼 꿈에 관해 말하도록 했다. 꿈에 대한 설명들은 (상세한 내용은 울먼, 크리프너, 보건, 1973을 참조할 것) 송신자가 정보와 의미를 텔레파시를 통해 전달함으로써 수신자의 꿈의 내용에 영향을 미쳤다는 사실에 관해 조금도 의심을 남기지 않는다.

초심리학은 왜 논란을 빚는가
Why Parapsychology Is Controversial

정보와 의미가 마음에서 마음으로 비국소적으로 전달되는 것이 그렇게 잘 입증된다면, 어째서 ESP는 여전히 논란을 빚고 있는가? 부분적으로 그것은 ESP가 인지적 불일치cognitive dissonance를 야기시킨다는 전형적인 유물론적 과학자의 신념 체계에 대한 모욕이기 때문이다. 또 다른 측면에서, 보다 더 중요한 이유는 그 데이터를 1백 퍼센트 반복재생하는 것이 보장되지 않기 때문이다. 이러한 사실은 사실상 양자 행위 quantum behavior와 매우 일치한다. 그러나 인간의 고전적인 사고방식은 초심리학적 실험을 반복재생시키는 노력이 애매모호한 결과를 나타낼 때마다 뒤흔들린다.

이러한 맥락에서 나는 이제 원격 기도 치유distant prayer-healing 실험들을 논의할 것이다. 만약 내가 당신을 알지조차 못하며 멀리 떨어져서 당신의 이름만 알고 있는 상태에서 당신을 위해 기도한다면, 당신은 치유될 수 있을까?

멀리 떨어져서 기도를 통해 '다른 사람 치유하기'other healing라는 생각은 1980년대 초에 래리 도시Larry Dossey라는 미국의 내과의사에 의해 처음으로 제안됐다. 이런 생각의 가정은 랜돌프 비어드Randolph Byrd라는 내과의사가 심장 수술에서 회복한 393명의 환자를 대상으로 실시한 이중맹검 실험(1988)을 통해 정식으로 입증됐다. 한 그룹의 기독교 교인들이 환자들 리스트 가운데 무작위로 선택한 이름들을 대상으로 기도를 했다. 따라서 의사는 물론 환자들도 그들의 기도의 대상이 누구인지를 알지 못했다. 통계학적으로 말하자면, 기도의 대상이었던 환자들의 치유 비율은 그렇지 않았던 그룹의 환자들의 치유 비율보다 현저하게 높은 것으로 확인됐다.

그러나 그 후 21세기에 들어서서, 연구자들은 이 실험을 보다 큰 규모로 다시 실시하기 위해 많은 자금을 지원하도록 템플런 재단Templeton Foundation을 설득했다. 그 실험은 하버드대학 의사인 제프리 두섹Jeffrey Dusek의 연구그룹에 의해 1천8백 명에 달하는 관상동맥 우회수술을 받은 환자들을 대상으로 수행됐다. 그 결과(벤슨Benson 등, 2006)는 부정적으로 나타났다. 기도 대상이 되었던 환자들에게 그 어떤 의미 있는 치유가 나타나지 않았다.

이 실험은 의도적으로 더욱 더 세심하게 계획되었고, 수행되었다. 그렇다면 이러한 결과들로부터 우리가 이해할 수 있는 것은 무엇일까? 이전의 실험결과치는 잘못된 절차 때문에서 잘못된 것이었을까? 여기서 우리는 매우 신중해야만 한다!

무엇보다도, 만약 양자 비국소성이 원격 치유의 원인이라면, 양자 물리학의 모든 다른 기이함quirkiness을 이 상황에 개입하는 것이 허용되어야만 한다. 그리고 양자 물리학의 한 기이한 부분은 양자 사건들quantum events의 통계학적 본질적 특성이다. 이러한 통계학적 특성은 어떤 경우에는 완벽한 재생을 방해한다.

둘째, 내가 다른 논문에서 지적했듯이(고스와미, 2004), '다른 사람 치유하기'는 궁극적으로 셀프 힐링self-healing이다. 그것은 독창적인 것이다. 따라서 독창적인 현상들의 모든 불확실성은 결과들을 보다 더 복잡하게 만든다. 창조성 전체creativity en masse는 얻기가 매우 어렵다!

셋째, 특별한 종류의 초심리학적 증거가 가지고 있는 잠재력은 더 많은 연구들이 축적되고, 기대가 커짐에 따라 감소하는 것처럼 보이는 몇 가지 증거가 존재한다.

넷째, 마릴린 슈리츠Marilyn Schlitz가 수년간에 걸쳐 입증했던 *관찰자 효과*observer effect는 잘 알려져 있다. 관찰자의 의도가 초심리학적 실험들의 결과에 영향을 미친 것이다.

다섯째, 그 실험은 이전의 실험들과 관련이 있다. 나는 개인적으로 양자 창조적 하향적 인과관계quantum creative downward causation라는 것은, 비국소적이건 아니건 간에, 단지 제한적인 범위에서만 통계적으로 유의미하기 위해 충분한 규모의 샘플에만 활용될 수 있다고 생각한다. 앞서서 내가 지적했듯이, 샘플이 클 경우, 의식consciousness은 개별적 선택의 창조적 잠재력을 포기하는 경향이 있으며, 양자 물리학의 확률법칙에 결과를 맡길 수 있다. 여기에는 의도intention의 힘과 무작위성randomness의 힘 간의 주도권 다툼tug-of-war이 존재한다. 양자 물리학은 샘플이 클 경우, 무작위성의 힘이 반드시 우세하다고 말하고 있다.

이러한 상황 하에서 가장 현명한 연구 전략은 샘플 사이즈를 어떻게 선택할 것인가이며, 너무 진지하지 않게 실험을 하는 것이다. 만약 우리가 부정적인 결과를 얻는다면, 결론은 분명하다. 샘플 사이즈가 너무 크다는 것이다. 따라서 우리가 긍정적인 결과를 얻을 때까지 샘플 사이즈를 줄여야 한다. 그렇다면 긍정적인 결과는 무엇을 입증하는 것일까? 통계자료는 이구동성으로 우리가 실험결과치에서 관찰했던 무작위성으로부터 특별하게 벗어났을 것이라는 가능성을 말해 준다.

이 기준에 의해서 샌프란시스코와 하버드에서 실시된 두 실험 모두 설명이 된다는 것을 당신은 이해할 것이다.

양자 비국소성은 ESP에 타당한 이론인가?
Is Quantum Nonlocality The Correct Theory of ESP?

그렇다면 최종적으로, 원격 투시에서 나타나는 비국소성은 양자 비국소성의 한 예일까? 초심리학자들은 이 아이디어를 받아들이기를 주저한다. 그 이유는 에버하르트 정리Eberhard theorem 때문인데, 그 정리는 양자 비국소성을 활용하여 그 어떤 정보도 전송될 수 없다는 사실을 증명했다고 주장하고 있다. 나는 여러 차례에 걸쳐 그 과정 안에서 의식이 정보 전송을 구성하는 동시에 발생하는 사건들을 붕괴시키는 뇌와 정신 간의 정보의 전송에 에버하르트의 정리는 적용되지 않는다는 사실을 지적한 바 있다(고스와미, 2000, 2001, 2002, 2004). 그리고 물론 푸딩인지 아닌지를 증명하는 것은 그것을 먹어보는 것이다. 나의 이론적 아이디어는 재생반복된 전달 가능성 실험transferred potential experiments에 의해 입증되었다(그린버그Grinberg, 질버바움Zylberbaum 등, 1994; 펜위크Fenwick와 펜위크 등, 1998; 스탠디쉬Standish 등 2004).

이 일련의 실험들 가운데 가장 최근의 실험에 관해 논의해 보도록 하자(스탠디쉬 등 2004). 그 실험은 원격 투시 실험과 아주 흡사하게 설계됐다. '물리적' 그리고 객관적인 전달 가능성을 입증하기 위해 EEG 측정장치가 활용된 것을 제외하고 말이다. 다음과 같은 기준을 만족시키는 두 명의 피험자가 선택되었다. 각자 서로 잘 알고 있을 것. 실험 전에 감정적 그리고 심리적 연관성을 가지고 있을 것. 명상과 다른 자기 성찰적 테크닉을 해본 경험을 가지고 있을 것. 한 사람(송신자)에게 하나의 이미지 혹은 한 가지 생각을 보내라는 지침이 내려지고, 다른 사람(수신자)에게는 실험을 실시하는 동안 송신자로부터 어떤 이미지 혹은 생각을 받기 위해 마음을 열어 놓은 상태로 머물러 있으라는 지침이 내려졌다. 송신자와 수신자는 서로 10미터 떨어져 있는 감각적으로 연결이 불가능하게 격리된 방에 들어가게 했으며, 그들의 뇌는 개별적인 EEG 측정장치에 연결되었다. 송신자에게는 번갈아서 시각적 자극(자극 켜짐)이 주어진 후 제거되었다(자극 꺼짐). 수신자에게는 그 어떤 빛 자극도 주어지지 않았다. 이런 상황임에도 불구하고 수신자의 EEG는 송신자의 뇌가 자극을 받을 때마다(자극이 켜져 있는 상태에 있을 때마다) 신호를 탐지했다.

앞서 내가 언급했던 것처럼, 전달 가능성potential에 대한 유일한 설명은 인간의 의식consciousness이 서로 연관된 뇌들 속의 유사한 사건들을 붕괴시키는 것이다. 이러한 종류의 실험에 있어서 정보는 양자 의식에 의해 비국소적으로 전달된다. 전달 가능성을 관리하는 피험자에게서 당신이 얻어 내는 매우 약한 뇌의 가능성과 비교해 봄으로써, 당신은 피험자가 정보를 보내고 있는 것과 보내는 때를 파악할 수 있다. 분명하게, 에버하르트의 정리는 의식이 정보의 전송에 관련되어 있을 때 어긋나게 된다.

양자 의식에 의한 양자 비국소성에 대한 설명은 원격 투시와 마찬가지로 정신적 텔레파시에도 유효해야만 한다. 의식은 서로 연관된 정신들 속에서 유사한 사건들을 붕괴시킨다(나타낸다)는 사실 말이다.

불행하게도, 초심리학 관련 학계는 '의식의 우선성'이라는 것의 수용에 관해 조금 지나치게 까다로운 것처럼 보인다. 그러나 아마도 비국소적 양자 의식에 대한 설명을 지지하는 증거들이 많이 축적되어 있기 때문에, 초심리학자들은 (카메라 후레쉬의) 빛을 보게 될 것이며 그들이 약간 숨겨 두었던 선입관을 포기할 것이다.

Chapter 17

신과 에고^{Ego} : 인간의 창조적 경험의 공동 창조자들

God and the Ego : Co-Creators of Our Creative Experiences

신은 의식의 절대적인 동인^{unconditioned agent}이며, 우리 인간에게 참된 창조성^{creativity}을 부여하는, 완전한 선택의 자유를 가진 붕괴자^{collapser}이다. 인간의 창조성에서 우리는 우리 자신이 절대적인 양자 자아^{unconditioned quatum self}, 신의 자녀^{child of God}임을 경험한다. 인식과 행위의 주체를 의미하는 에고^{ego}는 사회심리적 그리고 유전적 조건형성의 산물이다. 깨어 있거나 잠들어 있거나 상관없이 인간의 일상적 존재의 상태는 에고 조건형성^{ego conditioning}에 의해 지배된다. 유물론적 과학과 영성의 한 경계선은 신과 에고라는 두 개념을 어떻게 보고 있느냐에 의해 구분된다. 엄격하게 말하자면, 행동주의자들은 공식적으로 에고의 실체를 인정하지 않고 있다. 왜냐하면 모든 과학자들은 남들이 모르는 이원론자들이기 때문에, 그들은 모두 남몰래 모더니스트가 말하는 '실행력 있는 에고'^{can-do ego}를 믿고 있다. 그들은 자신을 매우 진지하게 여기고 있다.

[모더니즘이란 1920년대 일어난 근대적인 감각을 나타내는 예술상의 경향을 의미한다. 그러나

넓은 의미로는 교회의 권위 또는 봉건성을 비판하고, 과학이나 합리성을 중시하는 경향을 의미하기도 한다. 역자주]

이와는 대조적으로, 영적 전승들spiritual traditions은 항상 신과 참(양자)자아true(quantum) self를 강조하고 있으며 에고는 약화시키고 있다. 이러한 입장은 많은 과학자들이 완전하게 입증되지 않은 휴머니즘에 대한 지지를 외치게 만들었다. "오직 인간 존재만이 실제적real이며, 나의 인간성humanity을 뛰어넘는 것은 아무것도 없다!"고 말이다.

창조성이 이루어지는 과정을 자세히 살펴보면 이러한 인간적인 걱정은 해결된다. 나의 참 존재true being는 무엇인가? 에고인 나ego-me인가 아니면 신, 혹은 최소한 신의 자녀인가? 우리는 논의 과정에서 신의 존재에 관한 보다 더 과학적인 증거를 얻게 될 것이다.

외적 그리고 내적 창조성
Outer and Inner Creativity

외적 창조성outer creativity이라는 것은 외부 세상에 기여하는 창조성을 말한다. 즉, 어떤 사람이든지 향유할 수 있는 공공적인 영역에서 생산물을 만들어 내는 것 말이다. 창의적인 미술작품, 음악, 그리고 창의적인 과학적 노력까지도 그 예가 될 수 있다. 이와는 대조적으로, *내적* 창조성inner creativity이라는 것은 '자아'의 본질nature of the self을 깨닫기 위해 내부로 향해 있다. 내적 창조성의 목표는 그 어떤 다른 사람들과 나눌 수 없는 혹은 반드시 그것으로부터 어떤 혜택을 얻을 필요가 없는 내적 경험이다. 내적 창조성에는 어떤 외적 성취가 반드시 있어야 할 필요는 없다.

이러한 사실은 늘 서양 문화 속에 혼돈을 만들어 내고 있다. 서양

문화는 전통적으로 성취에 초점이 맞춰져 왔다. 이런 문화 속에서는 내적 창조자들inner creatives은 출발부터 의심의 눈초리를 받는다. 그러므로 최근 들어 내적 창조성을 실행에 옮기는 사람들은 자신들이 깨달음enlightenment을 얻었다고 선언하기 시작했지만 아무리 말해도 깨달음이라는 말은 혼란스러운 개념이다. 이와는 대조적으로, 동양의 현자는 깨달은 상태에 관한 명확한 입장을 나타내고 있다. 즉, '알지 못한다고 말하는 사람과 말하지 않는 것을 알고 있는 사람' 중에서 과연 누가 옳은 것일까?

창조의 프로세스
The Creative Process

나는 제6장과 제13장에서 그래함 월레스Graham Wallas(1926)에 의해 처음으로 체계적으로 정리된 창조의 프로세스 4단계를 언급한 바 있다.

- 준비Preparation
- 배양Incubation(무의식적 처리unconscious processing)
- 통찰Insight
- 발현Manifestation

준비 단계는 가장 분명하다. 즉, 이 단계에서 나는 창조적 문제에 대해 가능한 답으로서 무엇이 가능한지를 연구, 조사한다. 나는 다른 사람들의 지식을 나의 것이 되도록 통합하는 기량을 만들어 낸다. 이 단계에서 분명하게 나의 에고는 행위 주체자이다. 그러나 이 단계에서는 내적 창조성에 관한 한, 자아는 혼동스러운 것이 된다.

배양 단계는 내가 '조용히 앉아서 아무것도 하지 않는' 편히 쉬는 단계이다. 아무것도 하지 않는 것이 무엇인가를 이루어 낸다는 말인가? 그렇다. 행위 지향적 마인드를 가지고 있는 우리에게 이 말은 혼란스러울 뿐이다. 그러나 진짜 창조적인 사람들은 그것의 필요성을 알고 있다. 나는 베르너 하이젠베르그Werner Heisenberg의 제자였던 물리학자 한스 피터 뒤러Hans-Peter Duerr에게 다음과 같은 이야기를 들은 적이 있다. 하이젠베르그는 언제나 그의 제자들에게 어떤 문제에 관해 첫 번째 성과 토론을 거친 후 그 문제에 대해 다시 연구를 시작하기 전까지 2주일을 기다리라고 요구했다.

그러면 통찰이 나타난다. 그리고 대부분의 창조성 연구자들은 그 통찰이 불연속적이며, 갑작스러운 것이라는 사실에 동의한다. 그것은 어떤 알고리즘적, 이성에 근거한 사고의 결과가 아니다. 사실대로 말하자면, 많은 창조적인 사람들은 통찰을 얻은 후 "신의 은총God's grace이 나에게 임했다"고 밝히고 있다. 내적 창조성에 있어서 그들은 신에 관해 감정이입 상태가 되기까지도 한다. 때때로 그들은 "나는 신이다"I am God라고 선언하기도 한다. 창조성 연구자들은 사람들이 항상 이러한 경험을 하나의 예기치 않은 일surprise이라고 보고하고 있다는 것을 알고 있다. 그 때문에 그들은 그것을 '아하! 경험'이라는 용어로 부르고 있다. 더군다나, 그 경험은 드물지만 확실성certainty에 대한 확신과 함께 보고되고 있다. "나는 알고 있다. 끝. 나는 내 독단으로 알고 있다." 아주 혼돈스럽지 않은가?

발현 단계는 문자 그대로 통찰을 어떤 형태form에 이르게 하는, 세 번째 단계에서 얻어진 통찰의 구현이다. 그러나 이 단계 역시 내적 창조성의 경우에는 매우 혼란스럽게 된다. 외적 창조성의 경우 모든 사람들이 볼 수 있는 손에 잡히는 생산물이 존재한다. 창조적인 사람은 자신의 통찰에 다른 사람들이 이해할 수 있는 형태를 부여한다. 사람들은 그것을 좋아하거나 싫어할 수 있지만 거기에 혼란스러움은 존재하지 않는다. 내적 창조성의 경우 드러나는 그 어떤 형태도 없다! 신God에게 어떤 형태가 있는가? 이 때문에 몇몇 대가들은 "깨달음 전에 나는 장작을 팼으며, 물을 길어 왔다. 그러나 깨달음 후에 나는 나무를 쪼개며, 물을 긷는다."라고 말하고 있다. 어떤가?

이 같은 세 가지 혼돈스러운 단계와 창조 이벤트들이 양자 재편성quantum reconstruction에 의해 사라진 것이다. 그것들은 하나씩 다뤄보기로 하자.

배양
Imcubation

'배양'은 마치 새가 자기 알이 부화되기를 기다리면서 품고 있는 것처럼 그 문제에 대해 생각이나 작업을 하지 않은 채 그냥 편하게 앉아 있는 것이다. 그러나 앉아 있는 것이 어떤 좋은 일을 할까?

가능성의 파동 처리processing waves of possibility로서의 의미 처리processing meaning에 관해 생각해 보라. [그림 1-2]에서 볼 수 있는 것처럼 가능성의 파동은 붕괴 사건들 사이에서 점점 더 큰 가능성의 집합체들로 되기 위해 확장한다. 따라서, 우리 인간이 생각들thoughts로 경험하는 특별한 의미들을 붕괴시키지 않을 때, 의미 가능성들은 보다 더 큰 형상들configurations로 확장된다. 우리가 '무엇인가 계속하는 정신'do-do-do mind에 관여하지 않고 조용하게 휴식을 취하면서 앉아 있는 것은 생각들 사이의 간격, 붕괴된 사건들 사이의 간격을 증가시킨다. 이러한 상태는 의미 가능성들meaning possibilities에게 현안의 해결책인 특별한 생각을 포함할 가능성이 큰 의미의 집합체로 자라날 수 있는 기회를 부여한다.

만약 이렇게 설명해도 여전히 혼란스럽다면, 다시 이렇게 설명해 보도록 하자. 생각들 사이, 붕괴된 사건들 사이에 우리는 무의식적이지 않는가? 분명하게 주체-대상 자각은 하나의 붕괴collapse를 필요로 한다. 그렇다면, 우리가 무의식인 경우 누가 처리를 하는 중인가? 그러나 '무의식'은 프로이트의 용어이며, 그는 양자 물리학의 관점을 가지고 있지 않았다는 사실을 당신은 기억해야만 한다. 만약 그가 그 관점을 가지고 있었다면, 그는 무의식the unconscious이라는 상태를 나타내기 위해서 '알아채지 못하는' unaware이라는 단어를 사용해야만 했다고 나는 확신한다. 왜냐하면 의식이라는 것은 항상 현존하고 있기 때문이다. 우리가 알아채지 못하고 있을 때, 의식은 붕괴된(현실로 나타난) 사건들 사이에서 확장하고 있는 의미 가능성들의 파동들을 처리하고 있다. 다른 말로 하자면, 배양incubation은 무의식적 처리unconscious processing라는 말이다.

창조성 연구자들이 이러한 상황을 생각들과 의미 처리에 관한 양자 이론이 등장하기 전이었음에도 불구하고 알고 있었다는 것은 칭찬받을 만하다. 그리고 이제 이런 아이디어를 입증하는 많은 실험적 데이터들이 존재한다(제6장 참조).

그렇게 무의식 처리는 실제로 실험적으로 입증됐다. 창조적인 사람이 무의식 처리를 잘 할 때, 그 사람은 한 문제에 대한 엄청나게 많은 가능한 해결책들, 심지어 완전히 예상치 않은 해결책들까지 처리할 수 있다. 그리고 느닷없이 터져 나오는 아! 그렇지. 그 사람이 무의식적으로 해결책을 볼 때, 그 사람은 그것을 선택하며, 그 파동을 붕괴시킨다. 그리고 바로 아하! 하는 생각, 통찰insight이 떠오른다.

우리는 통찰을 어떻게 얻는가?
창조성 속의 신의 직접적인 증거
How We Get Insight : Direct Evidence of God in Creativity

유감스럽게도, 앞에서 말한 묘사는 간단한 것만은 아니다. 만약 그렇다면, 우리는 매일 밤 잠자리에 들어가 푹 잠을 잔 후 깨우침을 주는 통찰enlightening insight을 가지고 깨어날 수 있을 것이다. 그러나 실제로는 무슨 일이 벌어지는가? 나의 경험은 이렇다. 잠자기 전에 나는 어떤 문제를 가지고 있는 분명히 나, 아미트Amit이며, 그 다음 날 아침 일어났을 때, 나는 여전히 깨달음이나 새로운 통찰들을 가지고 있지 않은, 똑같은 문제를 안고 있는 바로 그 사람이다.

이러한 상황은 놀라운 일이어야만 한다. 왜냐하면 숙면은 분명히 무의식적 처리로 이어지기 때문이다. 숙면할 동안에는 그 어떤 주체-대상이라는 자각도 존재하지 않기 때문이다. 일반적으로 우리 인간은 무의식적 처리 속에서조차 생각하고 있는 것에 대해 엄격한 통제력을 유지한다는 것을 깨달을 때, 놀라움은 감소된다. 우리 인간은 자신의 에고통제력ego-control을 뒤흔들어 놓을 의미-가능성들meaning-possibilities을 허용하지 않는다. 우리는 어떻게 그러한 통제를 포기하는가? 그리고 우리가 그렇게 할 때, 무슨 일이 벌어지는가?

예수는 다음과 같이 말했다. "찾으라, 그러면 너희는 찾을 것이다. 그러나 너희들이 찾는다면, 너희는 근심을 하게 될 것이다." (이것은 도마 복음서Gospel of Thomas에서 나온 말이다. 도마 복음서는 사도 도마를 자신들의 원조라고 주장했던 초기 기독교도 유파에 의해 쓰여졌으며, 1945년 이집트에서 필사본이 발견됐다.) 예수는 우리에게 하나의 힌트를 주고 있다. 우리는 에고ego의 편안한 항상성homeostasis을 무너뜨리기 위해 우리 앞으로 걱정거리trouble를 가져와야만 한다! 우리는 에고가 거주하고 있는 집을 불태워 버리기 위해 열을 만들어 내야만 한다. 우리는 우리의 창조적creative 문제를 화급한burning 문제로 만들어야만 한다!

일단 우리 인간의 의미 처리meaning processing에 대한 에고 우월성ego-supremacy이 무너지면, 신과 양자 자아quantum self가 등장할 수 있는 여지가 만들어진다. 우리 인간의 끊임없는 행동 의식do-do-do consciousness 안에서는 에고의 통제력은 감소되지 않는다는 것을 명심하라. 그러나 당신의 존재 의식 안에서, 마치 생각들 사이에서 편안하게 있는 것처럼 당신이 정지 상태be-be-be state라면, 신은 당신의 의미 가능성들을 처리하고 있는 중일 것이다.

나는 한 라디오 방송에 나온 전도사가 종종 사용했던 재미있는 비유를 들은 적이 있다. 그는 우리 인간은 자신의 에고 안에서 통제력을 유지하기 위해 의사봉을 쥐고 있는 회의의 의장처럼 행동한다고 말하곤 했다. 그런 후 열정적인 목소리로 다음과 같이 말했다. "그 의사봉을 성령Holy Spirit에게 넘겨 주세요. 통제력을 포기하십시오." 그렇다. 그는 핵심을 짚고 있었다. 신비주의 현자 라마나 마하르쉬Ramana Maharshi[(1879~1950) 인도에서 종파를 막론하고 가장 존경받는 스승으로 널리 평가받고 있는 힌두 철학자, 요가 수행자. 역자주]는 "어째서 당신들은 자신의 짐을 계속 손에 쥐고 있는가? 지금 기차에 타고 있는 중인데도 말이다."라고 말할 때, 자신의 추종자들에게 이와 똑같은 방식으로 조언을 했던 것이다.

우리 인간은 행동 모드do-mode에서는 그 의사봉을 신에게 넘겨줄 수 없다. 그러나 정지 모드be-mode에서는 그렇게 할 수 있다. 만약 신이 우리 인간의 조건형성된 에고 안에서 의식 대신에 무의식적인 처리를 한다면, 신은 이전에 형성된 조건으로부터 영향을 받지 않은 채 가능성 집합체들possibility conglomerates을 살펴볼 수 있다. 만약 그 집합체가 해결책을 포함하고 있다면, 신은 그것을 확인하고 선택하는 데 있어서 훨씬 더 나은 기회를 가지게 될 것이다.

우리는 앞으로도 또한 무의식이 처리할 새로운 가능성들을 만들어 낼 준비를 해야만 한다. 우리는 가능성들을 증대시키는 불명확함들을 만들어 내야 하며, 신속하게 해결하지 않은 채 그러한 불명확함 속에 머물러 있어야만 한다. 이러한 단계들은 에고ego라는 것, 행동 모드do-mode를 필요로 한다.

그러나 우리는 항상 행동 모드를 정지 모드be-mode로 보완한다. 그런 후 또다시 보다 많은 가능성들을 만들어 내기 위해서 보다 많은 행동 모드로 보완한다. 우리는 '행동'do과 '정지'be 사이를 왔다 갔다 한다. 내가 '두-비-두-비-두'do-be-do-be-do라고 부르는 단계가 바로 그것이다. 미켈란젤로Michelangelo는 창조과정에서 신과 에고 간의 이러한 우연한 마주침에 관해 알고 있었다. 그는 신과 아담Adam이 서로에게 손가락을 내미는 시스티나 성당Sistine Chapel 천당에 그린 그림으로 그것에 영원성을 부여했다.

그 우연한 마주침은 이렇게 이루어진다. 어느 날, 무의식적 처리를 위한 가능성의 스펙트럼spectrum은 우리 내부 혹은 외부에 있는 문제를 해결하는 올바른 가능성들의 조합을 만들어 낸다. 그리고 신은 우리 인간이 놀라움의 감탄인 아하! 하는 순간으로서 알아차리는 통찰을 선택한다. 왜냐하면 그 선택을 우리 자신이 하지 않았다는 것을 우리가 알고 있기 때문이다. 통찰은 문자 그대로 신의 은총God's grace이다. 실제로 그것은 그 이상이다. 그것은 신의 선택이며, 우리가 양자 자아quantum self 안에서 한 경험의 결과이다. 에고는 단지 그것을 정신적 표상mental representation으로 드러낼 뿐이다.

과거 시대에 사람들은 창조성creativity은 창조적인 아하! 사건의 비인과성acausality을 나타내기 위한 신의 은총이었다고 말하곤 했다. 그런 후 우리는 창조성이 하나의 양자도약quantum leap이라는 사실을 발견했다. 그러나 양자도약도 역시 비인과적이다. 이제 우리는 신의 역할이 남아 있음을 더 잘 알고 있다. 창조성이라는 양자도약은 정말로 신의 은총이며 신의 선택이다. 그리고 그것은 신의 존재에 관한 매우 직접적인 증거이다.

마지막으로 다음과 같은 의문이 떠오른다. "어째서 통찰이라는 것이 반드시 있어야만 하는가?" 한번 생각해 보자. 통찰이라는 것은 어디에서 기원하는가? 우리 자신의 신 의식God-consciousness 안에서 양자도약을 하기 위해 우리는 어디로 갔는가? 우리는 초정신체supramental로 가서 새로운 맥락을 발견했으며, 그런 후에야 비로소 통찰이라는 것이 나타났다.

초정신체는 참 본질real stuff, 생각들thoughts이라는 형태로 나타나는 원형들archetypes의 거처이다. 스리 오로빈도는 그것을 '진리의 나라'land of truth라고 부르고 있으며, 그것을 접촉하는 의식을 '진리 의식'truth-consciousness이라고 말하고 있다. [스리 오로빈도는 우리 인간의식의 진화의 최종목표를 순수영혼이라고 주장하고 있으며, 순수영혼은 감각적, 지적 존재방식을 초월한 의식의 달성에 의해 실현된다고 보고 있다. 이러한 의식을 오로빈도는 '초정신'supermind 혹은 '진리의 식'truth consciousness이라고 부르고 있다. 역자주] 따라서 창조적 통찰을 통해 우리는 순간적으로 '진리 의식'을 깨달으면서 우리 자신의 양자 존재quantum being 안에 있는 '진리의 나라'로 간다. 우리가 '에고의 나라'로 되돌아와서 정신적 표상들을 바쁘게 만들어 내기 시작할 때조차 우리 여행의 기억은 지속된다. 비록 우리가 알고 있는 것을 가장 정확하게 표현할 수 없을지라도, 바로 이것이 우리가 알고 있는 통찰의 필연성certainty이다.

창조성에 관한 문헌은 사람들에게 혼돈을 일으킨다. 왜냐하면 창조적인 사람들이 자신의 경험들을 가지고 만든 것에는 그 어떤 보편성universality이나 공통성commonality이 존재하지 않기 때문이다. 외적 창조성에 있어서 많은 창조적인 사람들은 - 유물론적 과학자들이 좋은 예이다 - 그 과정을 많이 주목하지 않으며, 자신들은 추론reasoning과 실험이라는 소위 과학적 방법론을 활용한다고 주장하고 있다. 이러한 주장은 내게 다음과 같은 내용의 텔레비전 광고를 떠오르게 한다.

한 여성이 자신이 지금 하고 있는 무엇인가를 통해서 한 남자에게 감동을 주려고 노력하는 중이다. 그러나 그 남자는 별로 흥미롭지 않아 보인다. 그때 갑자기 그녀의 머리 속에서 전구가 폭발한다. 그녀는 욕실로 가서, 입을 헹구고, 의기양양하게 되돌아온다. "내가 알아냈어요"라고 그녀가 말한다.

에고ego는 항상 인정받기를 원한다. "내가 알아냈어요." 다행스럽게도 이것은 덜 창조적인 사람들만의 습관이다. 우리 가운데 위대한 창조적인 사람들 - 아인슈타인 같은 사람들, 바하 같은 사람들, 그리고 가우스와 같은 사람들 - 은 창조적 통찰이 속하는 곳 - 신God의 공로를 인정하는 것을 결코 잊지 않는다.

발현
Manifestation

발현은 통찰insight에 의해 만들어진 생각idea을 어떤 한 형태form로 만들어 내는 것을 의미한다. 그 일은 우선 초정신적 진리supramental truth에게 정신적 표현 혹은 표상을 전하는 것이다. 그런 후 그 정신적 표현 혹은 표상을 우리 인간이 에고 능력ego capability을 통해서 만들어 낼 수 있는 어떤 다른 적절한 물리적 형태physical form에 부여하는 것이다.

내적 창조성의 경우에는 여전히 혼돈스러운 여지가 있다. 왜냐하면 이러한 경우 창조적인 사람은 보통 자신이 신 혹은 적어도 양자 자아quantum self와 동일하다는 것을 깨닫기 때문이다. 이 경우에는 형태를 부여할 내용물이 없거나 혹은 없는 것처럼 보인다. 자 이제 혼돈의 원천을 찾아내어 해결하기 위해 이 경험을 좀 더 상세하게 탐구해 보도록 하자.

깨달음이란 무엇인가?
What is Enlightenment?

전통에 따라 다르지만, 내적 창조성의 경우, 어떤 경우 창조적인 사람은 자아의 본질nature of self을 바탕으로 그리고 또 다른 경우에는 신의 본질nature of God을 바탕으로 하여 그렇게 하고 있는 중이다. 두 경우 모두 최종적으로 달성된 것은 동일하다. 그러나 두 가지 측면에서 이루어진다. 자아self라는 것은 신(자아의 인과적 잠재력causal potency, 선택은 신으로부터 유래한다)이거나 혹은 신은 자아(신은 오직 자아 – 양자 자아quantum self라는 것을 통해서만 '경험' 될 수 있다)이다. 예수의 다음과 같은 말씀을 상기해 보라. "나로 말미암지 않고는 아버지께로 올 자가 없느니라." [개역개정 성경. 요한 복음 14장 6절. 원문은 "No one comes to the Father except through me". 역자주] 예수는 양자 자아 의식quantum self consciousness에 근거하여 말하고 있는 것이다.

일상적인 정신의 작동방식을 먼저 생각한다면, 깨달음의 경험은 아주 평범한 것처럼 보인다. 당신은 개념적으로 그것을 이미 파악하고 있기 때문에 인지적 깨달음cognitive realization은 쉬운 단계인 것처럼 보인다. 그러나 그렇게 생각하는 것은 잘못이다.

우리 인간이 이 신God이라는 것 모두에 관해 품고 있을지도 모르는 특별한 의심은 항상 존재한다. 우리가 신을 알아차리지 못하도록 방해하는 사고방식 안에 있는 하나의 엉켜 있는 매듭knot이 그것이다. 깨달음의 경험은 180도 바뀐 맥락에서 인간의 사고방식 안에 있는 그 의심 혹은 매듭을 풀어준다. 그래서 그것은 언제나 하나의 놀라움이다!

따라서 어쨌든 간에 내용물이 존재한다. 깨달음enlightenment이라는 한 사건에서 우리 인간은 우리가 신과 동일하다는 것을 알아차릴 뿐만 아니라 신에 대한 깨달음God-realization을 방해하는 우리 생각thinking 안에 있는 매듭을 푼다. 인간의 생각은 (필수적인 조건으로서) 우리가 살아가는 방식을 결정하고 있다. 만약 우리 생각 안에 매듭이 있다면, 우리가 살아가는 방식 안에도 역시 어떤 매듭들이 존재할 것이다. 이러한 매듭들은 어떤 이음매들seams이 생기게 하는 원인이지만, 실제로 우리 인간의 삶에 이음매는 없다. 깨달은 사람이 발현시켜야만 하는 것은 이음매가 없는 방식으로 – 아무런 한계 없이 사는 것이다.

깨달음에 관해 사람들을 혼돈스럽게 만들고 있는 것은 외적 창조자들처럼 깨달은 사람들이 자신들의 깨달음을 서로 다른 많은 방식으로 표현하고 있기 때문이다. 항상 그럴 필요는 없지만 자신들의 삶의 방식을 이음매가 없는 것으로 바꿈으로써 말이다. 어째서 그런가? 이음매가 없는 삶의 방식이라는 것은 우리가 생각하는 것처럼 그렇게 실현하기 쉽지 않기 때문이다. 그리고 언뜻 보기에, 그렇게 많은 노력을 기울이는 것이 필요 없는 것처럼 보인다.

당신이 깨달음의 경험을 가지고 있다고 가정해 보자. 당신은 당신이 신God이라고 인식하고 그 어떤 일도 하지 않기로 결심한다. 왜냐하면 "그 어떤 것도 행해질 필요가 없기 때문이다." [미국의 과학자이자 의사이며 "의식혁명"의 저자인 데이비드 레이먼 호킨스David Ramon Hawkins 박사의 저서 "진실 대 거짓Truth vs Falsehood"에서 나오는 말로 원어로는 "nothing needs to be done"이다. 역자주] 당신은 유명한 선Zen 대가의 삶을 살기로 결심한다. 그리고 당신이 이전에 했던 것처럼 '장작을 패고 물을 길어 오는 것'을 계속한다. 그 어떤 사람도 당신의 깨달음에 관해 알아야 할 필요가 없다. 그래도 아무런 문제가 없다.

불행하게도, 이것은 일반적인 추세가 아니다. 깨달음을 경험한 후에는 거의 보편적으로 당신의 깨달음에 관해서 사람들에게 가르치고 말하고 싶은 열망이 생긴다(특히 서양에서는 그렇다). 그것은 깨달음을 인정받기 위해 필요하다. 그러나 사람들이 깨달은 사람인 당신과 자신을 동일시하자마자, 어떤 기대감들이 생기게 될 것이다. 만약 당신의 가르침이 신뢰를 받기 위한 것이라면, 당신의 행동은 깨달음을 입증해야만 한다.

바로 이것이 문제다. 당신은 자신과 신이 동일한 존재being라는 사실을 깨달았다. 그러나 당신의 존재가 신의 존재God-being로 변했는가?

그렇지 않다. 겉으로 드러난 실체existence에서 그것은 불가능하기 때문이다. 행동 모드do-mode에서 당신 자신의 에고를 규정하는 과거의 배움은 필수적이며, 당신이 그것을 관여시킬 때, 에고라는 것은 등장하게 된다. 영적 구전들에는 다음과 같은 격언이 담겨 있다. "선 대가일지라도 화장실에는 가야 한다." 그리고 행동 모드에 있는 동안, 그 시간이 비록 당신이 누군가를 가르치고 있는 어떤 시간을 포함하고 있을지라도, 만약 당신의 세련되지 않은 행동이 모든 조절되지 않은 감정 때문에 지속된다면, 혼돈스러움은 나타나게 될 것이다.

내가 이것을 언급하는 이유는 어떤 한 깨달은 존재enlightened being가 '나쁘게' 행동할 때면 언제나 영성spirituality을 향한 운동 전체가 나쁜 영향을 받기 때문이다. 만약 깨달은 존재가 신과 같은 행실, 당신의 행실에 있어서 신적인 특성들을 내보일 수 없다면, 유물론자들이 "신을 안다는 것이 정확하게 무엇인가"라는 질문을 던질 수 있는 것은 정당하다!

따라서 외적 창조자들에게처럼 내적 창조자들에게도 무엇인가 현실로 나타나는 것, 발현이 불가피하다. 신비주의적 작가 웨인 티스데일Wayne Teasdale(1999)이 지적하고 있는 것처럼 "깨달음이란 우리의 정체성identity을 무한한 의식boundless awareness으로 자각하는 것이다. 그러나 우리의 측은지심compassion, 감수성sensitivity, 그리고 사랑이 우리의 삶과 인간관계 속에서 비슷하게 깨어나서, 발휘되지 않는 한, 그것은 불완전한 것이다."

내적 창조자는 측은지심, 감수성, 그리고 사랑을 자신의 삶에서 어떻게 드러내는가? 자신의 기본적 품성 안에 있는 이러한 신적인 특질들을 발견하기 위한 고된 창조적 진로를 택하고, 삶 속에 발현된 그러한 특질들을 철저하게 따름으로써 그렇게 한다. 여기에는 지름길이란 것은 없다. 깨달음의 경험은 깨달은 삶enlightended living을 위한 수단이며, 그 자체가 목적이 아니다. 이것이 바로 "영적인 삶spiritual life은 깨달음으로 시작된다"라는 또 다른 격언이 있는 이유이다.

통찰(느닷없는 아하! 경험)과 변형transformation의 점진적 발현 두 가지 모두의 중요성을 인식하는 것도 역시 또 다른 논란을 해결한다. 깨달음은 갑작스러운 것인가 아니면 점진적인 것인가? 선의 전통에는 갑작스러운 깨달음을 믿는 린자이Rinzai 학파와 점진적인 깨달음을 믿는 소토Soto 학파가 있다. 앞의 논의는 갑작스런 통찰과 점진적인 발현 단계들 모두가 목표 – 변형을 위한 중요 부분이다! 점진적 수행에 적절한 과정을 갑작스럽게 지름질로 가로질러 가는 사람은 결코 수행의 의미와 그 수행을 통해 어디에 다다르게 되는지에 관해 확실하게 알지 못한다. 그리고 '말한 것을 실행하는'walking the talk 점진적 과정을 훼손시키는 사람은 변형되어짐being transformed에 관해 자신을 속이는 것이다.

완전한 변형은 가능한가?
사비칼파 사마디 그리고 니르비칼파 사마디
Is Total Transformation Possible? Savikalpa Samadhi and Nirvikalpa Samadhi

통찰의 경험의 경우 신은 기억의 거울mirror of memory 속의 상들을 통해 평상시처럼 걸러내지 않으면서도 우리 인간을 위하여 새로운 무엇인가를 선택한다. 이런 방식으로 하는 경우 통찰의 경험에는 직접성immediacy이 존재한다. 이 직접성은 우리 인간이 자각의 본질nature of awareness 자체를 창조적으로 바라볼 때 가장 분명하게 드러난다.

창조 과정은 앞에서 설명한 것과 동일하다. 다만, 이제 준비preparation 그 자체가 자각awareness에 대한 명상으로 이루어진다는 것만 예외이다. 따라서 우리는 그 처리작업을 신 의식과 연관시키면서 자각에 대한 명상과 휴식을 번갈아 하고 있다.

어떤 시점에 우리는 주체–대상 분리라는 제1차 붕괴 상태primacy collapsestate에 빠진다. 당신이 기억을 할 때, 이 상태에서는 자각의 주체subject of awareness는 양자 자아quantum self이며 대상은 당연히 자각이다.

한 사람이 경험하는 것은 모든 것이 하나로 된 것oneness of everything, 주체와 대상 – 자각의 장field of awareness – 이 하나였던 것identity으로부터 어떻게 나타나느냐 인데, 그것이 바로 의식consciousness이다. 요가 문헌(타임니Taimni, 1961)에서는 이것을 *사비칼파 사마디savikalpa samadhi*라고 부르고 있다. 사비칼파라는 말은 '분리' separation라는 뜻이다. 다른 말로 하자면, 이러한 경험에서 우리 인간은 보편적인 양자 자아(주체)와 세상(대상)이 서로 의존적으로 함께 나타남co-arising을 알게 된다. 비록 자아self는 이미 세상으로부터 분리되었지만 말이다. 인간은 결코 의식의 가능성들로부터 분리되지 않은 의식을 *경험*하지 못한다. 정의에 의하면, 어떤 한 경험은 이러한 주체-대상 분리를 수반하고 있다. 다른 말로 하자면, *사비칼파 사마디*라는 것은 우리 인간이 위험을 무릅쓰고 감행해 볼 수 있는 가장 깊거나 높은 경험이다. 우리 인간은 신의 자녀들이라는 사실을 분명하게 알고 있다.

평범한 사람들에게는 아주 혼돈스럽지만, 동양의 문헌은 또한 또 다른 종류의 사마디에 관해 언급하고 있다. 그것은 바로 *니르비칼파 사마디nirvikalpa samadhi*라는 것이다. 니르비칼파라는 말은 '분리되지 않음' without split, 주체와 대상이 분리되지 않은 상태를 의미한다. 만약 주체와 대상이 분리되지 않은 경험이 없다면, 그 경험은 무엇을 나타내는 것인가?

이 개념을 이해하기 위해서 깊은 잠deep sleep을 생각해 보자. 깊은 잠에 빠지면, 그 상태에서는 주체-대상의 분리가 존재하지 않는다. 그리고 경험이라는 것도 없다. 그런데도 우리 인간 모두가 잠을 잔다는 사실을 우리가 받아들이는 데는 아무런 문제가 없다. 그것은 일반적으로 인정되는 의식의 한 상태이다. 니르비칼파 사마디라는 것은 어떤 특별한 무의식적 처리가 이루어지는, 보다 깊은 잠으로 이해되어야만 한다.

그 특별한 무의식적 처리는 오직 잠에서 깨어나는 순간에만 인식된다. 그것은 임사체험자가 다시 살아난 경우 나중에 기억하는 자기 환영autoscopic vision 경험과 아주 흡사하다.

니르비칼파에서 나타나는 특별한 환영은 무엇일까? 신비주의적 현자인 스와미 시바난다Swami Sivananda(1987)는 그것을 다음과 같이 묘사하고 있다. [스와미 시바난다(1887~1963)는 의사 출신의 20세기 최고의 요기로 불리는 인도 요가 스승으로 300여 권의 저서를 저술했으며, 의학적 지식을 바탕으로 요가를 연구하고 가르쳤다. 1930년 성령생활회Divine Life Society를 창립하여 요가를 가르쳤다. 그의 핵심사항은 '사랑', '봉사', '나눔'이며 인도 리쉬케쉬에 공동체가 있다. 역자주]

니르비칼파 사마디에는 두 가지 종류가 있다. 첫 번째 사마디에서 즈나니jnani[현명한 사람wise person]는 브라만Brahman[신성Godhead] 안에 머물러 있음으로써 자신 안에서 전체 세상을 브라만처럼 생각들의 움직임, 하나의 존재 양태mode of being, 혹은 자신의 고유한 실체의 양태mode of existence로 생각한다. 브라만은 세상을 자기 자신 안에서 자신의 고유한 상상imagination으로 생각하며, 즈나니 현자도 또한 그렇게 한다. [즈나니라는 것은 인도어로 현명하다는 뜻이나, 힌두 철학에서는 주체와 대상의 구별이 없는 상태에서 유일한 실재reality를 직접적으로 인식하는 상태를 말한다. 또 이런 상태에 뿌리를 내린 사람을 즈나니라고 부른다. 역자주] 그것은 최고 경지의 깨달음이다.

두 번째 사마디에서 세상은 시야에서 사라지며, 즈나니는 순수하고 인간의 고유한 속성이 없는 브라만의 상태에 머무른다.

우리 인간이 본질적인 의식, 혹은 신으로서 원형archetypes을 포함하고 있는 양자 가능성이라는 전체 세상을 처리할 때, 분명히 첫 번째 종류의 사마디는 무의식적 처리unconscious processing의 최종적인 상태이다. 이것이 바로 앞에서 말한 니르비칼파 사마디이다. 그것은 하나의 경험이 아니라 *의식의 상태*이다.

시바난다가 묘사한 두 번째 종류의 *니르비칼파* 상태는 베단타Vedanta 문헌에서는 *투리야*turiya[라마나 마하리쉬에 따르면 자아가 없는 상태로 육체, 마음, 가슴이라고 할 수 없는 네 번째 상태가 투리야이다. 역자주]라고 불린다. (베단타라는 것은 힌두 철학의 한 학파이며, 실재의 참 본질real nature of reality, 특히 우파니샤드[BC 8세기경 우파니샤드라는 철학자에 의해 범아일여라는 우주론을 모토로 창시된, 주로 귀족 상위계층에만 전파되던 철학. 또 힌두교의 이론적, 사사정 토대를 이루는 인도철학적 문헌을 집대성한 것을 의미하기도 하며, 베다의 끝 또는 베다의 결론이라는 뜻에서 베단타라고도 말해진다. 역자주]의 창조적 통찰들을 통해 실재의 참 본질을 이해하는 데 중점을 두고 있다.) 이전의 책에서(고스와미, 2000) 나는 *투리야*를 시간이라는 경험이 없는 *사비칼파 사마디*라고 설명하려는 실수를 저질렀다. 그러나 이제 나는 그것을 다르게 이해하고 있다. *투리야*라는 것은 비경험non-experience의 *니르비칼파* 상태이어야 하며, 첫 번째 종류의 *니르비칼파 사마디*에 의해 도달하는 것보다 더 깊은 상태라는 시바난다의 가르침에 동의하고 있다.

우주 전체라는 양자 가능성들을 무의식적으로 처리하는 상태보다 더 깊은 의식의 (무의식적) 상태라는 것이 존재할 수 있을까? 당신은 이것을 의식의 퇴화involution와 진화evolution라는 것을 통해서 생각해 봐야만 한다(그림 9-2). 양자 가능성들은 퇴화에 의해 생기며, 최초의 단계에서 초정신적 존재와 함께 비롯된다는 사실을 깨달아야 한다. 그렇다면 그 이전은 무엇이었을까? 그것은 모든 가능성들을 가지고 있는, 그리고 그 어떤 제한도 부과되지 않은 의식이었다. 모든 가능성들이 포함된 경우, 그 어떤 특성quality이 존재하지 않으며, 처리할 그 어떤 것도 존재하지 않는다. 이러한 의식의 상태를 불교에서는 대공大空, great Void, 힌두교에서는 인간의 고유한 속성이 없는 상태를 의미하는 *니르구나*nirguna라고 부르고 있는 이유가 바로 이 때문이다.

그렇다면 이러한 접근태도는 변형transformation에 관해서 어떻게 설명하고 있을까? 인도의 영적 문헌에서는 *니르비칼파* 능력을 가지고 있는 사람들은 완전히 변형됐다고 주장하고 있다. 그들의 정체성은 일상적인 자질구레한 일과 자아 기능ego-functions[자아가 현실에 대해 적응, 조작하는 활동으로 지각, 사고, 현실검증, 판단능력을 의미한다. 역자주]을 위해 자아가 필요한 경우를 제외하고는 양자 자아quantum self로 완전히 바뀐다.

이러한 가능성을 추려내기 위해 우리의 모델을 활용해 보도록 하자. 첫 번째 종류의 *니르비칼파 사마디*를 이뤄낸 사람에게 있어서 무의식은 이제 초정신적 가능성들을 처리한다. 그것은 이제 원형들의 정신적 표상들을 만드는 것과 그 표상들을 행동으로 통합시키기 위해 많은 노력이 필요하지 않다는 것을 의미한다. 칼 융의 용어로 말하자면, 많은 노력 없이도 개체화individuation가 쉽게 될 수 있다는 것이다. 그러나 여기에는 개체화가 되는 '누군가' 가, 그리고 실시간으로 자신의 통찰과 함께하고 있는 '누군가' 가 여전히 존재하고 있다. 자기의 흔적vestige of identity이 남아 있는 것이다.

한 사람에게 있어서 인간의 고유한 속성이 없는 상태 혹은 공空의 상태에서 무의식적으로 처리를 하는 *투리야*의 경우가 일단 되면, 상황은 극적으로 달라진다. 그 상태에는 나타내기 위한 그 어떤 '것'thing도 더 이상 존재하지 않는다. 나타나려는 모든 욕망(산스크리스트 말로 바나vana)은 이제 사그러져 없어진다. 부처의 말로 하자면, 바로 이 상태가 *니르바나*nirvana[열반, 해탈]이다.

변형은 그렇게 가능한 것인가? *사비칼파* 창조자들에게 있어서 이 논의는 변형(혹은 개체화)이라는 것이 한 사람의 생에 있어서 많은 양자도약과 많은 신성godliness을 드러내는 것이 필요한 고난의 여정이라는 사실을 보여 주었다. 이런 방식으로 완전히 변형되거나 개체화되기 위해 요구되는 노력은 정말 믿기지 않을 정도이다! 사실 필요한 것은 신에 대한 완전한 항복total surrender to God이다. 그러나 어떠한 노력이 당신을 항복하게 만들 수 있을까?

이러한 질문은 나에게 한 이야기를 떠오르게 한다. 닭 한 마리와 돼지 한 마리가 아침거리를 찾고 있는 중이다. 그들은 '달걀과 소시지' 라고 쓰여진 큰 간판을 달고 있는 식당차를 만난다. 닭은 열광하지만, 돼지는 그렇지 않다. 돼지는 얼굴을 찌푸리며 이렇게 말한다. "너에게 그것[달걀들]은 그저 하나의 기부이지만, 나에게 그것[소시지]은 모두 바치는 것을 의미한단 말야."

자, 당신이 원할 경우에는 언제나 첫 번째 타입의 의식의 니르비칼파 상태에 도달할 능력을 가지고 있다고 상상해 보자. 만약 당신의 욕구들이 신 의식God-consciousness의 움직임과 일치된다면, 그것은 아주 자연스러울 것이다. 그렇지 않는가? 그 경우, 당신이 하는 모든 것은 신의 무의식적 처리를 따라서 하고 있는 것이며, 그렇게 하는 것이 적절하다는 사실을 보장할 것이라고 말하는 것은 말이 되지 않는가? 그렇지만 한 사람이 욕심을 가지고 있다는 바로 그 사실이 이러한 숭고한 실존의 상태를 더럽힌다. 그렇지 않는가?

과학은 오직 *투리야* 의식을 성취한 사람들만이 상상할 수 있는 모든 방법으로 완전히 변형된다고 분명히 우리에게 말하고 있다. 명백하게 세상에 가장 위대한 신비주의자들은, 그들과 관련된 민간 전승들을 읽어보면, 이러한 *투리야* 차원의 존재가 될 자격을 갖추고 있는 것처럼 보인다. 그러나 과학자로서 말하자면, 나는 더 많은 데이터가 가능할 때까지 내 판단을 유보해야만 한다.

Chapter 18

사랑, 신에 관한 가장 찬란한 증거
Love is a Many-Splendorous Evidence of God

사랑은 인간이라는 존재가 그 어떤 다른 주제보다 가장 많이 글로 쓴 주제이다. 그러나 나는 다음과 같은 대중적인 노래 가사 한 줄에 거의 모든 사람들이 동의할 것이라고 느낀다. "나는 정말로 사랑을 전혀 알지 못합니다."

1970년대와 80년대에 윌리엄 프록시마이어William Proxmire라는 미국 상원의원이 있었다. 그는 학자들이 선택하는, 소수의 사람들만 이해하는 몇 가지 연구 주제들에 대해 비웃곤 했다. 나는 그가 한 연구자의 낭만적인 사랑에 관한 연구를 어떻게 조롱했는지 기억하고 있다. 이 상원의원에게 사랑이란 아마도 우리 인간이 행하는 '유전적으로 장착된 것들' 가운데 하나에 지나지 않았던 것 같다. 그에게 사랑이란 하나의 부수현상임에 틀림없었다. 아이들을 가르치는 것, 가난한 사람들을 보살피는 것과 같은 그러한 현실적인 현상들이 있을 때, 왜 부수현상에 시간을 낭비한단 말인가? 연구자들은 그러한 프로젝트들에 대해서 조롱을

당하지 않고서도 지원금을 받을 수 있다. 맞다. 그러한 문제들도 역시 중요하다. 그러나 사랑이 없다면, 그들의 처지는 어떻게 될까?

사랑을 중요하게 생각하는 사람들도 역시 사랑이라는 것이 과학적 연구에 적합한 주제이어야만 하는 이유를 알지 못한다는 것은 반갑지 않은 이면이다. 그러나 최소한 그들은 사랑이라는 것이 신의 특징signature of God이라는 사실에는 동의를 할 것이다. 사랑이 있는 곳에는 어디에나 신이 존재한다. "신은 사랑이다"라고 그들 가운데 어떤 사람들은 말할 것이다.

그러나 사랑의 특징은 무엇인가? 사랑은 섹스, 느낌, 생각, 이 모든 것, 아니면 이런 것과는 다른 어떤 것인가? 사랑이란 낭만적인 목소리로 어떤 사람의 귀에 "당신을 사랑합니다"라고 속삭이는 표현인가? 사랑이란 그러한 놀랍도록 따뜻한 느낌을 가슴 속에 가지고 있는 것인가? 사랑이란 섹스, 사상, 심지어 느낌조차 넘어서는 것인가? 아니면 사랑이란 내세the beyond조차 넘어서 있기 때문에 우리 인간이 그것에 대해 이야기를 할 수 없는 것인가?

나는 우리가 논의하고 있는 이 새로운 과학을 통해 사랑에 대해 말할 수 있다고 생각한다. 우리는 사랑이 섹스 안과 섹스 너머에, 말 속과 말 너머에, 느낌 안과 느낌 너머에 존재하고 있다는 것을 증명할 수 있다. 그리고 우리는 사랑의 특징signatures of love을 발견할 수 있다. 이것은 그러한 것들이 우리 인간에게서 지울 수 없는 신의 특징signatures of the divine에 관해 말하고 있기 때문에 중요하다.

사랑은 하나의 '원형'이다
Love is an Archetype

인간의 생물학적 기능들은 인간이란 존재의 초정신적 영역에 있는 원형archetype이라고 나는 앞 장에서 말한 적이 있다. 이러한 기능들 가운데 하나가 바로 재생산reproduction이다. 이 기능은 생기적 설계도vital blueprint를 매개로 하여 여성과 남성의 성적 기관들 속에서 육체적으로 재생산되는 기능을 말한다. 그런데 또 다른 생물학적 기능, 즉 '나와 내가 아님'me and not me의 구별, 자기 세계 구별self-world distinction이라는 원형이 존재한다. 이 원형은 인간의 면역 시스템 안에서 나타난다. 가슴샘thymus gland, 심장 차크라 기관heart chakra organ은 대표적인 면역 시스템이다.

육체적으로 말하자면, 성적 결합을 통해 두 사람은 하나가 된다. 이때 어쩌면 인간의 면역 시스템에 혼란을 일으키는 원인이 발생하게 된다. 따라서 성적 기능과 '나/내가 아님' 구별이라는 원형은 협상을 하게 된다. 성적으로 결합할 때면 언제나 면역 시스템의 구별 기능은 완화된다. 이와는 반대로, 인간의 면역 시스템이 완화되어 다른 사람을 '나' 로 받아들일 때면 언제나, 성적 결합은 두 사람 사이에서 특별한 열망이 된다. 생기적 차원에서 이 작용이 어떻게 이루어지는가를 살펴보면 다음과 같다. 성 차크라sex chakra에 에너지가 넘치면, 그 에너지는 심장 차크라로 향한다. 그리고 심장 차크라 안의 에너지가 넘치면, 그것은 성 차크라로 흘러간다. 물론 이것은 낭만적인 사랑의 경우이다. 확인해 보라! 낭만적인 사랑의 경우 사랑과 섹스는 함께한다.

그러나 분명히 우리 인간의 성적 시스템과 면역 시스템은 또한 독립적으로 작용할 수 있으며, 이들 시스템의 생기적 측면도 그렇게 할 수 있다. 섹스는 낭만의 발동을 느끼지 않고서는 불가능하다. 비록 우리 인간은 두 번째 차크라(그림 11-1)에 과도한 에너지가 생성되지 않도록 주의해야 하지만 말이다. 보다 중요한 것은, 우리 인간이 '나/내가 아님' 구별을 초월하지만, 섹스와는 관련이 없는 다른 많은 중요한 관계성을 가지고 있다는 사실이다. 부모와 자식 간의 사랑, 친구들 간의 사랑, 종과 주인 간의 사랑이 바로 그렇다. 이 모든 종류의 사랑은 심장 차크라에서도 느껴질 수 있다.

세상에는 두어 개의 사랑의 개념이 더 존재한다. 한 사람의 자기 자신에 대한 특별한 사랑이 존재한다. 자애self-love 말이다. 우리는 자신을 사랑하는 것에 대한 심장 차크라 반응을 얻을 수 있을까? 맞다. 얻을 수 있다. 그리고 그것은 외로운 밤에 당신을 위로할 수 있다.

보통 사람들에게는 난해하지만 보다 깊은 개념화된 사랑도 존재한다. 그 중 하나가 신의 사랑love of God이다. 이것의 의미는 무엇일까? 대답하기 쉽지 않다. 그렇지 않은가? 모든 사람에 대한 사랑이라는 개념도 존재한다. 보편적 사랑universal love 말이다. 이것은 또 무엇을 의미하는가?

육체 및 생기체와 함께 분명히 모든 그러한 경험들 안에는 항상 사랑이라는 정신적인 구성요소가 존재한다. 우리 인간은 의미 부여자meaning-giver, 즉 정신mind을 가지고 있다. 그래서 우리는 우리 자신의 모든 경험들에 의미를 부여해 주는 정신을 초대할 수밖에 없다. 따라서 정신은 우리의 낭만적 사랑의 경험들, 부모와 자식 간의 관계성, 우정, 주종 간의 결속, 심지어 자애에도 의미를 부여한다. 그리고 이것들 모두는 생기적 요소vital component도 역시 가지고 있다. 그러나 오직 낭만적인 사랑만이 성적 요소도 가지고 있으며, 이것과 관련해서는 뇌의 신경화학물질이 중요한 역할을 하고 있다.

신의 사랑과 보편적인 사랑의 경우 무엇이 그렇게 특별한 것일까? 이 사랑들은 순수하게 정신적일 수 있으며 흔히 그러하다. 자, 이것에 관해 정의를 내려보자. 우리는 심장 차크라 안에서 생기vital energe를 느끼는 경험이 없다면 그것을 '사랑'이라고 부르지 않을 것이다. 따라서 신에 대한 생각이 당신의 심장 차크라 안에 두근거림 혹은 따사로움 혹은 들뜸을 일으킨다면 당신은 정말로 신을 사랑하고 있는 것이다. 그리고 이러한 것은 보편적 사랑에 있어서도 마찬가지로 적용된다. 그것은 하찮은 정신이 아니다. 그것은 인류, 혹은 인간 존재, 혹은 심지어 생명이 있는 존재sentient being에 대한 생각이 당신의 가슴을 따듯하게 만드는 바로 그것이다!

우리 인간은 발전하고 있는 중인 것처럼 보인다. 사랑에 대한 생각들과 함께 심장 차크라 속에 어떤 느낌이 있을 때면 언제나 사랑이라는 것이 존재한다. 그렇다면, 우리 스스로에게 물어보자. 우리는 사랑이 무엇인지 알고 있는가?

사랑의 작동이라는 측면에서 나는 그렇다고 말할 것이다. 심장 차크라 속에 에너지가 있을 때만 말이다. 그리고 그러할 때 그것은 사랑의 신호signature of love라고 불린다. 가슴 속의 느낌은 사랑이 작동하는 신호operational signature of love이다. 그것 이상도, 이하도 아니다.

그러나 우리는 여전히 사랑이 무엇인지를 알지 못한다. 우리는 오직 사랑의 작동 신호만을 알 뿐이다.

당신은 어렸을 때 당신의 부모와의 많은 사랑의 경험을 기억할지도 모른다. 그런 후 성인이 되었을 때, 당신은 이성을 만나서 다시 한번 그 명백한 신호 – 가슴 안에서 그 느낌을 경험한다. 당신은 그 사람 곁에서 어떻게 행동해야 하는지를 알고 있는가? 반드시 알아야 할 필요는 없다. 프로이트 학파 심리학자들이 많은 사람들은 부부 관계에서 마치 엄마의 사랑을 기대하고 있는 것처럼 행동하고 있다고 말하는 것이 전적으로 틀린 말은 아니다!

하나의 맥락에서 사랑의 경험을 하는 것은 우리가 다른 맥락에서 사랑을 직면했을 때 행동하는 방법에 관해 잘 모르는 상태가 되게 한다. 자 이제, 사랑이란 하나의 '원형'이라고 그들이 말할 때 그들이 무엇을 의미하는지 알겠는가? 어떤 경험을 할 때, 우리는 그것에 관한 정신적 (그리고 생기적) 표상들representations을 만들어 내고 있는 것이다. 그러나 그것은 직접적인 육체적 표상은 아니며, 그 어떤 직접적인 육체적 기억도 아니다. 우리 인간에게는 그러한 능력이 결여되어 있다. 하나의 표상은 결코 인간의 기본적 특성에 있어서 실제적인 것real thing은 아니다. 이것이 바로 사랑과 사랑하는 것에 대한 정의를 내리는 데 있어서 근본적인 문제이다.

사랑의 양자 특징
Quatum Signatures of Love

그러나 당신의 가슴 속에서 하나의 느낌을 가지고 있다는 것이 사랑의 결정적인 특징은 아니다. 그 이유는 무엇인가? 왜냐하면 우리는 속을 수 있으며, 우리는 사랑을 꾸며 낼 수 있고, 우리는 우리 자신을 속일 수 있기 때문이다.

예를 들어, 신에 대해 생각을 하는 동안 당신은 당신의 어머니에 대한 생각도 하고 있다고 가정해 보자. 신을 성모divine mother로 생각하는 영적 수행에서처럼 말이다. 그럴 경우 당신은 그것을 가슴을 따뜻하게 하는 느낌으로 느낀다. 이제 당신이 신의 사랑을 가지고 있다고 확신하는가? 아닐 것이다. 당신의 가슴 속의 따뜻함은 오히려 당신의 어머니의 사랑에 관한 생각으로부터 유래한 것에 가까울 것이다.

영적 스승들은 자기기만self-deception에 관해 알고 있다. 그리고 그들은 자신들의 지식을 활용하여 신의 사랑을 고양시키기 위한 다섯 가지 종류의 수행방법을 제시하고 있다.

1. 자애self-love로서 신의 사랑에 관해 명상할 것
2. 종servant 혹은 주인의 사랑으로서 신의 사랑에 관해 명상할 것
3. 당신의 친구를 사랑하는 것으로서 신의 사랑에 관해 명상할 것
4. 부모를 사랑하는 것 혹은 자녀를 사랑하는 것으로서 신의 사랑에 관해 명상할 것

5. 사랑하는 사람을 사랑하는 것으로서 신의 사랑에 관해 명상할 것

나는 이러한 수행방법들에 관해 나중에 더 자세히 언급할 것이다. 그러나 그러한 것들은 단지 수행방법들일 뿐이며, 언젠가는 당신을 신의 참 사랑real love of God에 이르게 할 수행방법들이라는 사실을 상기하기 바란다.

그렇지만 그것이 하나의 기억이 아니라 실제적 경험이라는 사실은 어떻게 알게 될 것인가? 바로 여기가 양자 특징들quantum signatures이 유용한 부분이다.

그것을 다른 방식으로 생각해 보도록 하자. 당신이 어렸을 때, 엄마의 사랑에 관한 당신의 경험은 오래 전에 나타났다. 어린 시절의 기억들은 되찾기가 어렵다. 그러나 당신의 첫 번째 낭만적인 사랑을 생각해 보라. 당신은 그것을 어떻게 경험했는가?

어쩌면 당신은 그것과 관련된 어떤 느닷없이 나타난 것, 하나의 예기치 않은 요소가 있었다는 것을 기억할 수 있을지도 모른다. 그것은 어떤 뜻밖의 일이다. 어떤 갑작스러운 통찰, "아, 나는 그 사람을 사랑한다"라는 생각이 드는 순간 말이다. 그 생각은 '아하!'라는 생각처럼 갑작스럽게 나타났다. 물론 가슴 속의 느낌도 역시 거기에 있었다.

바로 이 갑작스러움suddenness이 사랑의 양자 특징이다. 양자 의식이라는 언어로 말하자면, 당신은 초정신체the supramental로 양자도약을 했으며, 사랑이라는 원형과 만났고, 그것이 직접 당신에게 "나 여기에 있어. 나를 찾았구나."라고 (언어 형태가 아닌 것으로) 말한 것이다. 그것은 단지 짧은 순간 동안의 어떤 생각, 어떤 느낌이었다. 그러나 그것은 틀림없이 거기에 있었다.

1970년대 "나는 내가 당신을 사랑한다고 생각합니다"라는 제목과 후렴구를 지닌 인기 있던 노래를 기억하는가? 모두 틀린 말이다. 그것은 이렇게 말해져야만 했다. "나는 내가 당신을 사랑한다는 것을 알고 있습니다"라고 말이다. 원형적 경험들은 우리 인간에게 특정한 지식을 부여한다. 물론 그것은 그 지식을 얻기 위해 우리의 사고력thinking mind을 양자도약하게 만든다. 그러나 바로 그 특별함 때문에 그것은 가치가 있다.

그러나 주의하라! 다시 한번 말하지만, "이제 나는 낭만적인 사랑이 무엇인지 알고 있다"고 생각하는 유혹에 빠지지 말라. 당신은 모른다. 또 다른 맥락에서, 또 다른 사람과의 사랑에서 만약 당신이 그것을 정말로 알기를 원한다면, 당신에게는 또 다른 양자도약이 필요할 것이기 때문이다. 그러나 너무 걱정하지는 말라. 당신은 노력을 해야만 할 필요가 없다. 양자도약들은 당신과 함께하고 있기 때문이다. 양자도약들은 당신이 의식하지 못할 때 당신에게 일어난다. 그것이 바로 우리가 "사랑에 빠진다"고 말하는 이유이다. 우리는 그 어떤 것도 하지 않는다. 우리는 그저 우리 자신이 빠지도록 할 뿐이다. 우리는 그저 내맡길 뿐이다.

양자도약을 제외하고, 어떤 다른 사랑의 양자 특징이 있을까? 확실히 존재한다. 우리에게 그것에 관한 힌트를 제공하고 있는 스타 트렉Star Trek 에피소드 하나에 관해 이야기해 보고자 한다.

한 남자가 미래인 23세기에 범죄를 저질렀다. 아주 발전된 그 문명에서는 분명히 체형은 처벌조항에 들어 있지 않다. 그러나 사법당국은 최종적으로 하나의 흥미로운 형벌을 찾아낸다. 범죄자는 많은 아름다운 여자들과 함께 한 외따로 떨어진 행성으로 보내지는 판결을 받는다. 이해가 되는가? 어떻게 그것이 처벌일 수 있는가?

여자들은 모두 인조 인간들androids, 기계 여자들이다. 이제 핵심이 간파되는가? 기계들은 당신에게 사랑을 줄 수 없다. 그들은 적절한 친구조차도 될 수 없다. 의식consciousness은 함께 아는 것을 필요로 한다. 의식은 함께 알기 위해 또 다른 의식이 있는 존재sentient being를 수용한다.

그것은 비국소적 연결, 비국소적 상호연결을 필요로 한다.

(유물론자들은 친구나 사랑을 위해 인조인간과 함께 있는 것을 행복하게 느낄까? 유물론자는 자신을 인조인간으로 생각하고 있다. 그러니 왜 아니겠는가? 그럼에도 불구하고 나는 유물론자도 그 차이점을 알고 있다고 생각한다. 그러나 그들은 아닌 척하고 있을 뿐이다. 아, 그들은 얼마나 잘 속이고 있는가!)

따라서 이러한 비국소성은 사랑의 또 다른 양자 특징이다. 모든 종류의 비국소적 사건들은 사랑하는 사람들 주변에서 발생한다. 공시성(의미 있는 우연의 일치)synchronicity의 사건들과 같은 것 말이다.

사랑의 양자 특징들을 가장 잘 말해 주고 있는 것 가운데 하나는 뒤엉킨 계층구조tangled hierarchy이다. 당신은 이 개념 – 순환적 연관성circular relationship을 기억할 것이다. 관련성을 가지고 있는 사람들 사이에서는 원인작용이 누구로부터 나오는지 분명하게 구분되지 않는다. 그래서 당신은 누가 통제를 하는지 분간할 수 없다. 이것은 뇌 안에서 혹은 살아있는 세포 안에서의 뒤엉킨 계층구조처럼 반드시 그래야만 하는 것은 아니라는 것과 일치된다. 그러나 한번의 간단한 순환조차도 자기참조 현상으로 나타날 수 있다. 의식은 현상actualities을 나타나게 한다(붕괴시킨다). 마치 제3의 자아third self, 연관성의 자아가 존재하기라도 하는 것처럼 말이다. 따라서 한 쌍의 남녀는 그 자체로 그리고 그 자체를 위한 하나의 기능적 단위가 된다. 당신이 존재하며, 또 당신의 중요한 다른 사람이 존재한다. 그리고 당신들 모두를 초월하는 한 쌍의 남녀couple라고 불리는 *실체entity*가 존재한다.

단순한 계층구조에서 이러한 현상은 결코 발생하지 않을 것이다. 그렇다면, 당신은 "여성 해방운동 이전의 남녀 관계의 기준은 적어도 하나의 단순한 계층구조가 아니었는가?"라고 생각할지도 모른다. 다시 한번 생각해 보라. 과거 사회의 단순한 계층구조는 단지 사회적으로 부과된 것이었을 뿐이었다. 사랑하는 남녀 한 쌍은 언제나 그들의 고유한 가락에 맞춰서 춤출 수 있었다. 그들은 단순한 계층구조를 사회적으로 나타내는 것을 유지하는 데는 그 어떤 문제점을 가지고 있지 않았다. 뿐만 아니라 완전히 뒤엉킨 사랑을 유지하는 데도 아무런 문제점을 가지고 있지 않았다.

요약을 해보자면, 사랑이란 것은 세 가지 양자 특징을 모두 가지고 있다. 즉, 불연속성, 비국소성, 그리고 뒤엉킨 계층구조 말이다. 만약 당신이 사랑에 빠져 있을 경우, 당신은 결코 의혹을 품은 사람일 수 없으며, 당신은 결코 무신론자 혹은 불가지론자일 수 없는 것은 바로 이러한 양자 특징들 때문이다. 당신은 당신의 참 존재true being가 양자quantum라는 사실을 바로 알고 있다. 그렇지 않다면, 그것 외에 어떻게 당신이 양자 특징들과 연관성을 가지고 있을 수 있단 말인가? 당신의 양자 존재, 신-의식 안에서 당신 자신의 안정성을 유지시키는 것은 이제 당신에게는 단지 시간의 문제일 뿐이다. 그것은 그저 과정의 문제일 뿐이다.

신에 관한 새로운 증거는 어디에 있는가?
Where Is the New Evidence for God?

이러한 사랑에 관한 논의에 있어서 신에 관한 증거는 지금까지 내가 생각했던 어떤 다른 증거와는 다르다. 엄격한 과학적 관점에서 보자면, 나는 이러한 사랑의 양자 특징들과 이러한 점에서 신의 확실성authenticity을 입증한 그 어떤 체계적이고 실증적인 연구를 알지 못한다.

그러한 또 다른 방식으로 그것을 바라본다면, 만약 당신이 당신 자신의 삶에서 얻은 당신의 데이터를 바탕으로 신을 입증하기 원한다면, 사랑이라는 것은 가장 훌륭한 연구 분야이다. 밥 딜런Bob Dylan이 노래했던 것처럼 바람이 어느 쪽으로 부는지 알기 위해서 일기예보관은 필요하지 않다. 이와 비슷하게, 당신은 당신이 무엇을 믿어야만 하는지를 과학자들이 그들의 실험실에서 실험을 하고 판단하도록 할 필요가 없다. 당신은 당신 자신의 증거를 수집할 수 있으며, 당신 스스로 검증을 할 수 있다.

그렇지만 당신에게는 계획이 필요하다. 당신에게는 하나의 과정에 관여하는 것이 필요하다. 다행스럽게도, 의식(혹은 신)에 관한 연구가 항상 진지하게 여겨지고 있는 인도에는 (신에 대한 헌신 혹은 사랑을 의미하는) *박티Bhakti*라고 불리는 전통이 있다. 박티라는 전통은 사랑에 관한 당신 자신의 개인적 연구를 위해서 당신 자신의 관계들(앞에서 언급한 다섯 가지 수행방법들), 당신 자신의 삶에서 사랑을 연구하는 다섯 가지 방법들을 발전시켰다. 그리고 그것들은 (나의 희망이지만) 약간의 재미도 가지고 있다.

그리고 어쨌든, 만약 당신이 당신의 연구를 잘 기록해 간다면, 언젠가 그것은 실험실에 있는 한 심리학자를 그 현상 속에 있는 하향적 인과관계의 존재를 입증하려고 시도하는, 사랑에 관한 과학적 연구 프로젝트를 위한 연구자금 신청서를 쓰게끔 고취시킬지도 모른다. 어쩌면 그 학자는 윌리엄 프록시마이어와 같은 사람들이 있음에도 불구하고 연구자금을 획득할지도 모른다.

관계에 있어서의 창조성
Creativity in Relationship

한 예로서 여기서 나는 다섯 가지 방법 가운데 하나, 사랑하는 사람으로서 신을 사랑하는 방법에 관해 탐구하고자 한다. 실제로 수행하는 데 있어서 우리는 신을 우리의 사랑하는 대상으로 간주하는 것으로 시작하지 않는다. 그러나 우리는 결국에는 거기서 끝난다.

인도의 바이시나바Vaishnava 전승의 한 유명한 신을 깨달은 대학자인 시리 차이타냐Sri Chaitanya는 자신이 사랑하는 제자에게 사랑의 수행방법에 관해 질문을 던졌다. 제자는 "네 자신처럼 신을 사랑하라"라고 말했다. "이것은 피상적일 뿐이다. 나에게 보다 더 심오한 무엇인가를 말해보라"라고 차이타냐는 말했다. 제자는 "네 아이처럼 신을 사랑하라"라고 말했다.

자, 이것이 인도에서 아주 존중되는 방침이다. 이것은 크리슈나Krishna [힌두교의 신. 신의 화신의 하나로, 왕자와 함께 인도의 민중에게 매우 사랑받은 영웅신이다. 크리슈나는 기원전 7세기 이전에 실재한 인물이라고 하며, 유목에 종사하였던 야다바족Yadava의 일부 브리스니족에서 태어났다고 한다. 바라타족의 대전쟁에 참가해서 판다바 군을 도운 것은 대서사시 "마하라바타" 및 그 일부인 힌두교의 대표적 성전 "바가바드 기타"에 의해서 알 수 있다. 결국에 크리슈나는 야다하족이 받드는 신 바가바트와 동일시되며, 나아가서 태양신 비슈누의 화신으로 보게 되고, 비슈누교의 바간바타파의 최고신이 되었다. 출처: 종교학대사전. 역자주]의 의붓어머니인 야쇼다Yoshoda의 수행방법이다. 크리슈나는 많은 기적들을 행했던 아주 천재적인 아이였으며, 그래서 야쇼다는 그가 신의 화신Go-incarnate이라는 것을 알았으며, 그에게 헌신했다. 그러나 동시에, 그녀는 크리슈나를 훈육시켜야 할 의무도 가지고 있었다. 따라서 당신은 어떻게 이 관계가 자연스럽게 하나의 뒤엉킨 계층구조가 되는지를 알게 된다.

그러나 그렇다고 하더라도, 차이타냐는 감동받지 않았다. "그것도 역시 피상적이야"라고 그는 주장했다. 그러자 제자는 종으로서 신을 섬기는 수행방법과 친구로서 신을 섬기는 수행방법을 언급했지만 헛수고였다. "전부 피상적이군"이라고 차이타냐는 말했다. 마지막으로 제자에게는 다음과 같은 말이 생각났다. "네 애인처럼 신을 사랑하라." "바로 그거야. 그거 신선하군." 차이타냐는 만족스러운 듯이 말했다.

그러나 수행방법은 늘 참신하지는 않다. 그것은 달콤하고, 낭만적인 사랑으로 시작된다. 신경화학물질들이 소진됐을 때, 달콤함은 한동안 멎는다. 만약 우리가 견뎌낼 수 있다면, 사랑은 되돌아오며, 그것은 다시 달콤하다. 그러나 그 달콤함을 다시 얻기 위해서는 창조성creativity, 양자도약이 필요하다.

신경화학물질이 모두 소진될 때, 섹스는 더욱 더 기계적인 것이 되며 섹스관계가 심장에 생기vital energy를 자동적으로 높여 주지 않는다. 이때에 문제들이 시작된다. 한 낭만적 관계를 억압하는 많은 부정적인 감정들은 의식적인 자각 속으로 분출되어, 방어적인 태도를 불러일으킨다. 의견 불일치 속에서 이러한 상태는 싸움을 재촉시키는 연료가 된다. 이때가 바로 우리의 파트너들에 대한 무조건적인 사랑을 진지하게 실천해야 할 때이다. 그리고 이를 위해서는 창조적인 과정과 헌신적인 파트너가 필요하다.

무조건적인 사랑을 향한 창조적인 과정을 우리는 어떻게 시작할 것인가? 모든 창조적인 과정들과 마찬가지로, 그것은 준비preparation 단계로부터 시작된다. 심리학자들과 영적 스승들이 펴낸 이 주제에 관한 많은 멋진 책들을 읽어 보라. 상호 합의를 바탕으로 한 치료전문가 혹은 결혼 상담가와 함께 해나가는 것도 나쁜 아이디어는 아니다. 방어적인 마음가짐이 생기는 그러한 순간들에 분출하는 억압된 감정들을 알아차리는 자각awareness 훈련을 해보라. 당신들 두 사람은 당신들의 싸움들에 관해 제한적으로 분석할 수 있다. 그러나 순간적으로는 그것이 그럴듯하게 보일지라도 당신은 그 분석이 문제를 해결하지 못할 것이라는 사실을 늘 충분히 알고 있어야 한다.

사람들이 흔히 놓치고 있는 내적 창조성의 근본적인 측면은 창조성이 애매모호함ambiguity을 필요로 한다는 사실이다. 인간의 창조성의 무의식적 처리 단계는 애매모호함 없이는 결코 굴레에서 벗어나 자유로워질 수 없다. 처리작용은 에고의 통제 하에서 과거 사건들에 대한 조건화된 기억들 주변을 맴돈다. 예수의 다음과 같은 말씀을 상기해 보라. "찾으라, 그러면 너희는 찾을 것이다. 그러나 너희들이 찾는다면, 너희는 근심을 하게 될 것이다"(도마 복음). 예수는 만약 당신이 보다 깊게 무의식적 처리를 하려고 한다면 당신은 어려움을 발견할 것이라는 뜻으로 말했던 것이다. 어려움, 애매모호함은 낭만적인 관계에서 자동적으로 틀어지게 된다. 사랑하는 사람과의 당신의 친밀한 관계는 더 이상 의심할 바 없지 않다. 어떤 때 그 사람은 올리브 나뭇가지를 내밀면서 당신에게 화해를 제의하지만, 다른 때 그것은 가슴을 찌르는 비수가 되기도 한다.

무의식적 처리는 애매모호함을 통해서 과거에 조건화된 에고를 뛰어넘는 새로운 가능성들이 포함되어 있는 의미의 가능성 파동들이 퍼지도록 만들게 된다. 그렇게 된 후 신은 당신의 무의식 처리자^{processor}로서 등장한다. 신은 언제나 새로운 구성들^{configurations}에 흥미를 가지고 있다.

이제 당신은 그저 창조 과정의 일반적인 설정에 따르게 된다. 즉, 의도^{intentions}, 오픈 마인드, 두-비-두-비-두 등등 말이다. 그런 후 통찰^{insight}이 떠오른다. 그렇지만 기억해야 할 것은, 커다란 통찰을 건지기 위해서는 많은 사소한 통찰들이 필요할지도 모른다는 사실이다. 예를 들자면, 당신이 무조건적인 사랑을 할 수 있기 전에, 당신은 당신의 짝을 '타인'으로 인식하는 것을 거치게 된다. 그것은 당신 짝이 단지 당신의 연장^{extension}이었을 때 당신의 낭만적인 관계에서 항상 일어나는 양자 도약이다.

당신을 갑자기 무조건적 사랑의 상태에 이르게 하는 통찰이 나타난 후, 당신은 당신의 애인을 신^{God} 그리고 하나의 뒤엉킨 계층구조적 관계의 가능성으로 인식할 수 있다. 이제 당신은 이러한 통찰을 행동으로 옮겨야만 한다.

당신 짝과의 관계가 일단 뒤엉킨 계층구조로 나타나게 되면, 당신은 당신의 애인으로서 신과의 뒤엉킨 계층구조적 관계를 시작할 수 있다. 그리고 물론, 당신은 창조 과정을 한 번 더 거쳐야만 한다. 이번에는 당신과 파트너 관계인 신과 함께 말이다.

Chapter 19

심신 셀프 힐링에 있어서의 하향적 인과관계의 증거
Evidence for Downward Causation in
Spontaneous Mind-Body Healing

심신 치유mind-body healing의 많은 사례들 중에는 셀프 힐링spontaneous healing이라는 하위 분류가 있다. 그것은 하향적 인과관계, 즉 신the divine 의 결정적 특징을 나타내는 극적인 사례로 이루어져 있다.

셀프 힐링이라는 것은 원인이 되는 의학적 개입 없이 이루어진 치유이다. 치유는 다양한 자극, 의학적 처치, 그리고 때로는 그저 평범한 의도intention와 신념faith에 의해 촉발되는지도 모른다. 과학의 특이한 현상들은 흔히 우리에게 특별한 시스템에 관한 보다 많은 실마리들을 준다. 그렇다면 이러한 아주 특이한 현상이란 무엇을 말하는 것일까?

악성 종양이 하룻밤 사이에 없어지는 것과 같은 몇몇 드라마틱한 사례들과 같은 셀프 힐링의 사례들은 많은 문헌에 기록되어 있다(초프라

Chopra, 1990; 와일Weil, 1995; 오레건O'regan, 1987).

그 데이터는 암이 저절로 회복되는 것에 관해서 무엇을 말하고 있을까? 이 주제에 관해 아마 가장 광범위한 조사를 했던 노에틱 사이언스 인스티튜트Institute of Noetic Science의 연구자인 브렌던 오레건Brandan O'regan(1987)은 자발적 회복spontaneous remission 사례들을 세 가지 종류들로 범주화했다. 그것은 1) 진단이 이루어진 후 그 어떤 대증요법적 치료 없이 순수하게 이루어진 회복, 2) 진단 후 분명히 성공적이지 않은 어떤 치료를 통한 회복, 그리고 3) '갑작스럽고, 완벽하게, 의학적 치료 없이 이루어지며', 영적 치료들과 연관이 있는 가장 특이한 종류의 회복이다.

우리에게 하향적 인과관계 – 창조적 양자도약에 관한 가장 명쾌한 증거를 제시하는 것은 세 번째 회복의 경우들이다.

퀀텀 힐링의 양자 물리학
The Quantum Physics of Quantum Healing

우선, 이해를 돕기 위해 약간의 이론을 탐구해 보도록 하자. 심신 질환Mind-body disease은 잘못된 정신적 의미mental meaning의 부담이 우리 인간의 생기체와 육체 안에서 부조화를 불러일으키는 육체적 질병들로 이루어진다. 따라서 심신 치유mind-body healing는 생기체와 육체의 기능부전을 초래하는 정신의 의미 맥락meaning-context 안의 변화들을 포함시켜야만 한다. 때때로 이러한 정신에 의한 의미 처리의 맥락 안의 변화는 단순히 오래된 맥락을 수정함으로써 생길 수 있다. 바이오피드백biofeedback[생체자기 제어라는 의미로 심박수, 근육긴장, 호흡, 발한, 피부온도, 혈압과 심지어 뇌파와 같은 자동신체기능을 스스로 조절하도록 가르치는 훈련법을 말한다. 역자주]과 명상과 같은 심신 의학mind-body medicine의 지속적인 기법들이 효과적인 때가 바로 이때이다. 그러나 셀프 힐링의 사례들에서 맥락적 변화는 정신 그 자체의 차원에서는 이루어질 수 없다. 그러한 사례들에서 보여지는 치유를 심신 치유mind-body healing라고 부르는 것은 잘못된 것이다.

정신적 사고mental thinking의 가장 심오한 맥락은 의식의 초정신적 영역supramental domain of consciousness으로부터 유래한다. 오래된 맥락을 아주 새로운 맥락으로 바꾸기 위해서는 초정신체로의 도약이 우리에게 필요하다. 이 도약은 바로 불연속적인 양자도약이며, 이러한 타입의 치유가 퀀텀 힐링quantum healing이라고 불리는 이유이다.

내가 이미 논의했던(제13장) 퀀텀 힐링이라는 이 용어는 비록 초기적인 형태이기는 하지만 의사인 디팩 초프라Deepak Chopra(1990)의 창조적인 직관에 의해 만들어진 것이다. 1980년대에 초프라는 자발적으로 나타나는 셀프 힐링spontaneous self-healing을 어떻게 설명해야 하는지를 고민하고 있었다. 누군가가 그에게 암 치료법에 관해 질문을 했다. 그 질문에 대해 그는 "만약 환자가 내적 치유 프로세스healing process를 증진시킬 수 있다면, 그것이 암 치료법이 될 수 있을 것"이라고 말했다.

이보다 앞서, 크리스천 사이언스Christian Science의 창시자인 메리 베이커 에디Mary Baker Eddy[신앙의 힘으로 병을 고친다는 정신 요법을 주창했으며, 그것을 크리스천 사이언스라고 불렀다. 역자주]는 만약 인간의 정신mind이 모든 질병은 환상illusion이라는 것을 발견할 수 있다면, 치유는 그 결과로서 이루어질 것이라는 비슷한 생각을 했다. 이렇게 초프라와 베이커 에디 두 사람 모두는 자기 발견self-discovery으로서의 치유라는 아이디어를 소개했다. 그러나 양자 시대quantum age에 속했던 초프라는 중요한 한걸음을 더 나아갈 수 있었다. 그는 다음과 같이 말했다. "믿음 치유faith healing, 자발적인 회복spontaneous remissions, 그리고 플라시보 혹은 '가짜약의 효과'와 같은 불가사의한 근원들을 공유하고 있는 많은 치유 사례들은 또한 양자도약을 가리키고 있다. 어째서 그러한가? 이러한 모든 사례는 내적 자각 기능faculty of inner awareness이라는 것이 치유 메커니즘healing mechanism 안에서 극적인 점프 – 양자도약 – 를 증진시켰던 것처럼 보이기 때문이다."

통찰이라는 양자도약의 역동적인 역할을 분명하게 알기 위해서는, 이러한 종류의 암 치료들과 관련되어 있는 것을 좀 더 분석하는 것이 도움이 될지도 모른다(와일Weil, 1995). 아주 해로운 인간의 육체 세포들에 대한 끊임없는 스트레스라는 것이 존재한다. 이러한 상태에서 세포들은 예정된 때에 죽지 않으며, 같은 장소에 머무르지 못한다. 뿐만 아니라 대체로 정상적인 세포 활동의 법칙들에 따르지도 않는다. 그러나 악성 세포들은 종양cancer이 아니며, 단지 암의 씨앗들일 뿐이다. 그리고 그 세포들은 자기 세포막들에 비정상적인 항원들('내가 아님')을 표시함으로써 다른 세포들과 자신들을 차별화시킨다. '나'와 '내가 아님'을 구별하는 것이 임무인 정상적인 면역 시스템은 이러한 악성 세포들을 분간해 내어 파괴시킬 수 있다. 암은 어떤 이유에서인지 이러한 정상적인 면역 시스템 기능이 육체 혹은 생기체의 결함 때문에, 혹은 예를 들면 과도한 지적 추구에 의해 심장 차크라에서 에너지가 막힘으로써 육체 혹은 생기체가 억압됐기 때문에 부적절하게 될 때 정착한다.

치유를 위해서 우리는 선택의 자유를 활용하여 의식consciousness의 치유력, 하향적 인과관계의 치유력healing power을 용감하게 인정해야만 한다. 의식은 (그것의 초정신적인 부분 안에) 필수적인 지혜와 (감정emotions을 정신적으로 처리하기 위한 새로운 맥락을 선택하는) 메커니즘을 가지고 있다. 의식은 또한 필요한 것을 발견하는 힘, 즉 통찰이라는 양자도약을 일으키는 힘도 가지고 있다. 그리고 의식은 영향을 받은 차크라에 생기적 느낌의 차단을 해소시켜서 관련된 생기적 청사진의 움직임의 차단을 해소시키고, 관련된 육체적 기관이 적절하게 기능을 하도록 소생시킴으로써 그 통찰을 드러나게 할 수 있다. 암이 셀프 힐링되는 것은 종양의 성장이 불과 며칠 안에, 때로는 불과 몇 시간 안에 파괴될 정도로 급증하는 면역 시스템의 역동적인 활동이 갑작스럽게 시작되기 때문이다.

심장 차크라 속에 사랑과 관련된 의미를 정신적으로 잘못 처리함으로써 생긴 느낌의 억압 때문에 면역 시스템이 제대로 작용하지 않는다고 가정해 보자. 초정신체로의 양자도약은 정신적 의미를 처리하는 맥락이 변할 때 함께 일어난다. 이러한 양자도약은 심장 차크라에서 면역 시스템이 생기적 설계도^{vital blueprint}에 따라 움직이는 것을 의식적으로 경험하는 것과 일치하는 느낌들이 막힌 것을 뚫어준다. 그런 뒤 양자도약은 아주 신속한 치유 결과를 나타낼 정도로 강력하게 악성 종양 세포들을 사냥하여 죽이는 면역 시스템 프로그램이 재활성화되는 형태로 면역 시스템에게 바랬던 역동적인 효과를 미칠 수 있다.

셀프 힐링을 통한 하향적 인과관계의 창조력 탐구
Exploring the Creative Power of Downward Causation through Self-Healing

때때로 보수적인 의료 전문가들은 질병의 자발적 회복 사례들을 플라시보 효과라고 부르면서 거들떠보지 않는다. 실제로 의사들의 말을 믿는 것은, 플라시보 효과처럼, 환자에게 자신의 치유 능력을 언뜻 볼 수 있도록 해준다. 이 능력을 정확하게 현실로 나타내기 위해서는 우리의 삶의 맥락 변화의 핵심인 창조 프로세스의 모든 단계들을 거치는 창조성의 전체 프로그램을 활용해야만 한다.

메리 베이커 에디와 철학자 어니스트 홈즈^{Ernest Holmes}(1938)[어니스트 홈즈(1887~1960)는 미국의 저술가이자 영적 스승으로 꼽힌다. 세계의 종교와 철학, 과학을 두루 탐구하는 가운데 발견한 공통 분모를 체계화하여 "마음의 과학"^{The Science of Mind}이라는 저서를 1926년에 펴냈으며, 이듬해에 '종교의 과학'이라는 종교단체를 설립했다. 역자주]가 모두 지적했던 것처럼, 이런 방식으로 생명을 위협하는 질병들은 위험을 가져다줄 뿐만 아니라 하향적 인과관계가 인간을 변형시키는 힘을 탐구할 수 있는 기회도 제공하고 있다. "치유는 의지력을 통해서가 아니라 진리Truth를 앎으로써 이루어진다. 그 진리는 외모가 어떻든 인간은 이미 완전 무결한 존재Perfect라는 것이다"라고 홈즈는 말했다. 퀀텀 힐링 quantum healing이라는 것은 완전함wholeness을 되찾는 것에 관한 것이다. 즉, 그것은 변형시키는 힘을 가지고 있다.

이 장을 기억에 남기기 위해 나는 *퀀텀 닥터*Quantum Doctor라는 나의 책에서 했던 설명을 자세히 더듬어 갈 것이다.

만약 퀀텀 힐링이라는 것이 정신의 창조성creativity of mind과 정말로 관련이 있다면, 이 아이디어를 바탕으로 한 자기 치유 행동 프로그램을 개발할 수 있을까? 창조성이 비인과적이라는 것은 참이다. 그러나 준비, 배양, 통찰, 그리고 발현의 네 단계로 되어 있는 창조 프로세스에 관여하는 것이 창조적 행동들을 가져오는 데 도움이 된다는 것도 역시 참이다. 심신 치유mind-body healing에 있어서 창조 프로세스에 완전히 관여하기 위해서는 무엇이 필요할까?

플라시보 효과를 촉진시키는 어떤 종류의 치료를 받고 있는 중이라고 생각하는 대신에, 환자들이 창조성을 통해 발견하고 드러낼 필요가 있는 치유의 필수조건들을 이미 갖추고 있다는 '강렬한' 확신 아래 움직이고 있다고 가정하자.

그러한 창조적 시도의 첫 단계는 준비preparation이다. 환자들은 (당연히 의사의 도움을 받아) 자신의 질병을 연구할 것이며, 그들이 찾는 것에 관해 명상을 할 것이다. 그러한 명상은 경우에 따라 각각 질병을 일으키는 데 기여했던 감정들의 억압 혹은 표출 습관들을 즉시 드러나게 할 것이다. 어떤 정신적 스트레스 축적의 근본 원인들도 역시 분명하게 될 것이다. 서두르고 재촉하는 것과 같은 정신적 처리mental processing의 속도는 그 원인들 중의 하나이다. 성취 욕구, 걱정, 그리고 공상을 늘리는 것은 또 다른 원인이다. 따라서 준비 단계의 목적은 정신의 속력을 늦추고, 특히 느낌에 대해 정신이 개방적, 수용적으로 반응하도록 만드는 것일 것이다.

다음 단계에서, 환자들은 (그들에게) 새로운 다양한 심신 의학의 기법들을 시도하게 될 것이다. 여기서는 담당의사들과의 협력, 당연한 것이지만, 뒤엉킨 계층구조적 협력은 단순한 계층구조보다 양자 창조 프로세스quantum creative process에 훨씬 더 많이 도움이 될 것이다. 우리가 정신과 초정신의 붕괴되지 않은 가능성의 파동들을 만들어 내기 위해 경험하지 않은 자극들을 이용하지만, 그 가능성들을 가운데 선택을 아직 하지 않는 단계가 바로 창조성의 단계stage of creativity이다. 오직 선택만이 의식적인 자각이라는 사건을 만들어 낼 수 있기 때문에, 내가 참조하고 있는 것은 자각 없이 이루어지는 무의식적 처리이다.

'미술 치료' art therapy라는 잘 알려진 사례들이 있다. 미술 치료는 아름답고, 영적인 치유를 하는 그림 속에 빠져듦으로써 스스로를 치유할 수 있게 한다. 그러나 이 요법은 모든 사람에게 효과가 있지는 않다. 미술 치료는 어떻게 작동을 하는가? 미술 치료를 통해 치유가 가능한 사람들은 시각형 인간이어야 하며, 시각적 상상을 할 수 있어야만 한다. 이런 사람들의 경우 미술작품에 의해 즉시 불러일으켜진 치유에 대한 정신적 상상mental imagination은 새로운 치유 가능성들을 향해 넓게 뚫린 무의식적 처리로 가는 길을 제시해 준다. 곧 엉뚱한 것처럼 보이는 기폭장치trigger가 통찰이라는 양자도약을 촉발시킨다. 그와 동시에 새로운 초정신적 맥락과 그 맥락의 정신적 형태gestalt가 의식적인 자각 속에 분명하게 모습을 드러낸다. 통찰은 정신mind이 감정들을 다루는 방식을 바로잡는 맥락적 변화에 이르게 한다. 통찰의 현실화는 즉시 시작된다. 습관적인 정신화mentalization의 족쇄로부터 자유롭게 됨으로써 관련 있는 차크라에서 차단됐던 느낌들과 생기의 움직임들이 해소되며, 관련된 신체 기관organ의 치유로 이어진다. 그러한 치유는 때때로 아주 드라마틱하게 이루어진다.

창조적 시각화visualization를 활용하여 암 환자 치료에 성공했다고 보고된 사례들이 있다(시먼턴Simonton 등, 1978). 그러한 치료에는 앞서 말한 시나리오가 적용되었다. 한 사람이 시각화를 통해 퀀텀 힐링을 한 아주 감동적인 사례를 소개하면 다음과 같다.

내가 멕시코에 있었을 때, 나는 가슴에 통증을 느끼기 시작했다. 미국으로 건너가 MRI 촬영을 했더니 대동맥으로 연결되는 가슴샘에 어떤 덩어리가 있음이 밝혀졌다. 나는 그저 기다리기로 결심했다. 그러나 6개월 후 다시 촬영을 해보니 그 덩어리는 여전히 거기에 있었다.

나는 캘리포니아에 있는 칼 시먼턴Carl Simonton 힐링센터에서 1주일을 보내기로 결정했다. 그리고 그들의 권유처럼 '상어들이 암세포들을 먹고 있는 중'이라고 상상했다. 그러나 주말 무렵 나는 치유 프로그램에는 없었지만 이런 모습이 아주 생생하고 자연스럽게 떠올랐다. 나는 가슴샘에 있는 덩어리가 커다랗고 놀랄 만한 물방울들로 그냥 녹아내리기 시작하는 얼음 조각으로 보였다. 나는 내 생전에 단 한 번도 내가 생각하지 않았는데도 그저 나타난 그렇게 선명한 이미지를 본 적이 없었다. 나는 그 물방울들이 바로 눈물방울들이라는 것을 즉시 알았다. 그 어떤 상실에도 불구하고 나는 그동안 살면서 결코 한 번도 울 수가 없었다. 그것은 어린 시절에 겪었던 많은 죽음들과 학대, 전 남편과의 해결되지 않은 관계 등 내가 느껴왔던 압박감이 녹아내리는 것이었다. 감정emotion을 느끼는 것이 갑자기 가능해졌으며, 그것은 아주 강력하게 느껴졌다.

4개월 후 나는 또다시 MRI 촬영을 했는데 그 덩어리가 사라졌다. 그것이 있던 자리에는 아무런 흔적도 없었다. 나는 그 어떤 새로운 치료도 받지 않았다. 그 덩어리가 무엇이었던 간에 그들이 말할 수 있는 단 한 가지 점은 이전의 두 번에 걸친 검사에서 그것이 거기에 있었다는 것이었다.
(바라쉬Barasch, 1993, 273-274쪽에서 인용)

분명하게 그 경험은 평생에 걸쳐 축적된 우울한 감정들을 해방시켰다. 그리고 그 경험은 갑작스러운 것이었으며, 예상치 못했던 것, 즉 진짜 양자도약이었다는 사실에는 의심할 여지가 없다.

상황을 이런 방식으로 보면, 자발적 회복spontaneous remission은 창조적 통찰의 결과이며, 무의식적 처리에 의해 만들어진 무수한 가능성들로부터 '치유 통로'healing path를 선택하는 우리 인간의 능력의 결과이다. 이 선택은 양자 의식quantum consciousness – 신의 하향적 인과관계의 산물이다.

어떻게 우리는 이러한 치유를 가능하게 하는 통찰을 선택하는 것, 그리고 연관된 양자 자아 경험을 경험하는 것인가? 경험들이란 아주 다양하다. 앞에서 인용된 사례는 하나의 모습일 뿐이다.

의사인 리차드 모스Richard Moss(1981, 1984)는 자신의 강습회에 참석했던 암 환자에 관해 다음과 같은 이야기를 들려 준다. 강습회를 하는 동안, 그녀는 피곤해 했으며 반항적인 태도를 보였다. 그녀는 기운을 북돋아주기 위해 모스가 한 다양한 시도들에 대해 반응을 나타내지 않았다. 그러나 어느 시점에서 모스는 그녀의 터놓지 않은 마음을 없앴으며 그녀는 그룹 댄스에 자발적으로 참여하는 반응을 나타냈다. 그것은 그녀를 놀라운 아하! 경험에 이르게 했다. 다음 날 아침, 그 환자는 모스가 상태를 체크하러 보내야 한다고 느꼈을 정도로 아주 기분좋게 잠에서 깨어났다. 기적 중의 기적이었다. 검사 결과들은 그녀의 암이 사라졌다는 것을 보여 주고 있었다.

모스의 이야기에서 나온 환자는 창조적 통찰의 보다 유용한 '아하!'를 경험했다. 그러나 환자들은 선택하는 것 그 자체의 경험, 순수한 치유 의도healing intention가 명확하게 되는 순간을 경험을 한 것으로 보고되고 있다. 그 한 사례로서, 의사인 디팩 초프라Deepal Chopra(초프라, 1990)는 갑작스러운 통찰을 통한 암 환자의 치유에 대해 다음과 같이 설명하고 있다.

약 10년 전쯤 50대의 차분한 여성이 심각한 복통과 황달을 호소하면서 나를 찾아왔다. 담석들 때문에 고통을 받고 있다고 믿으면서 나는 즉각적인 수술을 하자는 동의를 얻어냈다. 그러나 개복을 했을 때, 그녀의 복강 전체에 암 주머니들이 흩어져 있었으며 악성 종양이 간까지 퍼져 있는 것이 발견됐다.

수술이 불가능하다는 판단으로 수술의사들은 추가적인 조치를 취하지 않은 채 절개한 것을 닫았다. 그녀의 딸이 나에게 그 사실을 엄마에게 말하지 말아달라고 간청했기 때문에, 나는 그 환자에게 담석들이 성공적으로 제거됐다고 알려 주었다. 나는 그녀의 가족들이 적절한 때에 그 소식을 밝힐 것이라고 합리화했다…….

8개월 후 바로 그 여성이 내 방으로 돌아온 것을 보고 나는 깜짝 놀랐다. 그녀는 정기적인 신체검사를 받기 위해 온 것이었다. 검사 결과 황달, 통증이 없었으며, 그 어떤 암 징후도 찾아낼 수 없는 것으로 나타났다. 몇 년이 지난 후에야 비로소 그녀는 특이한 어떤 것을 나에게 고백했다. 그녀는 "선생님, 2년 전에 나는 분명히 암에 걸렸다고 확신했었는데 그것이 단지 담석들인 것으로 밝혀졌을 때, 내 생애 다른 날에는 결코 아프지 않을 것이라고 내 스스로에게 말했어요"라고 말했다. 그녀의 암은 결코 재발하지 않았다.

이 여성은 그 어떤 기법도 사용하지 않았다. 그녀는 자신의 뿌리 깊은 결의를 통해 건강해진 것처럼 보인다. 그리고 그것으로 충분했다. 이 사례를 나는 퀀텀 이벤트quantum event라고 불러야만 한다. 왜냐하면 신체 기관들, 조직들, 세포들 혹은 심지어 DNA보다 더 깊이 직접적으로 시공간 속에 있는 육체의 실체body's existence의 근원까지 다다른 근원적인 변형이기 때문이다. (초프라, 1990, 102-103쪽)

창조 프로세스의 마지막 단계인 발현manifestation 역시 중요하다. 발현은 관련된 기관들이 정상적인 기능을 하는 데 필요한 분비샘들의 재활성화만으로 완성되는 것이 아니다. 회복이 이루어진 후 환자에게 그 회복이 안정적이고 영구적인 것이라면, 그 환자는 정신적 맥락과 느낌의 처리가 변하는 것에 비례해서 라이프 스타일의 변화들을 나타내야만 한다. 예를 들면, 과도한 지적 추구와 방어적 반응들을 만들어 내는 라이프 스타일은 머리와 가슴이 통합된 보다 더 균형잡힌 라이프 스타일로 바뀌어야만 한다.

척추 안에 있는 결합조직의 쇠퇴를 일으키는 퇴행성 질병인 강직척추염ankylosing spondylitis이라는 질병으로부터 셀프 힐링을 한 *새터데이 리뷰*Saturday Review의 전직 편집장 노먼 커즌스Norman Cousins[1912년 미국 뉴저지에서 태어나 컬럼비아대학을 졸업한 뒤 '뉴욕이브닝포스트' 기자로 활동했으며, 1940년 '새터데이리뷰' 로 자리를 옮겨 1972년까지 30년 동안 편집장 및 발행인을 역임했다. 또한 캘리포니아대학 의학부 대뇌연구소 교수로서 의료 저널리즘을 강의하기도 했다. 1945년에는 일본 히로시마 원자폭탄 피해에 충격을 받고 원자폭탄 비판운동을 전개하면서 평화운동가로도 널리 알려졌다. 그는 삶을 위협하는 고통과 싸워 이기게 했던 웃음을 통해 건강한 생활을 이뤄가는 방법을 담은 책 "웃음의 치유력"Laugh Therapy을 펴내 세계적인 베스트셀러가 되기도 했다. 역자주]의 사례를 살펴보기로 하자. 전문가에 따르면, 커즌스가 회복할 확률은 500분의 1에 지나지 않았다. 자포자기 상태로 그 환자는 일반 약제 복용은 중단했으며, 자신의 의사와 충분히 상담한 후 비타민C를 대량으로 투여하는 것으로 대체했다. 그러나 가장 중요한 사실은 그 환자가 스스로 행복에 몰두하기로 결심했다는 것이다. 그는 웃기는 영화들(예를 들면, W. C. 필즈Fields[미국 무성영화시대 노래, 춤, 만담, 곡예 등을 섞은 쇼를 말하는 보드빌 코미디 배우. 역자주]와 마르크스 형제들Marx Brothers[1930~40년대 대표적인 미국 헐리우드 슬랩스틱 코미디를 했던 세 형제 코미디언들의 예명. 우디 알렌은 이들을 그 당시 미국의 가장 위대한 코미디언이라고 칭송했다. 역자주])을 보았으며 한동안 자신이 좋아하는 만화책들을 읽었다. 그러자 기적과도 같이 커즌스는 자신의 질병으로부터 완전히 회복됐으며 매우 생산적인 삶을 재개했다.

나는 커즌스가 어느 정도 창조 프로세스의 각 단계들을 따름으로써 심각한 질병으로부터 치유로 나아갔다고 확신한다. 그가 일반적인 의학과 마음을 터놓고, 그 질병의 개념을 알아들었던 첫 단계는 창조 프로세스에서 준비단계였다. 웃기는 영화들과 만화책들을 읽는 두 번째 단계는 비타민C를 투여하는 '행동' 모드와 '정지' 모드라는 창조에 있어서 가장 중요한 휴식 relaxation을 번갈아 하는 것을 가능하게 해주었다 ('두-비-두-비-두' do-be-do-be-do). 마침내 그는 자신의 양자도약을 얻게 됐으며, 그것은 회복으로 이어졌다. 그리고 모든 면에서 그는 라이프 스타일의 변화 – 자신의 통찰의 발현을 이루어 냈다.

내가 주장하고 있는 것과 크리스천 사이언스 교파 사람들 Christian Scientists이 이미 실행하고 있는 것 사이에는 많은 유사성이 존재한다. 그렇지만 한 가지 중요한 차이점이 있다. 크리스천 사이언스는 엄격하게 그 어떤 의학적 개입도 허용하지 않는다. 창조적 퀀텀 힐링에는 우리가 통상적인 의학 기법과 대체 의학 기법들을 동시에 적용할 수 없다고 제안하는 그 어떤 것도 없다. 때때로 암의 경우에서처럼 창조적인 양자도약이 일어나기 위한 시간을 허용하기 위해 물리적인 육체가 계속 살아 있도록 하는 것이 필요할지도 모른다. 앞에서 언급한 노먼 커즌스조차도 그가 자신의 퀀텀 힐링을 촉진시켰던 동안 동종요법을 활용했다.

Part 5

퀀텀 행동주의
Quantum Activism

1999년 나는 인도 다람살라Dharamsala에서 열린 한 컨퍼런스에서 한 그룹의 과학자들과 함께 하는 특별한 기회를 가졌다. 그들의 특별한 목적은 새로운 패러다임 아이디어들을 과학에 적용하는 것과 과학과 영성spirituality을 인간의 사회적 시스템 안으로 통합시키는 것에 관해 달라이 라마와 대화를 하는 것이었다. 당신은 달라이 라마 르네상스Dalai Lama Renaissance라는 다큐멘터리를 보면 그 컨퍼런스의 열기가 얼마나 뜨거웠는지 느낄 수 있을 것이다. 이 컨퍼런스에서 실제로 벌어졌던 일은 나에게 많은 것을 배울 수 있게 해주었다.

짧게 소개하자면, 대부분 서로 알고 있었던 30여 명의 과학자들은 우리들 가운데 누가 자신의 아이디어를 존경하는 달라이 라마에게 발표하는 가장 좋은 기회를 가져야 하는가에 대해 뜨거운 경쟁을 벌이게 됐다. 그 경합은 우리가 각자 자신의 연구를 2분 안에 발표하자는 터무니없는 결정을 했을 정도로 격심했다.

당신이 이 책에서 읽고 있는 많은 아이디어들을 2분 안에 요약했던 나의 부끄러운 시도를 나는 아직까지도 뚜렷하게 기억하고 있다. 물론 나의 이야기는 씨알도 안 먹혔다. 달라이 라마의 얼굴 표정은 그런 상황을 그대로 보여 주고 있었다. 그와 동일한 상황은 우리 과학자 거의 대부분들의 기대를 좌절시켰다. 달라이 라마는 단지 두 차례만 활기를 띠었다. 한 심리학자가 교육을 논했을 때와 누군가가 티베트의 미래라는 정치적 이슈를 제기했을 때만 말이다. 누군가가 우리들의 실망감을 한 마디로 요약한 것도 놀라운 일이 아니었다. "성자여, 우리는 굶주린 유령들로 당신에게 왔습니다……."

문제의 핵심은 이랬다. 그 자리에 모였던 모든 과학자들도 마찬가지지만, 우리 인간은 유물론적 사회에서 성장할 경우, 어렸을 때 유물론적 조건형성materialist conditioning을 피할 수 있는 길이 없다는 것이다. (나를 포함하여) 우리 모두가 드러냈던 경쟁심은 우리 안에 깊게 뿌리를 내리고 있었다. 의미meaning의 중요성을 부정함으로써 유물론은 인간을 부정적인 감정들에 공격당하기 쉽게 만든다.

우리의 모든 사회적 기관들은 부정적인 감정들의 희생물이 되었다. 그것은 지난 60년간 널리 퍼졌던 유물론적 세계관이 주된 원인인지도 모른다. 이것을 어떻게 바꿀 것인가? 우리는 퀀텀 행동주의quantum activism를 통해 시작할 수 있다. 우리 자신과 사회를 변화시키기 위해 양자 물리학의 변형 능력transformative power을 활용하는 것 말이다.

나는 이 장의 서문을 우리 과학자들과 달라이 라마의 미팅에서 있었던 또 하나의 일화로써 맺고자 한다. 어떤 이가 과학자들이 서로 심하게 싸우고 있는 것에 관해 달라이 라마에게 불평을 했을 때, 달라이 라마는 웃고 또 웃은 후 이렇게 간단히 말했다. "예상됐던 것 아닌가요?" 이 말은 우리 과학자들 사이에 있는 괴로움을 일소하는 데 도움이 됐을 뿐만 아니라 달라이 라마가 매우 변형된 사람transformed person이라는 사실을 나에게 증명했다.

Chapter 20

퀀텀 행동주의 : 서론
Quantum Activism : An Introduction

우리가 우리의 세계관을 물질을 기반으로 한 것으로부터 양자 물리학과 의식의 우선성primacy of consciousness을 토대로 한 것으로 바꿀 때 퀀텀 행동주의Quantum Activisim[행동주의라는 것은 사회변화에 영향을 미치는 행동을 하는 활동에 참여하는 것을 의미한다. 역자주]가 시작된다. 우리는 이제 올바르게 생각하기 시작했다. 그리고 이렇게 질문을 던지고 있다. 인간 세상에 관해 올바르게 생각하는 법을 우리가 알고 있다면, 우리는 그것을 위해 어떻게 해야만 할 것인가? 우리는 이제 퀀텀 행동주의자가 되기 위한 첫 걸음을 떼었다.

일원론적 관념론monistic idealism 철학을 통해 해석될 때 양자 물리학은 변형시키는 힘을 가지고 있다. 올바른 사고 - 근시안적인 유물론적 관념들을 포기하는 것 - 와 신, 하향적 인과관계, 그리고 우리 인간의 삶에서 신비체subtle bodies의 중요성을 받아들이는 것이 바로 변형의 여정 transformative journey을 시작하는 첫 걸음이다. 물론 이것이 다는 아니다.

영적 전승들spiritual traditions은 변형의 여정을 영적인 것으로 여기고 있다. 드러난 세상을 뒤로 하고 영spirit, 발현되지 않은 실재reality로 향한 여정 말이다. 퀀텀 행동주의자의 변형의 여정은 다르다.

'의식 안의 과학' science within consciousness은 드러난 물질 세계가 진화를 통해 시간이 흐름에 따라 드러나지 않은 세계의 가능성들을 더욱 더 잘 나타내기 위해 디자인되어 있다고 우리에게 말해 주고 있다. 변형transformation은 주로 의식의 진화적 활동에 도움이 되기 때문에 중요하며, 개인적인 영의 구원salvation in spirit을 위해서는 그저 부차적일 뿐이다.

따라서 퀀텀 행동주의자들로서 우리는 세상을 도외시하지 않는다. 그 대신 우리는 올바른 태도를 가지고 세상 속에서 산다. 우리는 올바른 사고thinking를 올바른 삶living과 통합시킨다.

올바른 삶
Right Living

우리는 어떻게 의식의 진화가 현실 세상으로 나타는 데 도움이 되게 살 수 있을까? 그것은 균형잡힌 행동balancing act이다.

유물론자들은 인간의 삶life을 초정신체는 말할 것도 없고, 의미meaning를 위한 공간을 거의 남겨두지 않은 채 물질적인 것에 편중된 것으로 보고 있다. 전통적인 영의 사람들people of spirit은 영적인 것에 큰 비중을 둔 삶을 살고 있다. 퀀텀 행동주의자의 길은 그 중용middle path이다. 다시 말하자면, 신비체와 영이 중시되지만 표상들을 만들어 내는 물질도 마찬가지로 중시된다.

유물론자들에게 있어서 삶은 유전자적으로, 진화적으로 그리고 환경적으로 조건화된 프로그램들이다. 오직 (인식과 행위의 주체로서 자기 자신인) 에고ego만이 존재한다. 에고에 대한 숭배 속에서 삶을 소비하는 것이 그들의 목적이다. 그런 사람은 의미와 가치들에 관해 애매모호한 태도를 지니게 된다. 영적 추구자에게 목표는 육체화된 영embodied spirit — 양자 자아quantum self가 되는 것이다. 그의 목표는 (내적) 창조성의 양자 자아로 영원히 사는 것이다. 이런 사람은 현실적으로 드러난 세상에 대해 식별할 수 없게 된다.

퀀텀 행동주의자는 이 두 가지 극단 사이에서 균형감을 성장시키면서 사는 사람이다. 퀀텀 행동주의자는 *맥락*을 현실화시키는 것만큼 양자 자아 경험의 *내용*(통찰)을 나타내는 것도 중요하다고 생각한다. 그리고 내용을 현실로 나타나게 하는 데에는 정신mind의 복잡한 구조들과 나타나는 의미meaning의 많은 목록들이 요구된다. 퀀텀 행동주의자에게 있어서 에고 안에서 사는 것과 양자 자아 안에서 사는 것은 자기 성장personal growth에 초점이 맞춰진 삶 안에서 균형이 잡혀야만 한다.

정신적 건강을 '병적인'pathological, '정상적인'narmal, 그리고 '긍정적인' positive이라는 세 가지 범주로 분류하는 것은 이제 일반화되었다. 심리치료사들은 주로 병적인 상태를 *정상적*인 상태로 끌어올릴 필요가 있는 환자들을 다루고 있다. 여기서 정상적인 정신 건강이란 한 사람이 정상적인 에고 유지ego-sustaining 활동들과 인간관계들의 유지가 가능하며, 감정적으로 상당히 균형이 잡혀 있는 상태로 정의된다. *긍정적* 정신 건강은 오랜 시간 동안 행복한 사람, 창조적인 사람, 자신의 환경에 어느 정도 독립적인 사람, 무조건적 사랑을 위한 어떤 능력, 유머 감각, 그리고 어떤 다른 약간 덜 중요한 특질들을 가지고 있는 사람에 의해 누려지는 것이다(매슬로Maslow, 1971 참조). 누구나 정상적인 정신 건강으로부터 긍정적인 정신 건강으로 옮겨갈 잠재력을 가지고 있으며, 그것이 바로 우리 인간에게 있어서 자기 성장의 핵심이다. 퀀텀 행동주의자들에게 있어서 그것은 하나의 특권이다.

우리가 일상적인 정신 건강의 에고 정체성ego-identity 속에서 잠복 중인

가장 의미 있는 의문들을 다루기 시작할 때 우리는 자기 성장에 관심을 가지게 된다. "내 생의 의미는 무엇인가? 여기서 나는 지금 무엇을 하고 있는 중인가?" 이러한 종류의 의문들 말이다. 우리 인간은 더 이상 에고 항상성ego-homeostasis이라는 현재 상황에 만족하지 않는다. 삶의 의미에 관한 탐구는 우리에게 자아 탐구self-inquiry로 나서게 하며, 좀 더 나아가면, 의식 그 자체의 본질에 관한 탐구로 나서게 한다. 그리고 의식이 현실세계로 나타나는 운동movement의 진화적인 본질을 우리가 발견할 때, 우리는 우리 자신을 이 운동과 일치시킨다.

물질적 총체와 신비체의 균형 잡기
Balancing the Gross and the Subtle

나는 유물론자들 중의 많은 사람들이 남몰래 신비체 – 느낌feelings, 의미meanings, 직감intuition, 가치values를 인정하고 있다는 것을 알고 있다. 그러나 대외적으로 유물론자들은 자신들이 [물질적 육체를 의미하는] 총체the gross 수준에서 살고 있다고 말한다. [켄 윌버에 따르면 '체'란 마음의 다양한 상태와 수준을 유지하게 하는 그 자체로 온전히 기능하는 작은 부분(홀론)이 합쳐 이루어진 복잡계인 홀라키의 기능이다. 인도 베단타 철학에서는 '체'를 (물질적 마음을 유지하는) 깨어 있는 상태의 총체gross body, (정서적, 이지적, 상위의 정신수준을 유지하는) 꿈꾸고 있는 상태의 신비체subtle body, (영적 마음을 유지하는) 깊은 수면상태의 원인체(인과체)causal body라는 세 가지로 구분한다. 베단타 철학에서는 기본적으로 다섯 가지 주요 차원의 '체' – 물질적 차원(물질의 층), 생물적 차원(생기의 층), 이지적mental 차원(의식의 층), 이보다 더 상위의 혼적 차원(이성의 층)과 영적 차원(지복의 층) – 가 존재한다고 말한다. 역자주] 이와 비슷하게 영적 추구자는 공공연하게 총체를 무시한다. 그러나 비밀리에 그는 돈의 색깔의 진가를 상당히 잘 알고 있을지도 모른다. 당신도 알겠지만 그것은 생존 본능이다. 퀀텀 행동주의자에게는 그 어떤 세계관의 충돌은 존재하지 않는다. 총체와 신비체는 둘 다 [인간의 의식이 현실세계로] 나타나는 것manifestation을 가능하게 하기 위해 불가피하며, 둘 다 중요하다. 퀀텀 행동주의자는 두 가지 모두에 자신의 관심을 기울인다.

퀀텀 행동주의자는 생활을 하는 것과 같은 삶의 물질적 차원들의 미묘한 차이들을 고려하지만, 길을 잃어버리지 않으며, 그러한 것들을 자신의 직업적 페르소나professional persona[페르소나persona라는 것은 사람이 사회상황과 사회관습의 요구에 응하기 위해 쓰는 가면이며, 공적 자아, 사람이 세상에 노출시키는 자신의 일면으로 사회적 자아라고도 불린다. 역자주] 그것 자체와 동일시하지 않는다. 퀀텀 행동주의자는 공개적으로 혼의 양식soul food인 느낌, 의미, 그리고 가치 – 신비체를 누리며 탐구한다.

과거 그리고 심지어 현재도 어느 정도는 그렇지만, 영적 추구spiritual pursuits라는 것은 명상, 기도, 좋은 책 읽기, 그리고 심지어 금욕과 같은 것을 실행하는 것으로 간주됐다. 만약 사랑이라는 것이 영적 수행의 하나로 포함된다면, 그것은 아가페agape 혹은 측은지심compassion의 형태 – 객관적인 사랑일 경우이다. 영성spirituality의 이러한 측면은 퀀텀 행동주의자에게도 역시 중요하지만 모든 것은 아니다. 퀀텀 행동주의자는 일상적인 삶에서도 역시 영성에 관여한다. 퀀텀 행동주의자는 자선charity으로서 사랑을 탐구할 뿐만 아니라 개인적인 관계와 육체적인 관계에서조차도 다른 사람들에게 봉사한다. 이런 측면에서 퀀텀 행동주의의 영성은 탄트라tantra[힌두교에서 말하는 대우주 즉 절대 세계와 소우주 즉 인간 세계가 본래 일체라는 생각으로 되돌아가는 것을 지향하는 실천의 도道 즉 수도의 방법. 역자주]라는 전통과 가깝다.

퀀텀 행동주의자에게는 기쁨pleasure과 행복happiness의 차이를 알아야 할 의무가 있다. 기쁨이란 것은 언젠가는 우리 인간과 분리된다. 우리에게 절제의 실천을 하게 한다면, 온전함wholeness으로부터 일시적으로 분리되는 것은 물론 나쁠 것은 없다. 그러나 행복은 언제나 온전함의 결과이다. 당신은 행복 때문에 잘못된 길로 갈 수는 없다.

다양한 신비체적 영역들을 균형 있게 하기
Balancing the Various Subtle Domains

퀀텀 행동주의자에게 가장 중요한 것은 느낌, 사고thinking, 그리고 직관 intuition이라는 자아self의 다양한 신비체적 영역들을 균형 있게 하는 것이다.

유물론자에게는 사고가 모든 것이다. 합리성reasonality이라는 것이 최고의 가치이다. 과학적 연구를 진행하는 것 그 자체가 직관이라는 양자 도약에 의존하고 있는 사실조차도 유물론자의 엄격한 합리주의rationalism에 영향을 미치지 못한다.

신비주의자들mystics은 유물론자들보다 한 발자국 더 나아가 있다. 그들은 합리적 차원과 직관적 차원 모두를 포용하고 있다. 그러나 그들은 그 두 가지 차원을 동등한 위치에 놓지 않는다. 불가피하게 그리고 변함없이, 영적 전승들은 의미 처리를 통해서 외적으로 나타나는 것과 관련이 있는 예술, 인간성, 그리고 과학들 안에서의 창조성을 경시하는 경향을 나타내고 있다. 퀀텀 행동주의자들에게 그것은 충분하지 않다. 그들은 자신의 삶 속에서 외적 그리고 내적 창조성 모두를 조화시켜야만 하기 때문이다. 그 두 가지는 모두 인간의 진화를 위해 중요하다.

또한 신비주의자는 전반적으로, 기본적인 느낌들과 부정적인 감정들을 결코 변형시키려고 신경쓰지 않으면서 피하는 경향을 나타낸다. 이러한 경향은 소위 신비로운 '깨달음'enlightenment을 얻기 위해 하는 행동의 유용성에 관한 많은 오해를 만들어 냈다. 만약 한 사람이 화, 탐욕greed 혹은 정욕lust을 유발시키는 자극에 직면했을 때조차 마음의 평정을 갖고 행동하는 것이 불가능하다면, 깨달음은 무슨 쓸모가 있단 말인가?

정신mind을 이용한 내적 창조성은 통찰insight 혹은 *사마디*samadhi(삼매, 깨달음, *사토리*satori[일본어로 깨달음을 뜻하는 말. 역자주], 그노시스gnosis[그리스어로 '앎, 깨달음'을 의미하며 고대 그리스 말기에 나타난 신에 대한 인식으로 초감각적인 신과의 융합을 체험하게 하는 신비적 직관이나 종교적 인식을 이르는 말. 영지라고도 한다. 역자주], 혹은 당신이 그것을 어떻게 부르던 간에)를 얻으려는 목적을 가지고 있는 영적 추구자들의 전통적으로 인기 있는 수단이었다. 감정들이라는 것은 생기vital energy와 함께 작동하며, 추가적으로 그것을 변형시켜야 할 필요가 있는 사랑love이라는 것은 이러한 남성 위주의 전통 안에서 무시되고 있다. 1980년대 미국의 영적 여성들이 '여성적 영성'feminine spirituality과 '신의 여성적 모습' feminine face of God[토론토대학 부설 정신의학연구소 심리연구 책임자인 셰리 루스 앤더슨Sherry Ruth Anderson이 자신이 남편인 폴 레이와 공동 저술한 책의 제목이기도 하다. 이 책의 원제는 "Is It Okay to Call God 'Mother?': Considering the Feminine Face of God"이다. 역자주]과 같은 캐치플레이즈를 앞세운 반발이 일어났을 정도로 아주 심하게 무시됐다. 우리 퀀텀 행동주의자들은 이러한 이분법과 실제의 창조성을 사랑love과 통합시켜야만 한다.

내가 상상하는 퀀텀 행동주의자에게 있어서 가장 커다란 도전은 부정적인 감정들을 긍정적인 감정들로 변형시키는 것, 즉 감정적 지성emotional intelligence(골맨Goleman, 1994; 크리슈나무르티Krishnamurty, 2008)을 성취하는 것이다. [감정적 지성이란 미국의 심리학자 대니얼 골맨Daniel Goleman이 그의 저서 "감정적 지성"Emotional Intelligence에서 제창한 용어로 첫째, 자신의 진정한 감정을 자각하여 이를 존중하고 진심으로 납득할 수 있는 결단을 내릴 수 있는 능력, 둘째, 충동을 자제하고 불안이나 분노와 같은 스트레스의 원인이 되는 감정을 제어할 수 있는 능력, 셋째, 목표 추구에 실패했을 경우에도 좌절하지 않고 자기 자신을 격려할 수 있는 능력, 넷째, 타인의 감정에 공감할 수 있는 공감능력, 다섯째, 집단 내에서 조화를 유지하고 다른 사람들과 서로 협력할 수 있는 사회적 능력을 의미한다. 역자주] 당신의 주변을 한번 둘러보라. 우리 인간의 모든 사회적 조직에는 부정적인 감정들이 만연해 있다. 만약 우리 퀀텀 행동주의자들이 그러한 감정들을 변형시키는 방법을 모른다면, 우리는 어떻게 효과적으로 다른 사람들에게 자제와 감정적 성숙을 보여 달라고 요구할 수 있겠는가?

정신적 창조성뿐만 아니라, 부정적인 감정들의 변형transformation도 생기체the vital의 영역 안의 창조성을 필연적으로 포함한다. 우리의 과제는 정신mind의 영역들과 생기vital energies의 영역들 안에서 벌어지는 창조 프로세스에 동시에 관여하는 것이다. 제18장에서 논의했던 무조건적 사랑unconditional love의 실천이 바로 이 범주에 속한다. 생기체 차원에서의 퀀텀 힐링(고스와미, 2004 참조)은 생기적 창조성vital creativity을 끌어낼 기회들을 우리에게 부여한다.

의식의 상태들을 균형 있게 하기
Balancing the States of Consciousness

유물론자들은 오직 의식의 깨어 있는 상태만을 강조한다. 거기에는 명백한 몇 가지 이유들이 있다. 확고한 유물론자는 의심할 것 없이 늘 깨어 있으며, 자신이 할 수 있다면 항상 돈을 벌거나 다른 물질적인 모험들을 추구할 것이다. 이러한 점은 습관성 파멸을 초래함에도 불구하고 각성제들이 우리 사회에서 인기를 끄는 이유를 설명할지도 모른다.

일반적으로 영적 추구자들은 *사마디samadhi*의 상태를 추구한다. 그런 만큼 그들은 자신의 꿈에 관해서는 많은 주의를 기울이지 않는다. 그리고 그들은 일상적인 깨어 있는 상태를 지속하며, 그들은 자신들이 그저 그 어떠한 선택권을 가지고 있지 않기 때문에 깊은 잠을 잔다.

그러나 퀀텀 행동주의자에게는 이것은 충분하지 않을 것이다. 기억하라. 퀀텀 행동주의자는 *사마디*에 관심을 가질 뿐만 아니라, 깨어 있는 그리고 꿈 속의 삶의 특성을 변화시키기 위해서 *사마디*를 포함하여,

창조적 경험에서 얻어진 통찰insight에도 역시 관심을 가지고 있다. 퀀텀 행동주의자에게 창조적 통찰과 초정신적 직관적 차원에 들어서는 *사마디*는 중요하지만, 깨어 있는 그리고 꿈꾸는 상태들도 역시 중요하다. 꿈의 상태에 주의를 기울이기 위해서 당신은 꿈의 분석에 관여해야만 한다. 그것은 당신의 영성spirituality에 훨씬 더 기여하기 때문이다.

깨어 있는 자각waking awareness뿐만 아니라, 꿈들도 역시 자기 성장personal growth을 위해서 그리고 영적 변형spiritual transformation을 위해서 활용될 수 있다. 이런 연관성에서 당신은 원형적 꿈들archetypal dreams에 대해 가장 많은 주의를 기울여야만 한다. 이러한 꿈들은 초정신체supramental body 안에 들어 있는 모든 체bodies를 위한 운동 법칙들에 관한 것이다. 이러한 법칙들 가운데 물질체material body의 법칙들은 양적인quantitative 것이다. 그러나 그 법칙들은 생기체로, 정신체로, 그리고 초정신체로 움직임에 따라 서서히 보다 덜 양적인 것이 되며, 보다 더 의도적thematic인 것이 된다. 예를 들면, 정신적 의미는 사랑, 아름다움, 진리truth 그리고 정의justice와 같이 모두 질적인 것들의 맥락들을 중심으로 전개된다. 이러한 것들이 바로 위대한 플라톤의 원형들이다.

칼 융의 꿈 속 원형들의 기원은 이제 이해될 수 있다. 발현의 필요성들 때문에, 표현의 제한들이 발생한다. 또 어떤 주제들은 인간의 정상적인 깨어 있는 자각이 알아차리지 못하도록 억압된다. 이러한 억압된 주제들이 모여서 바로 집단적 무의식을 이룬다. 집단적 무의식collective unconscious의 억압된 주제들은 인간에게 있어서 보편적이다. 이것은 프로이트의 개인적 무의식personal unconscious과 대조적인데, 개인적 무의식의 억압된 주제들은 한 개인의 사적인 것이다. 다시 한번 말하지만, 꿈 속에서는 억압된 주제들에 대한 우리 인간의 정상적인 보호장치가 약하기 때문에 그것들이 표면화될 가능성은 높아진다. 사실, 억압된 주제들은 이제 융의 원형들로 잘 알려진 상징들로서 겉으로 드러나고 있다. 즉,

위대한 어머니great mother, 영웅, 그림자shadow[칼 융은 인간이 가지고 있는, 수치스러워서 무의식 속에 억압해 버리고자 하는 천하고 반사회적 욕망을 그림자shadow라고 불렀다. 역자주], 트릭스터trickster[사기꾼, 협잡꾼, 마술사를 의미하는 트릭스터는 칼 융의 경우 기존 상태를 부인하거나 의문시하며, 무너뜨리고 조롱하고자 하는 충동을 의미하는 반항적 에너지를 의미한다. 역자주], 아니마anima와 아니무스animus[칼 융은 인간이 여성과 남성의 성격들을 함께 가지고 있다고 분석했으며, 남자의 여성적 성격을 아니마anima라고 말했으며, 여자의 남성적 성격을 아니무스animus라고 불렀다. 이러한 성격을 통해 여성은 남성을 이해하고, 남성도 여성을 이해한다고 보았다. 역자주] 등 말이다. 이 같은 원형적 꿈들을 푸는 것은 우리가 심리학자인 제임스 힐맨James Hillman(1992)이 혼의 의도soul's intent라고 부르고 있는 것과 같은 초정신체의 학습 주제를 받아들일 때 우리는 무의식을 의식으로 다시 한번 만든다(제15장도 참조). 우리는 창조성과 긍정적인 정신 건강의 다른 특징들에 대해 마음을 열게 된다.

적절한 한 예가 있다. 아니마와 아니무스라는 원형들에 관해 검토해 보자. 아니마라는 것은 남자 안에 있는 여성의 원형이다. 그것은 여성에 해당하지만, 남성의 유전적, 환경적 조건 형성이 남성으로서는 드러내기에는 부적절하다고 판정하기 때문에 억압된 남성의 정신 안에 있는 가능성 파동들possibility waves이다. 아니무스란 이와 비슷하게 여성 안에 있는 억압된 남성적 가능성들이다. 어째서 우리 인간은 이러한 조건화된 경향성들conditioned tendencies을 억압하기 위해 바꿔야만 하는가? 남자들 속의 아니마는 또한 창조성의 핵심적 특성인 감수성receptivity이라는 특성도 상징하기 때문에, 남성들은 아니마를 통합하는 것이 필요하다. 이와 유사하게 여성들은 아니무스가 의지력willpower을 고양시키기 때문에 그것을 통합시킬 필요가 있다. 의지력은 준비preparation, 끈기perseverance, 생산production이라는 창조 프로세스의 3P에 필수적인 것이다.

1980년대 중반, 한동안 나는 영성spirituality이라는 것과 지적 전쟁을 하고 있었으며 나의 창조성에 다시 불을 붙이고 있었지만 결과적으로 아무것도 얻지 못했다. 통상적인 영적 수행spiritual practice은 나에게 별로 도움이 되지 않았다.

어느 날 밤 나는 꿈을 꾸었다. 꿈에서 나는 흘러가는 강물을 바라보고 있었다. 그러나 강물은 말라 있는 것처럼 보였다. 그때 나는 다음과 같은 소리를 들었다. "거기에 물은 없노라. 뒤쪽을 보거라." 그렇게 하자 비가 내리고 있었다. 그리고 나서 나는 곧 초원을 따라 비를 맞으며 걷고 있는 내 자신을 발견했다. 그리고 아주 예쁜 젊은 아가씨가 나와 동행했다. 그 산책은 비를 흠뻑 맞았음에도 불구하고 아주 즐거웠으며 나는 나의 동반자와 즐거운 대화를 나누기도 했다.

초원의 끝에 다다르자, 집 한 채가 나타났으며, 나의 젊은 동반자가 그 집으로 막 들어가려고 하는 것처럼 보였다.

"언제 다시 볼까요?"라고 내가 물었다.

"런던으로 갈 거예요. 돌아오면, 당신의 연락을 기다릴 거예요"라고 말하고 그녀는 사라졌다. 나는 초원을 가로질러 즐겁게 걸으면서 돌아왔다.

분명하게 고전적인 아니마 꿈anima dream인 이 꿈은 나의 성장development에 결정적이었다. 그 꿈은 그 후에 내가 놓치고 있었던 핵심요소였던 아니마 통합anima integration에 대해 나의 에너지를 집중시키도록 나를 북돋아 주었다.

또 한 가지를 언급하자면, 꿈의 분석은 다른 사람 혹은 다른 사람들의 도움을 받으면 훨씬 쉬울 수 있다는 것이다. 다른 말로 하자면, 꿈을 통해 우리가 자기 성장personal growth을 위해 노력하고 있을 때, 심리치료사의 역할을 맡은 것은 누구인가? 그에 대한 대답 중의 하나는 (많은 사람들이 그렇게 하는 것처럼) 꿈들을 다루는 영적 스승spiritual teacher을 찾는 것이다. 1987년과 1988년 동안 나는 조엘 모우드Joel Morwood[조엘 모우드는

1987년 미국 오레건주 유진에 영지주의적 입장에서 전 세계 신비주의 전승들을 통합적으로 연구, 전파할 목적으로 설립된 세이크리드 사이언스 센터Center for Sacred Sciences의 영적 디렉터이다. 역자주]라는 영적 스승과 함께 나의 꿈들을 집중적으로 연구했다. 보다 쉽고 보다 적절한 수단은 꿈의 그룹에 합류하거나 혹은 꿈의 그룹을 만드는 것이다. 내가 앞서 언급한 것처럼, 나는 그것도 역시 했다.

환생 : 당신의 더없는 기쁨을 발견하고 추구하라
Reincarnation : Find and Follow Your Bliss

유물론자들은 환생을 믿지 않는다. 유물론적 과학에는 환생을 위한 그 어떤 여지도 없다. 통상적인 영성은 환생을 인정하고 있지만 그것이 강조하고 있는 것은 항상 탄생-죽음-재탄생 사이클 너머에 있는 것이다. 퀀텀 행동주의자에 있어서 상황은 아주 다르다.

나는 제15장에서 다르마dharma라는 인도의 개념을 논의한 바 있다. 그것은 우리 인간이 각자의 삶 속에 우리가 가지고 온 원형적 학습 의제learning agenda와 관계가 있다. 인간은 스스로 인과법칙적karmic 성향들을 그것에 따라 선택하기 때문이다. 우리 인간이 이생this life에서 자신의 다르마를 완수할 때, 더없는 기쁨, 지복bliss을 맛본다.

퀀텀 행동주의자들은 탄생-죽음-재탄생 사이클로부터 자유롭기 위해 서두를 필요가 없다. 따라서 우리 각자는 자신이 타고난 인과법칙적 성향들에 주의를 기울여야 하며, 이생의 다르마, 학습 의제를 완수하기 위해 그 성향들을 활용해야만 한다. 이와 같은 방식으로 우리 자신의 더없는 기쁨bliss을 추구하는 것은 우리가 자유롭게 의식의 진화적 운동에 기여할 수 있도록 해준다.

진화론적 윤리
Evolutionary Ethics

나는 앞의 두 장에서 혼soul과 환생reincarnation과의 연관성 안에서 윤리ethics라는 주제를 소개한 바 있다. 그러나 윤리를 바라보는 또 다른 길이 여전히 존재한다. 그것은 바로 진화evolution이다.

앞에서 논의한 세 가지 윤리적 철학들과 관련해서는 한 가지 문제가 남아 있다. 어째서 어떤 사람들은 윤리를 지키는데 다른 사람들은 그렇지 않는가? 최소한 과거에는 지옥에 대한 두려움fear of hell 혹은 천국에 가고 싶은 욕망desire of heave이 동기였을지 모른다. 그러나 이기심을 버리고 천국과 지옥을 더욱 더 진지하게 여기는 사람들은 드물다. 인간의 사회에서 비윤리적인 행동이 그렇게 많음에도 불구하고 오늘날에조차도 많은 사람들이 일상적인 삶에서 '선한' 사람이 되려고 하는 이유는 바로 진화evolution 때문이라는 것이 나의 생각이다. 우리 인간에게는 소명calling으로서 경험하며, 그것에 따라야 하는 진화적 압력evolutionary pressure이라는 것이 존재한다.

윤리라는 것은 종교적 혹은 영적인 것으로 간주될 필요가 없으며, '최대 다수를 위한 최선'the greatest good for the greatest number이라는 과학적(유물론적) 윤리와 타협하고 수용하거나, 혹은 (이기적) 유전자들이 강요하는 생명윤리bioethics를 지지할 그 어떤 필요도 없다. 우리는 윤리의 기초를 진화라는 아주 과학적인 개념에 견고하게 둘 수 있다.

진화론적 윤리evolutionary ethics란 무엇인지 정의를 내려 보도록 하자. 다른 논문에서 내가 논의했던 것처럼(고스와미, 1993), 관념주의적 의미에서 우리에게 불가피한 것처럼 보이는 하나의 좋은 윤리적 원칙ethical priciple은 다음과 같다. 윤리적 행위들은 우리들을 포함하여 사람들의 창조성creativity을 극대화시켜야만 한다. 진화론적 윤리는 여기서 한 걸음

더 나아간다. *윤리적 행위들은 모든 인간 존재의 진화적 잠재력*evolutionary potential*을 극대화시켜야만 한다.*

한 예로서, 심각한 윤리적 문제를 고려해 보도록 하자. 당신과 일단의 동료 과학자들이 대량 파괴가 가능한 새로운 무기 개발을 위한 기술을 발견했다. 윤리적 문제는 그 무기를 개발할 것인가 아닌가이다. 이전 시대에는 다른 사람들이 당신을 대상으로 사용하기 위해 똑같은 무기를 곧 개발할 것이라는 핑계가 윤리를 저버리기 쉽게 했으며, 그 무기를 만들도록 했다. 비록 그 어떠한 즉각적인 위협이 없을지라도 말이다. 애국심은 애매모호함ambiguity을 만들어 낸다. 이것이 바로 원자폭탄과 관련되어 발생했던 바로 그 상황이다. 그러나 진화론적 윤리는 이전 시대의 종교적 윤리와 같지 않다. 진화론적 윤리는 모든 인류에게 동일한 윤리, 인류의 진화적 미래를 위해 필요한 객관적인 윤리를 지지한다. 따라서 당신은 애매한 입장을 취할 필요가 없으며, 새로운 무기를 개발하는 생각을 솔직하게 거부할 수 있을 것이다.

환경과의 올바른 관계
Right Relationship with the Environment

미국 애리조나주 북동부 지역에 사는 인디언인 호피족들은 사람과 동물들뿐만 아니라 전반적인 그들의 환경, 전 지구에 이르기까지 확대되는 환경과의 '올바른 관계' right relationship를 강조한 것으로 알려져 있다.

통상적인 영성의 내부를 향한 여정에 있어서 환경과의 올바른 관계는 흔히 무시된다. 의심할 것도 없이 그것은 *심층 생태학*deep ecology[노르웨이 철학자이자 히말라야 등반가인 아르네 네스Arne Naess가 1973년 자신의 환경 철학에 붙인 명칭으로, 모든 생물의 본질적 가치를 인정하자는 주장이다. 역자주]이라는 현대적 운동으로 이어졌다. 우리가 모든 인간 존재들과의 진화론적인 윤리적 관계를 인식하게 되면, 그때는 바로 인간의 비생명체적 환경을 포함하여, 크기에 상관없이 모든 피조물에 대한 우리의 윤리적 책임감을 깊이 생각하는 때이다. 요컨대, 스스로에게 이렇게 물어보자. 지구라는 행성에 대한, 가이아Gaia[영국의 과학자이자 발명가, 저술가인 제임스 러브록James Lovelock은 1979년 "Gaia: A New Look at Life on Earth"라는 책을 통해 가이아 이론을 처음으로 주장했다. 가이아란 고대 그리스 신화에 등장하는 '대지의 여신'을 일컫는 말로, 지구의 생물들을 어머니처럼 보살펴 주는 자비로운 신이다. 러브록이 주장하는 가이아란 지구와 지구에서 살고 있는 생물, 대기권, 토양, 대양까지 포함하는 하나의 범지구적 실체이다. 가이아 이론은 지구를 생물과 무생물이 상호 작용하는 생물체로 간주하면서 지구가 생물에 의해 조절되는 하나의 유기체임을 강조한다. 역자주]에 대한 우리 인간의 책임은 무엇인가?

심층 생태학(드발Devall과 세션스Sessions, 1985)은 인간의 생태계 보존을 위해 몇 가지 규칙들을 준수하고, 환경오염을 방지하거나 줄이기 위해 몇몇 법안들을 통과시키는 것을 필요로 할 뿐만 아니라, 창조적인 양자도약을 요구하는 애매모호한 상황들 안에서 행동을 취하는 것을 의미하기도 한다.

당신이 그러한 양자도약을 하면, 당신은 하나의 놀라운 사실을 깨닫는다. *나는 선택한다. 고로 나는 존재한다. 그리고 나의 세상도 존재한다I choose, therefore I am, and my world is*. 세상은 당신과 분리되어 있는 것이 아니다. 우리 인간이 이것을 다 함께 한다면, 우리는 다른 맥락에서 인간의 상상vision 안에 나타났던 진정한 가이아 의식Gaia consciousness 안으로 도약할 것이다(러브록Lovelock, 1982).

올바른 행동
Right Action

그렇다면 마지막으로 퀀텀 행동주의자의 액션플랜은 무엇일까? 힌두인들이 자주 인용하는 구절을 활용해 보자면, 퀀텀 행동주의자의 카르마 요가karma yoga는 무엇인가? [요가의 종류는 대표적으로 7가지가 있는 것으로 알려지고 있다. 만트라 요가, 박티 요가, 즈나나 요가, 카르마 요가, 탄트라 요가, 하타 요가, 라자 요가가 그것이다. 카르마 요가라는 것은 (윤리적) 인과법칙에 의한 행동의 요가, 바른 앎을 통한 바른 행을 강조하는 요가이다. 행동의 결과에 얽매이지 않고 행위 자체를 기쁨으로 여기며, 현재의 삶 속에서 생명의 성장을 위해 자신의 우주적 의무dharma를 행하는 요가를 가리킨다. 역자주] 카르마 요가는 이기심이 없는 봉사를 함으로써 실생활 속에서의 영적 수행에 이용되고 있다. 이 요가는 많은 영적 전승들, 특히 기독교Christiantity와 소토선Sotto Zen[명상과 좌선을 강조하는 일본 불교. 역자주]의 중요한 수행법이다. 퀀텀 행동주의자에게 카르마 요가는 정신의 진화evolution in mind와 더불어 사회와 세상에 대한 이기심이 없는 봉사로 확장된다.

현재와 같은 유물론적 문화 속에서 성취accomplishment라는 것은 절대적인 기준이다. 한 사람이 성취 지향적으로 행동할 때, 그 어떤 행동, 이기심이 없는 것처럼 보이는 행동조차도 언제나 에고 – 성취자를 강화시키는 경향을 나타낸다. 우리 안에 있는 성취자를 약화시키기 위해서 우리는 우리 자신을 너무 진지하게 여기지 말아야만 한다. 다른 말로 하자면, 우리는 다른 사람들이 우리를 어떻게 생각하는지, 우리가 우리 자신을 어떻게 생각하는지조차도 신경쓰지 않으면서 춤을 추되, 언제나 가볍게 춤을 춘다.

올바른 생활 : 우리 사회에 의미를 회복시키기
Right Livelyhood : Bringing Meaning Back Into Our Society

최근 우리 인간의 위대한 세 가지 위대한 사회적 성취인 자본주의, 민주주의, 그리고 자유로운 교육은 모두, 모든 사람들에게 의미를 처리할 수 있도록 한다는 생각에서 비롯된 것이었다. 그러나 오늘날 유물론의 비호 아래 의미의 추구pursuit of meaning는 권력의 추구로 퇴보했다. 이것이 바로 우리 인간의 미래 진화에 가장 큰 걸림돌이다.

퀀텀 행동주의의 핵심 목표 중의 하나는 의미를 우리 생활을 위해 우리가 신뢰하고 있는 사회적 제도들 안에서 회복시키는 것이다. 그렇다면 우리 사회 안에서 당신의 실생활의 상황이 어떠하든 간에, 그것은 당신에게 권력의 추구를 다시 의미의 추구로 되돌릴 목적을 가지고 당신의 퀀텀 행동주의를 위한 카르마 요가를 수행할 수 있는 풍부한 기회들을 제공할 것이다. 예를 들면, 만약 당신이 사업가라면, 분명히 사업은 퀀텀 행동주의를 위한 당신의 영역이며, 거기서 당신은 당신의 지복bliss을 추구할 수 있으며, 거기서 당신은 자신의 삶의 의미를 되찾을 수 있다.

Chapter 21

요약
Summing Up

    18세기에 나폴레옹 황제는 과학자 피에르 시몽, 마르키스 드 라플라스Pierre simon, Marquis de Laplace를 소환해서, 천체의 움직임에 관한 그의 저서에 왜 신God을 포함시키지 않았느냐고 물었다. 이 질문에 대해 라플라스는 다음과 같이 대답한 것으로 알려지고 있다. "폐하, 저는 그 특별한 가설이 필요하지 않았습니다."

    라플라스의 시대 이래 오랜 시간이 지났다. 그러나 오늘날조차도 신의 존재God's existence를 거부하는 지배적 과학의 '증거'는 "우리는 그 특별한 가설이 필요하지 않다"라는 집요한 거부밖에 제시되지 않고 있다.

    만약 지배적 과학의 '신 박멸운동'이 상과 벌을 베풀면서 우주 공간 밖의 보좌에 앉아 있는 전지전능한 황제인, 인기영합적 기독교의 이원론적인 신을 향한 것이라면, 나는 그들의 관점에 공감한다. 그러나 그것이 물질 세계 밖의 모든 인과적 작용들causal agencies에 대한 생각을 포기하는 것과 다름없어 보인다면, 그때는 모든 선한 사람들이 이 '낡은'

과학을 주목하고 거부할 때이다.

이 책은 모든 과학들, 즉 물리학, 생물학, 심리학, 그리고 의학은 그들의 가장 기초적인 원리들과 실험결과치를 의미 있게 만들기 위해서 양자 잠재력quantum potentia으로부터 의식적인 선택으로서 시작된 하향적 인과관계라는 가설이 필요하다. 이 하향적 인과관계라는 작용, 즉 양자의식quantum consciousness은 대중에게 인기 있는 견해임에도 불구하고 세상의 심원한 영적 전승들이 신God이라고 부르는 것이다.

신의 존재existence of God에 관한 과학적 증거로서 이 책에서 제시된 이론과 사실들은 명백하다. 한번 생각해 보라.

양자 물리학보다 더 훌륭한 물리학을 발견할 수 없다. 양자 물리학의 이론은 타당하다. 양자 물리학의 증거 데이터는 완벽하다.

우리는 양자 물리학의 해석보다 더 나은 관념론적 의식 기반의 해석을 발견할 수 없다. 그저 양자 물리학의 해석이 모순에서 자유로운 단 하나의 해석이기 때문이다.

우리는 의식의 우선성보다 우리 과학이 근거를 두는 더 나은 형이상학을 발견할 수 없다. 오직 이러한 철학만이 인간의 모든 경험들, '일어나는 사건들의 총체'를 포함하기 때문이다. (이 인용구는 '세상은 일어나는 사건들의 총체다' The world is everything that is the case로 시작되는 루드비히 비트겐슈타인의 논리철학 논고Tractatus Logico-Philosophicus에서 인용했다.)

우리는 불연속성의 양자도약이라는 아이디어 없이는 창조성creativity이라는 것을 이해할 수 없다.

우리는 하향적 인과관계와 생물학적 창조성이라는 아이디어 없이는 진화의 화석 간극들을 설명할 수 없다.

우리는 뒤엉킨 계층구조tangled hierarchy라는 아이디어 없이는 생명체와 비생명체 그리고 의식과 무의식 간의 차이점을 구별할 방법들을 발견할 수 없다.

우리는 하향적 인과관계, 뒤엉킨 계층구조, 그리고 비국소성nonlocality이라는 개념 없이는 인간의 정상적인 지각작용perception 속의 주체-대상 분리라는 모순들을 해결할 수 없다.

우리는 의식의 비국소성 없이는 인간의 상호연결성interconnectedness에 관한 광대한 양의 실험적 데이터를 이해할 수 없다.

우리는 비육체적인 신비체들이라는 아이디어 없이는 광대한 양의 임사체험near-death experiences과 환생reincarnation에 관한 데이터를 이해할 수 없다.

우리는 비육체적인 생기vital energies라는 개념 없이는 침술acupuncture과 동종요법homeopathy을 이해할 수 없다.

우리는 비육체적인 정신mind이라는 개념 없이는 어떻게 육체가 그것이 왜곡될 경우 고통을 겪는지, 그리고 어떻게 육체가 질병에 걸리는지 의미를 이해할 수 없다.

우리는 비육체적인 초정신체supramental body라는 개념 없이는 어째서 물리적 법칙들이 존재하는지, 어째서 이타주의가 존재하는지, 어째서 윤리와 가치들이 인간의 양심에 영향을 미치는지, 그리고 어떻게 치유가 이루어지는지 이해할 수 없다.

우리는 하향적 인과관계와 신비체라는 가설 없이는 적절한 윤리의 과학을 가질 수 없다.

우리는 하향적 인과관계, 양자도약 그리고 신비체라는 개념들 없이는 셀프 힐링spontaneous healing을 이해할 수 없다.

우리는 인간의 가장 깊은 인과적 존재causal being, 인간의 양자 의식quantum consciousness인 신God을 알지 못하고서는 우리 자신을 이해할 수 없다.

신은 존재한다. 신을 깨달아라. 신과 함께 살라. 신을 사랑하라. 사랑의 에너지를 진화시켜라.

라빈드라나드 타고르의 시 귀절로 말하자면 다음과 같다.

> 격정적인 밤
> 죽음과 같은 목마름으로
> 인간들이 세속에 얽매인 한계들을 뚫고 나온다면,
> 신의 무한한 천상의 영광,
> 초정신적 지성은
> 그 모습을 드러내지 않을까?
>
> In the violent night
> Under the thrust of death
> When humans break through
> Their earthbound conditioned limits,
> Will not God's unlimited heavenly glory,
> Supramental intelligence,
> Show itself?

그것은 드러날 것이다. 유물론자의 막간 촌극, 우리 인간의 혼soul의 어두운 밤은 거의 끝났다. 그 어두운 밤에 우리는 인도인들이 타파샤tapasya(불순물들을 전소시키는 영적 수행)라고 부르는 창조적 처리creative processing를 완료했다. 그리고 우리는 초정신체로 향한 인간의 진화에서 우리를 안내하는 새로운 과학을 발전시키고 있는 중이다. 여전히 가야 할 몇몇 길이 있으며 기다려야 할 때들도 존재한다. 그 밤은 아직 끝나지 않았기 때문이다. 그러나 새로운 새벽의 서광은 볼 수 있는 사람들에게는 보이고 있다.

에필로그 1

과학을 통한 신과 영성으로의 접근
Approaching God and Spirituality through Science

젊은 과학자들에게 드리는 호소
An Appeal to Young Scientists

한 젊은 과학자가 신비주의자인 지두 크리슈나무르티^{Jiddu Krishnamurti}에게 다가가 다음과 같은 질문을 던졌다고 들은 적이 있다. "어떻게 하면 제가 과학을 연구함에도 불구하고 영적일 수 있을까요?" 이 질문에 대해 크리슈나무르티는 이렇게 대답했다. "당신은 자신의 능력을 최대한 발휘하여 과학을 연구함으로써 영적일 수 있습니다." 그러나 이 대화는 다른 시대(1970년대와 80년대 초기)의 이야기였다. 그 시대는 과학과 영성의 통합을 현실적으로 생각할 수 없었던 때였다. 그러한 통합은 생각할 수 있을 뿐만 아니라, 논증할 수 있기 때문에, 크리슈나무르티의 대답은 요점을 빗나간 것이다. 이 에필로그에서 나는 젊은 과학자들에게 그 질문의 답을 이렇게 할 것이다. 만약 당신이 올바른 방법과 올바른 사고로 그것에 접근한다면, 당신은 과학을 연구하는 동안 신-의식^{God-consciousness}을 깨달을 기회를 가지게 될 것이며, [자아 실현이 완성된 후 자아를 초월하여 신이 창조한 원형의 모습으로 바뀌는] 변형transformation에 도달할 것이다.

그러나 이 대답은 보다 자세하게 설명할 필요가 있다. 다음은 상상 속의 대화의 형태로 이루어진 그것에 대한 자세한 설명이다.

이러한 대화는 또 다른 목적에도 기여한다. 세상에는 이런 옛말이 있다. 늙은 과학자들은 패러다임이 변화해도 그들의 마음을 결코 바꾸지 않으며, 그냥 죽는다. 이 책에서 제시되고 있는 패러다임 변화는 그 어떤 완고한 옛 사람을 설득하지 못할 것이다. 그러나 이 책의 본문보다 조금 더 전문적인 내용을 다룸으로써 이 대화는 과학을 다르게 접근하도록 젊은 과학자들에게 추가적인 자극을 제공하는 데 도움이 될지도 모른다. 젊은 과학자들은 패러다임 변화와 그것에 대한 탐구의 주역들이다. (비과학자들은 나중에 보다 일반적인 논의에 이르기 위해 심층적인 과학 내용을 대충 읽어볼 수 있을 것이다.)

젊은 과학자 Young Scientist : 당신이 이 책에서 제시해 주신 것에 대해 감사를 드립니다. 그러나 저는 아주 많은 의문들이 듭니다. 그리고 당신의 주장에는 아주 많은 불완전함이 보입니다.

저자Author : (웃으면서) 나는 아주 완벽했다고 생각했는데. 예를 하나 말해 보게나.

YS : 네. 가장 눈에 띄는 간과는 양자 측정quantum measurement 문제에 관해 당신이 논한 것 이외에 많은 다른 해결책들이 존재한다고 언급하는 것을 무시하고 계신 것입니다. 그것도 아주 급진적으로 말입니다. 많은 물리학자들이 선호하는 다세계 이론many worlds theory[다세계 이론은 1957년 미국 프린스턴대학 휴 에버레트Hugh Everett 박사가 처음으로 제안한 이론으로 광대한 우주에는 무한히 많은 여러 세계가 동시에 존재하며, 서로 연결되어 있을 것이라는 주장이다. 역자주]이 존재합니다. 양자역학의 거래적 해석transactional interpretation[양자역학의 거래적 해석Transactional Interpretation of Quantum Mechanics이란 1986년 미국 워싱턴대학의 물리학자 존 크레이머John Cramer가 제안한 이론으로 금융거래에서 주문offer과 수락confirmation을 통해 양 당사자가 확인을 하는 점에서 착안, 양자의 상호작용을 시간의 순방향 및 역방향으로 진행하는 파동들이 형성하는 정상파standing wave로 설명하고 있다. 이 설명은 코펜하게 해석이나 관찰자 역할에서 생기는 철학적 문제를 피하고, 다양한 양자 패러독스를 해결할 수 있다는 주장이다. 역자주]은 선호를 받고 있는 또 다른 이론이지요. 당신은 적어도 의식consciousness이라는 것을 물리학으로 가져오는 데는 실현성이 있는 대안들이 존재한다는 진실을 말할 수 있었을 것입니다.

A: 그럴지도 모르지. 그러나 나는 아직 그 어떤 것도 보지 못했다네. 자네가 말한 두 가지 대안들은 이원론적인 것일세. 그것들은 최종적인 측정 도구를 *비물질적인 것*이라고 말하지 않으면서 비물질적인 것이라고 가정하고 있지. 그것들은 물론 그것을 잘 숨기고 있다네.

YS: 무슨 말씀인지 잘 모르겠습니다.

A: 눈가리개들을 제거해 보시게. 다세계 이론은 실현성이 있는 것처럼 보이네. 왜냐하면 그 이론의 주창자들은 불연속적 양자 붕괴quantum collapse가 필수적인 것이 아니라는 매혹적인 약속을 내놓고 있기 때문일세. 그들은 양자 물리학의 수학에 대해 전적으로 신뢰할 수 있으며, 측정measurement이라는 것이 관련된 양자 가능성의 한 양상의 발현을 각각 포함하고 있는 평행 우주들parallel universes의 확산과 관계가 있다는 것을 인식함으로써 측정 문제를 여전히 해결할 수 있다고 이론화하고 있거든. 이제 그들의 위장술이 보이나?

YS: 솔직히 말씀드리자면, 모르겠습니다.

A: 측정은 여전히 신호의 증폭amplification of the signal에 대한 측정 도구와 관련이 있지. 맞는가?

YS: 물론, 그렇죠.

A: 그러나 모든 측정 도구들은, 만약 그것들이 물질이라면, 그것들이 가능성의 파동과 상호작용을 할 때, 파동들, 가능성들의 중첩superposition of possibilities이 되네. 그렇지 않나?

YS: 확신하지 못하겠습니다.

A: 이걸 한번 생각해 보게. 위장술의 중요한 포인트는 바로 이것이거든. 존 폰 노이만John von Neumann(1955)이 자신의 유명한 폰 노이만 정리를 통해서 우리에게 말하려고 했던 것을 알고 있지?

YS: 기억이 납니다.

A: 이제 조금 더 전문적으로 이야기해야만 할 것 같군. 양자 물리학에 있어서 모든 상호작용들은 온전하게 양자 물리학의 기본적인 1차원적 구조를 유지해야만 하네. 그것들은 가능성들을 모두 보존해야만 하지. 전문적인 용어로 말하자면, 모든 상호작용들은 개개의 변형들의 합이어야만 하거든.

YS: 말씀에 동의해야만 한다고 생각합니다.

A: 그러나 다세계 이론에서는 측정 도구와의 상호작용은 개별적 변형 이상의 무엇인가를 하고 있는 것이지. 즉, 그 상호작용은 우주들을 가지들branches로 분기하고 있는 중이네. 양자역학의 거래적 해석에 있어서도 마찬가질세. 이 해석에서는 측정 도구와의 상호작용은 어쨌든 시간을 거슬러 가는 가능성 파동possibility wave의 방출을 일으킨다고 가정되고 있거든. 이런 방식으로 이 모델들은 또한 우리들을 양자 물리학 밖으로 데리고 나가고 있지. 그것들은 양자 물리학에 따르는 물질로 만들어지지 않는 측정 도구들을 제안하고 있는 걸세.

YS: 원래의 다세계 이론을 변형시킨 것들은 어떻습니까?

A: 동일한 비판이 언제나 적용되네.

YS: 알겠습니다.

A: 자, 닐스 보어Niels Bohr가 자신의 코펜하겐 해석Copenhagen Interpretation

안에서 부딪혔던 것도 이와 동일한 난제이거든. 그가 그 어떤 위장술도 사용하지 않았다는 것을 제외하고 말이네. 그렇게 대부분의 물리학자들은 그 난제를 즉시 알아봤네. 보어도 역시 측정도구는 다르다고 말했으며, 그것은 고전적인 뉴턴의 결정론적 물리학을 따르며, 따라서 그것은 가능성의 파동이 되지 않는다고 말했네. 그러나 폰 노이만이 자신의 정리를 수립하기 이전일지라도 이에 대해 그 어떤 물리학자도 동의하지 않았을 걸세.

사실, 만약 자네가 주의 깊게 읽어 본다면, 자네는 의식 있는 관찰자 해석에 대한 가능한 모든 대안들이 폰 노이만 정리와 상충된다는 사실을 알게 될 걸세. 그리고 붕괴collapse를 제거하려는 모든 노력들도 이 문제에 포함되지. 나는 이 문제에 대해서 보다 상세하게 논한 바 있네(고스와미, 2002, 2003).

YS : 데이비드 봄David Bohm(봄, 1980)의 해석은 어떤가요? 그것은 실현성이 있는 대안이 아닙니까?

A : 불행하게도 아니네. 그렇지 않아. 봄의 해석은 수정된 양자 물리학, 양자 물리학의 유사물이거든. 단지 의식consciousness이란 것을 매개변수에서 제외시키기 위해 오히려 제대로 작동하지 않는 유사물을 위해 양자 물리학의 적확성을 희생시킬 그 어떤 이유도 없지 않는가. 실제로 나는 더 잘 해냈네. 물리학자 마크 커밍스Mark Cummings와 나는 봄의 유사 양자 물리학이 은밀하게 붕괴를 가정하고 있다는 사실을 입증할 수 있었지. 여기서 그것을 탐구하기에는 너무 전문적인 것이지만, 나는 그것에 대해 다른 논문에서 논의를 한 바 있네(고스와미, 2002).

YS : 좋습니다. 당신의 말씀을 인정합니다. 당신이 말씀하는 것 외에 제대로 된 양자 측정에 관한 다른 해석은 없습니까? 그쪽으로 넘어가 볼까요?

A : 그래? 자네는 나의 핵심적인 생각을 이야기할 기회를 주지 않는군.

양자 측정 문제는 자네에게 과학 안에서 신을 재발견하거나, 신을 알게 될 엄청난 기회를 주는데도 말일세.

YS : 이제야 당신은 나를 몹시 호기심 나게 만드시는군요.

A : 좋아. 힌두교의 *우파니샤드*Upanishads에서, 그들은 신-인식God-realization이라는 동일한 목적을 가지고 논증적인 방법들을 논하고 있지. 그러한 방법의 하나는 행복과 괴로움suffering의 본질이라는 문제에 대한 논의와 명상으로 이루어져 있네.

YS : 그것을 살펴보는 것은 흥미로울 것 같네요.

A : 다른 기회가 더 좋을 듯 싶구먼. 자네에게는 양자 측정 문제가 보다 적절하네. 만약 자네가 다음과 같은 질문을 통해 그것에 접근한다면 말일세. 어떠한 모순도 야기시키지 않은 채 양자 가능성을 붕괴시킬 수 있는 의식consciousness의 본질은 무엇인가?

YS : (약간 흥분되어) 네, 그래요. 무슨 말씀을 하시는지 압니다. 위그너 친구의 모순paradox of Wigner's friend에 대한 당신의 접근법을 좋아했습니다. 의식은 비국소적이어야만 한다는 사실을 깨닫는 것은 아주 많은 것을 일깨워 주었지요. 내가 양자도약을 했다고 말하지는 못하겠지만, 아주 만족스러운 것이었습니다. 그러나 이렇게 말씀드리고 싶습니다. 어째서 그 만족감은 오래 지속되지 않으며, 어째서 회의론이 다시 찾아온 것일까요?

A : 만족감은 일시적인 현상일세. 그것은 오래 지속되지 않지. 회의론은 좋은 것이네. 그것은 자네가 양자도약을 하지 못했다는 것을 알려주는 지표이기 때문일세. 그러나 이제 자네는 의식은 비국소적이어야만 한다는 사실을 이해한다고 말하고 있네. 그것은 영적 연구활동spiritual work을 위한 아주 좋은 출발점이지. 그것은 *믿음*faith이라고 불리우는 것일세.

YS : 알겠습니다.

A : 그것은 실재reality를 직관적으로 언뜻 보는 것이지. 이제 자네는 보다 깊이 파고들 기회를 가지게 되었군. 나는 내 존재 안에서 의식의 비국소성을 경험할 수 있을까? 그것을 어떻게 하면 될까? 명상을 하면 되는가? 초자연적 경험들psychic experiences에 천착해야 하는가?

YS : 그런 의문들은 나에게 결코 떠오른 적이 없습니다.

A : (미소를 지으며) 비국소성은 자네 것이 아닐세. 그것은 자네를 설레게 하지 못하지. 이제 관찰자 효과observer effect의 순환성에 관한 의문을 살펴보세. 여기서 자네는 보다 깊이 들어갈 또 다른 기회를 갖게 될 것일세.

YS : 좀 더 말씀해 주십시오.

A : 그 순환성이 뒤엉킨 계층구조tangled hierarchy라는 것과 자기 참조self-reference라는 것을 이해하지?

YS : 그런 것 같습니다.

A : 좀 더 깊이 들어가 보도록 하세. 자기 참조, 주체와 대상의 분리는 왜 나타날까? 그것은 우리가 대상과 같은 수준에 박혀 있기 때문이지. 양자 측정에서 우리는 시공간 안에 있는 물질적 대상인 뇌와 동질감을 느끼거든. 공간이라는 것이 어떻게 거시적인 물질적 대상들의 반영속성semipermancence, 그 대상들의 가능성 파동들의 느린 움직임으로 인한 반영속성에 의해 만들어지는지 주목하기 바라네. 시간이라는 것이 어떻게 뇌 안의 과거의 붕괴들에 대한 그러한 모든 기억들에 의해 만들어지는지 주목하게. 그러면 자네는 자신을 시공간이라는 이 세상에 있는 물질적 대상physical object으로서 여기게 될 것일세. 지각perception이라는 것은 포기하기에는 너무 확실한 것이지.

YS : 그렇지만 지적인 측면에서 나는 신성한 차원, 붕괴의 원인인 양자 의식quantum consciousness, 신God인 근원적인 완전체underlying whole, 하향적 인과관계의 기원이 존재한다는 아이디어가 좋습니다. "나는 거짓말쟁이다"라는 문장의 예는 신성한 차원의 중요성을 설명하는 하나의 좋은 예입니다.

A: 자네의 지성이 자극을 받은 걸 보니 기쁘군. 그러나 지금이 조금 더 깊이 들어갈 수 있는 기회일세.

YS: 조금 더 깊이요? 어떻게 말입니까?

A: 우리 자신에 관한 다른 모델에 대해 잠시 생각을 해보도록 하세. 양자 측정의 모델이 아니라, 우리 인간의 자율성autonomy은 어떻게 생기는가에 관한 모델에 대해서 말일세. 나는 이 책에서 전체론holism에 대해 언급을 했네. 양자 측정을 통한 자기 참조self-reference는 이를 테면 살아 있는 단일 세포인 자아self의 모델이지. 그러나 전체론자들은 다른 모델을 가지고 있네. 그 주장은 자아라는 것은 부분들보다 더 크며, 부분들로 환원될 수 없는 하나의 '전체'로서 자기 조직화self-organization라는 창발적 특성emergent property으로 생겨난다는 것일세. 여기까지는 괜찮지?

YS: 네, 아주 좋습니다. 전체론자들은 이러한 창발적 자아가 자율성을 가지며, 자유 의지free will라는 경험은 구성요소들로 환원될 수 없다는 의미에서 자유 의지를 가진다고 말할 것입니다. 우리 인간의 자유 의지는 그럴 수 없을까요?

그래요, 나는 당신이 무슨 말을 하려는지 알고 있습니다. 이러한 창발적 자유 의지는 최종적으로 결정됩니다. 가장 낮은 물질적 차원으로부터 결정되는 거죠. 왜냐하면 그 모델에는 상향적 인과관계 이외에 어떤 다른 인과관계도 존재하지 않기 때문입니다. 그러나 당신의 모델에서도 역시 인간의 자유 의지는 신의 의지에 의해 최종적으로 결정되잖아요. 그 차이점은 무엇입니까?

나는 전체론자들의 모델이 더 낫다고 생각합니다. 왜냐하면 그것은 절약의 원리priciple of parsimony[14세기 영국의 논리학자이며 프란체스코회 수사였던 오컴의 윌리엄William of Ockham의 이름에서 따와 오컴의 면도날Occam's Razor이라고도 한다. 여러 가설이 있을 때 가정의 개수가 가장 적은 가설을 채택하는 것이 필요하지 않은 가설은 '사유의 면도날'로 잘라내 버려야 한다는 의미이다. 필연성 없는 개념을 배제하려 한 '절약의 원리' Principle of Parsimony라고도 한다. 역자주]를 만족시키기 때문이죠. 우리가 정말로 필요하지 않을 때 왜 신이라는 개념을 끼워 넣는 겁니까?

A: 필요하지 않다구? 그런가 한번 보도록 하세. 그런데 자네는 일부 전체론자들이 불교를 깊이 탐구했다는 사실을 알고 있는가?

YS: 그것이 무슨 관계가 있습니까?

A: 불교에서는 우리 인간의 자유 의지를 하나의 현상appearance으로 보고 있지. 우리가 깊이 살펴보면, 우리 인간은 소위 어떤 '자아'self라는 것이 정말 없다는 사실을 발견하게 되네. 그것은 전체론자들의 자아 이론과 아주 잘 맞아떨어진다네.

YS: 그렇다면 당신이 말하고자 하는 요점은 무엇인가요?

A: 요점은 불교는 니힐리즘nihilism이 아니라는 걸세. 공空[비어있음] emptiness은 무無[없음]nothingness를 의미하지만, 그것은 어떤 물체가 없는 상태no-thing-ness이네. 공이란 무한한 가능태potentia이지. 힌두교인들이 말했던 바와 같이 그것은 가능성의 충만함potential fullness이네.

YS: 저는 아직 이해하지 못하겠습니다. 그렇다면 힌두교인들과 불교 신자들은 궁극적인 실재의 본질에 관해 의견을 달리하고 있군요. 그 밖에 뭐 새로운 것은 없습니까?

A: 아니, 그들의 의견은 *다르지 않네*. 이해하지 못하겠나? 공이란 어떤 것이 아닐세. 그것은 양자 가능성들로 가득 차 있네. 그리고 그것은 가능성 안의 충만함fullness in potential이라네. 우리 인간의 의식이 이미 알려진 것과 조건화된 에고-자신ego-self의 놀이터를 비울 때, 조건화되지 않은 것unconditioned이 들어올 수 있는 자리가 만들어질 수 있지. 불교는 본능적인 것에 관해 많은 것을 이야기하지 않네. 그렇지만 그것은 함축적이네. 그들은 자네가 그것을 하나의 놀라움으로 발견할 수 있도록

내버려두고 있지. '조건화되지 않음'이란 하향적 인과관계와 함께 신에 대한 또 다른 호칭(아마도 아주 정확한 호칭)일세. 이것은 모든 영적 전승들에 있어서 모두 동일하네.

YS : 그렇다면 어째서 '조건화되지 않음'이라는 것은 오직 지금 우리가 과거에 형성된 조건에 간섭받지 않은 채 직접적으로 경험하고 있는 상향적 인과관계의 기초적 차원에 있는 기본입자들elementary particles일 수 없습니까?

A : 만약 그렇다면, 만약 우리 자신들을 탈조건화시키는 영적 활동이 그저 기본입자들의 걸러지지 않은 움직임으로부터 생겨나는 조건화되지 않은 '의지'가 된다면, 변형transformation이라는 것은 없을 것일세. 우리 인간은 질서와 혼돈이 마구 뒤섞인 행동을 보이게 될 것이네. 그렇지 않은가?

YS : 그럴 것이라고 생각합니다. 그래서 변형이란 것이 선생님이 말씀하시는 하향적 인과관계의 증거이군요?

A : 변형이야말로 가장 명백한 증거라네. 내가 이전에 쓴 책들 가운데 한 책에서 강조했던 것처럼 말일세(고스와미, 2000). 그렇지만 양자 측정 문제를 잊지는 말게. 전체론Holism은 양자 측정 문제 역시 해결하지 못하네. 그리고 만약 자네가 전체론에 관해 관심을 가지고 있다면, 그것은 생물학적 진화를 설명하기 위한 충분한 설명력explanatory power을 정말로 가지고 있지 않다네. 뿐만 아니라 그것은 지각에 있어서 주체-대상 분리라는 신경생리학적 딜레마도 해결할 수 없네.

YS : 지금까지 그 누구도 그러한 것들을 입증할 수 없었단 말씀이시죠!

A : (미소를 지으며) 여하튼, 하향적 인과관계와 생물학적 창조성biological creativity을 통한 창조적 진화creative evolution야말로 부인할 수 없는 명백한 이론이네. 그것은 지급보증적 이론이 아닐세. 생물학적 창조성을 얻기 위해서 우리는 또한 형태생성의 장morphogenetic field과 정신 그리고 초정신

체도 필요하네. 지각 안에서의 주체-대상 분리 문제를 해결하기 위해서 우리는 그 상황에 양자 측정을 적용할 필요가 있지. 전체론자들은 느낌, 의미, 그리고 육체적 법칙 혹은 윤리조차도 많은 차원들을 거치는 기본입자들의 복잡한 상호작용들로부터의 포괄적인 출현에서 비롯된다는 사실을 결코 입증하려고 하지 않을 걸세. 범주에서 차이가 나기 때문이지. 그러나 그건 우리가 논의하고 있는 주제에서 벗어난 걸세.

변형transformation이란 것은 중요하며 전체론을 포함하여 그 어떤 유물론적 이론과 통합하는 것은 불가능하네. 만약 그것이 자네가 요구하는 설득력을 가지고 있는 것이라면, 그렇게 해보게.

YS : 좋습니다. 다음 단계는 무엇입니까?

A : 다음 단계는 자네가 무엇으로 변형하고 있는지를 깨닫는 것이네.

YS : (놀란 듯) 그래요? 제가 무엇을 변형시키고 있는 건가요?

A : 우리 모든 인간 속에 존재하고 있는, 인간의 고통과 분리를 일으키는 내적 혼돈internal chaos이란 것일세. 그것은 의미와 느낌의 혼돈 그리고 때로는 가치의 혼돈이네. 그렇지 않은가?

YS : 그 말씀에 동의합니다.

A : 그 변형은 우리 인간이 의미, 느낌 그리고 가치를 처리하기 위해 사용하는 맥락의 변형이지. 맞나? 그렇다면 우리가 변형시키고 있는 것을 지켜보면, 우리는 이러한 인간 의식의 비물질적인 '체들'nonphysical bodies을 바로 발견하게 되네. 이제 우리는 새로운 과학적 패러다임의 구성요소들을 모두 가지고 있는 것일세. 하향적 인과관계 그리고 신비체들 말이네.

YS : 말씀의 요점은?

A : 과거에는 종교들도 역시 하향적 인과관계라는 생각을 가지고 있었지. 종교들은 그것을 마술 지팡이로, 설명되지 않는 모든 현상들, 대부분 물질적인 현상들의 원인으로 활용했네. 지금은 네오다윈주의자들이

그런 마술 지팡이를 가지고 있더군. 적응adaptation으로 여겨지는 자연도 태natural selection 말일세. 그렇지만 양자 신의식quantum God-consciousness이라는 하향적 인과관계는 마술 지팡이가 아니네. 그것은 우리 인간에게 진정한 자유 의지, 선택의 자유를 부여하는 권한 위임empowerment이라네. 우리가 그것을 발견할 때, 우리는 우리의 내적 환경을 우선 변화시키고, 거기에 질서를 가져오도록 권한 위임을 받는다네. 그리고 최종적으로는 우리의 외적 환경까지도 보다 더 낫게 만드는 권한 위임을 받는 것이네.

YS : 그렇다면 과학자로서 우리는 신비체들을 포함한 하향적 인과관계를 연구하도록 용기를 얻어야만 하겠군요. 왜냐하면 그것이 우리에게 새로운 조합의 현상들과 문제들을 안겨줄 뿐만 아니라, 우리가 그것을 연구할 때, 우리는 우리 자신들에게 변형시킬 권한을 부여할 수밖에 없기 때문이지요. 과학자는 이제 더 이상 자신의 연구 주제들로부터 분리되지 않는군요.

A : 맞네. 이런 방식으로 과학자는 존재의 혼 차원soul level을 향한 의식의 진화적 운동에 합류하는 것일세.

YS : 감사합니다. 저는 혼을 탐구하는 과학자가 되고 싶습니다. 정말 감사합니다.

에필로그 2

양자 물리학과 예수의 가르침
Quantum Physics and the Teachings of Jesus

젊은 가슴을 가진 크리스천들에게 보내는 호소
An Appeal to Young-at-Heart Christians

이 에필로그를 크리스천들에게 바치면서, 나는 예수의 제자들이라는 당신들의 또 다른 이름에 걸 맞는 사람들이기를 바라고 있다. 당신들은 현재 몇몇 육체화된 스승embodied teacher을 모시고 있을지도 모른다. 과거에 당신들은 많은 그러한 스승들을 모셨을지도 모른다. 그러나 예수는 언제나 당신들의 위대한 스승, 힌두교인들이 진정한 스승이라는 의미에서 사드구루sadguru라고 부르는 존재, 영spirit 안에 굳게 자리잡은 스승이었다.

모든 크리스천들에게 중요한 질문은 물론 다음과 같은 것이다. 과학이 재발견하고 있는 신은 크리스천의 신과 동일한가? 몇 차례에 걸쳐 나는 그것이 사실이라고 당신들을 안심시킨 바 있다. 새로운 과학의 신은 심원한 기독교의 신과 동일한 신이며, 마이스터 에크하르트Meister Eckart

[14세기 독일의 신비주의 사상가이자 도미니크 수도회 소속 수사. 역자주]와 아빌라의 성 테레사St. Teresa of Avilla[16세기 스페인 아빌라에서 태어나, 가르멜 수도원을 비롯한 2개의 수도원과 17개의 수녀원을 세운 로마 가톨릭의 성인. 역자주]와 같은 기독교 신비주의자들의 신이다. 그렇지만 나는 예수의 가르침을 양자 물리학의 교훈들과 직접적으로 비교함으로써 이 사실을 증명할 수 있다. 이를 통해 모든 의심은 제거될 것이다. 적어도 나는 그러기를 바란다.

예수는 모든 시대의 위대한 영적 스승들 가운데 한 분이었다. 그는 자신의 가르침들을 수수께끼puzzles와 역설paradoxes의 표현으로 전했다. 그것은 이미 양자 물리학의 교훈들과 유사하다. 양자 물리학의 교훈들도 역시 우리의 마음에 수수께끼와 역설을 만들어 내고 있다. 예수와 양자 물리학 모두 실재reality에 관해 말하고 있다. 그렇지만 그들은 동일한 방식으로 실재에 관해 말하고 있는 것일까? 이것은 좋은 질문이다. 만약 그들이 똑같은 은유적 표현으로 실재에 관해 말하고 있다면, 비록 이러한 비유들metaphors이 이성적인 사람들에게는 수수께끼처럼 또 모순되는 것처럼 보일지라도, 거기에는 어떤 합류점convergence이 존재한다는 결론을 내릴 만한 이유가 존재한다. 근본적으로 그들은 동일한 것the same이다. 예수의 신Jesus' God과 양자 의식 신quantum consciousness God은 하나one이며 동일한 것the same이다.

실재의 기본 구조
The Basic Fabric of Reality

실재reality의 기본 구조라는 아이디어를 검토해 보자. 유물론자들은 기초적 차원에서 실재는 쿼크quarks 그리고 전자electrons와 같은 기본입자들이라고 불리는 소재들building blocks로 환원되며, 인과관계causation는 이 기초로부터 상향적으로 작용한다고 말하고 있다.

그러나 양자 물리학은 다르게 이야기한다. 양자 물리학에서는 그 어떤 물질적 대상들objects도 관찰자들이라는 주체들subjecsts과는 상관없이 독자적으로 현실 세계로 드러나지 않는다. 양자 물리학에서 대상들은 관찰observation이라는 행위를 통해 현실 세계로 불려오기 전까지는 가능태potentia, 가능성의 파동들로 남아 있다. 양자 대상들은 가능성의 파동들이지만, 무엇의 가능성일까? 그것은 의식consciousness의 가능성들이다. 물질이 아니라, 의식이 바로 존재의 근원ground of being이다. 그 안에서 물질은 오직 가능성들로서만 존재한다. 의식은 양자 측정 혹은 관찰이라는 행위를 통해서 파동들을 입자들 혹은 물체things로 붕괴시킴[현실세계로 드러냄]으로써, 또 그와 동시에 의식 스스로를 보는 주체와 보여지는 대상들로 분리시킴으로써 가능성을 실체actuality로 변환시킨다.

예수는 실재의 구조에 관해 어떻게 말해야만 했을까? 비록 물질 우월성 옹호자들에 대해 약간 풍자적이기는 하지만, 그것은 아주 명백하다. (도마 복음 인용구는 모두 귀오몽Guillaumont 등, 1959으로부터 인용했음.)

> 만일 영혼spirit으로 인하여
> 육체flesh가 존재하게 되었다면,
> 그것은 놀라운 일marvel이다.
> 그러나 육체로 인하여
> 영혼이 존재하게 되었다면,
> 그것은 놀라운 일 중의 놀라운 일이다.(도마 복음, p. 21)

양자 물리학과 공명하듯이, 예수는 정반대로 영혼 때문에 육체가 존재하게 되었다고 말하고 있다.

예수가 다음과 같이 말한 것도 역시 나를 기쁘게 하고 있다. "살리는 것은 영이니 육은 무익하니라"(Spirit gives life; the flesh counts for nothing.

요한복음 3:6, 6:36). 이 말에는 전체론자의 창발적 자기생성emergent autopoiesis (자기 창조self-creation) 이론을 포함하여 유물론자들의 생명의 기원에 관한 이론들에 대한 그 어떤 지지도 없다. 그러나 예수의 말씀은 생명life이 의식에 의한 뒤엉킨 계층구조적 양자 측정으로부터 기원한다는 양자 아이디어quantum idea와 완전하게 공명하고 있다. 물론 신비주의자로서 예수는 육체, 물질matter을 과소평가하고 있다. 새로운 과학에서 우리는 이제 물질이 기여하는 역할에 관해 분명히 설명할 수 있다. 물질은 현실 세계로 드러남manifestation을 가능하게 하며, 신비체the subtle의 표상들representations을 만들어 낸다고 말이다.

비국소성과 초월성
Nonlocality and Transcendence

대중적인 기독교는 신God과 성령Spirit을 우리 인간과 별개의 존재로 단정하고 있다. 물론 이러한 이원론은 대부분의 과학자들이 기독교를 비과학적이라고 판결을 내리는 지점이다. 만약 신이 정말로 우리 인간과 분리되어 있는 존재라면, 그렇다면 어떻게 우리는 신의 인도guidance와 사랑love을 받을 수 있는가? 육체, 물질적인 실체가 비물질적인 신divine과 어떻게 상호작용을 할 수 있는가?

양자 물리학은 이에 관해 다른 생각을 가지고 있다. 신은 우리 인간과 분리되어 있지 않다. 신은 우리 인간 안에, 인간의 무의식 속에 내재하고 있는 중이다. 의식은 우리 인간을 포함한 모든 존재의 근원이다. 이 사실은 다음과 같은 예수의 말씀과 잘 공명한다. "내 아버지와 나는 하나이다."My Father and I are one. [요한 복음 10장 30절에는 "나와 아버지는 하나이니라"I and the Father are one로 되어 있다. 역자주] 그리고 만약 당신이 예수가 이 말씀을 오직 자기 자신에 대해서만 말하고 있으며, 오직 그만이 '아버지의 아들'이고 따라서 그Him와 동일하다는 뜻으로 해석한다면, 복음서들은 다르게 말하고 있다. 예수는 되풀이해서 자신의 청중들에게 그들 모두가 신의 자녀children of God이며, 그들이 이것을 깨달아야만 한다고 말하고 있다.

> 너희가 너희 스스로를 알면, If you know yourselves
> 너희는 알려질 것이요, then you will be known
> 너희가 살아 있는 아버지의 자녀임을 and you will know that
> 너희가 알게 될 것이다. You are the sons of the Living Father.
> (도마 복음Thomas, p. 3)

양자 물리학도 다음과 같이 말하고 있다. "너와 나는 하나이다." 의식 혹은 신은 하나oneness라는 이 아이디어를 입증할 기회를 우리 모든 인간들에게 부여하면서, 만약 우리가 '연관되어' 있다면 우리 인간의 뇌 안에서 비슷한 가능성 파동들을 붕괴시킨다. 이 아이디어는 실제로 실험실 안에서 입증되었다. 만약 우리가 서로 연관성을 가지고 있을 때, 의식이 당신의 뇌와 나의 뇌 안에서 가능성의 파동들을 동시에 붕괴시킨다면, 우리는 우리의 의식을 통해 이어져야만 한다. 그것은 비국소적이며 우리 둘 다를 위한 단일체unity, 추론하자면, 우리 모두를 위한 단일체이다.

비국소성nonlocality이라는 개념은 포착하기 어렵다. 그것은 또한 시공간을 통해 그 어떤 신호들 없이 당신과 내가 서로 연결되어 있다는 사실을 암시하기도 한다. 따라서 의식을 통한 우리의 연관성은 시공간을 초월한다. 그렇지만 우리는 또한 동일한 의식이 현실 세계로 드러난 것이기도 하다. 우리 인간 안에 내재되어 있는 것은 바로 그 의식이다.

이러한 주제들에 대한 예수의 견해는 무엇일까? 그의 잘 알려진 다음 말씀을 통해 살펴보자. "하나님의 나라kingdom of God는 온 땅에 있으나, 사람들이 그것을 보지 못한다." 그렇다면 예수는 세상 속에 내재하고 있는 신을 분명하게 알고 있었으며 그것에 대해 전하고 있었던 것이다. 그러나 이것은 물활론적animistic 세계관[세상에 있는 모든 것은 다 생명과 정령을 가지고 있다고 보는 원시적 신앙의 형태를 물활론이라고 부른다. 역자주]인가? 성급한 결론을 내리지는 말자. 다음과 같은 예수의 또 다른 유명한 말씀이 있다.

> 만일 너희 지도자들이 말하길,
> "보라, 하나님의 나라kingdom of God가 하늘에 있다"라고 한다면,
> 하늘의 새들이 너희보다 먼저 하늘나라에 들어갈 것이요.
> 만일 그들이 말하길,
> "하나님의 나라는 바다 속에 있다"라고 한다면,
> 물고기들이 너희보다 먼저일 것이다.
> 하나님의 나라는 볼 수 있게 임하는 것이 아니오.
> 또 여기 있다 저기 있다고도 못하리니
> 하나님의 나라는 너희 안에 있느니라.
> (누가 복음 17장 20-21절)

그리고 또 예수는 다음과 같이 말씀하신다.

> 그러나 하나님의 나라는 너희 안에 있고, 너희 밖에 있다.
> (도마 복음. p. 3)

하나님의 나라는 지역화될 수 있는 것이 아니다. 우리는 그것이 여기 아니면 저기 혹은 어떤 한 곳에 있다고 말할 수 없다. 하나님의 나라는 밖과 안 모두에 있으며 초월적이면서도 내재적이다. 이 모든 것은 양자 물리학의 메시지와 공명한다.

순환성, 뒤엉킨 계층구조, 그리고 자기 참조
Circularity, Tangled Hierarchy, and Self-Reference

양자 물리학의 가장 흥미로운 특징들 가운데 하나는 관찰자 효과 observer effect 속에 있는 순환성이다. 즉, 관찰자 없이는 그 어떤 붕괴도 존재하지 않는다. 그러나 붕괴 없이는 그 어떤 (현실 세계로 나타난) 관찰자도 존재하지 않는다. 이 순환성은 자기 참조, 관찰자가 경험하는 주체-대상 분리를 우리에게 부여하는 논리의 뒤엉킨 계층구조이다. 놀랍게도 예수는 이미 다음과 같이 말씀할 때 이러한 사실을 직관하고 있었다.

> 만일 그들이 너희에게 말하기를,
> "너희가 어디에서 왔느냐"라고 하면,
> 그들에게 이렇게 말하라.
> "우리는 빛light으로부터 왔다.
> 빛이 스스로에 의해 온 곳으로부터 왔다."
> (도마 복음, p. 29)

여기서 '빛'은 성령Holy Spirit, 양자 물리학 언어로는 양자 자아quantum self를 의미하는 것이다. 우리 인간은 빛으로부터 왔다. 우리의 개체로서의 존재individuality는 조건형성conditioning의 결과물이다. 빛은 스스로에 의해, 순환성, 뒤엉킨 계층구조를 통해 생겨났다.

예수와 양자 자아
Jesus and the Quantum Self

나는 앞에서 한 사람이 언제나 무의식적으로 처리를 할 때면 언제나 양자 신 의식quantum God-consciousness 안에 지속적으로 존재할 때 영적 깨달음spiritual enlightenment의 마지막 단계에 이르게 된다고 말한 바 있다.

그러나 예수는 짧은 기간 동안만 살았으며, 예수의 생존기간의 많은 부분은 수수께기와 논란 속에 싸여져 있다. 우리가 아는 그에 대한 설명들은 때때로 예수가 명상을 했다는 것을 암시하고 있다. 그러나 복음서들은 예수가 말씀했던 것과 행한 기적의 이야기들로 더 많이 채워져 있다.

예수의 경우, 이러한 기적의 이야기들은 아주 인상적이다. 물론 기적들이 무의식 속에서 행해졌던 것이 아니다. 따라서 그것들은 예수가 신 양자 의식God-quantum consciousness 안에 확고부동하게 있었는지 여부를 시사하는 것은 아니다. 그러나 기적들이라는 것은 그러한 경우들에 있어서 예수가 양자 자아quantum self 혹은 기독교에서 말하는 성령Holy spirit 혹은 영Spirit을 바탕으로 행동했다는 것과 모든 제약들을 뛰어넘어 가능성들로부터 선택했다는 사실을 강력하게 시사하고 있는 것이다.

이 아이디어는 일반적인 창조성ordinary creativity이라는 것은 의식의 초정신적 영역 안에서 체계화된 법칙들과 맥락들을 포함하고 있다는 것을 의미한다. 예수가 물을 포도주로 바꾼 것과 같은 물리적 법칙들을 파괴하는 기적들은 초정신적 물리학 법칙들을 초월하는 창조성을 시사하고 있다. 다른 말로 하자면, 기적을 행하는 사람은 초정신체를 뛰어넘어, 물리학의 양자 법칙의 제약을 뛰어넘어, 지복체bliss body 그 자체에서, 투리야turiya 의식 안에서 가능성들에 무의식적으로 접근하고 있는 것이다.

따라서 예수가 때때로 그가 했던 다음과 같은 유명한 말처럼 많은 혼돈을 야기시키면서 성령 의식Spirit consciousness 혹은 양자 자아quantum self인 상태에서 이야기했다는 것은 놀라운 것이 아니다.

> 내가 곧 길이요 진리요 생명이니 I am the way and the truth and the life
> 나로 말미암지 않고는 아버지께로 No one comes to the Father

올 자가 없느니라 Except through me

(요한 복음 14장 6절)

기독교 교회는 이 말씀을 다른 종교들, 다른 신앙들을 공격하는 데 이용했다. 그러나 그것은 예수의 말씀을 "깨달은 자들은 말하지 않으며, 말하는 자들은 [깨달은 것이] 아니다"와 같은 동양의 현인들의 말씀들과 비교해 볼 때, 동양 사람들에게도 역시 혼란스러운 것이다. 자신의 자아 상태self-identity가 에고ego에서 성령Spirit으로 변화한 사람은 적어도 겸손해야만 하는 것은 아닌가? 어느 모로 보나 예수는 의식의 일상적인 상태에서 행동하면서 자신의 에고 안에 있었을 때 매우 겸손한 사람이었다. 만약 우리가 예수가 이런 종류의 말씀을 할 때, 그는 양자 자아라는 비교적 드문 비일상적 상태에서 말하고 있는 중이라는 사실을 고려해 본다면 동, 서양 양쪽 진영 모두의 혼란은 사라진다. 그가 물리적 법칙들을 파기했던 기적들을 행했던 것은 이와 동일한 비일상적 상태에서 그런 것이다.

만약 당신이 여전히 예수가 때때로 양자 자아라는 비일상적 상태에서 말했다는 것에 의심을 가지고 있다면, 어째서 다음과 같은 말씀을 해야만 했을까? "아브라함이 나기 전부터 내가 있느니라"Before Abraham was born, I am!(요한 복음 8장 58절). 혹은 말이 나왔으니 말이지만, 다음과 같은 말씀을 어째서 해야만 했을까? "너희는 아버지께서 내 안에 계시고 내가 아버지 안에 있음을 깨달아 알리라"you may know and understand that the Father is in me, and I in the Father(요한 복음 10장 38절). 인간의 조건human condition을 생기게 하는 순환성circularity을 깨닫기 위해서 한 사람은 양자 자아라는 뒤엉킨 계층구조적인 상태 속에 있어야만 한다.

예수와 창조성
Jesus and Creativity

예수에게 제자들이 이렇게 물었다. "하늘 나라Heaven's kingdom가 무엇과 같은지 말씀해 주십시오."
예수는 그들에게 이렇게 대답했다.

> 하늘 나라는 모든 씨 중 가장 작은 겨자 씨 한 알과 같다.
> 그것은 작지만 준비된 토양 위에 떨어지면,
> 그것은 커다란 나무가 되고,
> 하늘의 새들에게 쉴 곳이 된다.
> (도마 복음, p. 15)

당신은 이 말씀의 의미가 무엇이라고 생각하는가? 어째서 예수는 모든 씨 중 가장 작은 씨를 강조하고 있는 것일까? 통찰insight은 다른 씨들 – 우리 인간의 정신psyche을 어지럽히는 평상시의 생각들 – 보다 더 작은 초정신the supramental에서 흘끗 보는 것일 수 있을까? 그렇지만 이 씨가 준비된 토양에 떨어질 때, 그것은 하늘의 새들이 쉴 수 있는 커다란 나무가 된다. 그리고 하나의 통찰이 준비된 사람(준비된 토양)에게 나타날 때, 그것은 많은 원형들archetypes(하늘의 새들)이 현실로 나타날 수 있는 (쉴 수 있는) 변형된 정신transformed mind(커다란 나무)을 만들어 낸다. 예수는 준비, 통찰, 그리고 발현이라는 내적 창조성inner creativity의 세 단계를 알고 있었다. 그는 여기서는[도마 복음에서는] 무의식적 처리unconscious processing의 단계는 언급하지 않았지만, 다른 곳에서 그것에 관해 언급하고 있다. 즉, 그는 이렇게 말했다.

> 하나님의 나라Kingdom of God는 사람이 씨를 땅에 뿌림과 같으니

> 그가 밤낮 자고 깨고 하는 중에 씨가 나서 자라되,
> 어떻게 그리 되는지를 알지 못하느니라.
> (마가 복음 4장 26-29절)

"어떻게 그리 되는지는 알지 못하느리라"라는 대목은 분명하게 한 사람 자신의 내부에서 하나님의 나라가 자라게 하는 내적 창조성 안에서의 어떤 처리는 무의식적이라는 것을 인정하고 있다.

예수 자신은 온전함perfection에 도달했다. 그리고 그는 사람들에게 동일한 것을 하라고 권했다. 즉,

> 하늘에 계신 너희 아버지의 온전하심과 같이 너희도 온전하라.
> (마태 복음 5장 48절)

그렇다면 온전함이란 무엇인가? 그것은 파동 입자의 이중성dualities의 영역인 정신mind을 뛰어넘은 초정신supramental을 통제하는 자리에 위치하는 것이다.

예수는 그들에게 다음과 같이 말했다.

> 너희가 둘을 하나로 만들 때,
> 안을 밖과 같게 만들고,
> 밖을 안과 같게 만들 때,
> 위를 아래와 같게 만들 때,
> 남자와 여자를 하나로 만들 때,
> 그리하여 남자는 남자가 아니고
> 여자는 여자가 아니게 될 때,
> 그때에 너희는 하늘나라에 들어가리라.
> (도마 복음, p. 17)

많은 사람들은 도마 복음을 완전히 인증된 것으로 인정하기를 주저하고 있다. 만약 그러하다면, 이러한 말들을 인증된 것이라고, 예수가 한 말이라고 신뢰할 수 있는가? 내 생각으로는, 만약 이러한 말들이 다른 저자에 의해 삽입되었다면, 그 다른 저자는 예수와 마찬가지로 현명한 사람임에 틀림없었을 것이다. 우리는 그 사람에 대한 역사적인 증거를 찾아야만 할 것이다. 그리고 우리가 그런 증거를 찾을 때까지, 우리는 이러한 말들 역시 예수의 말씀으로 여길 수 있을 것이다.

당신은 새로운 과학의 발견들과 결론들이 얼마나 예수의 가르침과 공명하는지 이해하는가? 예수는 안과 밖을 하나로 만들라고 말했다. 흔히 신비주의자들은 내적인 것을 강조하고 외적 세계는 경시한다. 그러나 예수는 그렇지 않다. 그는 신은 그 두 가지 모두라는 사실을 알고 있었다. 유물론자들이 총체적/외적gross/outer 세계에 매료되듯이, 신비적/내적 세계는 의식의 전문가들에게 매력적인 것처럼 보일지 모른다. 그러나 우리는 그 유혹에 대항해야만 하며, 밖과 안을 하나로 만들어야만 한다.

이와 비슷하게, 우리는 위와 아래the above and the below를, 초월적인 것과 내적인 것을, 우리 양자 언어로 말하자면 파동과 입자를 통합할 필요가 있다. 우리는 내재적인 것을 더 선호하는 입장에서 초월적인 것을 받아들이는 광신자들의 경향을 피해야만 한다. 마찬가지로, 우리는 초월적인 것을 부정하는 반면, 오직 내재적인 것만을 포용하는 유물론자들의 방종을 피해야만 한다.

마지막으로, 어째서 예수는 우리에게 남자와 여자를 하나로 합치라고 말하고 있는 것일까? 이것은 양자 물리학의 관심사인 것처럼 보이지 않는다. 그렇지 않은가? 그러나 나는 예수가 칼 융의 스타일로 말하자면 우리 인간의 남성과 여성의 심리학적 성향들을 하나로 합치는 것에 관해 이야기하고 있는 것은 아니라고 생각한다. 나는 예수가 중국 의술의 의미에서 남자 – 양male-yang 그리고 여자 – 음female-yin에 관해, 우리 인간이 자신의 신비체를 처리하는 창조적 그리고 조건화된 방식들에 관해 말하고 있는 것이라고 생각한다. 우리는 두 가지 방법 모두를 항상 통합하고 활용할 필요가 있다. 창조적 양자도약은 현실 세계로 드러남을 동반해야만 한다. 그런 후 우리는 변형되며, 그런 후 우리는 하나님의 나라kingdom of heaven에 들어가게 된다.

만약 예수가 변형되었다면, 어째서 그는 그렇게 용서하지 못하는가?
If Jesus was Transformed, Why was He so Unforgiving?

철학자 버트란드 러셀은 다음과 같이 말했다.

> 내 생각에는 그리스도Christ의 도덕적 특징에는 하나의 심각한 결점이 존재한다. 그것은 바로 그가 지옥hell을 믿었다는 것이다. 정말로 완전하게 인도적인 어떤 사람은 영원한 형벌을 믿을 수 있다고 나는 생각하지 않는다. 물론 성스러운 유령Holy Ghost에 반한 죄에 관해 우리에게 익숙한 말이 있다. "성령에 관한 반대하는 말을 하는 사람은 누구라도 용서받지 못할 것이다. 이 세상에서뿐만 아니라 다가올 세상에서도."…… 나는 정말로 천성적으로 적절한 정도의 온화함을 가지고 있는 사람은 그와 같은 두려움과 공포들을 세상에 드러낼 것이라고 생각하지 않는다(메이슨Mason, 1997, p. 186에서 인용).

변형된 사람은 다른 인간 존재에서 오직 신의 가능태God potential만을 볼 것이라는 것은 합리적인 기대이다. 사실, 변형된 성 라마크리슈나Ramakrishna[힌두교 지도자. 역자주]의 제자 비베카난다Vivekananda는 자신의 스승에 관해 이렇게 말했다. "나의 스승은 가장 아름다운 눈을 가지고 있다. 왜 냐하면 어떤 누구에게서도 더 이상 악evil을 볼 수 없기 때문이다. 그는 오직 신의 가능태divine potential만을 본다." 사실 라마크리슈나가 브라만 그룹의 사람들을 많이 거북하게 만들었지만, 창녀들과 브라만들을 동일한 사랑으로 대했다는 것은 아주 잘 기록되어 있다.

그러나 만약 예수가 사람들을 영원한 지옥형을 선고할 정도로 용서하지 않는다면, 우리는 어째서 모두 버트란트 러셀처럼 생각하지 않으며, 예수에 대해 얼굴을 완전히 돌리지 않는 것인가? 러셀처럼 어떤 현대 크리스천은 이렇게 느낄지도 모른다.

마크 메이슨Mark Mason(1997)이라는 작가는 이 주제를 아주 잘 다루었다. 나는 독자들에게 그의 책을 참조하라고 권한다. 메이슨은 예수는 결코 '지옥'이라는 단어를 사용하지 않았을 뿐만 아니라 그것을 의도하지도 않았다는 것을 입증하고 있다. 그것은 그리스 원어로부터 번역을 하는 데 있어서 실수 때문이며, 예수의 이미지가 이렇게 변색된 것은 중세 기독교 교회의 조작들 때문이다. 메이슨은 또한 성령에 반대해서 말하는 것과 연관된 '용서'forgiven라는 단어는 마찬가지로 맥락을 유지하지 못하는 번역에 있어서 유감스러운 실수라는 사실을 설득력 있게 주장하고 있다.

용서받지 못한다는 점에 관해서는, 선한 사마리아인의 우화(누가 복음 10장 29-37절)와 같은 많은 이야기들이 적절하게 분석되었을 경우 다른 것을 암시하고 있다(메이슨, 1997). 예수가 돌을 맞아 죽게 될 여인을 다음과 같이 말함으로써 보호했을 때 그 일화에 관해 누가 알지 못하는가? "죄 없는 자가 먼저 돌을 던져라."

예수는 아바타라였는가?
Was Jesus an Avatara?

현대의 크리스천이라면 흥미롭게 생각할지도 모르는 또 다른 무엇인가가 있다. 힌두교인들은 예수를 *아바타라*avatara로 여기고 있다. *아바타라*는 완전히 변형된 사람을 가리키는 그들의 말이다. *아바타라들*avataras은 의식의 움직임이 정체된 때는 언제나 (의식적인 진화가 멎었을 때는 언제나) 인간이란 존재들로 태어난다고 믿어지고 있다. 이것은 예수의 상황에 꼭 들어맞는가?

정말로 그렇다. 힌두교인들은 크리슈나Krishna[힌두교 신화에 나오는 영웅 신神. 비슈누Viṣṇu의 여덟 번째 화신化身으로 가장 잘 알려져 있으며, 여러 신 가운데 가장 널리 숭배되고 사랑받는다. 역자주], 부처Buddha, 샹카라Shankara[8세기 인도 베단타 학파의 철학자. 역자주], 그리고 라마크리슈나Ramakrishna와 같은 사람들을 *아바타라*로 생각하고 있다. 왜냐하면 그들은 모두 종교와 영성spirituality이 사람들의 삶 속에서 어떤 힘이 되는 것이 중단된 때에 나타났기 때문이다. 이러한 *아바타라*들은 그들의 사회에 영성을 회복시켰다. 이와 비슷하게, 예수는 정체stagnation가 심한 시기로부터 유대교Jusaism를 구하기 위해 왔다.

잘 알려진 또 다른 일화가 있다. 크리슈나는 *바가바드 기타*Bhagavad Gita[고대인도의 힌두교 경전의 하나. 역자주]에서 이렇게 말하고 있다. "나는 현자the wise의 목표goal이며 나는 길이다." 이와 비슷하게 예수는 이렇게 말했다. "내가 곧 길이요, 진리요, 생명이니라."[요한 복음 14장 6절. 역자주]

그리고 물론, 예수는 다음과 같이 말했다.

> 또 이 우리에 들지 아니한 다른 양들이 내게 있어 내가 인도하여야 할 터이니 그들도 내 음성을 듣고 한 무리가 되어 한 목자에게 있으리라.
> (요한 복음 10장 16절)

이 말씀은 크리슈나가 *바가바드 기타*에서 선언한 것과 잘 맞아떨어진다.

> 신성한 것the holy를 전하기 위해
> 죄인의 죄를 없애기 위해
> 의righteousness를 세우기 위해
> 모든 시대에 나는 돌아올 것이다.

정말, 그 유사성들은 아주 놀랍다. 그렇다면 다시 물어보자. 예수는 *아바타라*였을까? *아바타라*라는 개념은 우리가 이 책에서 확립한 신과 영성의 새로운 과학에게도 받아들여지는 것인가?

나는 다른 논문(고스와미, 2001)에서 완전하게 변형된(다른 말로 하자면 '해방된') 사람들은 죽음-탄생-재탄생death-birth-rebirth의 사이클을 완결지었다고 주장한 바 있다. 그렇다면 우리는 다음과 같이 의문을 던질 수 있다. 그들이 죽을 때, 완벽하게 완성된 생의 패턴을 갖춘 그들의 양자 모나드quantum monad에는 어떤 일이 벌어지는가? 우리는 인정해야만 하지만, 과학적으로 보자면 양자 모나드는 미래에 사용될 수 있도록 가능태로 거기에 존재해야만 한다.

미래에 사용한다고? 어떻게?

우리에게 있어서 양자 모나드의 첫 번째 사용은 채널링과 같은 것을 통한 개인적인 영spirit의 안내자와 같은 그러한 양자 모나드를 발동시키는 것이다. 우리는 이것을 한다. 힌두교인은 크리슈나 혹은 샹크라를 자신의 영 안내자로서 이용하는 선택권을 가지고 있다. 이와 비슷하게, 불교신자는 부처, 유대인은 모세, 모슬렘은 모하메드, 그리고 크리스천은 예수를 가지고 있다.

양자 모나드의 두 번째 사용은 의식의 진화의 필요성을 충족시키는 것이다. 진화가 정체되는 경우에는 언제나, 진화적 압력evolutionary pressure 은 이전의 *아바타라*는 양자 모나드의 재탄생을 나타낸다. 예수가 "아브라함 이전에 내가 있었느리라"라고 말한 이유가 바로 이 때문이다. 하나의 *아바타라*는 자신이 살아 있는 동안 그 어떤 카르마karma도 축적하지 않는다. *아바타라*는 이전 *아바타라*의 완전 무결한 양자 모나드와 똑같이 완전 무결한 조건을 가지고 태어난다.

자. 바로 이것이다. 만약 내가 여기에서 제시한 것이 크리스천으로서 당신 자신을 새로운 통합적인 과학에 대해 보다 더 잘 적응시키는 데 도움이 된다면, 예수의 다음과 같은 말씀을 깊이 생각해 보라. "한 무리가 되어, 한 목자에게 있으리라"[There shall be one flock and one shepherd. 요한 복음 10장 16절. 역자주]. 분명히 예수는 모든 종교들의 어떤 종류의 통합integration 을 예견했다. 새로운 과학은 이 세상의 모든 종교들 상호 간에 통합하는 대화를 위한 장소가 될 수 있을까? 그러한 일이 이루어지도록 하는 것은 크리스천 당신들에게 달려 있다.

역자 후기

'신' GOD

동서고금을 막론하고 사람들이 가장 많이 생각하고, 말했던 단어들 중의 하나가 '신'이라는 단어일지도 모른다.

사람들은 기쁠 때보다는 슬플 때 '신'에 대한 생각을 떠올린다. 특히 우리 인간들의 나약함을 절감하게 하는 대참사를 직면하게 될 경우 그러하다. "신이 존재한다면 어찌해서 이런 끔찍한 일이 나에게, 우리에게 벌어질 수 있단 말인가?" '신'을 향한 절규는 오늘날에도 여전히 우리나라는 물론 지구촌 곳곳에서 울려 퍼지고 있다.

'신'은 과연 존재하는 것일까? "신은 죽었다"고 말한 독일의 철학자 니체에게 '신'은 "살아 있던" 존재였던 모양이다. 그가 죽었다고 선언한 '신'은 과연 무엇이었으며, 어떤 존재였을까?

지구라는 행성에서 인간이라는 존재로 살아가고 있는 많은 사람들과 마찬가지로 수많은 좌절과 절망을 겪고 소리 없는 절규를 가슴에 담고 있던 역자가 인도 출신 미국 이론물리학자 아미트 고스와미 Amit Goswami의 "신은 죽지 않았다" God Is Not Dead라는 제목의 책을 접하게 된 것은 어쩌면 '신의 은총'일지도 모른다.

우주와 세상 그리고 인간의 삶이라는 것은 도대체 어떤 원리로 작동하기에 가슴 먹먹한 수많은 사건과 상황을 겪게 되는지에 대한 궁금증을 가지고 있던 역자는 최근 몇 년 동안 양자 물리학이라는 새로운 과학 패러다임에서 그 답을 찾고 있던 중이었다.

저자는 이 책에서 양자 물리학 원리를 통해 '신'의 존재를 입증하고 있다. 저자는 물리학자답게 이론과 실험데이터를 바탕으로 '신'이 존재하고 있음을 증명하고 있다. 아이작 뉴턴 이래 인간 세상을 지배해 왔던 기존 물리학적 이론과 철학, 형이상학은 물론 신학마저도 명확하게 입증하지 못했던 '신'이라는 존재를 그는 '과학적'으로 입증하고 있다.

그러나 기존의 물리학적 세계관에 젖어 있는 일반인들에게 새로운 과학적 원리인 양자 물리학은 이해하기 쉽지 않다. 그러한 양자 물리학적 원리를 바탕으로 저자가 '신'이라는 이해하기 어려운 존재를 입증해 내는 과정은 더욱 이해하기 쉽지 않을지도 모른다.

그러나 역자는 '신'이라는 존재를 제대로 이해하고 제대로 믿고 싶다는 생각 하나로 무모한 시도에 나섰다. 그런 생각은 역자 혼자만 하고 있지 않을 것이라는 믿음을 가지고서 말이다. 특히 저자가 '신'의 존재를 과학적으로 입증한 후 제시하고 있는 새로운 우리 인간의 삶의 의미와 방향성은 많은 것을 시사하고 있다. 역자 또한 그것을 통해 내 자신과 세상을 새롭게 보게 됐으며, 새로운 삶을 살 수 있다는 확신을 갖게 됐다.

'신'은 분명히 존재한다는 것을 과학적으로 입증한 이 책이 그 어느 나라보다 종교심이 높고 강한 우리나라에 소개될 수 있는 소중한 기회를 만들어 주신 출판사 시그마인사이트컴 김혜련 대표님에게 감사를 드린다. 또한 늘 말없이 물심양면으로 사랑을 베풀어 주시고 있는 ㈜티노스의 이병민 회장님과 이상락 박사님에게도 감사를 전하고 싶다. 끝으로 목숨을 건 절박한 기도 끝에 (신의) 섭리가 현실세계에서 작동함을 입증해 주신 공종렬 박사님에게 감사를 드린다.

"하나님의 나라는 너희 안에 있느리라." [누가복음 17장 21절]

| 참고문헌 |

Adler, A. (1938). *Social Interest : Challenge to Mankind*. London : Faber & Faber.

Amabile, T. (1990). "Within you, without you : The social psychology of creativity and beyond." In M. A. Runco and R. S. Albert(Eds.), *Theories of Creativity*. Newbury Park, CA : Sage.

Ager, D. (1981). "The nature of fossil record." *Proceedings of the Geological Association*, vol. 87, 131-159.

Aspect, A., Dalibar, J. and Roger, G. (1982). "Experimental test of Bell's inequalities with time varying analyzers." *Physical Review Letters*, vol. 49, 1804-1806.

Aurobindo, S. (1996). *The Life Divine*. Pondicherry, India : Sri Aurobindo Ashram.

Aurobindo, S. (1955). *The Synthesis of Yoga*. Pondicherrt, India : Sri Aurobindo Ashram.

Bache, C. M. (2000). *Dark Night, Early Dawn : Steps to a Deep Ecology of Mind*. NY : Paragon House.

Banerji, R. B. (1994). "Beyond words." Preprint. Philadelphia, PA : St. Joseph's University.

Barasch, M. I. (1993). *The Healing Path*, NY : Tarcher/Putnam.

Barrow, J. D. and Tippler, F. J. (1986). *The Anthropic Cosmological Principle*. NY : Oxford Univ. Press.

Bass, L. (1971). "The mind of Wigner's friend." *Harmathena*, no.cxii.

Dublin : Dublin University Press.

Bateson, G. (1980). *Mind and Nature*. NY : Bantam.

Bem, D. and Honorton, C. (1994). "Does psi exist? Replicable evidence for an anomalous process of information transfer." *Psychological Bulletin*, January issue.

Behe, M. J. (1996). *Darwin's Black Box*. NY : Simon & Schuster.

Blood, C. (1993). "On the Relation of the Mathematics of Quantum Mechanics to the perceived physical universe and free will." Preprint. Camden, NJ : Rutgers University.

Blood, C. (2001). *Science, Sense, and Soul*. Los Angeles, CA : Renaissance Books.

Bohm, D. (1951). *Quantum Theory*. Englewood Cliffs, NJ : Prentice Hall.

Bohm, D. (1980). *Wholeness and Implicate Order*. London : Rutledge & Kegan Paul.

Briggs, J. (1990). *Fire in the Crucible*. Los Angeles, CA : Tarcher.

Byrd, C. (1988). "Positive and therapeutic effects of intercessor prayer in a coronary care unit population." *Southern Medical Journal*, vol. 81, 826-829.

Cairns, J., Overbaugh, J., and Miller, J. H., "The origin of mutants." *Nature*, vol. 335, 142-145.

Chalmers, D. (1995). *Toward a Theory of Consciousness*. Cambridge, MA : MIT Press.

Chopra, D. (1990). *Quantum Healing*. NY : Bantam-Doubleday.

Chopra, D. (1993). *Ageless Body, Timeless Mind*. London : Random House.

Cranston, S. L. and Carey, W. (1984). *Reincarnation*. 2 volumes. Pasadena, CA : Theosophical University Press.

Crick, F. and Mitchison, G. (1986). "The function of dream sleep." *Nature*, vol. 304, 111-114.

Csikszentmihalyi, M. (1990). *Flow : the Psychology of Optimal Experience*. NY : Harper Collins.

Cumming, H. and Leffler, K. (2006). *John of God : Healing through Love.* Hillsboro, OR : Beyond Words Publishing.

Darwin, C. (1859). *On the Origin of species by Means of Natural Selection or the Preservation of Favored Races in the Struggle for Life.* London : Murray.

Davies, P. (1988). *The Cosmic Blueprint.* NY : Simon & Schuster.

Dawkins, R. (1976). *The Selfish Gene.* NY : Oxford University Press.

Dawkins, R. (2006). *The God Delusion.* Boston : Houghton Mifflin.

Devall, W. and Sessions, G. (1985). *Deep Ecology.* Salt Lake City : Peregrin Smith.

Dossey, L. (1992). *Meaning and Medicine.* NY : Bantam.

Desek et al. (2004). *American Heart Journal,* April 4 issue.

Einstein, A., Podolsky, B., and Rosen, N. (1935). "Can quantum mechanical description of physical reality be considered complete?" *Physical Review Letters,* vol. 47, 777-80.

Elredge, N. and Gould, S. J. (1972). "Punctuated equilibria : An alternative to phyletic gradualism." In *Models of Paleontology,* T J. M. Schopf ed. San Francisco, CA : Freeman.

Elsasser, W. M. (1981). "Principles of a new biological theory : a summary. *Journal of Theoretical Biology,* vol. 89. 131-50.

Elsasser, W. M. (1982). "The other side of molecular biology." *Journal of Theoretical Biology,* vol. 96, 67-76.

Feynman, R. P., Leighton, R. B., and Sands, M. (1962). *The Feynman Lectures in Physics,* vol. 1. Reading, MA : Addison-Wesley.

Goleman, D. (1994). *Emotional Intelligence.* NY : Bantam.

Goswami, A. (1989). "The idealist interpretation of quantum mechanics." *Physics Essays,* vol. 2, 385-400.

Goswami, A.(1993). *The Self-Aware Universe : How Consciousness Creates the Material World.* NY : Tarcher/Putnam.

Goswami, A. (1994). *Science within Consciousness.* Research Report. Sausalito, CA : Institute of Noetic Sciences.

Goswami, A. (1997a). "Consciousness and biological order : toward a quantum theory of life and evolution." *Integrative Physiological and Behavioral Science*, vol. 32, 75-89.

Goswami, A. (1997b). "A quantum explanation of Sheldrake's morphic resonance." In H. P. Durr and F. T. Gottwald, ed. *Scientists Discuss Sheldrake's Theory about Morphogenetic Fields*, Germany : Scherzverlag.

Goswami, A. (1999). *Quantum Creativity*. Cresskill, NJ : Hampton Press.

Goswami, A. (2000). *The Visionary Window : A Quantum Physicist's Guide to Enlightenment*. Wheaton, IL : Quest Books.

Goswami, A. (2001). *Physics of the Soul*. Charlottesville, VA : Hampton Roads.

Goswami, A. (2002). *The Physicist's View of Nature*, vol. 2. NY : Kluwere Academic/Plenum.

Goswami, A. (2003). *Quantum Mechanics*. Long Grove, IL : Waveland Press.

Goswami, A. (2004). *The Quantum Doctor*. Charlottesville, VA : Hampton Roads.

Goswami, A. (2008). *Creative Evolution : How Evolution Proves Intelligent Design*. Wheaton, IL : Theosophical Publishing House.

Gringberg-Zylberbaum, J., Delaflor, M., Attie, L., and Goswami, A. (1994). "Einstein Podolsky Rosen paradox in the human brain : the transferred potential." *Physics Essays*, vol. 7, p. 422-428.

Grof S. (1998). *The Cosmic Game : Explorations of the Frontiers of Human Consciousness*. Albany, NY : SUNY Press.

Hadamard, J. (1939). *The Psychology of Invention in the Mathematical Field*. Princeton, NJ : Princeton University Press.

Harman, W and Reingold, H. (1984). *Higher Creativity*. Los Angeles, CA : Tarcher.

Hellmuth, T., Zajonc, A. G., and Walther, H. (1986). In *New Techniques and Ideas in Quantum Measurement Theory*, ed. D. M. Greenberger. NY : N. Y. Academy of Science.

Hillman, J. (1992). *The Thought of the Heart and the Soul of the World.* Woodstock, CT : Spring Publications.

Hobson, J. A. (1990). "Dreams and the brain." In Krippner, S. (Ed.). *Dreamtime and Dreamwork.* NY : Tarcher/Perigee.

Hofstadter, D. R. (1980). *Goedel, Escher, Bach : An Eternal Golden braid.* NY : Basic Books.

Holmes, E. (1938). *Science of Mind.* NY : Tarcher/Putnam.

Humphrey, N. (1972). "Seeing and nothingness." *New Scientist*, vol. 53, p. 682.

Jahn, R. (1982). "The persistent paradox of psychic phenomena : An engineering perspective." *Proceedings of the IEEE*, vol. 70, 135-170. NY : Carrol & Grat.

Jung, C. G. (1971). *The Portable Jung*, ed. J. Campbell. NY : Viking.

Krishnamurthy, U. (2008). *Yoga Psychology.* To be published.

Labarge, S. (1985). *Lucid Dreaming.* NY : Ballantine.

Laszlo, E. (2004). *Science and the Akashic Field.* Rochester, VT : Inner Traditions.

Lewontin, R. (2000), *The Triple Helix.* Cambridge, MA : Harvard Univ. Press.

Libet, B. (1985). "Unconscious cerebral initiative and the role of conscious will in voluntary action." *Behavioral and Brain Science*, vol. 8, 529-566.

Libet, B., Wright, E., Feinstein, B., and Pearl, D. (1979). "Subjective referral of the timing of a cognitive sensory experience." *Brain*, vol. 102, p. 193.

Liu, Y., K. Vian, P, Kckman. (1988). *The Essential Book of Traditional Chinese Medicine*, NY : Columbia University Press.

Lovelock, J. (1982). *Gaia : A New Look at Life on Earth.* Oxford : Oxford University Press.

Magallon, L. L., and Shor, B. (1990). "Shared dreaming : Joining together in dreamtime." In Krippner, S. (Ed.). *Dreamtime and Dreamwork.* NY : Tarcher/Perigee.

Maslow, A. H. (1968). *Toward a Psychology of Being*. NY : Van Nostrand Reinhold.

Maslow, A. H. (1971). *The Further Reaches of Human Nature*. NY : Viking.

Mason, M. (1997). *In Search of the Loving God*. Eugene, OR : Dwapara Press.

Maturana, H. (1970). "Biology of cognition." Reprinted in Maturana, H. and Varela, F. (1980). *Autopoiesis and Cognition. Dordrecht*, HollandL D. Reidel.

Mergulis, L. (1993). "The debates continue." In Barlow, C. (Ed.). *From Gaia to Selfish Gene*, 235-238, Cambridge, MA : The MIT Press.

Merrell-Wolff F (1995). *Philosophy of Experience*. Albany, NY : SUNY Press.

Mitchell, M. and Goswami, A. (1992). "Quantum mechanics for observer systems." *Physics Essays*, vol. 5, 525-529.

Moss, R. (1981). *The I That Is We*. Berkeley, CA : Celestial Arts.

Moss, R. (1984). *Radical Aliveness*. Berkeley, CA : Celestial Arts.

Moura, G. and Don, N. (1996). "Spirit possession, Ayahuask users and UFO experiences : three different patterns of states of consciousness in Brazil." Abstracts of talks at the 15th International Transpersonal Association conference. Manaus, Brazil. Mill Valley, CA : International Transpersonal Association.

Newberg, A. D'Aquili, E., and Rause, V. (2001). *Why God Won't Go Away*. NY : Ballantine.

O'Regan, B. (1987). *Spontaneous Remissions : Studies of Self-Healing*. Sausalito, CA : Institute of Noetic Sciences.

O'Regan, B. (1997). "Healing, remission, and miracle cures." In Schlitz and Lewis (Eds.), *The spontaneous Remission Resource Packet*. Sausalito, CA : Institute of Noetic Sciences.

Page, C. (1992). *Frontiers of Health*. Saffron Walden, UK : The C. W. Daniel Co. Ltd.

Peat, F. D. (1987). *Synchronicity*. NY : Bantam.

Perls, F. (1969). *Gestalt Therapy Verbatim*. Moab, UT : Real People's Press.

Penrose, R. (1989). *The Emperor's New Mind*. Oxford : Oxford University Press.

Pert, C. (1997). *The Development of Thought : Equilibration of Cognitive Structures*. NY : Viking.

Radin, D. (1997). *The Conscious Universe*. NY : HarperEdge.

Radin, D. (2006). *Entangled Minds*. NY : Paraview Pocket Books.

Ring, K. (1984). *Heading toward Omega*. NY : William Morrow.

Ring, K. and Cooper, S. (1995) "Can the blind ever see? A study of apparent vision during near-death and out-of-body experiences." Preprint. Storrs, CT : Univ. of Connecticut.

Sabel, A, Clarke, C., and Fenwick, P (2001)." Intersubject EEG correlations at a distance- the transferred potential." In Alvarado, C. S. (Ed.) *Proc. of the 46th Annual Convention of the Parapsychological Association*, 419-442.

Sabom, M. (1982). *Recollections of Death : A Medical Investigation*. NY : Harper & Row.

Schlitz, M. and Grouber, E. (1980). "Transcontinental remote viewing." *Journal of Parapsychology*, vol. 44, 305-317.

Schlitz, M. and Honorton, C. (1992). "Ganzfieldpsi performance within an artistically gifted population." *Journal ASPR*, volume 86, 83-98.

Schlitz, M. and Lewis, N. (1997). *The Spontaneous Remission Resource Packet*. Sausalito, CA : Institute of Noetic Sciences.

Schmidt, H. (1993). "Observation of a psychokinetic effect under highly controlled conditions." *Journal of Parapsychology*, vol. 57, 351-372

Schuon, F. (1984). *The Transcendent Unity of Religions*. Wheaton, IL : Theosophical Publishing House.

Searle, J. (1987). "Minds and brains without programs." In C. Blackmore and S. Greenfield (Eds.), *Mind Waves*. Oxford : Basil Blackwell.

Searle, J. R. (1994). *The Rediscovery of the Mind*. Cambridge, MA : The MIT Press.

Sheldrake, R. (1981). *A New Science of Life*. Los Angeles, CA : Tarcher.

Sapiro, R. (1986). *Origins : A Skeptic's Guide to the Creation of Life on Earth*. NY : Summit Books.

Sicher, F., Targ, E., Moore, D., Smith, H. S. (1998). "A randomized double-blind study of the effect of distant healing in a population with advanced AIDS ? report of a small scale study." *Western Journal of Medicine*, vol. 169, 356-363.

Sivananda, S. (1987). *Vedanta (Jnana Yoga)*. Rishikesh, India : Divine Life Society.

Squires, E. J. (1987). "A viewer's interpretation of quantum mechanics." *European Journal of Physics*.

Standish, L. J., Kozak, L., Clake Johnson, L., and Richards, T. (2004). "Electroencephalographic evidence of correlated event-related signals between the brains of spatially and sensory isolated human subjects." *The Journal of Alternative and Complementary Medicine*, vol. 10. 307-314.

Stapp, H. P. (1993). *Mind, Matter, and Quantum Mechanics*. NY : Springer.

Stevenson, I. (1974). *Twenty Cases Suggestive of Reincarnation*. Charlottesville, VA : The University Press of Virginia.

Stevenson, I. (1977). "Research into the evidence of man's survival after death." *Journal of Nervous and Mental Disease*, vol. 165, 153-183.

Stevenson, I. (1987). *Children Who Remember Previous Lives : A Question of Reincarnation*. Charlottesville, VA : The University Press of Virginia.

Tagore, R. (1931). *The Religion of Man*. NY : Macmillan.

Taimni, I. K. (1961). *The Science of Yoga*. Wheaton, IL : Theosophical Publishing House.

Targ, R. and Katra, J. (1998). *Miracles of Mind*. Novato, CA : New World Library.

Targ, R. and Puthoff, H. (1974). "Information transmission under conditions of sensory shielding." *Nature*, vol. 252, 602–607.

Teasdale, W. (1999). *The Mystic Heart*. Novato, CA : New World Library.

Teilhard de Chardin, P. (1961). *The Phenomenon of Man*. NY : Harper & Row.

Thom, R. (1975). *Structural Stability and Morphogenesis*. Reading, MA : Benjamin.

Tiller, W A., Dibble, W. E., and Kohane, M. J. (2001). *Conscious Acts of Creation*. Walnut Creek, CA : Pavior Publishing.

Van Lomel, P., van Wees, R., Meyers, V., Elfferich, I. (2001). "Near–death experiences in survivors of cardiac arrest." *The Lancet*, vol. 358, 2039–2045.

Visser, F. (2003). *Ken Wilber : Thought as Passion*. Albany, NY : SUNNY Press.

Vithulkas, G. (1980). *The Science of Homeopathy*. NY : Grove Press.

Von Neumann, J. (1955). *The Mathematical Foundations of Quantum Mechanics*. Princeton : Princeton University Press.

Von Neumann, J. (1966). *The Theory of Self-Reproducing Automata*. Urbana, IL : University of Illinois Press.

Wackermann, J., Seiter, C., and Holger, K. (2003). "Correlation between brain and electrical activities of two spatially separated human subjects." *Neuroscience Letters*. vol. 336, 60–64.

Waddington, C. (1957). *The Strategy of the Genes*. London : Allen and Unwin.

Wallace, G. (1926). *The Heart of Thought*. NY : Harcourt, Brace & World.

Wambach, H. (1978). *Reliving Past Lives : The Evidence under Hypnosis*. NY : Harper & Row.

Weil, A. (1983). *Health and Healing*. Boston : Houghton Mifflin.

Weil. A. (1995). *Spontaneous Healing*. NY : Knoff.

Wickramsekera, et al. (1997). "On the psychophysiology of the Ramtha School of enlightenment." Preprint.

Wilber, K. (1981). *Up from Eden*. Garden City, NY : Anchor/Doubleday.
Wilber, K. (2000). *Integral Psychology*. Boston : Shambhala.
Wolf, F. A. (1970). *Space, Time, and Motion*.
Woolger, R. (1988). *Other Lives, Other Selves*. NY : Doubleday.

저자 | 아미트 고스와미 Amit Goswami

아미트 고스와미는 이론 핵물리학자이다. 1964년 인도 캘커타대학에서 물리학 박사학위를 받았으며 일찍 미국으로 이주하여 연구활동을 시작했다. 오레곤대학 이론 물리학 연구소 멤버로서 32년 동안 물리학을 가르쳤다. 38세부터 양자 우주론, 양자 측정 이론, 그리고 심신 문제에 관한 양자 역학의 적용에 관해 연구를 시작했다. 2004년 '양자 물리학의 이해'라는 다큐멘터리 영화에 출연한 후 최근 들어 언론이 가장 많이 인터뷰하는 잘 알려진 과학자들 가운데 한 사람이다. 2009년 발표된 다큐멘터리 '퀀텀 행동주의'의 주인공이기도 하다.

2003년 학계에서 은퇴한 고스와미 박사는 현재 미국뿐만 아니라 전 세계에서 강연활동을 펼치고 있다. 그는 현재 노에틱 사이언스 연구소의 자문위원회 위원이며, 그 연구소에서 1988년부터 2000년까지 수석 학자로서 연구활동을 한 바 있다. 저서로는 *How Quantum Activism Can Save Civilization*, *Physics of the Soul*, *Quantum Doctor* 등이 있다.

역자 | 이봉호

- 1급 심리상담사
- 연세대학교 문과대 졸, 연세대학교 경영대학원 졸,
  KAIST테크노경영대학원 박사과정(경영공학 전공) 수학
- 매일경제신문사 기자, 국제부장, 인터넷부장, 지식부장 역임
- 매경 세계지식포럼 최초 기획자 및 사무국차장
- 일본경제연구소 객원연구원(일본 동경),
  OECD 알프레드 마샬 미디어펠로(프랑스 파리),
  세계은행 컨설턴트(미국 워싱턴)
- 스팟TV/스팟미디어 대표이사, ㈜ 티노스 Chief Spiritual Officer(현)
- 지식혁명보고서(매경 간. 공저자), 뉴밀레니엄 지식경영(매경 간. 역자),
  믿음 코드 31 : 셀프 힐링의 비밀(시그마인사이트컴 간, 역자)

신은 죽지 않았다 : 양자 물리학으로 입증한 신의 존재

초판 1쇄 인쇄 | 2014년 8월 20일
초판 1쇄 발행 | 2014년 8월 25일

발행자 | 김혜련
발행처 | (주)시그마인사이트컴
　　　　서울특별시 마포구 백범로 88(대흥동, 경총회관 3층) (우)121-726
　　　　전화 : (02)707-3330, 팩스 : (02)707-3185
　　　　http : //www.sigmainsight.com
등　록 | 1998년 2월 21일 (제10-1549호)

값 28,000원

* 기업·개인 직접주문 : 시그마인사이트컴(전화 : (02)707-3330)
* 독자 여러분의 의견을 기다립니다.(e-Mail : book@sigmainsight.com)

ISBN 978-89-88092-51-4 03230